부여 가곡마을 함양박씨가 고문서

장서각한국사강의 37

부여 가곡마을 함양박씨가 고문서

허원영 · 배석만 · 이재옥 · 이은진 · 이창일 · 윤세순 · 전병무
김동석 · 박철민 · 장원석 · 권이선 · 김윤희 지음

한국학중앙연구원출판부

책머리에

충청남도 부여군 은산면 가곡마을에는 구당공(九堂公) 박세영(朴世榮, 1480~1552)을 파조로 하는 함양박씨 구당공파 종가가 세거하고 있다. 박세영은 조선 전기의 문신으로 공조와 형조의 좌랑(佐郞)과 돈녕부정(敦寧府正) 등의 관직을 역임한 인물이다. 함양박씨 구당공파는 박세영의 아들 무환당(無患堂) 박대립(朴大立, 1512~1584) 대에 가격(家格)이 크게 신장되어 조선의 주요 사족 가문으로 성장하였다. 박대립은 퇴계(退溪) 이황(李滉, 1501~1570)의 문인으로 1540년 식년 문과에 병과로 급제하였으며, 황해와 경상, 함경 3도의 감사를 역임하였고, 선조 연간에 호조판서와 좌찬성을 거쳐 기로소에 들어갔다. 박대립은 이후 함양박씨가가 문과를 통해 중앙의 요직을 역임하는 중앙의 사환가로 발돋움하는 기점이 되었다.

박세영으로부터 500년이 넘는 역사를 이어온 종가이지만, 현재의 부여군 은산면 가곡마을에 종택이 자리한 것은 1905년 이후로 그 역사가 길다고는 할 수 없다. 애초 함양박씨가는 박세영 당대는 물론 그 선대로부터 18세기 중엽까지 400여 년에 걸쳐 서울에 거주하였고, 대대로 사환에 종사해 온 중앙 문벌 가문이었다. 이후 18세기 중엽 박태갑(朴台甲, 1704~1766) 대에 이르러 경기 이천으로 이거하였고, 다시 1905년 박동익(朴東翼, 1868~1931) 대에 현재의 세거지인 충남 부여로 거주지를 옮겨 세거하였다. 세거지 이동의 직접적 원인이 된 것은 양자를 통한 종가의 계대였다. 동시에 이를 통해 함양박씨가의 정체성은 재경 사환가에서 근기 재지 사족으로, 그리고 20세기 이후 호서 지역 엘리트 가문으로 점차 변화하였다고 할 수 있다.

거듭된 양자를 통한 계대와 세거지 변동에도 불구하고 함양박씨가에는 500여 년에 걸쳐 생산된 방대한 문헌자료들이 현전하고 있다. 다양한 형식과 분류, 그리고 정치, 경제, 사회, 문화 등 다양한 분야에 걸친 문헌 자료들은 문서와 서책을 합하여 9천여 점에 달한다. 한국학중앙연구원 장서각은 30년 전인 1996년 고문서를 중심으로 최초 조사와 수집을 수행하였고, 1998년 2차 조사를 실시하여 서책을 비롯한 나머지 자료를 추가로 조사, 수집하였다.

장서각은 자료 수집 이후 얼마 지나지 않아 그 자료적 개요를 「함양박씨가 수집고전적의 내용과 자료적 특성」(『장서각』 2, 1999)을 통하여 소개하였으며, 주요 고문서를 대상으로 『고문서집성 45: 부여 은산 함양박씨편』(2000)을 간행하였다. 그리고 박동익의 생부 박시순(朴始淳, 1848~1907)이 지방 수령으로 있을 때 남긴 기록을 『한말 관인 박시순일기』(1999 및 2003) 두 권으로 간행하기도 하였다. 또한 해당 자료를 마이크로필름(MF35-8154~58)으로 촬영하여 제공하고 있으며, 주요 고문서를 한국고문서자료관을 통하여 온라인으로 공개하고 있다.

이후 함양박씨가는 모든 문헌자료를 장서각에 기탁하기로 결정하였으며, 장서각은 2017년과 2022년에 해당 절차를 마무리하고 자료들을 안전하게 보관, 관리하면서 기초 연구를 진행하여 왔다. 장서각은 기존에 소개한 자료 외에도 큰 가치를 지닌 다양한 자료들의 존재를 확인하였다. 무엇보다도 19세기 철학자이자 저술가인 혜강(惠崗) 최한기(崔漢綺, 1803~1877)의 『통경(通經)』(20책)과 『농정회요(農政會要)』(11책) 유일본을 확인한 것을 비롯하여, 조선 후기에서 근대에 이르는 시기의 다양한 서책 목록과 수십에서 수백 점에 달하는 방대한 척독(尺牘) 및 근대 사법, 지방행정 관련 자료들의 가치를 확인하였다. 또한 방대한 문서 자료를 통해 조선시대부터 일제강점기까지 함양박씨가의 인물과 종가의 다양한 활동을 재구성할 수 있는 가능성을 탐지하였다. 이에 장서각은 2023년부터 3년에 걸쳐 다양한 분야의 연구자로 연구진을 구성하여 자료를 검토하고 주제를 개발하여 워크숍과 학술대회를 수행하였다.

이 책은 이렇게 수행한 연구 결과를 모은 것으로, '부여 가곡마을 함양박씨가의 역사와 인물', '함양박씨가의 진적(眞籍) 연구', '함양박씨가의 자료를 통해 본 사회와 역사' 등 3부로 구성하고, 총 12편의 글을 각각의 주제에 4편씩 수록하였다. 책의 구성과 수록된 글을 간단히 소개하면 다음과 같다.

1부 '부여 가곡마을 함양박씨가의 역사와 인물'에는 함양박씨가의 역사와 경제적 상황, 과거 합격과 관계 진출, 그리고 박시순이란 인물의 활동에 대하여 다루는 4편의 글을 수록하였다. 첫 번째 글인 허원영의 「조선시대 함양박씨 박세영 종가의 세거지 변동과 경제적 상황」은 박세영 종가의 역사 속에서 세거지 변동에 따른 경제적 변화를 살펴본 연구이다. 조선시대 박세영 종가는 재경 사환가에서 근기 양반으로, 다시 호서 지역 재지 엘리트로 변화해 갔는데, 이와 함께 경제력의 규모와 범위 역시 상당히 축소, 변동되었음을 고문서 자료를 통하여 확인하였다.

허원영이 함양박씨가의 조선시대 경제적 상황을 검토하였다면, 배석만은 「20세기 부여 은산 함양박씨가의 농외 경제활동과 그 변화」를 통하여 근대 이후 함양박씨가의 경제활동을 살펴보았다. 특히 다양한 농외 경제활동을 중심으로 검토하였는데, 함양박씨가의 풍부한 문헌자료 덕분에 이와 같은 분석이 가능하였다. 이 연구를 통하여 20세기 식민지 근대와 조우한 전통적 양반지주가의 변화 모색, 그리고 이와 관련된 경제활동의 전개를 구체적으로 확인할 수 있다.

이재옥의 「부여 은산 함양박씨 종가의 방목과 과거」는 함양박씨가에서 소장하고 있는 5종의 단회방목(單回榜目)을 중심으로 함양박씨가의 과거 이력과 인적 관계를 검토한 연구이다. 대개 가문에서 소장하고 있는 방목은 집안 인물이 합격한 경우로, 현재 함양박씨가에는 2종의 문무과방목과

3종의 사마방목을 소장하고 있다. 해당 방목들은 중종부터 숙종 대까지 135년 동안 5대 자손들의 과거 합격 사실을 보여주고 있다. 이 연구에서는 5종의 방목에 출현하는 함양박씨가 인물들의 과거 합격 사실과 관계 진출을 조사하고, 과거 합격자 중심으로 방목과 족보를 이용하여 인물 중심의 인적 관계망을 구성하였다.

이은진은 「19세기 말 임실군수 박시순의 함양박씨 시조 선산 수호 활동」에서 박시순을 중심으로 1895~1897년의 기간 동안 진행된 함양박씨 시조 선산의 산송(山訟)에 대하여 검토하였다. 이 연구는 박시순의 『운불일기(雲紱日記)』와 그 밖의 고문서를 분석한 것으로, 당시 현직 임실군수였던 박시순이 산송에서 승소하기 위해 서울·경기 지역에서 활동한 선대의 관력과 혼맥을 활용하고 각지의 종족을 결집해 나가는 모습을 살펴보았다.

2부 '함양박씨가의 진적(眞籍) 연구'에는 함양박씨가의 문헌자료 가운데 특정 자료를 집중적으로 분석, 소개한 네 편의 연구를 수록하였다. 우선 최한기의 주요 저술로 언급되지만 존재를 확인할 수 없었던 『통경(通經)』과 전모를 몰라 부분적으로 잘못 알고 있던 『농정회요(農政會要)』의 유일본을 함양박씨 문헌에서 찾을 수 있었다. 이창일의 「부여 은산 함양박씨가 소장 최한기 저술: 『통경』과 『농정회요』의 학술적 가치」는 『통경』과 『농정회요』에 대하여 그 입수 경위를 추론하고, 두 저술의 특징 및 학술적 가치와 현대적 의의를 논의한다. 이를 통하여 『통경』과 『농정회요』 자체는 물론 최한기 등과 관련한 연구에 있어 새롭고 중요한 시사점을 제공한다.

윤세순은 「『신찬 척독완편』의 체재와 내용 연구: 『척독완편』과의 비교를 중심으로」에서 새로 발견한 『신찬 척독완편』의 체재와 내용상 특징을 밝혀내었다. 『신찬 척독완편』은 함양박씨가에 소장된 200책 이상의 척독류 자료에서 발견한 자료로, 기존에 이미 소개되었고 함양박씨가에서도 소장하고 있는 『척독완편』과 비교 고찰해 분석하였다. 윤세순은 이를 통하여 체재의 정비와 폭넓은 독자층의 확보를 비롯한, 근대 초기의 상황 속에서 시대의 변화를 감지하고 이를 반영한 『신찬 척독완편』 편찬자의 의도를 확인하였다.

전병무는 「함양박씨 구당공파 종가 소장 일제강점기 사법·행정 관련 서적 분석」에서 함양박씨가에서 소장해 온 일제강점기 사법·행정 관련 서적을 소개하고 분석하였다. 함양박씨가에는 한말부터 일제강점기까지의 사법과 제도, 행정 및 지방자치와 관련된 다양한 문헌 수백 책이 전해진다. 그중에서도 『조선사법협회잡지(朝鮮司法協會雜誌)』나 『동아법정신문(東亞法政新聞)』, 『면강습회록(面講習會錄)』, 『부읍면잡지(府邑面雜誌)』 등 사법 및 지방행정과 관련한 250여 책의 잡지들이 특히 주목된다. 이 연구는 학계에 공개된 적이 없는 지방행정 잡지 『면정연구(面政硏究)』 등을 선별하여 그 내용과 특징을 소개하고 해당 종가 인물과의 연관성을 검토한 것이다.

김동석의 「함양박씨 박동섭의 백일장 시권에 대한 평어의 의미 탐색」은 함양박씨가에 전래되어 온 박동섭(朴東燮)이란 인물의 시권(試券)을 대상으로 평어의 의미를 탐색한 것이다. 해당 시권은 박동섭의 '설(說)' 작품 3편으로, '고방(高榜)'이라는 높은 평가를 받았다. 김동석은 그 평가의 이유에 대하여 가상 세계의 설정이라는 참신한 발상, 정교한 대우구의 강구, 의미심장한 용전 등과 같은 참신한 작품 구상과 노련한 수사 기법에 기인한 것으로 분석하였다.

3부 '함양박씨가의 자료를 통해 본 사회와 역사'에서는 함양박씨가 문헌자료를 활용하여 검토한 조선과 근대의 네 가지 주제 연구를 수록하였다. 박철민의 「조선시대 한성부 행정단위 계(契)의 출현 배경과 시기별 특징」은 함양박씨가의 재경기 호구문서(戶口文書)에서 확인할 수 있는 거주지역 "남부(南部) 훈도방(薰陶防) 주자동계(鑄字洞契)"(「1666년 박상욱(朴尙郁) 준호구(準戶口)」) 등에 등장하는 행정단위 '계(契)'에 주목한 연구이다. 박철민은 관련 기록을 수합하여 한성부의 행정단위인 계가 어떠한 배경에서 출현하였고 시기별 변화 양상은 어떠한지를 검토하였다. 이를 통하여 조선 후기 한성부의 행정단위인 계의 통시적 변화와 특징을 보여주고 있다.

장원석은 「최한기는 탈주자학자인가?: 『통경』 중 『주역』 계사 해석 분석」에서 최한기의 『통경』 중 『주역』 계사전 부분 주석을 서술 방식과 철학적 관점에서 분석하였다. 이 분석을 기초로 하여 기존의 최한기 철학에 대한 이해의 적합성을 평가하고자 한 것이다. 이를 통해 최한기 철학을 실학에서 개화기 사상으로의 전이 과정의 존재로 이해하거나 경학에서 탈출해서 근대적 학술 방법에 접근했다고 보는 기존의 해석에 대한 비판적 평가의 시각을 제시하고 있다.

권이선의 「19세기 말 면천 지역의 민소(民訴) 양상과 박시순의 목민관: 『사송록』과 『면불일기』를 중심으로」는 박시순이 면천군수로 재임하던 1894년 11월부터 1895년 5월까지 7개월간의 기록인 『사송록』과 『면불일기』를 분석한 연구이다. 면천 지역의 민장치부책인 『사송록』과 박시순의 관직일기인 『면불일기』를 비교하여 분석하였고, 이를 통하여 19세기 말 면천 지역의 민소 양상과 사회문제를 고찰하였다.

마지막으로 김윤희의 「조선메돌협회의 미터법 선전과 근대 재봉에서 도량형의 변화」는 1927년 조선메돌협회가 간행한 『최신메돌법요람』을 중심으로, 근대 미터법 선전과 의생활 영역의 도량형 변화 양상을 고찰한 글이다. 함양박씨가에서 확인한 언문판 『최신메돌법요람』을 일문판 『最新メートル法要覧』과 비교함으로써 근대 미터법 확산의 중심에 있었던 조선메돌협회의 활동과 선전물의 내용을 분석하였다. 그리고 이를 통하여 의복 제작에서 사용된 도량형기의 병용이 점차 미터척으로 수렴되어 가는 과정을 살펴보았다.

한국학중앙연구원 장서각은 1978년 개원 이래 지금까지 45만여 점에 달하는 문헌자료를 조사·수집해 왔다. 장서각이 조사·수집해 온 고서와 고문서는 문화유산으로서의 가치는 물론 사료적 가치를 인정받으며, 우리나라의 주요 전적 문화유산이자 한국학 연구의 주요 자료로 주목받아 왔다. 9천여 점에 달하는 부여 은산 함양박씨 구당 박세영 종가의 문헌들 역시 조선시대부터 현재에 이르는 500년 역사의 다양한 모습을 담고 있는 귀중한 자료들로 연구의 손길이 닿기를 기다리고 있다. 이 책이 연구자들의 관심을 촉진할 수 있는 계기가 되기를 바란다.

2023년부터 이 책이 나오기까지 자료 검토와 주제 개발, 워크숍, 학술대회 등 모든 공동연구를 함께 수행한 열두 분의 연구자들께 가장 앞선 감사의 말씀을 드린다. 특히 배석만, 윤세순, 전병무, 김동석, 김윤희 다섯 분의 원외 연구자들께 각별한 감사를 드린다. 생소한 자료와 가깝지 않은 이동 거리에도 불구하고 열정적으로 참여하고 연구에 집중해 주신 덕분에 풍성한 결과를 맺을 수 있었다.

또한 항상 그렇지만 최초 자료를 조사, 수집하여 이렇게 책을 내기까지 모든 과정에는 우리 장서각 구성원들과 한국학중앙연구원 출판부 선생님들의 헌신과 노고가 배어 있다. 드러나지 않는 자리에서 묵묵히 맡은 바 책임과 역할을 다하고 계신 모든 선생님께 감사드린다.

마지막으로 500년 역사 속에서 여러 중요한 국면을 지나면서 수많은 귀중한 자료들을 안전하게 계승해 온 함양박씨 구당 박세영 종가의 선조들과 현 가족 구성원께 마음에서 우러나오는 깊은 감사와 존경의 마음을 전한다. 종가에서 장서각에 기탁한 가전 문헌들은 우리 역사와 문화의 자산으로 소중하고 안전하게 보존될 것이다.

2025년 12월

한국학중앙연구원 장서각

차례

1부

부여 가곡마을 함양박씨가의 역사와 인물

조선시대 함양박씨 박세영 종가의 세거지 변동과 경제적 상황

허원영

1. 머리말

현재 함양박씨 구당(九堂) 박세영(朴世榮, 1480~1552) 종가가 자리한 곳은 충청남도 부여군 은산면 가곡리이다. 그러나 이 가문이 부여에 세거하기 시작한 것은 1905년(광무 9)으로 비교적 최근의 일이다. 함양박씨가는 박세영 당대는 물론 그 선대로부터 박태갑(朴台甲, 1704~1766)에 이르는 18세기 중엽까지 400여 년에 걸쳐 서울에 거주해 왔다. 서울에 세거하던 기간의 함양박씨가는 대대로 사환(仕宦)에 종사해 온 현달한 가문이었다. 그러나 1694년(숙종 20) 갑술환국 등을 거치며 남인들이 정계에서 밀려나는 것과 함께 남인의 주요 가문이었던 함양박씨가도 정치적으로 쇠락해 갔고,

* 이 글은 허원영, 「조선 후기 함양박씨 朴世榮 宗家의 세거지 변동과 경제적 상황」, 『영남학』 95 (2025), 309~345쪽을 수정·보완한 것이다.

18세기 중엽 박태갑은 경기도 이천으로 거주지를 옮기게 된다. 그로부터 150년 정도 지난 1905년 박동익(朴東翼, 1868~1931)이 부여군 은산면 가곡리를 거주지로 삼으면서 현재의 세거지에 자리하게 되었다.

함양박씨가의 세거지 변동에는 양자를 통한 종가의 계대(繼代)가 중요한 배경으로 작용하였다. 동시에 한편으로 서울에서 이천, 그리고 부여로의 지역적 변동은 서울 양반에서 근기 양반으로, 다시 재지 양반으로의 변화라는 지역적 정체성의 변동과 더불어 사회적, 경제적인 변화도 동반하였다. 서울에 세거하던 18세기 중엽까지 재경 주요 사환 사족으로서의 지위를 영위한 함양박씨가는 이후 이천 세거 기간에 근기 양반 사족으로 영락하였으며, 1905년 부여에 자리 잡은 이후 지역 엘리트로서의 정체성을 확립해 갔다고 볼 수 있다. 이와 같은 함양박씨가의 사례는 기존의 연구에서 주로 고찰한 지역 내에서 세거해 온 양반지주가의 경제적 상황과는 다른 조선시대 양반지주가의 또 다른 경제적 양상을 살필 수 있는 기회를 제공한다.[1]

이 글에서는 우선 함양박씨가의 가계를 간단히 검토하고, 이어서 부여 은산 함양박씨가에 세전되어 온 다량의 고문서 자료를 통하여 해당 가문의 세거지 변화에 따른 경제적 양상을 검토해 보고자 한다. 장서각에 기탁되어 있는 함양박씨가의 자료는 3,300여 점의 서책과 5,500여 점의 문서를 포함한다.[2] 이 가운데는 조선시대 함양박씨가의 경제적 상황을 엿 볼

1 이제까지 재지 양반가의 경제적 측면을 분석한 연구들은 한 지역에 근착하여 세거한 주요 가문을 대상으로 한 연구가 대부분이었다. 필자의 연구도 마찬가지였는데, 경기 군포 속달의 동래정씨가는 동래부원군 정난종(鄭蘭宗, 1433~1489)을 불천위로 모시는 동래정씨의 대종가로, 정난종의 사패지를 배경으로 500여 년을 현 지역에서 세거하였으며 종가를 중심으로 마을이 형성된 사례였다. 전남 영광 외간의 연안김씨가는 임진왜란 때 입향한 이래 400여 년을 현 지역에서 세거하며 대지주로 성장하였으며, 강원 강릉의 전주이씨 선교장은 18세기 전반 외가인 강릉에 입향한 이래 300여 년을 이 지역에서 세거하며 대지주로 성장하였다. 경남 진주 마진의 재령이씨가도 17세기 전반 입향하여 400여 년을 세거해 온 지주로, 일대의 대표적인 천석꾼 가문이었다. 허원영, 『한국 근대 양반지주가의 경제활동』, 혜안, 2022; 허원영, 「조선후기 晉州 麻津 載寧李氏 磨湖堂의 노비경영」, 『경제사학』 47-2, 2023.

수 있는 자료들이 포함되어 있다. 호구단자(戶口單子)와 준호구(準戶口) 등 호구문서와 분재기(分財記), 매매문기(賣買文記) 등은 함양박씨가의 경제 상황을 살필 수 있는 중요한 자료들이다. 추수기(秋收記)와 전답안(田畓案) 등 구체적인 농업 경영을 살필 수 있는 자료가 충분하지 못하기 때문에 조선시대 함양박씨가의 지주 경영의 전모를 검토하는 것은 어렵다. 그러나 다양한 자료들을 통하여 세거지의 변화에 따른 경제적 양상의 차이를 살필 수 있다.

2. 함양박씨가의 가계와 관련 자료

1) 함양박씨가의 가계

현재까지 부여 은산 지역에 세거하고 있는 함양박씨가는 구당 박세영을 파조로 하는 구당공파로, 함양박씨 중에서도 가장 번창한 가계의 하나였다.[3] 함양박씨는 신라 경명왕(景明王)의 셋째 아들 박언신(朴彦臣)을 시조로 한다. 박언신은 속함대군(速咸大君)으로 봉군(奉君)되었는데, 속함은 함양의 옛 이름이며, 이로 인하여 함양을 본관으로 하게 되었다. 그러나 고려 선종(宣宗, 재위 1083~1094) 때 예부상서를 지낸 중시조 박선(朴善) 이전은 불분명하여, 박선을 실제적인 시조로 삼고 있다.[4]

2 해당 자료들은 『古文書集成 45: 夫餘 恩山 咸陽朴氏篇』(한국정신문화연구원, 2000) 및 〈한국고문서자료관〉(archive.aks.ac.kr)을 참조할 수 있다.

3 함양박씨가의 가계 서술은 별다른 언급이 없는 한 안승준·김학수의 「扶餘 恩山 咸陽朴氏의 家系와 古文書」, 『고문서집성 45』(2000)를 참고한 것이다.

구당공파의 파조인 박세영은 1504년(연산군 10) 식년시에서 진사 3등 2위로 입격하였다.[5] 이후 문음으로 출사하여 내섬시주부(內贍寺主簿)와 사헌부감찰(司憲府監察), 공조와 형조의 좌랑 등의 중앙관직과 풍덕군수 등의 외관직을 역임하였으며, 최종 관직은 정삼품 당하관인 돈녕부정(敦寧府正)에 이르렀다.

박세영의 아들 무환당(無患堂) 박대립(朴大立, 1512~1584)은 1540년(중종 35) 식년시 문과에 병과 16위로 합격하였다.[6] 박대립은 함양박씨가의 가격(家格)을 크게 신장시킨 인물로, 황해와 경상, 함경 3도의 감사를 역임하였고, 선조 연간에 호조판서와 좌찬성을 거쳐 기로소에 들어갔다. 박대립은 이후 함양박씨가가 문과를 통해 중앙의 요직을 역임하는 사환가로 발돋움하는 기점이 되었다.

박대립은 대를 이을 아들을 두지 못하여 동생 박희립(朴希立)의 아들 박지술(朴知述, 1552~1623)을 양자로 들여 계대하였다. 그러나 박지술 역시 친자로 대를 잇지 못하였으며, 박대립의 동생 박사립(朴思立)의 손자 박유공(朴由恭, 1575~1618)을 통하여 대를 이었다. 박지술은 문음으로 출사하여 안음과 태인의 현감과 용담현령, 부평도호부사 등의 외직을 거쳤고, 손자 박유공은 직장을 지냈으며, 증손 박종형(朴宗亨, 1602~1659)은 과천과 횡성의 현감 및 형조좌랑과 종친부전부(宗親府典簿) 등 내외 관직을 두루 역임하였다.

함양박씨가의 사환을 통한 가격의 신장은 혼맥에도 그대로 반영되었다. 박대립은 장수황씨 황희(黃喜)의 현손녀, 박지술은 순창조씨 조천상(趙

4 전관수, 「부여 함양박씨 구당 박세영 종택 소장 고서 해제」, 『장서각 수집 고서 해제: 상주 우복 정경세 종택·부여 구당 박세영 종택 소장 고서』, 민속원, 2008, 334쪽.

5 『弘治十七年【燕山十年】甲子榜目』(한국학중앙연구원 장서각 B13LB-6); 〈한국학자료통합플랫폼〉, 한국의 과거급제자(kdp.aks.ac.kr/people).

6 『국조문과방목』 卷之六(규장각한국학연구원 奎106); 〈한국학자료통합플랫폼〉, 한국의 과거급제자.

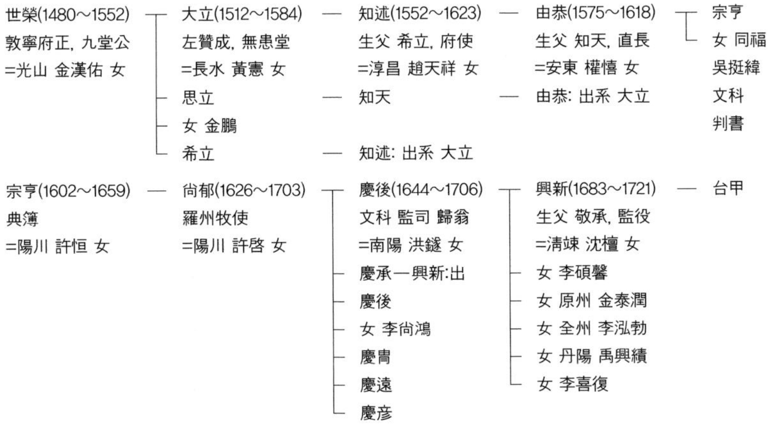

그림 1 함양박씨 가계도 1: 재경기

天祥)의 딸, 박유공은 안동권씨 권희(權憘)의 딸, 박종형은 양천허씨 허항(許恒)의 딸과 혼인하였는데, 모두 당시의 대표적인 명가들이었다. 특히 안동권씨 등과의 혼맥은 함양박씨가 정치적으로 남인을 표방하게 된 실질적인 계기가 되었다.

사환 이력은 박종형의 아들과 손자 대까지 이어졌다. 박종형의 아들 박상욱(朴尙郁, 1626~1703)은 1651년(효종 2) 식년시에서 생원 2등 12위로 입격하였고,[7] 1657년(효종 8)에는 참봉으로 출사하여 의금부도사(義禁府都事)와 상의원주부(尙衣院主簿), 제천현감, 공조좌랑, 괴산군수, 나주목사 등 내외 관직을 두루 거쳤다.

박상욱의 아들 귀옹(歸翁) 박경후(朴慶後, 1644~1706)는 현종과 숙종 대에 활동한 인물로, 특히 숙종 대 남인 정권의 한 축을 형성할 정도로 크게 두각을 나타냈다.[8] 박경후는 1669년(현종 10) 식년시에 생원 3등 58위로 입격하고, 1675년(숙종 1)에는 증광시(增廣試)에서 문과 병과 1위로 급제하였

7 『辛卯式年司馬榜目』(국립중앙도서관 古6024-201); 〈한국학자료통합플랫폼〉, 한국의 과거급제자.

8 전관수(2008), 앞의 글, 335쪽.

다.[9] 이후 병조참판과 황해·전라·경기 3도 감사를 역임하였으며, 문장과 글씨에 능하여 내직에 있을 때는 주로 사헌부·사간원·홍문관 등 3사의 직책을 수행하였다.

그러나 박경후 이후 함양박씨가는 좀처럼 과거 및 사환의 인연을 맺지 못하였다. 박경승(朴慶承)의 아들로 백부 박경후의 대를 이은 박홍신(朴興新, 1683~1721)은 윤선도(尹善道, 1587~1671)의 외손으로 남인의 주요 인물이었던 심단(沈檀, 1645~1730)의 딸과 결혼하였다. 그러나 아버지와 처부의 사회적 지위에도 불구하고 벼슬하지 않았고, 말년에 감역(監役)이 주어졌지만 출사하지 않았다.

이상 박홍신 대까지 함양박씨가는 기본적으로 서울을 중심으로 거주하며 활동하였다. 서울 내 거주지는 남부(南部) 훈도방(薰陶坊) 주자동(鑄字洞)에 소재했고, 박종형 대까지는 주로 서울에 가까운 양주(楊州) 신혈리(神穴里)에 선영을 조성하였다. 또한 면천과 안산, 평산, 순천 등지에 상당한 토지와 노비를 소유하고 있었다. 박상욱 대에 이르러 지금의 서울시 구로구 구로동 지역인 시흥(始興) 구로리(九老里)에 경제적 기반을 조성하였으며, 박상욱과 박경후, 박홍신의 산소도 이곳에 마련되었다.

함양박씨가는 박홍신의 아들 박태갑(朴台甲, 1704~1766)이 18세기 중엽에 이천으로 이주하여 세거하게 된다. 박태갑은 박경후의 아우 박경승의 손자로 박홍신을 계후하였는데, 박태갑의 생가는 이 시기 이천에 정착한 상태였다. 결국 함양박씨가는 양자를 통한 계대와 더불어 양자의 생가지로 이거한 것임을 알 수 있다. 호적 자료에 따르면 함양박씨가의 이거지는 이천부(利川府) 읍내면(邑內面) 가고전리(假古前里)였고, 시기는 1750년대 중엽으로 추정된다.

9 『己酉式年司馬榜目』(국립중앙도서관 古朝26-29-17); 『국조문과방목』 卷之十三(규장각한국학연구원 奎106); 〈한국학자료통합플랫폼〉, 한국의 과거급제자.

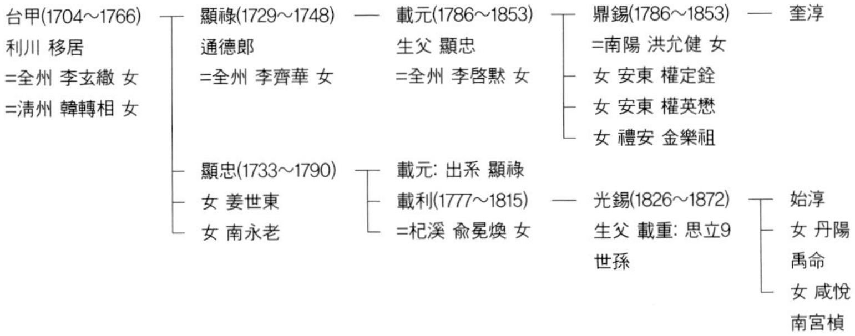

그림 2 함양박씨 가계도 2: 이천이거기

이 시기 함양박씨가의 서울에서 이천으로의 이거는 1694년(숙종 20) 갑술환국 이후 정계에서 몰락한 남인들이 서울에서 벗어나 경기도 일원으로 분산되는 경향을 답습하고 있다.[10] 당시 남인 대개가 그렇듯 이천 이거를 전후한 시기부터 박씨가는 과거와 달리 관직과는 거리를 두게 되며, 재지 사족으로 그 지위가 변화하게 되었다. 함양박씨가의 이천 거주 시기는 박규순(朴奎淳, 1825~1867)이 사망하는 1860년대까지로 볼 수 있는데, 이 시기 함양박씨가는 정치적으로는 물론 사회적, 경제적 측면에서도 쇠락한 모습을 보이며 재경 사환가에서 근기 지역의 사족으로 변화하고 있었다.

함양박씨가가 이천을 떠나 지금의 부여군 은산면 가곡리에 정착하게 된 것은 1905년경으로, 박동익(朴東翼, 1868~1931)의 생부 박시순(朴始淳, 1848~1907)의 결정에 따른 것이었다. 박시순의 아버지 박광석(朴光錫, 1826~1872)은 박현충(朴顯忠, 1733~1790)의 아들 박재리(朴載利, 1777~1815)가 아들 없이 사망한 후 양자로 들어가 대를 이었다. 그러나 박재리가 거주하던 이천으로 이주하지 않고 친가가 세거하던 평산(平山) 여주동(如珠洞)에 살았고, 아들 박시순과 손자 박동익도 평산에서 출생하였다. 이후 종손 박규순이 후

10 이은진, 「19세기 말 함양박씨가의 산송과 시조 선산 수호활동: 임실군수 박시순의 역할을 중심으로」, 『전북사학』 73, 2025, 383쪽.

奎淳(1825~1867) =全州 李守根 女	東翼(1868~1931) 生父 始淳 =漢陽 趙榮植 女	萬熙(1894~1938) =青松 沈弼鎭 女 寧熙: 出系 東翰
始淳(1848~1907) 文科 承旨 =仁川 蔡基源 女	東翼: 出系 奎淳 東翰 東翮	 寧熙 生父 東翼

그림 3 함양박씨 가계도 3: 부여이거기

사가 없이 사망하자 박동익을 양자로 들이게 되었으며, 1905년 박시순이 부여 은산 가곡리에 택거할 때 박동익이 생부를 따라 가곡에 살게 되면서 박씨가가 이천에서 부여로 옮기게 된 것이다. 당시 부여에는 이미 박경후의 아우 박경주(朴慶冑), 박경원(朴慶遠), 박경언(朴慶彦)의 후손들이 세거하고 있었으며, 박시순의 부여 이거도 이런 연장선상에서 이해할 수 있다.

함양박씨가의 부여 이거에 직접적 원인이 된 박시순은 박경후 이후 210년 만에 등장한 과거 합격자이기도 하였다. 박시순은 황해도 평산 출신으로 1879년(고종 16) 정시(庭試)에서 문과 병과 8위로 합격하였다.[11] 이후 우승지, 면천군수, 임실군수, 장연군수 등을 역임하였다. 그러다 1905년 을사보호조약이 체결되자 관직을 버리고 고향인 평산으로 돌아가 은거하였고, 일찍이 점지해 두었던 부여 은산 가곡리로 이주하였다. 박시순과 함께 부여로 이거한 함양박씨가는 지역의 엘리트로서 다양한 활동을 수행하였으며, 그중에는 민족운동도 포함되었다. 박동익 형제와 그의 자질들이 중심이 되어 대한제국기 부여 일대의 교육운동을 주도하였으며, 일제강점기 항일의병장으로 청산리전투 등에 참여하였던 박영희 장군은 박시순의 손자였다.[12]

박세영 이후 함양박씨가는 거주지를 중심으로 재경기와 이천이거기,

11 『國朝榜目』에는 '朴台淳'으로 기록하였다가 台를 始로 수정한 흔적이 남아 있다. 『國朝榜目』 卷之十二(규장각한국학연구원 奎貴11655); 〈한국학자료통합플랫폼〉, 한국의 과거급제자.

12 신명호, 「咸陽朴氏家 蒐集古典籍의 내용과 자료적 특성」, 『장서각』 2, 1999, 167쪽.

부여이거기의 세 시기로 나눌 수 있다. 박세영으로부터 박홍신에 이르는 재경기는 중앙의 사환가로서 성장·발전하던 시기이며, 박태갑에서 박규순에 이르는 이천이거기는 남인의 정치적 상황과 운명을 같이하며 정치·사회적으로 침체하여 근기 사족화하던 시기였다. 그리고 박동익 이후의 부여이거기는 박동익의 생부 박시순을 중심으로 가격의 신장을 도모하는 한편 지역 엘리트로서 활발한 사회활동을 펼쳐 나가던 시기라 할 수 있다.

2) 관련 자료

현재 함양박씨가에서 장서각에 기탁한 전적은 8,800여 점에 달하지만, 함양박씨가의 경제적 상황을 살필 수 있는 자료는 그다지 많지 않다. 특히 경제 규모와 경영 양상을 잘 보여주는 전답안(田畓案)과 노비안(奴婢案) 및 추수기(秋收記) 등 치부성책(置簿成冊) 자료가 부족해 조선시대 함양박씨가의 경제적 상황을 재구성하는 것이 쉽지 않다.

그러나 분재기와 호구문서 및 매매문서 등을 통하여 조선시대 함양박씨가의 경제적 상황에 대하여 중요한 요소들을 확인하는 것은 가능하다. 우선 분재기를 통하여 함양박씨가의 재산 규모와 상속 양상을 살필 수 있으며, 호구단자와 준호구 등 호구문서에 수록된 노비질(奴婢秩) 기록을 통하여 노비의 규모와 경영의 양상을, 그리고 토지매매명문(土地賣買明文)을 통하여 함양박씨가의 토지 매득 양상을 검토할 수 있다. 그리고 『공동면중리 양안책(公洞面中里量案冊)』을 통하여 부여 이거 시기 함양박씨가의 토지 보유에 대하여 살펴볼 수 있다.

함양박씨가의 분재기 3점에서는 17세기 중엽과 18세기 중엽, 서울과 이천 거주 시 함양박씨가의 재산 규모를 살필 수 있으며, 그와 함께 분재를 통한 재산의 변동 양상을 살필 수 있다. 그리고 1666년부터 1852년까지 200여 년에 걸친 17점의 호구문서에서는 노비질 기록을 통하여 서울

표 1 분석 대상 자료

시기 구분	분재기	호구문서	매매문기	전답안
재경기	• 1656년 許檄男妹 和會文記 • 1666년 朴宗亨男妹 和會文記	• 1666년 朴尙郁 準戶口 • 1672년 朴尙郁 準戶口 • 1681년 朴慶承 準戶口 • 1684년 朴尙郁 準戶口 • 1690년 朴尙郁 準戶口 • 1699년 朴尙郁 準戶口 • 1699년 朴尙郁 戶口單子 • 1702년 朴尙郁 準戶口 • 1702년 朴慶後 準戶口 • 1711년 朴興新 準戶口 • 1723년 朴台甲 準戶口 • 1753년 朴中新 準戶口	• 1694년 朴參判宅 土地賣買明文 • 1702년 朴參判宅 奴 守生 土地賣買明文① • 1702년 朴參判宅 奴 守生 土地賣買明文② • 1703년 朴參判宅 奴 己民 土地賣買明文 • 1703년 朴參判宅 奴 東伊 土地賣買明文 • 1703년 朴參判宅 奴 守生 土地賣買明文 • 미상년 朴參判宅 奴 二賢 土地賣買明文 • 미상년 朴參判宅 明文	
이천 이거기	• 1761년 朴顯祿妻全州李氏 衿給文記	• 1759년 朴台甲 準戶口 • 1807년 朴羲甲 準戶口 • 1822년 朴載元 準戶口 • 1843년 朴鼎錫 準戶口 • 1852년 朴鼎錫 準戶口	• 1820년 朴生員宅 奴 春大 土地賣買明文① • 1820년 朴生員宅 奴 春大 土地賣買明文② • 1821년 朴生員宅 奴 三同 土地賣買明文 • 1821년 朴生員宅 奴 春大 土地賣買明文① • 1821년 朴生員宅 奴 春大 土地賣買明文② • 1821년 朴生員宅 奴 春大 土地賣買明文③ • 1822년 朴生員宅 奴 春大 土地賣買明文 • 1823년 朴生員宅 奴 春大 土地賣買明文① • 1823년 朴生員宅 奴 春大 土地賣買明文② • 1825년 朴生員宅 奴 春大 土地賣買明文 • 1832년 朴生員宅 奴 德良 土地賣買明文 • 1860년 朴生員宅 奴 土地賣買明文	
부여 이거기			• 1893년 明文 • 1893년 朴承旨宅 土地賣買明文 • 1898년 朴承旨宅 土地賣買明文	• 公洞面 中里 量案冊 (1870년)
합	3점	17점	23점(舊文記 43점)	1점

과 이천 거주 시기 함양박씨가가 보유한 노비의 규모와 경영의 양상을 엿볼 수 있다.

함양박씨가에는 17세기 말에서 20세기 초에 걸친 66점의 매매문서가 전해진다. 대부분이 토지매매명문이고 가사(家舍)와 시장(柴場) 등을 매매한 명문이 몇 점 존재한다. 아쉽게도 66점 중 함양박씨가가 매수의 주체로 등장하는 사례는 23점이고, 나머지 43점은 구문기(舊文記)이다. 그러나 많지 않은 사례이긴 해도 이를 통하여 서울과 이천 및 부여 거주 시기의 토지 매득 양상을 검토할 수 있으며, 각 시기 함양박씨가의 경제활동 사정을 살필 수 있다. 마지막으로 함양박씨가의 전답안은 아니지만 『공동면 중리 양안책』을 통하여 거주지를 부여로 이주하던 즈음 함양박씨가의 해당 지역 내 토지 보유 현황을 엿볼 수 있다.

3. 재경기(在京期)

18세기 중엽 박태갑 대에 거주지를 이천으로 옮기기 전까지 박세영부터 박홍신에 이르는 250여 년간 함양박씨가는 서울에 세거하였다. 이 기간의 함양박씨가는 중앙의 사환가로서 매우 현달한 가문이었다. 그리고 이러한 위상은 경제력에서도 뚜렷이 드러났다. 재경기 함양박씨가의 노비와 토지 보유는 이후 시기에 비해 압도적으로 많았으며, 그 경영 양상에 있어서도 매우 역동적인 모습을 보여주었다.

1) 재산의 규모와 상속

재경기 함양박씨가의 토지와 노비 소유 현황을 확인할 수 있는 자료는 「1666년 박종형남매 화회문기」이다. 이 문서는 박종형의 모친 안동권씨가 사망한 후 박종형 남매가 그 재산을 분재한 문서이다. 이 당시 박종형은 이미 1659년(효종10)에 사망한 상태로 그 부인 양천허씨가 대신 참석하였고, 박종형의 누이동생을 대신하여 그 남편인 오정위(吳挺緯)가 참여하여 분재하였다. 재산은 봉사조(奉祀條)와 박종형 몫, 오정위 처 몫으로 나누고 있는데, 당시 분재의 대상이 된 노비는 256구(口)였고, 전답은 630두락(斗

표 2 「1666년 박종형남매 화회문기」의 노비 분재 내역

구분		大宗·宗家 奉祀條			1子 朴宗亨			2女 吳挺緯 妻			총합		
		노	비	합	노	비	합	노	비	합	노	비	합
大宗·宗家	墓直		4	4								4	4
	京居	3	3	6							3	3	6
기타	新奴婢				4	4	8	4	4	8	8	8	16
	乳母					1	1		1	1		2	2
	馬直				1		1	1		1	2		2
	親得				1	1	2	1	1	2	2	2	4
	합				6	6	12	6	6	12	12	12	24
가내노비					6	4	10	9	0	9	15	4	19
外居奴婢	경기	7	6	13	7	3	10	5	2	7	19	11	30
	충청				0	2	2	4	3	7	4	5	9
	경상	2	5	7	4	6	10	5	6	11	11	17	28
	전라	7	7	14	14	9	23	14	10	24	35	26	61
	황해	7	6	13	5	8	13	6	8	14	18	22	40
	평안	3	3	6	7	9	16	5	8	13	15	20	35
	합	26	27	53	37	37	74	39	37	76	102	101	203
총합		29	34	63	49	47	96	54	43	97	132	124	256

落)에 달했다. 우선 「1666년 박종형남매 화회문기」를 통하여 확인할 수 있는 노비의 현황을 살펴보면 〈표 2〉와 같다.

「1666년 박종형남매 화회문기」를 통해 파악한 당시 함양박씨가의 노비 규모는 노가 132구, 비가 124구로 총 256구에 달하는 많은 수였다. 그 중 다수는 외거노비(外居奴婢)로 함경도와 강원도를 제외한 전국에 203구가 분포하였는데, 특히 전라도 지역이 61구로 가장 많았고, 황해도와 평안도, 경기 및 경상도에도 30구 내외에서 40구의 노비가 분포하였다. 개별 고을로는 황해도 평산이 27구로 최대였고, 이어서 전라도 김제가 26구, 평안도 대흥 17구, 경기 안산 14구, 경상도 거창과 평안도 함종이 각 11구씩이었다. 외거노비가 거주하고 있는 지역을 보다 구체적으로 살피면, 경기 지역에서는 김포, 안산, 양주, 옹진, 인천, 파주 등지에 거주하

였고, 충청도에서는 면천, 은진, 청주, 태안 지역, 경상도에서는 거창, 상주, 성주, 신녕, 안음, 초계, 현풍 일대, 전라도에서는 김제, 남원, 남평, 담양, 동복, 보성, 순창, 순천, 영광, 임피, 전주, 태인, 흥양 등지에 거주하였고, 황해도에서는 토산, 평산, 황주, 평안도에서는 대흥, 선천, 숙천, 의주, 함종 등지에 거주하고 있었다. 외거노비 가운데 서울에 거주하는 노비도 6구가 확인되는데, 이들은 모두 종가의 봉사조로 구분되었다.

이렇듯 당시 함양박씨가의 외거노비는 함경도와 강원도를 제외한 전국의 다양한 지역에 거주하고 있던 것으로 나타난다. 이와 같은 노비의 규모와 거주 분포는 당시 박씨가의 경제 규모와 경제력이 미치는 범위를 단적으로 보여준다고 할 수 있다. 외거노비의 거주지는 함양박씨가가 소유하고 있는 전답의 분포와 밀접하게 관련되는 것으로, 당시 양반 대지주의 농업 경영이 보여주는 특징 가운데 하나였다. 이와 같이 보유 토지와 노비가 여러 곳에 산재해 있는 이유는 대체로 지역적 흉작과 재해 등으로 인한 농업의 불안정성을 극복하기 위한 것으로 설명되며, 이후 18~19세기에는 양반지주가의 거주지 인근으로 농업 경영이 집중되는 양상을 보인다.

203구의 외거노비에 비해 가내노비(家內奴婢)는 노 15구, 비 4구로 19구를 확인할 수 있다. 그러나 유모(乳母)와 마직(馬直), 신노비(新奴婢)와 친득노비(親得奴婢) 등 별도로 기록되어 있는 24구의 노비도 성격상 가내노비로 볼 수 있으며, 이를 모두 합하면 43구로 적지 않은 가내노비를 사환하고 있었음을 알 수 있다. 두 남매 각각에게 유모인 비 1구와 마직인 노 1구씩이 분급되었으며, 혼인 시에도 이미 노 4구와 비 4구씩이 지급되었다는 점을 통해서도 함양박씨가의 재력이 상당했음을 알 수 있다.

박종형과 오정위 처 두 남매의 노비 분급 양상을 보면 적장자와 그렇지 않은 자녀, 아들과 딸의 차이에도 불구하고 제자녀 균등 분배의 방식이 행해지고 있는 것을 알 수 있다.[13] 유모와 마직, 신노비와 친득노비는 노와 비의 수까지 일치시키는 완전한 균등 분재를 실시하고 있으며, 외거노비에 있어서도 경상도와 전라도, 황해도 등지에서 균등 분급을 의도하고 있다. 가내노비의 분급에서 비 4구를 박종형에게 몰아주고 있지만, 노를 포함하면 10구와 9구로 균등 분배에 가까운 모습을 보여준다. 결국 봉사조를 제외한 193구의 노비에 대하여 박종형이 96구 오정위 처가 97구를 나누어 가짐으로써 노비의 분재에 있어 제자녀 균등의 방식을 관철하고 있음을 알 수 있다.

이와 같은 제자녀 균등 분배의 방식은 필연적으로 종가 재산의 축소를 초래함으로써 종가의 역할과 유지를 어렵게 하는 주요한 배경이 되었다.[14] 이러한 위기를 방지하기 위한 장치가 봉사조의 설정이었다. 당시 함양박씨가는 두 남매의 몫과는 별도로 대종과 종가의 봉사조를 설정하였으며, 여기에 할당한 노비는 전체의 4분의 1 규모인 63구로 적지 않은 숫자였

13 조선의 상속제도는 근본적으로는 단독상속이 아니라 분할상속주의가 원칙이며, 자녀 균분상속, 별급(別給)과 화회(和會)의 관행, 재주의 재량권 존중, 봉사조 형성 등을 특징으로 한다. 조선의 기본 법전으로 기능한 『경국대전(經國大典)』의 규정은 제자녀 균등 분배와 제사를 승계한 자녀에 대한 우대를 기본으로 한다. 그러나 실제 조선의 상속 관행은 시대의 흐름에 따른 사회 관습의 변화 속에서 별급과 화회, 그리고 재주의 재량권에 의해 진행되어 갔는데, 상속제도 변화의 큰 흐름은 제자녀 균분에서 딸의 차별 혹은 배제에 기반을 둔 제자(諸子) 균분으로, 그리고 적장자 우대로 변화했다. 이 같은 상속제도의 변화는 제사의 주체와 방식의 변화와 밀접하게 관련된다. 제사 봉사와 관련하여 또한 주목되는 것은 제사를 승계한 적장자에 대한 직접적인 우대가 아니라, 봉사조를 별도의 몫으로 설정하고 그에 대한 관리와 권한이 적장자에게 주어졌으며 시간이 갈수록 봉사조의 비중이 확대되었다는 사실이다. 조선 후기 상속제도의 변화에는 종법의 확산과 함께 균분상속으로 인한 재산의 영세화를 방지하기 위한 경제적 이유도 배경으로 언급된다. 또한 제자녀 균분상속에서 제자 균분상속으로 변화한 것은 17세기 중후반, 그리고 18세기 이후에는 적장자 우대상속이 확산되어 갔고, 나아가 적장자 단독상속까지 나아가는 것으로 이해된다. 그러나 한편으로는 18세기, 나아가 19세기 초까지도 균분 분할 상속의 유제가 비교적 강고하게 남아 있었고, 봉사조의 설정과 확대는 그에 대한 적장자의 권리와 의무라는 점에서 적장자 우대라고 할 수 있을지라도 단독상속이라고까지는 할 수 없으며, 봉사조가 장자의 몫과 독립적으로 존재하였다는 점에서 이를 제사상속권의 집중을 통한 제사 윤행의 변형적인 형태로 보아야 한다는 주장도 존재한다. 배상훈, 「조선의 상속관행에 관한 연구: 17~18세기 삼남지방 분재기 사례를 중심으로」, 고려대학교 사회학과 박사학위논문, 2009, 145~148쪽; 『經國大典』 刑典, 私賤條; 권내현, 「17~19세기 조선의 재산 상속 관행: 종법과 경제력 변동을 중심으로」, 『한국사학보』 70, 2018, 284~292쪽; 문숙자, 『조선시대 재산상속과 가족』, 경인문화사, 2004, 262~263쪽.

14 반면 적장자가 아닌 자녀들에게는 재산 축적의 중요한 계기가 되고 있었으며, 이는 진주 마진 재령이씨의 사례를 통하여 확인할 수 있다. 허원영(2023), 앞의 글.

다. 그리고 이에 대한 권한을 적장자에게 부여함으로써 종가 재산의 지나친 영세화를 방지하고 있다.

「1666년 박종형남매 화회문기」에서 확인할 수 있는 토지의 분급 양상은 노비와는 다소 다르게 나타난다. 봉사조를 제외한 노비의 분재가 철저한 균등 분재의 방식에 따라 이루어진 반면, 토지에 있어서는 적장자에 대한 우대가 뚜렷이 나타나고 있다. 그 내역을 정리한 것이 〈표 3〉이다.

「1666년 박종형남매 화회문기」에서는 총 104필지 622두락 이상의 전답과 와가(瓦家) 1좌(坐)를 확인할 수 있다. 다만 16필지 토지의 정확한 면적을 확인할 수 없다. 면적을 확인할 수 없는 토지는 종가의 봉사조인 평산에 소재한 전 4필지와 제1자 박동형 몫인 면천 소재 진전 1필지와 순천 소재 전 2필지, 그리고 제2녀 오정위 처 몫인 안산 소재 진전 1필지와 면천 소재 진전 5필지, 그리고 순천 소재 전 3필지이다.

전답은 경기의 김포, 안산, 안성, 충청도의 면천과 직산, 전라도 순천, 황해도 평산에 분포하며, 와가는 서울에 소재하였다. 전답의 소재지는 안성과 직산을 제외하고는 노비의 거주지와 겹치고 있다. 132두락의 답이 소재한 순천은 16구의 노비가 거주하였으며, 100두락의 답이 소재한 평산은 27구로 가장 많은 외거노비가 거주하던 지역이다. 이와 같은 전답과 노비의 분포는 함양박씨가의 외거노비 다수가 상전의 전답을 경작하는 작인(作人)이기도 했다는 점을 반영하며, 재경기 함양박씨가의 지주 경영에 있어 상당 부분을 노비 노동력에 의존하고 있었음을 의미한다.

각 몫에 따른 토지의 할당을 보면, 100두락의 답을 포함한 10필지의 전답과 서울에 소재한 와가는 종가의 봉사조로 할당함으로써 적장손의 관리하에 두도록 하고, 나머지 94필지 522두락 이상의 전답을 두 남매 몫으로 분급하고 있다. 제1자 박종형 몫은 전이 15필지 65두락 이상이고 답이 30필지 231두(斗) 5승락(升落)이었으며, 제2녀 오정위 처의 몫은 전이 21필지 61두락 이상이고 답이 28필지 164두 5승락으로 확인된다. 노비

표 3 「1666년 박종형남매 화회문기」의 전답 분재 내역

구분		종가봉사조		1자 박종형		2녀 오정위 처		총합	
		전	답	전	답	전	답	전	답
종류별	田·畓	?(4)	100(6)	35*(7)	217(27)	19*(6)	149(24)	54*(17)	466(57)
	陳田			15*(2)	14.5(3)	15*(7)	15.5(4)	30*(9)	30(7)
	垈田			1(1)				1(1)	
	太·牟田			14(5)		27(8)		41(13)	
	瓦家	1좌							
지역별	김포				75(4)		15(2)		90(6)
	안산			13(2)	26(2)	9*(3)	19(2)	22*(5)	45(4)
	안성				12(2)		6(1)		18(3)
	면천			9*(5)	28.5(8)	9*(9)	28.5(8)	18*(14)	57(16)
	직산			43(6)	24(4)	43(6)	30(5)	86(12)	54(9)
	순천			?(2)	66(10)	?(3)	66(10)	?(5)	132(20)
	평산	?(4)	100(6)					?(4)	100(6)
	京	瓦家 1좌							
총합		?(4)	100(6)	65*(15)	231.5(30)	61*(21)	164.5(28)	126*(40)	496(64)

단위: 두락(필지 수)
?: 해당 전답의 모든 필지의 면적을 알 수 없는 경우
*: 해당 전답의 일부 필지 면적을 알 수 없는 경우

의 분재와는 달리 적장자인 박종형의 몫이 제2녀의 몫에 비해 상당히 많은 것을 알 수 있다. 전은 정확한 면적을 알 수 없는 경우가 있지만, 답의 분재에서는 박종형 몫과 누이의 몫이 3:2 수준으로 상당한 차이를 보이고 있다.

지역별 분재에 있어 노비의 경우에는 지역별로 균등하게 안배하려는 의도가 엿보이나 전답에서는 지역별 차이를 보이고 있는 점도 주목된다. 특히 답의 분재를 보면, 김포를 중심으로 안산과 안성 등 근기 지역에서 박종형의 몫이 누이의 몫에 비해 많이 책정되어 있음을 알 수 있다. 반면 그 밖의 지역에서는 다른 모습을 보이는데, 면천과 순천에서는 균등 분배, 직산에서는 박종형보다 누이의 몫이 많이 책정되는 모습이 보인다.

이렇듯 17세기 중엽 함양박씨가는 경기와 충청, 전라, 황해 일대에 상

당한 면적의 전답을 보유하였으며, 재경 부재지주의 성격을 지니고 있었다. 1666년 박종형 남매의 분재에서 전답 역시 노비와 마찬가지로 상당한 양이 제2녀 오정위 처의 몫으로 분급되었고, 이것이 종가의 재산을 축소시키는 결과를 초래했다고 할 수 있다. 그러나 와가를 포함하여 답의 20%를 종가의 봉사조로 설정하고 답과 근기 지역 분재에 있어 제1자 박동형 몫의 비중이 큰 양상을 통하여 노비와는 달리 적장손 중심의 토지 분재를 실현하고 있음을 알 수 있다.

분재의 양상에서 적장자 중심의 재산 상속이 진행되는 방향성을 확인할 수는 있지만, 기본적으로 모든 자녀를 대상으로 분할 상속이 이루어지는 상황에서 재산의 분재가 종가의 재산 축소를 초래하는 것은 불가피한 일이었다. 하지만 동시에 처변(妻邊)으로부터 받은 상속이 부를 증가시킬 수 있는 중요한 계기가 되기도 하였다. 실제 박종형 남매의 화회를 통한 분재가 이루어지기 10년 전인 1656년(효종 7) 박종형 처 양천허씨의 분급을 통하여 상당한 양의 토지와 노비가 함양박씨가로 이전되기도 하였다.

1656년 박종형 처 양천허씨의 상속은 허항(許恒) 사후 허감(許橄) 등 5남매가 모여 재산을 화회분집(和會分執)하며 작성한 화회문기를 통해 확인할 수 있다. 이 화회에는 장녀 민진원(閔震遠) 처를 대신하여 아들인 민회(閔晦)의 처 조씨가 참석하였으며, 차녀 심도(沈度) 처를 대신하여 딸인 이빈(李斌) 처 심씨가 참여하였다. 그리고 삼남 허감과 사녀 박종형 처 허씨, 그리고 오남 허남(許欖)을 대신하여 아들 허경(許絅)의 처 김씨가 참여하였다. 그 분재의 내용은 〈표 4〉와 같다.

「1656년 허감남매 화회문기」는 문서의 시작부터 장녀 몫 노비질까지 대부분이 훼손되어 그 내용을 알 수 없다. 즉 문서의 앞부분에 수록되었을 것으로 짐작되는 분재 경위를 기록한 서문과 봉사조의 내역, 그리고 장녀 몫의 노비 분급의 구체적 내용을 확인할 수 없는 상황이다. 다만 다른 남매들의 노비 분재 내용을 통해 장녀 몫 노비도 노와 비 각 10구씩 20구가

표 4 「1656년 허감남매 화회문기」의 분재 내역

몫	노비			전답: 두락(필지)			비고
	노	비	합	전	답	합	
제1녀 閔震遠 妻 몫	3*	*	3*	8(3)	85(9)	93(12)	
제2녀 沈度 妻 몫	10	10	20	3(2)	83(11)	86(13)	전(1), 답(1) 미상
제3남 許橵 몫	9	11	20	7(2)	66.5(11)	73.5(14)	1필지 미상
제4녀 朴宗亨 妻 몫	10	10	20	10(2)	69.5(8)	79.5(10)	
제5남 許欑 몫	8	6	14	11.5(3)	56(9)	67.5(12)	
합계	40*	37*	77*	39.5(12)	360(48)	399.5(61)	3필지 미상

*: 제1녀 민진원 처 몫의 신노비질 노3구를 제외한 앞부분 결락으로 정확한 내용 알 수 없음

분급되지 않았을까 추정할 수 있다. 이렇게 봤을 때 봉사조를 제외하고 허감 5남매에게 분급된 노비는 90~100구로 추정되며, 전답은 400두락 정도였음을 알 수 있다.

화회문기를 통해 확인할 수 있는 양천허씨가의 노비는 경기의 풍덕과 장단, 통진, 그리고 전라도 남원, 광양, 구례, 곡성, 순천, 영광 등지에 분포하고 있다. 장녀 몫의 기록이 불완전한 상태지만 차녀와 삼남 및 사녀의 몫을 볼 때 20구씩 나누어 가진 것으로 볼 수 있으며, 노와 비의 수도 10구씩으로 대체로 균등하게 나누었음을 알 수 있다. 다만 막내인 오남에게만 노 8구와 비 6구, 합 14구로 다른 형제들에 비해 상당히 적은 수의 노비를 분급하고 있다.

양천허씨가의 전답은 남원과 아산에 소재하는 것으로 확인된다. 차녀와 삼남의 몫에서 3필지 전답의 면적을 확인할 수 없지만, 대체로 전은 2~3필지 10두락 내외로 분급한 것으로 추정되며, 노비에서와는 반대로 오남에게 가장 많은 면적을 분급하고 있다. 반면 답은 장녀와 차녀의 몫이 많고, 아래로 내려갈수록 적은 양을 분급하고 있다. 아산에 소재한 토지는 모두 언답(堰畓)으로 다섯 남매에게 각 3필지씩 분급했지만, 면적에서는 오남의 14두락에서 사녀의 36두 5승락까지 차이를 보이고 있다.

「1656년 허감남매 화회문기」에 나타나는 양천허씨가의 분재는 노비의 경우 오남의 몫이 다른 형제에 비해 적고, 전답도 각 형제별로 다소 차이를 보이고 있다. 그러나 그러한 차이가 아들과 딸의 구분이나 적장자 우대를 반영하지는 않고 있다. 당시 박종형은 이미 사망한 후였지만 처 허씨의 집안으로부터 노와 비 각 10구씩 20구와 전 10두락, 답 69두 5승락의 재산을 상속받았다. 사녀인 박종형 처 허씨는 장녀나 차녀에 비해서는 다소 적었지만 오남에 비해서는 상당히 많은 전답과 노비를 분급받았으며, 이러한 처변으로부터 받은 상속은 함양박씨가의 재산 축적에 중요한 배경이 될 수 있었다.

2) 노비 경영

재경기 함양박씨가의 호구문서는 「1666년 박상욱 준호구」를 시작으로 「1753년 박중신 준호구」까지 87년간 12개 식년의 것이 남아 있다. 이 문서들에 수록되어 있는 노비질 기록을 바탕으로 재경기 함양박씨가의 노비 경영의 일단을 살필 수 있다. 〈표 5〉는 그 현황을 나타낸 것이다.

재경기 박씨가의 호구문시 12점에 등장하는 노비의 연인원은 총 820구에 달한다. 이 가운데 노는 366구, 비는 438구로 노는 비의 5분의 4 수준을 나타낸다. 노비의 성비는 대부분의 호구문서에서 유사한 비율을 보이고 있으나, 「1723년 박태갑 준호구」에서는 노가 40구로 비의 33구에 비해 상당히 많은 수치를 보인다. 이것은 「1711년 박홍신 준호구」와 비교할 때, 이제까지 누적된 도망 비의 기록을 해소한 결과라 할 수 있다.

재경기 박씨가의 호구문서에는 상당히 많은 도망 노비가 등장한다. 그 총수는 329구로 전체 노비 820구의 40%를 차지한다. 특히 1700년을 전후한 시기 박상욱의 호구문서에서는 80구 내외의 노비 가운데 절반이 넘는 40구 이상이 도망 노비로 확인된다. 또한 해당 시기 호구문서에서는

표 5 재경기 함양박씨가 호구문서의 노비 등재 현황

자료명	노				비				미상			노비합			
	합	사망	도망	실재	합	사망	도망	실재	합	도망	실재	총합	사망	도망	실재
1666년 박상욱 준호구	24		9	15	34		11	23	7	1	6	65		21	44
1672년 박상욱 준호구	26		7	19	27		11	16	6	5	1	59		23	36
1681년 박경승 준호구	4		1	3	5		1	4				9		2	7
1690년 박상욱 준호구	56		14	42	59		21	38				115		35	80
1699년 박상욱 준호구	35	2	18	15	43	7	22	14	1	1	0	79	9	41	29
1699년 박상욱 호구단자	36	4	19	13	45	7	22	16				81	11	41	29
1702년 박경후 준호구	15	3		12	19	1	2	16				34	4	2	28
1702년 박상욱 준호구	39	5	19	15	45	6	25	14				84	11	44	29
1702년 박상욱 호구단자	39	5	19	15	45	6	25	14				84	11	44	29
1711년 박흥신 준호구	43		17	26	55		24	31	2		2	100		41	59
1723년 박태갑 준호구	40		10	30	33		4	29				73		14	59
1753년 박중신 준호구	9		6	3	28	2*	15	11				37	2	21	14
총합계	366	19	139	208	438	29	183	226	16	7	9	820	48	329	443

*: 사망 1구 외에 放良 1구 포함

사망 노비들도 다수 확인되며, 이로 인하여 전체 노비 구수 대비 실재 노비는 35%에 불과한 수준이다. 호구문서를 통해 볼 때, 1700년을 전후한 시기는 도망 노비와 사망 노비가 다수를 차지하면서 실제 소유 노비가 급감한 시기라고 할 수 있다.

「1690년 박상욱 준호구」와 「1699년 박상욱 준호구」에 나타나는 노비 수의 급감은 도망과 사망 노비의 증가 외에 기본적으로 박경후가 상당 규모의 노비를 거느리고 독립호로 입적(入籍)함에 따른 결과가 반영된 것이다. 「1690년 박상욱 준호구」에는 박경후 내외가 솔거(率居)가족으로 등장하고 있으나 1699년에는 빠져 있고, 다음 식년인 1702년에는 박상욱과 박경후가 각각의 주호(主戶)로 준호구를 발급받고 있었다. 1702년 박상욱과 박경후 호구문서에 등장하는 노비의 총수는 118구로 「1690년 박상욱 준호구」의 115구보다 오히려 3구가 늘어나 있음을 확인할 수 있다. 그러나 사망과 도망 노비의 급증으로 인해 실재 노비는 80구에서 57구로 대폭 감소되는 모습을 보인다.

여기서 주의할 점은 호구문서에 등재된 노비가 함양박씨가가 소유한 노비의 전체 모습을 보여주는 것은 아니라는 사실이다. 앞서 「1666년 박종형남매 화회문기」에 등장하는 노비는 총 256구에 달했고, 박종형 몫의 노비만 96구였으며, 여기에 봉사조 노비 63구가 별도로 존재했다. 그러나 「1666년 박상욱 준호구」에 등장하는 노비는 65구이고, 도망 노비 21구를 제외하면 44구에 불과하여 실제 소유하고 있었던 노비와는 많은 차이가 존재함을 알 수 있다. 외거노비가 거주 고을에 독립호로 입적하는 등의 이유로 함양박씨가 호구단자에서 빠진 것으로 추정된다. 그렇기 때문에 호구문서로 함양박씨가가 소유한 노비의 전모를 구체적으로 확인하는 것은 어렵다. 다만 그 추세와 양상을 대략적으로 파악하는 것은 가능하다.

〈그림 4〉는 재경기 함양박씨 종가의 노비 보유 추세를 그래프로 나타낸 것이다. 방계의 호구문서인 「1681년 박경승 준호구」와 「1753년 박중신 준호구」를 제외하였고, 같은 식년 준호구와 호구단자가 동시에 존재하

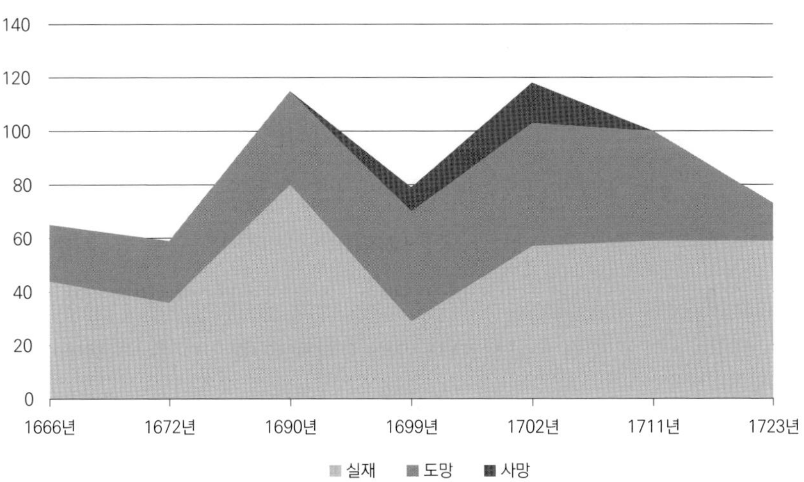

그림 4 재경기 박씨가의 노비 보유 추이(사망, 도망)

는 1699년과 1702년에 대해서는 호구단자를 제외하고 준호구 기록을 기준으로 하였으며, 1702년에는 박상욱과 박경후 준호구의 기록을 합쳐서 계산하였다. 이렇게 하여 1666년과 1672년, 1690년, 1699년, 1702년, 1711년, 1723년 등 60여 년에 걸친 7개 식년 호구문서를 통하여 노비 보유 추이를 검토하였다. 단 1699년의 경우 독립호로 입적한 것으로 추정되는 박경후 호의 호구문서가 전해지지 않은 까닭에 해당 노비가 누락되어 과소평가되는 것을 감안할 필요가 있다.

박경후 호의 호구단자 누락으로 왜곡이 존재하는 1699년을 그다음 식년인 1702년 수준이라고 가정하면, 재경기 함양박씨가의 전체적인 노비 규모는 17세기 후반에 60구 내외에서 120구 수준으로 급증하였다가 18세기에 접어들며 70구 수준으로 급감하고 있다고 볼 수 있다. 그러나 도망과 사망 등을 제외한 실재 노비를 초점에 놓고 본다면, 1690년에 80구로 정점을 찍고 1700년을 전후하여 60구 수준으로 감소한 후 그 수준이 지속되었다고 볼 수 있다.

가장 많은 노비가 등장하는 「1690년 박상욱 준호구」를 통해 재경기 박씨가의 노비 현황을 좀 더 자세히 검토해 보기로 한다. 〈표 6〉과 〈표 7〉은 1690년을 대상으로 노비의 취득 경위별 분포와 성별-연령별 분포를 나타낸 것이다.

노비의 취득 경위를 살펴보면, 함양박씨가가 소유한 비의 소생인 경우가 90구로 다수인 78% 정도를 차지한다. 그리고 함양박씨가의 노가 양인 여성과 낳은 경우가 15구로 13%를 차지하며, 모계가 확인되지 않는 노의 소생도 5구가 존재한다. 결국 함양박씨가 소유 노비의 재생산을 통한 노비 취득이 115구 중 110구로 대다수를 차지하고 있으며, 노의 경우 양처와의 병산을 통하여 그 자녀의 소유권을 적극 확보하고 있었음을 알 수 있다. 5구가 존재하는 매득 노비의 경우 4구가 노에 집중되고 있다. 이를 볼 때 함양박씨가의 노비 확보는 기본적으로 자기 소유 노비의 재생산을

표 6 1960년 노비 취득 경위별 분포

구분	노	비	합계
婢 所生	43	47	90
奴-良妻幷産	6	9	15
奴 所生	3	2	5
買得	4	1	5
총합계	56	59	115

표 7 1960년 노비 성별-연령별 분포

노	연령	비
2	81~92	2
1	71~80	3
2	61~70	4
4	51~60	5
3	41~50	4
17	31~40	13
10	21~30	15
12	11~20	8
5	01~10	5

통해 도모하였으며, 매득은 기본적으로 노동력의 필요에 의해 이루어진 것으로 보인다.

노비의 연령대별 분포를 살피면, 10대에서 30대에 이르는 청장년층이 다수를 차지하고 있음을 확인할 수 있다. 이와 같은 노비의 연령별 분포는 당시 함양박씨가 보유 노비가 노동력 측면에 집중되고 있었음을 보여주는 것이다. 비의 경우 특히 20대와 30대에 집중되고 있는데, 이는 노동력뿐만 아니라 자녀의 생산에도 적합한 연령대였다. 결국 이러한 노비들의 연령 분포를 통하여 재경기 함양박씨가의 경제적 활력과 성장 가능성을 엿볼 수 있다.

3) 토지 매득

이어서 토지매매명문을 통하여 재경기 함양박씨가의 토지 매득 양상을 검토해 보자. 재경기 함양박씨가의 토지 매득을 확인할 수 있는 토지매매명문은 총 8건으로 1694년(숙종 20)에서 1703년(숙종 29) 사이에 진행되었다. 매수자는 박참판댁의 노(奴)인 수생(守生)과 기민(己民), 동이(東伊), 이현(二賢)의 명의로 진행되었다. 여기서 박참판댁은 박경후가를 지칭하는 것으로, 박경후 대에 이루어진 토지 매득이었다. 매도자는 전군관(前軍官) 김소안(金小安)을 제외하고는 모두 장령(掌令)이나 만호(萬戶), 직장(直長) 등의 지위였으며, 택호(宅號)와 노의 이름으로 진행되고 있어 대부분 양반과의 거래임을 알 수 있다.

거래의 내용을 살피면, 상당히 대규모의 토지에 대한 매득이 이루어졌다. 8건 중 5건이 금천 북면 구로리의 토지를 매득하였는데, 1694년에는 조장령의 노 이금(二金)으로부터 금천 북면의 답 5필지 31부(負) 2속(束)을 전문 185냥에 매입하였고, 1702년에는 조만호의 노 끗남(㖌男)에게 2석 21두락이 넘는 금천 구로리의 전답 18필지 46부 9속을 전문 380냥에 매득하였다. 1703년에는 금천 구로리의 전답 8필지 19두락을 상만호(尙萬戶) 노 지영(支永)에게 은자 50냥에, 전 3필지 6부를 원생원댁 노 무신(戊申)에게 전문 18냥에 각각 매입하였다. 그리고 정확한 시기를 알 수 없지만 1700년을 전후한 시기에 금천 구로리의 전답 21필지를 김만호의 노 막선(莫先)에게 매입했다. 이 밖에도 1703년에 양주 서면 등지의 답 3필지 6부 7속 4두락을 전군관 김소안에게 전문 80냥에 매입하였고, 1702년에는 정확한 위치를 알 수 없지만 박씨가의 산소 근처에 소재한 목화전 등 전 2필지 7부, 하루 반일경을 정직장댁 노 끗남에게 35냥에 매득하였다.

몇 사례에 불과하지만 이러한 재경기 함양박씨가의 토지 매득은 당시 함양박씨가의 경제력과 활력을 잘 보여주는 사례라 할 수 있다. 한 번에 수십 두락에 달하는 넓은 면적의 전답을 수백 냥의 거액을 지불하고 매득하는 거래 양상은 당시 함양박씨가의 경제력을 단적으로 보여준다. 또한 매득 지역이 현재의 서울 구로와 양주 일대에 집중되고 있다는 점은 박경후 시기 함양박씨가 지주 경영의 방향이 서울 인근에 집중되고 있었음을 잘 보여준다. 양주와 구로 지역은 함양박씨가의 선영이 존재하는 곳이기도 하였다. 결국 당시 함양박씨가는 사환 이력과 거주지뿐만 아니라 경제활동에 있어서도 재경 양반지주로서의 정체성을 분명하게 드러내고 있었다고 할 수 있다.

4. 이천이거기(利川移居期)

대대로 서울에 거주하던 함양박씨가는 18세기 중엽 박태갑 대에 이천으로 이주하여 세거하게 된다. 박경후의 동생 박경승의 손자로 박홍신을 계후한 박태갑은 호구문서에 따르면, 1721년(경종 1) 박홍신이 사망한 후 얼마간 서울에 거주하다가 이천으로 이거한 것으로 보인다. 이때 박태갑의 생가가 이미 이천에 정착하고 있었기 때문에 서울을 떠나 자신의 생가로 이거한 것이었다.

이 시기 함양박씨가 서울을 떠나 이천으로 이거한 것은 1694년 갑술환국 이후 남인들의 정치적 몰락과 흐름을 함께하는 것이었다. 함양박씨가의 이천 거주 시기는 박규순이 사망하는 1860년대까지로 볼 수 있으며, 이 시기 함양박씨가는 재경 사환가에서 근기 지역의 사족으로 변화하면서 정치적으로나 경제적으로 재경기의 규모와 활력을 잃어 가는 모습을 보이고 있었다. 이 시기 함양박씨가의 경제활동을 살필 수 있는 자료들이 이전 시기인 재경기보다도 적은 것 역시 이천이거기 함양박씨가의 경제활동이 이전에 비해 위축된 상황을 반영하는 것으로 보인다.

1) 노비 경영

함양박씨가의 이천 거주 시기 노비 현황을 살필 수 있는 호구문서는

표 8 이천이거기 함양박씨가 호구문서의 노비 등재 현황

자료명	노				비					노비 합				
	솔거	외거	도망	합	솔거	외거	도망	사망	합	솔거	외거	도망	사망	합
1759년 박태갑 준호구	2	30	1	33	7	24	4		35	9	54	5		68
1807년 박희갑 준호구	1	2	2	5		4	15		19	1	6	17		24
1822년 박재원 준호구	7		1	8	10		2	2	14	17		3	2	22
1843년 박정석 준호구	2		2	4	10		2	2	14	12		4	2	18
1852년 박정석 준호구	2		2	4	7		3	2	12	9		5	2	16
합계	46		8	54	62		26	6	94	108		34	6	148

5점에 불과하지만, 「1759년 박태갑 준호구」를 시작으로 「1852년 박정석 준호구」까지 함양박씨가가 이천으로 이거하여 거주하던 100여 년에 걸쳐 있어 그 대체적인 양상을 살필 수 있다.

함양박씨가의 이천 거주 초창기인 1759년(영조 35) 무렵의 노비 규모는 68구로 재경기의 마지막 시기 수준을 유지하고 있는 것으로 나타난다. 노와 비의 수는 33구와 35구로 비슷한 성비를 보이고 있으며, 다수인 54구가 외거노비였고 주가(主家)에 솔거(率居)하며 앙역(仰役)하는 노비는 9구였다. 외거노비의 거주지는 예전과 다른 분포를 보이는데, 우선 재경기에는 확인할 수 없었던 강릉과 서산에 14구와 6구가 거주하고 있었다. 더 주목할 점은 서울에 거주하는 노비가 16구나 존재했고, 그 나머지 18구 역시 묘직으로 박씨가의 선영인 구로를 중심으로 거주하는 것을 확인할 수 있다. 이를 통하여 함양박씨가가 적어도 이천에 이거한 초기에는 재경기 수준의 경제력을 유지하고 있었으며, 서울과 인근 선영에 대한 경영도 지속적으로 이루어지고 있었다고 볼 수 있다.

그러나 이후 19세기에 들어서면서 함양박씨가의 보유 노비는 급감하는 모습을 보인다. 이것은 외거노비의 소멸이 노비 수의 급감으로 나타난 것으로, 1807년(순조 7) 24구에서 1852년(철종 3) 16구까지 감소했다. 이와

같은 19세기 노비의 감소는 노비제가 사실상 해체기에 들어간 조선 후기의 시대상에 따른 것으로, 함양박씨가뿐만이 아니라 대부분 양반지주가에서 공통적으로 나타난 현상이었다.[15]

한편 이 시기 함양박씨가는 2구의 비를 매득하였다. 이것은 재경기 함양박씨가의 노비 매득이 노에 집중되었던 것과 대비되는 모습이다. 노가 아닌 비의 매득은 노비제도의 해체 현상과 외거노비의 소멸에 따른 노비의 축소 상황에서 함양박씨가의 가내 앙역과 사환 노비의 필요에 따른 매득으로 볼 수 있다.

2) 토지 상속과 매득

함양박씨가의 이천 세거 시기에 처변으로부터 재산 분급이 이루어진 사례가 남아 있다. 그것은 박태갑이 이천으로 이거하고 얼마 후인 1761년(영조 37)에 사망한 아들 박현록의 처 전주이씨가 그 친부 이제화(李齊華)로부터 토지를 분급받은 내용이 담긴 「1761년 박현록 처 전주이씨 깃급문기」이다. 이 문서는 이제화가 생전에 자신의 자식들에게 재산을 나누어 주면서 작성한 분재기로, 다른 형제들의 몫에 대한 기록은 없이 말녀인 전주이씨의 몫만을 기록하였다.

이때의 분재는 18세기 이후 적장자 중심의 차등 분재가 일반화되는 상황에서 재주인 이제화의 의지가 강하게 반영되었다. 이제화는 자녀 사이에 큰 차별을 두지 않고 부유함만을 고려하면서 약간의 증감을 두어 토지를 분급하였다. 그리고 노비에 대해서는, 매득한 것이 없고 약간의 세전(世傳) 노비만 있어 분배하기에 충분하지 않다는 이유로 봉사자(奉祀子)의 몫으로 하였다. 즉 노비의 상속에 있어서는 봉사자인 적장자 중심의 상속을

15 허원영(2023), 앞의 글, 111~112쪽.

관철했지만, 토지에 대해서는 당시의 관행과는 다르게 재주 이제화의 의지가 반영되었다고 할 수 있다.

이 분재를 통하여 이제화의 말녀였던 박현록 처 전주이씨는 용인에 있는 2필지 3부 4속 3두락의 답과 2부 7속 반일경의 전, 그리고 여흥의 답 5필지 16부 5속 20두락을 상속받게 되었다. 적장자 중심의 재산 상속이 관행화되어 가던 당시의 상황에서 이 같은 처변으로부터의 재산 상속은 함양박씨가의 재산 축적에 큰 기여가 되었다. 한편 전주이씨의 처변으로부터 상속된 토지가 적은 양은 아니었지만, 재경기 박종형의 처변으로부터의 상속에 비할 바는 아니었다. 이것은 기본적으로 혼처의 경제력 차이에서 비롯되는 것으로 볼 수 있으며, 이 같은 혼처의 경제력 차이가 재경기에 비해 위축된 이천이거기 함양박씨가의 경제적 지위를 보여준다고도 할 수 있다.

처변으로부터 토지 상속도 있었지만 이천이거기 함양박씨가는 매득을 통해서 토지를 취득해 나갔다. 당시의 토지 매득을 확인할 수 있는 토지매매명문은 총 12건으로, 이 중 10건이 1820~1825년에 집중되었으며, 나머지 2건은 1832년과 1860년에 진행되었다. 매수자는 대부분 박생원댁 노 춘대(春大)의 이름이었으며, 노 삼동(三同)과 덕량(德良)의 이름으로 진행된 거래도 존재하였다. 실제 매수 주체는 박재원이었다.

당시 매득한 대부분의 토지는 이천에 소재했으며, 12건 가운데 11건의 거래가 이천에 소재한 토지를 대상으로 하였다. 방매자는 이생원이나 김생원, 황생원 등 양반도 있으나, 정덕중(鄭德中) 등 성명만 기록한 인물이 다수였다. 거래 규모도 크지 않아 재경기 박경후의 토지 거래와는 달리 중소지주 및 농민과의 거래가 주를 이루었다고 볼 수 있다.

확인할 수 있는 최초의 거래는 1820년 정월에 송봉대(宋鳳大)라는 인물에게 이천 호법면의 답 1필지 7부 5속 5두락을 전문 60냥에 매득한 것이며, 같은 해 10월에 동일 인물에게 역시 같은 곳에 소재한 답 4필지 4부

9속 4.5두락을 45냥에 매득하였다. 이어서 1821년에는 이천의 호법과 신동, 구만리 등지의 답을 매입하는 4건의 거래를 체결하였는데, 이생원과 김오복(金五福), 김시영(金時英)에게 총 6필지 21두락의 답을 273냥에 매득하였다. 1822년에도 호법 소재 답 4필지 8두락을 김인세(金仁世)라는 인물에게 130냥에 매입했으며, 1823년에는 이천 읍내의 답 2필지 5두락을 김생원으로부터 60냥에 매득하였다. 이어서 1824년에는 이천 신동면 소재 답 1필지 3두락을 교생 김선득(金先得)에게 40냥에 사들였고, 이듬해인 1825년에는 이천 읍내의 전답 2필지 6두락을 김성현(金成玄)이란 인물에게 10냥에 매득하였다. 이천 소재 토지에 대한 마지막 매득은 1832년의 거래로, 이천 읍내의 답 1필지 3두락을 정덕중이란 인물에게 30냥에 매득하였다.

이천이거기의 마지막 토지 거래는 이천이 아니라 시흥 구로리의 전을 대상으로 이루어졌다. 황생원으로부터 전 1필지 1부 7속을 전문 7냥에 매득한 소규모 거래였다. 이곳은 함양박씨가가 서울에 세거하던 1700년 전후 박경후가 적극적으로 토지를 매득한 지역으로, 함양박씨가의 선영이 소재한 곳이기도 하였다.

이러한 이천이거기의 토지 매득은 함양박씨가가 재경 대지주에서 이천의 재지 지주로 성격이 변화하는 모습을 반영하고 있다. 재경기에 비해 거래 규모도 줄어들었으며 거래 대상도 양반 대지주보다 지역 내 중소지주 및 농민과의 거래가 주를 이루고 있다. 반면 비록 소규모이기는 하지만 시흥 구로리 토지의 매득 사례를 통하여 재경기부터 지속된 선영 관리와 토지 경영을 지속적으로 수행해 가는 모습을 엿볼 수 있다.

5. 부여이거기(扶餘移居期)

함양박씨가의 부여 이거는 상당히 늦은 1905년에 이루어졌다. 이후 함양박씨가의 부여 이거 시기 경제활동에 대한 검토는 근대의 관점으로 접근하는 별도의 연구가 필요하다. 조선시대 함양박씨가의 경제적 상황을 다루는 본 연구에서 검토하기에는 시기적으로 적합하지 않으며 검토할 수 있는 자료도 거의 부재한 상황이다. 다만 현재 함양박씨가에 전해지고 있는 자료 가운데는 박세영 종가가 부여에 자리 잡은 1905년 이전부터 이 지역에서 경제적 기반을 확보한 사실을 보여주는 토지 매매문서와 부여 이거 초기로 추정되는 지역의 양안이 존재한다. 이를 통하여 함양박씨가의 부여 정착을 전후한 시기의 경제적 상황을 간단히 살필 수 있다.

1) 경제적 토대

『공동면 중리 양안책』은 함양박씨가가 소유한 부여 공동면 중리의 전답을 수록한 양안이다. 공동면 중리는 1914년 부군면(府郡面) 통폐합을 중심으로 행정구역 개편을 통하여 은산면 가곡리가 되었으며 현재 함양박씨 박세영 종택이 세거해 온 지역이다.[16] 표지에 따르면 1870년(고종 7)인 경오년 가을에 개양(改量)하였으며, 내제(內題)에 따르면 1869년인 동치 8년(기사) 9월에 개양하였다. 그러나 내용을 보면 기주(起主)로 박동익(1868~1931)이 등장하고 있어 그 이후 상당 기간 해당 지역의 토지 장부로 활용되었음을 알 수 있다. 박동익 등의 기주 기록은 원래의 지면에 종이를

16 越智唯七 編,『新舊對照 鮮全道府郡面里洞名稱一覽』, 中央市場, 1917.

표 9 『공동면 중리 양안』 기주별 전답 면적

起主	답	전	총합계
박대희	0-11-4(0.6)		0-11-4(0.4)
박덕천	0-76-9(3.8)	0-12-2(1.3)	0-89-1(3.0)
박동기	0-75-8(3.7)	0-18-9(1.9)	0-94-7(3.1)
박동설		0-3-9(0.4)	0-3-9(0.1)
박동익	0-43-8(2.1)	0-33-4(3.4)	0-77-2(2.6)
박몽일		0-5-4(0.6)	0-5-4(0.2)
박백원		0-1-9(0.2)	0-1-9(0.1)
박순소	0-10-8(0.5)		0-10-8(0.4)
박순희	0-3-5(0.2)		0-3-5(0.1)
박여승		0-3-2(0.3)	0-3-2(0.1)
박원익	0-93-8(4.6)	0-36-2(3.7)	1-30-0(4.3)
박응천	0-1-3(0.1)	0-4-2(0.4)	0-5-5(0.2)
박장일		0-3-8(0.4)	0-3-8(0.1)
박창희	0-18-6(0.9)		0-18-6(0.6)
박씨 합	3-35-9(16.4)	1-23-1(12.6)	4-59-0(15.2)
박씨 외 합	17-8-8(83.6)	8-50-5(87.4)	25-59-3(84.8)
총합계	20-44-7(100)	9-73-6(100)	30-18-3(100)

단위: 결-부-속(%)

덧붙여 썼으며, 함양박씨가가 부여에 정착한 이후 시기에 기주 등의 정보를 갱신하여 추가 기록한 것으로 추정되나 정확한 시기를 특정하기는 어렵다. 해당 지역 전체의 토지를 결부(結負)로 나타낸 것으로 볼 때, 토지의 정확한 정보와 소유자를 확인하기보다 결세(結稅)의 수취를 위한 기본 장부로서 기능한 것으로 볼 수 있다.

『공동면 중리 양안책』에는 20결 44부 7속의 답과 9결 73부 6속의 전이 수록되어 있다. 가장 많은 토지를 소유한 것으로 확인되는 인물은 민영필로 답 79부 6속과 전 36부 3속 등 총 1결 15부 9속을 소유한 것으로 나타나며, 다른 민씨들의 토지 소유도 다수 확인할 수 있다. 그 밖에도 답 64부와 전 45부 2속 등 총 1결 9부 2속을 소유한 유치순을 비롯한 유씨,

그리고 답 1결 51부 1속, 전 18부 9속 등 총 1결 70부를 보유한 이치명 등 이씨도 해당 지역의 주요 지주가로 볼 수 있다.

당시 함양박씨 박세영 종택의 종손이었던 박동익은 답 7필지 43부 8속과 전 7필지 33부 4속 등 총 77부 2속의 기주로 등재되어 있다. 양안책 전체 30결 18부 3속 중 2.6%의 토지를 박동익이 보유한 것으로 확인된다. 박동익을 포함한 박씨 기주 전체로 확대했을 때, 박씨가 소유한 답은 3결 35부 9속으로 16.4%, 전은 1결 23부 1속으로 12.6%의 토지를 박씨 일가가 소유하고 있었다.

1910년 일제의 조선강점과 토지조사사업의 진행으로 인한 토지 및 조세제도의 변화를 고려할 때, 『공동면 중리 양안책』의 기주 기록은 박시순과 박동익의 함양박씨가가 부여에 이거하고 얼마되지 않은 시점의 정보를 수록한 것으로 볼 수 있다. 이렇게 볼 때 박동익이 보유한 토지가 많다고는 할 수 없지만 지역의 주요 지주가로서 자리를 잡아 가는 토대를 확인할 수 있다.

2) 토지 매득

함양박씨가의 부여 이거 이전부터 박동익의 생부 박시순에 의해 해당 지역의 토지 매득이 이루어지고 있었다. 현재 함양박씨가에는 1890년대 박시순이 중심이 되어 거래한 세 건의 토지매매명문이 존재한다. 가장 이른 것은 1893년(고종 30) 3월 박승지가 현 부여군 은산면 주암리에 해당하는 주암면 삼리 냉정동 동내 북편의 산을 동내 두민(頭民) 등으로부터 200냥에 매득한 것으로, 박승지는 박시순을 의미한다. 이어서 같은 해 10월 박승지댁 종중이 한량 최국조(崔國祚)로부터 주암삼리 전거리의 와가 21칸과 1일경의 전 및 배나무 6주(柱) 등을 2,300냥에 매득하였다. 그리고 1898년(광무 2) 윤3월에는 송노(宋奴) 순단(順丹)에게 을하면에 소재한 전

1필지 4부 10두락을 매득하였다.

비록 세 건에 불과한 토지의 매득이었지만, 이 거래는 가옥과 산지 등 함양박씨가의 부여 거주를 위한 중요한 배경이 되었다. 그리고 그 거래 규모도 상당한 것으로, 함양박씨가의 부여 이거가 1905년 이전부터 준비되고 있었음을 보여준다.

6. 맺음말

함양박씨 박세영 종가는 서울에서 이천, 그리고 다시 부여로 그 세거지를 이거해 갔다. 함양박씨가의 세거지 이동은 양자를 통한 종가의 계대가 중요한 배경으로 작용하였다. 한편으로 서울에서 이천, 그리고 부여로의 지역적 변동은 서울 양반에서 근기 양반으로, 그리고 다시 재지 양반으로의 변화라는 지역적 정체성의 변동과 더불어 사회적, 경제적인 변화도 동반하였다.

박세영 이후 18세기 중엽 박태갑이 이천으로 이거하기까지 250여 년간 함양박씨는 서울에 거주하였다. 이 기간의 함양박씨가는 중앙의 사환가로서 매우 현달한 가문이었다. 그리고 이러한 위상은 경제력에서도 뚜렷이 드러나고 있다. 재경기 함양박씨가의 노비와 토지 보유는 이후 시기에 비해 압도적이며, 그 경영 양상에서도 매우 역동적인 모습을 보여주고 있다.

대대로 서울에 거주하던 함양박씨가는 18세기 중엽 박태갑이 서울을 떠나 자신의 생가인 이천으로 옮기면서 이거하게 된다. 이 시기 함양박씨가의 이거는 1694년 갑술환국 이후 남인들의 정치적 몰락과 흐름을 함께

하는 것이었다. 이후 함양박씨가는 박규순이 사망하는 1860년대까지 이천에 세거하였다. 이 시기 함양박씨가는 재경 사환가에서 향촌의 사족으로 변화하면서, 정치적으로나 경제적으로 재경기의 규모와 활력을 잃어가는 모습을 보였다.

함양박씨가의 부여 이거는 상당히 늦은 1905년에 이루어졌다. 함양박씨가의 부여 정착은 박규순의 사후 박시순의 아들 박동익이 함양박씨가의 대를 잇고 생부 박시순과 함께 부여에 이거하면서 이루어졌다. 그러나 이미 그 이전부터 박시순에 의해 부여 지역의 가옥과 산지의 매득 등 부여 이거를 위한 준비가 진행되었고, 이를 바탕으로 안정적으로 부여 지역에 정착한 것으로 보인다.

참고문헌

『經國大典』.

『國朝文科榜目』(규장각한국학연구원 奎106).

『國朝榜目』(규장각한국학연구원 奎貴11655),

『己酉式年司馬榜目』(국립중앙도서관 古朝26-29-17).

『辛卯式年司馬榜目』(국립중앙도서관 古6024-201).

『弘治十七年【燕山十年】甲子榜目』(한국학중앙연구원 장서각 B13LB-6).

『古文書集成 45: 夫餘 恩山 咸陽朴氏篇』, 한국정신문화연구원, 2000.

越智唯七 編, 『新舊對照 鮮全道府郡面里洞名稱一覽』, 中央市場, 1917.

권내현, 「17~19세기 조선의 재산 상속 관행: 종법과 경제력 변동을 중심으로」, 『한국사학보』 70, 2018.

문숙자, 『조선시대 재산상속과 가족』, 경인문화사, 2004.

배상훈, 「조선의 상속관행에 관한 연구: 17~18세기 삼남지방 분재기 사례를 중심으로」, 고려대학교 사회학과 박사학위논문, 2009.

신명호, 「咸陽朴氏家 蒐集古典籍의 내용과 자료적 특성」, 『장서각』 2, 1999.

안승준·김학수, 「扶餘 恩山 咸陽朴氏의 家系와 古文書」, 『고문서집성 45: 부여 은산 함양박씨편』, 한국정신문화연구원, 2000.

이은진, 「19세기 말 함양박씨가의 산송과 시조 선산 수호활동: 임실군수 박시순의 역할을 중심으로」, 『전북사학』 73, 2025.

전관수, 「부여 함양박씨 구당 박세영 종택 소장 고서 해제」, 『장서각 수집 고서 해제: 상주 우복 정경세 종택·부여 구당 박세영 종택 소장 고서』, 민속원, 2008.

허원영, 「조선후기 晉州 㵢津 載寧李氏 磨湖堂의 노비경영」, 『경제사학』 47-2, 2023.

허원영, 『한국 근대 양반지주가의 경제활동』, 혜안, 2022.

〈한국고문서자료관〉(archive.aks.ac.kr).

〈한국학자료통합플랫폼〉, 한국의 과거급제자(kdp.aks.ac.kr/people).

20세기 부여 은산 함양박씨가의 농외 경제활동과 그 변화

배석만

1. 머리말

이 글은 전근대부터 양반이자 지주 가문인 충청남도 부여군 은산면 가곡리(佳谷里) 함양박씨가가 20세기에 들어서 농업 경영 외에 어떤 경제활동을 전개했으며, 시기별로 그 변화가 어떤 것인지 확인해 보는 것을 목적으로 한다. 주요 분석 대상 자료는 함양박씨가가 경제활동 과정에서 남긴 '가내(家內) 문서'이며, 한국학중앙연구원에서 수집·소장하고 있는 자료이다. 남아 있는 문서의 한계로 인하여 주요 분석 대상 시기는 일제시기부터 해방 직후인 미군정기까지이다.[1]

* 이 글은 배석만, 「20세기 부여 恩山 咸陽朴氏家의 농외 경제활동과 그 변화」, 『장서각』 54(2025), 107~131쪽을 수정·보완한 것이다.

1 함양박씨가 가내 문서의 현황에 대해서는 안승준·김학수, 「扶餘 恩山 咸陽朴氏의 家系와 古文

전통적 양반지주 가문인 함양박씨가는 1905년 경기도 이천에서 충남 부여로 이주하였다. 1905년은 주지하듯이 을사늑약으로 조선이 일제에 사실상 국권을 빼앗긴 시점이고, 본격적인 '식민지 근대'가 시작된 출발점이기도 하다. 이 글은 이렇듯 전통적 양반 가문이 일제가 주도하는 식민지 근대를 어떻게 조우하고, 정도의 차이는 있겠지만 어떤 변화를 경험하게 되었는지를 경제활동을 중심으로 파악해 보는 작업이다. 전근대부터 줄곧 해왔던 농사 경영 외에 비록 일제 식민지라는 규정력이 강하게 작용하기는 하지만 '근대'라는 새로운 조류 속에서 어떻게 변화하는 경제활동을 전개하게 되는지, 그리고 해방 후 또 다른 국면에서 경제적으로 어떤 변신을 꾀하게 되는지 등을 살펴볼 것이다.

20세기 후반 농지개혁과 한국전쟁, 그리고 급속한 산업화 속에서 자신들의 자리를 내주기 전까지 한국 사회에서 지주는 변함없는 사회경제적 지배층이었다. 따라서 20세기 지주 계층의 존재 양태와 변화 과정에 대한 사회경제적 분석은 중요한 주제이다. 특히 전근대 지주가 식민지 근대와 만나면서 어떻게 변화하는지에 대해서는 1990년대 이른바 '식민지 근대화 논쟁'과 얽히면서 주목받았던 연구 성과가 있다. 이를테면 현재도 한국 사회 명문가의 지위를 유지하고 있는 김성수(金性洙)·김연수(金秊洙)로 대표되는 '고창김씨가'에 대한 연구가 있다. 두 명의 논쟁적 연구자가 이 사례를 '제국의 후예'[2] 또는 '대군의 척후'[3]로 규정했지만, 한말 지주 가문이 '식민지 근대'에 직면하여 산업자본가로 성장해 나가는 과정을 분석한 점은 공통 분모였다. 그리고 일제시기 대표적 한국인 자본가의 계보를 정리하는 관점에서 출발점이 지주였던 연구는 윤치소(尹致昭)·윤보선(尹潽善)의

書」, 『고문서집성 45: 부여 은산 함양박씨편』(한국정신문화연구원, 2000) 참조.

2 카터 J. 에커트 지음, 주익종 옮김, 『제국의 후예: 고창 김씨가와 한국 자본주의의 식민지 기원 1876~1945』, 푸른역사, 2008.

3 주익종, 『대군의 척후: 일제하의 경성방직과 김성수·김연수』, 푸른역사, 2008.

'해평윤씨가', 그리고 전남의 대지주였던 현준호(玄俊鎬)의 '성주현씨가'의 경제활동을 분석하였다.[4] 이들 연구의 공통점은 한말 지주에서 일제시기 근대적 산업자본가로 성장을 모색한 사례에 주목한 것이다.

그러나 일제시기 조선 사회의 한국인 상층은 고창김씨가 등과 같이 근본적 변신을 꾀한 지주들보다는 전통적 농사 경영을 변함없이 주업으로 하면서도 '근대를 곁눈질하며' 가계를 유지하는 지주들이 일반적이었다고 할 수 있다. 그 이유는 식민지 근대라는 시대적 흐름 속에 철도, 항만, 도로, 전기·통신 등 사회간접자본이 구축되고 공장이 설립되었지만, 일제시기 전 기간을 통틀어 가장 큰 이익을 내는 생산물은 여전히 쌀이었기 때문이다. 일제가 자신들의 이익을 위해 한반도에 요구한 식민지의 가장 큰 역할은 식량공급기지였으며, 이 역할은 식민지 전 기간 동안, 1930년 전후의 대공황기 몇 년간을 제외하고는 변함없이 유지되었다. 따라서 식민지 이전부터 지주였던 한국인 지주들은 일제 식민지배 아래에서도 변함없이 농사 경영을 통해 부를 축적하는 경제활동을 이어 갔다. 그리고 이 활동은 당연히 토지조사사업과 산미증식계획으로 이어지는 일제 식민지 농정에 순응하며 전개되었다.

물론 그렇다고 해서 일제시기 지주층이 전근대와 완전히 동일한 모습이었던 것은 아니다. 식민지배를 타고 들어오는 근대를 접하면서 주력인 농사 경영 이외의 경제활동도 어느 정도는 시도하였다. 이것을 '근대를 곁눈질 한다'고 표현한 것은 고창김씨가처럼 주력 경제활동이 바뀌는 정도는 아니더라도 경우에 따라서는 일정하게 주목되는 경제활동이 이루어졌기 때문이다. 그리고 이 부문에 대한 주목은 전근대 지주와 식민지하의 지주를 구분하는 중요한 잣대 중 하나가 될 것이다. 관련해서 여전히 지주로서 농사 경영이 주력이지만 그 외의 경제활동에 주목한 가문에 대한 대표

4 오미일, 『근대 한국의 자본가들: 민영휘에서 안희제까지, 부산에서 평양까지』, 푸른역사, 2014.

적인 최근 연구로는 허원영의 연구가 있다.[5] 여기서 다룬 경기도 군포시 속달동(速達洞)에 세거한 양반지주가 '정난종(鄭蘭宗) 종가'의 경제활동으로는 주조업과 연초 재배, 전라남도 영광군 동간리(東澗里) '연안김씨가'의 경우는 임업회사, 물산회사 투자 등이 확인된다. 이들의 공통점은 방직공장을 건설한 '고창김씨가'의 사례와 같은 완전한 변신이 아니라 주력인 농사 경영과 관련이 있는 사업으로 확장하는 방식이었다.

해방 후에는 농사 경영을 주력으로 하는 지주가 남북분단, 미군정, 한국전쟁과 원조경제, 경제개발기를 거치면서 근본적인 변화를 강제당했다. 기존 연구에서 주로 주목한 것은 지주층의 몰락이다. 전쟁이라는 돌발 변수로 인해 농지개혁으로 강제된, 토지자본의 산업자본으로의 전환에 성공하지 못한 것이 가장 큰 원인으로 지적된다. 아쉽게도 이 글에서 사례로 분석한 부여 은산 함양박씨가의 경우 해방 후 농지개혁 등에 어떻게 대처하였는지까지는 구체적으로 확인되지 않는다. 다만 함양박씨가는 미군정기에 접어들어 정미소를 직접 건설하여 경영해 보려는 시도를 했다. 농사경영 관련 사업으로의 확장인 셈이다. 그 과정을 구체적으로 분석해 보았다.

이 글은 한말부터 일제시기를 거쳐 해방 후까지 지주가의 위상을 유지했던 전근대 지주의 경제활동에 대한 하나의 사례연구로, 해당 지주가 주력인 농사 경영 외에 어떤 경제활동을 했는지, 그것이 어떤 차별성을 만들어냈는지 자료가 허락하는 선에서 최대한 구체적으로 분석해 보려고 하였다. 연구사적으로 큰 공헌은 못하더라도 연구가 많이 이루어지지 않은 분야, 즉 전근대 전통적 지주 가문이 20세기 이후의 시대적 변화 속에서 어떤 모습으로 유지 혹은 변화했는지를 파악하는 데 하나의 사례를 보태는 역할을 할 수 있을 것으로 기대한다.

5 허원영, 『한국 근대 양반지주가의 경제활동』, 혜안, 2022.

2. 1920년대 은산홍산상회 출자와 경영 참여

일제시기 부여군 은산면 함양박씨가의 주목되는 농외 경제활동은 은산홍산상회 출자 및 경영 참여이다. 1920년 전후로 추정되는 매우 이른 시기에 함양박씨가의 가주(家主)인 박동익(朴東翼)과 그 친족인 박동기(朴東驥)가 은산홍산상회에 자금을 출자하고 경영에도 참여한 것이 가내 문서를 통해 확인된다. 1920년을 전후한 시기는 일제가 식민지 지배를 시작한 이후 가장 심혈을 기울인 토지조사사업이 아직 완전히 마무리되지 않은 때이고, 행정적 완료 절차이자 이른바 근대적 일물일권주의의 상징이라고 불린 토지 '등기'가 진행되던 시기이다. 당시 이런 절차에 생소했던 한국인 지주들은 등기까지 완전히 이행하지 않은 경우가 많았다. 개항장이나 교통요지, 도시 지역 등과 달리 지방 향촌사회에서는 아직 근대를 받아들일 준비가 완전히 갖춰지지 않았다. 1920년 전후 지방 향촌사회의 양반지주가에게 일제가 식민지 지배와 함께 들여온 근대는 아직 낯선 풍경이었다. 이런 시기에 은산 함양박씨가는 은산홍산상회에 대한 출자와 경영 참여를 단행했다. 비록 식민지 근대와의 접촉이었지만 시대 변화에 매우 민감하게 능동적으로 대응한 것이라고 할 수 있다.

함양박씨가의 능동적 대응은 이미 1908년 가주 박동익이 근대학교인 신명의숙(信明義塾) 설립을 주도하고, 아들이자 가문 계승자인 박만희(朴萬熙)가 여기서 교육받은 것을 통해서도 확인된다.[6] 1894년생인 박만희는 신명의숙을 졸업한 후에도 부친의 지원으로 계속 근대교육을 받았다.

6 「박동익 이력서」(F03001-03-W000814). 이하 ( ) 안 자료번호는 장서각 자료ID. 박만희는 1931년 부친인 박동익 사망 이후 가문의 대표자가 되었다.

1911년 경성사립측량학교를 거쳐 1913년 경성사립중동학교에 입학하여 1915년까지 다녔다.[7] 이후에는 1938년 사망 시까지 가곡리 구장(區長), 조선총독부 국세조사원, 은산면사무소 호적계 주임으로 공직에 있었다.[8]

그런데 매우 아쉬운 점은 은산흥산상회의 정체가 불명확하다는 것이다. 가내 문서를 통해서는 경영 실태는 물론 주력 사업이 무엇인지 알 수 없고 하다못해 설립 시기조차 확인할 수 없다. 일제시기 각종 회사, 공장들을 정리해 놓은 명부 자료들에서도 은산흥산상회는 확인되지 않고, 신문 등 언론 기사에서도 찾을 수 없다. 다만 그만큼 은산면의 영세한 소규모 지역 업체였다는 것을 추정해 볼 수는 있다.

이렇듯 정체불명의 상회임에도 불구하고 함양박씨가의 은산흥산상회 출자와 경영 참여를 알 수 있는 것은 가내 자료 중에 「영업책임부담양도양수계약서(營業責任負擔讓渡讓受契約書)」가 남아 있기 때문이다.[9] 이 계약서는 1923년 2월 13일(음력) 은산흥산상회의 경영권과 재산 일체(부동산, 동산 및 권리와 의무 일체)를 7,676엔[10]에 은산면 은산리의 조용구(趙瑢九)[11]에게 양도하는 과정에서 만들어진 것이다. 따라서 이 상회의 설립 시기가 늦어도 1923년 이전임을 확인할 수 있다. 그리고 이 상회 양도 과정에서 함양박씨가 박동기가 은산흥산상회 주주총회에서 서병태(徐丙台), 임성재(任性宰)

7 「박만희 이력서」(F03001-03-W000809).

8 「가내 문서」(F03001-03-W000598); 「가내 문서」(F03001-03-W000680). 제목이 없는 자료의 경우 「가내 문서」로 통일하였다.

9 「營業責任負擔讓渡讓受契約書」(F03001-03-W001409).

10 일제시기 조선에 유통된 화폐는 지금까지 일반적으로 '원(圓)'으로 읽고 표기하였다. 그러나 일제가 발행한 일본 화폐이고, 그들이 '엔(YEN)'으로 불렀기 때문에 이 글에서도 엔으로 쓴다. 일본은행권을 식민지에 통용시키지 않고 별도로 조선은행이 발행한 조선은행권을 통용시켰던 일제 화폐정책의 식민성을 감안하면 보다 정확하게는 '조선엔'으로 부르고 표기해야 한다. 실제로 일본 정부도 일본은행권과 구분이 필요할 경우 '조선엔'으로 통칭하였다.

11 조용구에 대한 구체적인 정보는 확인하기 어렵다. 다만 부여군 한국인 유지로 활동한 흔적이 보인다. 1930년 4월 '전조선 궁술회'를 조선일보 부여지국 후원으로 주최하였다.(『조선일보』 1930.3.23) 1935년 9월에는 부여 육일정(六一亭) 연례 정기총회에서 신임 역원으로 선출되었다.(『조선일보』 1935.9.24) 육일정은 부여군 내 유지들의 친목 모임으로 추정된다.

표 1 은산흥산상회 재산목록

항목	내역	가격(엔)
가옥	일본식 건물 2동	
상품 재고		2,578
외상 대금(掛賣金)		3,096
채무	강경, 의창 盛物 대금과 은산 동릉 屑物 대금 미불액	404
채권	은산면 홍산리 金基奭 대부금	7
우차(牛車)	1대	100
비품	수제 금고 2개, 서류상자 1개, 사무책상 1개, 의자 1개, 주판 3개, 솥(釜) 2개, 반상 1개, 자전거 1대, 기타 전부	
현금		146

자료: 「營業責任負擔讓渡讓受契約書」
주: 가격은 엔 이하에서 반올림

와 함께 양도인 대표자로 선출되었고, 가주 박동익은 차남인 박영희(朴寧熙), 동생인 박동숙(朴東翻)과 함께 보증인으로 계약서에 이름을 올렸음이 확인된다. 함양박씨 일가 여러 명이 주총에서 선출된 양도인 대표, 보증인 등에 이름을 올린 것을 보면, 은산흥산상회에 대한 함양박씨가의 출자 지분이 컸고 경영에도 적극적으로 참여했음을 의미하는 것이라 하겠다.

다음으로 계약서에서 은산흥산상회의 양도 대상 재산목록을 확인할 수 있는데, 이를 통해서 상회의 성격을 어느 정도 유추해 볼 수 있다. 계약서에 기록된 상회의 재산목록은 〈표 1〉과 같다.

앞서 언급한 대로 은산흥산상회가 어떤 계기로 만들어지고 어떤 성격의 회사이며, 박씨가가 어느 정도 관여했는지, 또 어떻게 운영되었는지가 불명확하기 때문에 추가적인 자료 발굴 등을 통한 확인이 필요하다. 더욱이 어떤 계기로 은산흥산상회를 조용구에게 넘기게 되었는지도 불분명하다. 이 점을 다시 강조하는 것은 지금부터 서술할 상회 성격에 대한 분석이 매우 단편적인 몇 가지 정보만을 가지고 이루어지는 추정이기 때문이다. 상회 성격과 관련해 조금 무리해 보일 수도 있는 추정이 필요한 이유는 은산흥산상회가 함양박씨가가 매우 이른 시기에 개인이 아닌 가문 수준에서 투자와 경영에 참여한 농외 경제활동이라고 판단되기 때문이다. 이것은 농사 경영을 주력으로 하는 전통적 지주가에 식민지 근대가 들어오면서 어떤 영향을 주었는지, 이로 인한 변화가 있었는지를 확인하는 단초가 될 수 있다.

우선 〈표 1〉의 재산목록에서 은산흥산상회의 성격을 유추하는 데 주목되는 대상은 상품 재고와 외상 대금이다. 자료에 표기되어 있는 '상품 재고'의 정확한 표현으로 '현재 상품 물건(物件)의 현재액'이 2,578엔이다. 외상 판매의 일본식 회계 항목 표기인 가케우리(掛賣)금[12]은 상품 재고보다 많은 3,096엔이다. 이 두 항목의 총액 5,674엔은 은산흥산상회의 양도 대금 7,676엔의 74%에 달한다. 받지 못한 외상 대금과 상품 재고가 기업 가치의 70%를 넘는다는 것은 우선 경영 상태가 그다지 좋지 못했다는 것을 의미할 수 있다. 아마도 이런 경영 상황이 회사 양도의 계기로 작용했을 가능성이 있다.

채무도 400엔이 넘는데, 그 내역은 구입 물품의 대금을 지불하지 못한 것이다. 물품 대금 미지불 역시 은산흥산상회의 자금 유동성이 좋지 않았음을 보여준다. 거래처는 상회 소재지인 은산도 있지만, 상대적으로 먼 타지역인 강경과 의창도 확인된다. 또 재산목록에 들어 있는 우차(牛車)는 상회가 거래하는 상품의 운송을 위해 사용한 수단이었을 것이다.

재산목록에 거래 상품의 종류와 내역이 없는 것이 가장 아쉬운 부분이다. 재산의 가장 큰 비중을 차지하는 상품 재고와 외상 대금의 내역을 확인할 수 없다. 은산흥산상회의 성격을 유추할 수 있는 가장 중요한 내용이 없는 것이다. 거래 내역을 알 수 있는 채권, 채무의 경우 채권은 단발성 대부금으로 보여 은산흥산상회의 성격과 직접 연결시키기 어렵고 채무도

12 재무제표의 일반적 항목 명칭으로는 '미수금'에 해당한다.

동일한 상황이다. 채무 404엔의 내역은 '성물(盛物)'과 '설물(屑物)'로만 기록됐다. '성물'과 '설물'은 우리의 전통적 상거래에서는 잘 쓰지 않는 말이기 때문에, 만약 함양박씨가가 아직 지역 향촌사회에서는 낯선 식민지 근대와의 접촉에 보다 적극적이었다면 '식민자 일본인'과의 관계, 그리고 그 장소로서 은산흥산상회를 추정해 볼 수 있다. 이 경우 성물과 설물은 일본어로 '모리모노(もりもの)', '구즈모노(くずもの)'일 가능성이 있다. 〈표 1〉의 재산목록에서 은산흥산상회 건물이 일본식 건물이라고 표기해 놓은 것과 관련지으면 완전히 엉뚱한 해석은 아닐 것이다. 그러나 이 경우도 은산흥산상회의 성격과 직접적으로 연결지어 해석할 만한 결정적 내용은 거의 없다.

다음은 은산흥산상회 양도계약서의 내용인데, 이를 통해 상회의 성격과 관련한 몇 가지 힌트를 얻을 수 있다. 주요 내용은 다음과 같다.(강조는 필자)[13]

1. **양도인은 현재 가옥, 상품, 영업권을 은산흥산상회 각 구주(口主) 불입 완료액, 금 7,676엔을 양도금액으로 한다.**
2. **양도 대금 지불 기한은 만 5년으로 하고, 그간의 이자도 정산한다.**
3. 채권, 채무는 양수인이 계승하나, 계약 당시 작성한 목록과 차이가 있어서 양수인이 피해를 볼 경우에는 양도인이 이를 변제 처리한다.
4. 양도인은 본 계약 체결과 동시에 영업 및 동산, 부동산 소유권을 인도하여 양수인의 영업에 지장이 없도록 한다.
5. 양도 물품은 전부 타인에게 저당, 또는 이중 양도 등이 없도록 한다.
6. 각 구주(口主) 중 외상 판매 과정에서 생겨난 구권(口券)의 권리를 상실한 자가 발생할 시에는 양수인이 정산한 후에 그 구권의 권리를 말소할 수 있다.

13 「營業責任負擔讓渡讓受契約書」(F03001-03-W001409).

7. 양수인이 기한 내에 영업 폐지될 시에는 양도인이 기한 내라도 즉시 대금 전부를 청구할 수 있다. 단 이 경우를 제외하고는 청구할 수 없다.
8. **양도인은 양수인의 영업이 위태롭거나 또는 양수인 보증인의 자산이 불완전한 경우가 발생하면 그에 상당한 담보를 추가 청구할 수 있다.**
9. **보증인은 각 구주(口主)에 대한 원리금 변제의 의무에 대해 양수인과 연대책임의 부담을 진다.**

우선 은산홍산상회의 성격과 관련해서 위의 양도계약서 내용을 보면, 주식, 주권이 아닌 구, 구권으로 언급되는 것으로 보아 주식회사 체제는 아니고 합자회사 또는 조합 형태라고 할 수 있다. 이런 사실을 토대로 '은산홍산'이라는 기업명과 관련해서 보면 은산면 지역 유지들이 지역 발전과 상호 부조의 관점에서 십시일반 출자를 통해 설립한 공공사업체일 가능성도 있다. 1923년 시점에는 조용구라는 개인에게 양도되어 개인기업으로 전환되었다. 그런데 상회를 양도하게 된 구체적인 이유는 확인되지 않는다. 앞서 〈표 1〉의 재산목록을 통해 경영난이 아닐까 추정해 보았다.

상회 경영에 어려움이 있었다는 것은 양도 대금 산정 방식에서도 확인된다. 보통 기업의 양도는 대차대조표상의 재산목록을 시가로 실사하고, 채권·채무를 반영한 '순자산' 개념으로 양도 대금을 책정한다. 그러나 함양박씨가의 박동기를 포함한 양도인 대표자들은 〈표 1〉과 같은 재산목록을 작성했음에도 불구하고 단순히 출자자(口主)의 실제 불입액의 총액인 7,676엔을 양도액으로 하는 계약서에 서명하였다. 한마디로 이 조치는 투자 원금만 돌려주면 회사 자산 전부를 양도하겠다는 것이다. 재산목록을 보면 상품 재고와 외상 대금만 합해도 5,674엔이었다. 더욱이 여기에는 가옥 2동과 비품의 시가는 정확하게 산정되어 있지 않다. 양도 대금 7,676엔의 상환도 5년 연불로 하도록 했다. 이것은 비록 이자가 포함되는 것이지만 장기 차입금과 같은 효과의 후한 조건이다. 즉 양수자인 조용구의 입장에서는 상회 인수에 본인의 개인 자금을 크게 들이지 않아도 되고, 인수한 상회의 장사가 잘되면 그렇게 벌어들인 자금으로 인수 대금을 갚을 수 있다는 계산이 나온다.

목돈 없이 한 회사를 인수하고 해당 회사를 경영하여 얻은 수익으로 인수 대금을 장기간에 걸쳐 분할 상환한다는 것은 인수자의 입장에서는 큰 혜택이다. 그러나 이와 같은 양도 과정을 정반대의 관점에서 보면 재산목록 분석을 통해 추정한 바와 같이 그간 은산홍산상회의 실적이 썩 좋지는 않았다는 것과 앞으로의 성장 전망도 밝지 않다는 것을 의미할 수도 있다. 최소한 함양박씨가의 박동기를 비롯한 양도인들은 그렇게 생각한 것 같다. 상회를 넘겨받은 조용구가 앞으로 5년간 경영을 잘해서 그들이 투자한 원금만 돌려받게 해주면 좋겠다는 것이다. 이것은 위의 양도계약서 곳곳에 은산홍산상회 양도 대금을 5년 안에 받지 못할 경우를 대비해 안전장치를 설계해 놓은 것으로도 알 수 있다. 양도계약서에 은산홍산상회를 양도받은 조용구가 양도 대금 변제 기간 5년 안에 회사를 위태롭게 하거나 도산시킬 경우에 대한 조치, 그리고 양도 대금 보증인의 의무 등을 명기해 넣은 것이 그것이다.

그런데 더욱 주목되는 것은 보증인이 함양박씨가의 가주 박동익과 그의 차남인 박영희, 동생 박동숙이라는 점이다. 보증인이 조용구와 함께 5년 안에 양도 대금을 변재하는 데 연대책임을 가진다는 것은 조용구의 은산홍산상회 경영에 함양박씨가가 여전히 밀접하게 관여한다는 것을 의미한다. 은산홍산상회의 기존 투자와 경영에도 적극 참여하고, 조용구라는 개인에게 상회가 양도되는 상황에서도 양도 대금 상환과 관련하여 전면적으로 보증의 책임까지 지는 구조였던 것이다. 따라서 양도계약서대로라면 최소한 1928년까지 은산홍산상회 경영에 함양박씨가가 계속 관여하는 경제활동을 했을 가능성이 크다. 그리고 이 은산홍산상회의 양도를 계기로 한 연대보증은 1920년대 후반까지 함양박씨가에 매우 큰 부담이 되었다.

그러나 1923년 조용구에게 양도된 은산흥산상회가 이후 어떻게 경영되었는지는 파악되지 않는다. 조용구의 상회 인수에 보증을 섰던 함양박씨가가 이후 경영에 관여했는지 여부도 불명확하다. 다만 함양박씨가와 조용구의 자금거래 관계는 이후에도 계속 있었음이 확인된다. 채권·채무 문제로 갈등이 발생한 사실이 가내 문서를 통해 확인되기 때문이다. 우선 1924년 2월 조용구는 연대보증인으로 박동익을 세워서 일본인 하세베 고조(長谷部恒三)에게 2,000엔의 거금을 빌렸다. 같은 해 12월까지 상환하는 조건이었고, 이자는 월 2%여서 연리로 따지면 20%가 넘는 꽤 비싼 자금 융통이었다. 하세베는 은산면 신대리(新大里)의 일본인 지주이자 유지였다.[14] 그러나 조용구는 빌린 2,000엔을 약속된 기일까지 하세베에게 상환하지 못했고, 여기에 대응하여 하세베는 조용구에게 양도된 은산흥산상회의 재산을 차압하려는 시도를 하는 한편으로 연대보증을 섰던 박동익에게 채무 상환을 목적으로 하는 민사소송을 제기하였다. 이에 대해 함양박씨가도 전면적으로 대응하였다. 대표로 나선 것은 박동익의 장남으로 가문 계승자이며 근대교육을 받았고 당시 가곡리 구장이었던 박만희였다. 박만희는 우선 하세베가 차압하려고 하는 은산흥산상회 재산은 조용구 개인 재산이 아니기 때문에 차압할 수 없다고 주장하였고,[15] 민사소송에 대해서는 소송대리인으로 한국인 변호사 박춘서(朴春緖)를 내세워 적극 대응하였다. 그러나 결과는 좋지 않았다. 은산흥산상회 재산 차압의 경우 그

14 하세베는 야마나시(山梨)현 출신으로 조선에 들어온 시기는 분명하지 않지만, 1910년대 초 이미 농장 경영을 하고 있던 은산면의 일본인 지주이다.(〈야마나시근대인물관〉(www.pref.yamanashi.jp/ykj)) 일제시기를 관통하여 지역 유지로 활동했다. 1931년에는 은산면 면협의원으로 당선되었다. 당시 은산면 면협의원은 10명이었는데, 한국인이 7명 일본인이 3명이었다.(『동아일보』 1931.6.10) 1940년에는 부여군 구룡(九龍)평야의 저수지와 수리 개선, 금천(金川) 개수공사 등을 목적으로 하는 규암(窺岩)수리조합 창설 운동을 주도하였다.(『동아일보』 1940.2.8)

15 「扶餘郡恩山面佳谷里 朴萬熙, 大正十四年六月六日」(F03001-03-W000713).

결론이 확인되지 않으나 1925년 7월에 결론이 나온 2,000엔 상환 민사소송에서는 졌기 때문이다.[16] 재판부는 1,600엔을 하세베에게 변제하라고 판결하였고, 결국 함양박씨가는 소유 농지를 하세베에게 넘기는 것으로 결말이 지어졌다.[17]

1926년에도 조용구와 연관된 채무 문제가 확인된다. 2월 부여군 홍산면(鴻山面)에 사는 나모라는 사람은 청양군에 거주하는 황모에게 그가 조용구에게 진 채무를 본인에게 상환하라는 통고서를 보냈다.[18] 그런데 그 내막을 살펴보면 조용구가 황모에 대한 채권을 박만희에게 양도하였는데, 박만희가 그것을 다시 나모에게 양도했기 때문이라는 것이었다. 이 역시 그 귀결은 확인되지 않으나 조용구와 함양박씨가의 긴밀한 자금 관계의 단면을 보여주고 있다.

조용구와의 채권, 채무 관계는 함양박씨가가 1920년대 초에 시작한 은산흥산상회 투자와 경영 참여에서 파생된 것이었다. 함양박씨가는 조용구에게 은산흥산상회를 양도할 때 그가 양도금을 변제하지 못할 경우 연대책임을 지는 보증을 섰고, 또 조용구가 일본인 하세베에게 거금을 빌릴 때도 가주인 박동익이 단독으로 연대보증을 섰다. 양자가 어떤 관계인지는 확인되지 않지만, 이 투자 행위는 실패로 끝났고 함양박씨가에 매우 큰 타격을 준 것으로 보인다. 은산흥산상회 투자 실패가 직접적으로 영향을 미쳤는지는 명확하지 않지만, 1930년대 이후부터 일제 말까지 함양박씨가의 농외 경제활동은 거의 찾아볼 수 없다. 대부분의 활동은 전근대 시기부터 주력인 농사 경영과 이와 관련되는 사업, 금융거래 등이었다.

16 「大正十四年民第二十八號 判決」(F03001-03-W001416).

17 하세베에게 넘긴 농지는 가곡리 2곳의 소유 논으로 각각 1,517평과 890평이었다. 「土地賣買契約書」(F03001-03-W001404).

18 「通告書(1926.2.6)」(F03001-03-W000715).

3. 싱거미싱회사[19]와의 할부 대금 분쟁

함양박씨가는 은산흥산상회에 대한 투자와 경영에 참여하고 있던 1922년에 싱거(Singer)미싱회사[20] 강경 분점에서 재봉틀 한 대를 155엔에 월부로 구입했다.[21] 당시 도정한 백미 한 가마니(1叺, 80kg)가 15엔 정도였다. 싱거미싱의 재봉틀 한 대 가격은 당시 도정한 백미 80kg 10가마니가 넘는 거액임을 알 수 있다. 〈표 1〉의 은산흥산상회 재산목록에서 상회 거래 상품의 주요 운송 수단인 우차가 100엔, 상회가 보유한 현금이 146엔이었다. 이처럼 155엔이라는 돈은 부유하다고 하더라도 지방 중소 양반 지주 가문에게는 매우 큰 돈이었기 때문에 할부로 구입했을 것이다.[22] 소

19 1851년 설립된 싱거(Singer)미싱은 160년이 넘는 역사를 간직한 재봉틀 제조사다. 라이트 형제가 비행기 날개를 만들 때 싱거미싱을 사용했다고 전해질 정도로 역사가 오래된 미싱회사이다. 싱거미싱을 설립한 미국의 기계공 아이작 싱거는 기존의 재봉기를 개량해 세계 최초의 실용 재봉기를 만들어 냈으며, 특허를 획득해 본격적으로 재봉틀을 판매하기 시작했다. 1877년 우리나라에 처음으로 도입된 미싱 역시 싱거사의 제품으로 알려져 있다. 당시 사람들은 일본에서 구입해 온 싱거미싱을 보고 무척 놀라워했다고 전해지며, 박경리 작가가 생전 가장 아끼던 물건 중 하나도 바로 싱거미싱이었다고 한다. 1960년대 국내 미싱의 대중화를 이끈 부라더미싱에 비해 인지도는 다소 떨어질지 몰라도, 역사만큼은 싱거미싱이 단연 앞선다. 현재도 싱거의 한국 본사인 싱거코리아가 있으며, 동 회사는 쇼핑몰과 커뮤니티를 통합한 바느질 DIY 플랫폼 '더핸즈'를 운영하고 있다. 〈싱거코리아〉(singerkorea.co.kr).

20 자료에는 'シンガーミシン회사', 한글로는 '싱거-재봉기계회사'로 기록되어 있기도 하다.

21 「催告書」(F03001-03-W000422).

22 물론 할부판매는 싱거미싱의 판매 전략이기도 했다. 할부판매는 1901년 싱거미싱이 도쿄(東京)에 진출하면서 처음 일본에 도입되었다.(『매일경제신문』 1975.8.28.) 그로부터 대략 20년 동안 싱거미싱은 일제의 식민지가 된 조선에도 전국적으로 지점을 설치하고 할부판매망을 구축하고 있었음을 확인할 수 있다. 이처럼 빠르게 확산할 수 있었던 것은 부유한 계층의 수요가 증가한 속도를 반영한 것이기도 하다. 싱거미싱의 조선 진출과 관련하여 중요한 역할을 했던 인물 중 하나가 일본인 에가시라 가쓰노스케(江頭勝之助)였다. 그는 싱거미싱으로 조선에 진출하여 한반도 남부를 중심으로 40개소에 이르는 분점 및 출장점을 구축하여 재봉틀을 판매하였다. 미싱 판매를 통해 부를 축적한 에가시라는 1916년 싱거미싱을 나와서 대구에 거점을 두고 토지 투자와 농장 경영을 하였다. 1935년 당시 소유한 토지는 경지·임야를 합해서 600여 정보에 달하고 대지도 약 300평 넘게 소유하고 있었다. 에가시라는 이를 토대로 대구부회(大邱府會) 의원, 금

설가 고은은 1990년대 경향신문에 연재한 자전 소설 「나의 산하(山河) 나의 삶」에서 일제시기 싱거미싱은 '한 고을에 한 대 있을까 말까 한' 것으로 묘사했다.[23]

1922년 함양박씨가가 거금을 들여서 근대의 산물인 싱거미싱을 집안에 들인 이유가 무엇인지는 역시 자료의 한계로 명확하게 알기 어렵다. 은산흥산상회와의 관련성도 추측해 볼 수 있지만, 이 경우라면 상회의 자금으로 구입했을 것이며 〈표 1〉의 재산목록에도 잡혔을 것이다. 가장 높은 가능성으로 가문 여성들의 가사 노동의 효율성 증진을 위해 재봉용 미싱을 들인 것이라고 볼 수도 있다. 그러나 '한 고을에 한 대 있을까 말까 한' 값비싼 문명의 이기를 1922년이라는 식민지 시기에 구입한 것은 별도의 경제활동 목적이었을 가능성도 완전히 배제할 수는 없다.

함양박씨가 가내 문서에는 박씨가의 싱거미싱 재봉틀 구입과 관련하여 발생한 일련의 분쟁을 확인할 수 있는 자료가 남아 있다. 1924년 11월, 싱거미싱회사 강경 분점과 박만희 간에 오고 간 문서인데, 대금 지불을 독촉하는 최고서(催告書)와 이에 대한 반박문인 항고서(抗告書) 등이다.[24]

함양박씨가의 싱거미싱 구입은 싱거미싱회사 강경 분점의 방문판매인과의 계약에 의해 이루어졌다. 이들을 당시에는 '재봉기 외교원'이라 불렀다.[25] 재봉틀 대금 155엔은 할부로 납부하게 되었고, 납부 방법은 매월 방문하는 싱거미싱회사 직원에게 정해진 할부금을 지불하고 영수증을 받는 형식이었다. 매월 이 월부금을 받기 위해 박씨가를 방문하는 사람을 싱거미싱회사는 '집금인'이라고 불렀다.[26]

융조합 평의원 등 지역 유지로 활동하였다. 朝鮮功勞者名鑑刊行會, 『朝鮮功勞者名鑑』, 民衆時論社, 1935, 264~265쪽.

23 『경향신문』(1992.7.5).

24 「催告書」(F03001-03-W000422); 「抗告書」(F03001-03-W000421).

25 『매일신보』(1938.3.17).

26 싱거미싱회사에서 재봉기 외교원과 집금인은 보통 동일인이다. 이들은 각자 소속된 지점, 분점,

박씨가는 싱거미싱회사 집금인에게 첫 달이었던 1922년 7월에 25엔을 지불한 이후 매달 6엔씩 지불했다. 계산대로라면 1922년 8월부터 22개월 후인 1924년 5월에는 할부가 끝나도록 설정된 것이었다.[27] 그러나 박씨가는 1924년 5월까지 할부를 끝내지 못했다. 할부금을 못 낸 달이 있어서 할부 종료일인 1924년 5월까지 22엔의 미납금이 남았다.

함양박씨가 가내 문서를 보면, 문제의 시작은 할부 기간 안에 대금 완납이 이루어지지 않은 것에 있었다. 할부금이 완납되어야 하는 1924년 5월에도 미납금이 있자 싱거미싱회사 조선 본사(경성중앙점)가 직접 개입하였다. 싱거미싱회사 본사는 우선 강경 분점 장부를 조사하여 함양박씨가의 할부 미납금이 있는지와 그 액수를 확인하였다. 조사 결과 본사는 함양박씨가의 미싱 할부 대금 미납금이 22엔이라고 파악하고 박씨가에 통보하였다.[28] 그러나 이에 대해 함양박씨가는 미납금이 있으나 싱거미싱회사 본사가 파악한 22엔의 금액은 정확하지 않다고 이의를 제기하였다. 함양박씨가는 그 근거로 할부금을 납부한 후 싱거미싱회사 측 집금인에게 받은 영수증을 제시하였다. 그러나 싱거미싱회사 조선 본사에서는 함양박씨가가 제출한 영수증과 강경 분점이 본사에 제출한 기록에 차이가 있음을 지적하면서 제출 영수증의 신빙성을 의심하였다.[29]

회사 관련 기록과 함양박씨가 영수증의 기록 차이 문제가 어떻게 귀결되었는지는 명확하지 않으나, 미납금 문제는 이후 계속되었다. 1924년

출장소의 관할 영역에서 각 마을을 돌아다니며 지역 유지들에게 싱거미싱의 재봉기를 판매하고 할부금을 수집하는 역할을 담당하는 방문신용판매의 손발이었다. 이들은 재봉틀 구매자가 매월 납부하는 할부금, 즉 '집금액'의 7%를 임금으로 받았다. 그리고 연말 상여금으로 개인별 연간 예상 집금액의 91%를 달성하면 3%의 상여금을 받도록 되어 있었다. 상여금 때문에 집금액 실적을 올리기 위해 본인 돈을 집금액에 집어넣는 일도 발생하였다.

27 정식 계약에서는 1924년 4월 말 완료하는 것으로 되어 있었다.

28 「大正十三年五月二十八日 シンガーミシン裁縫機械會社京城中央店 調査員 金○○」(F03001-03-W001416, F03001-03-W000426-7).

29 「抗告書」(F03001-03-W000421); 「催告書」(F03001-03-W000422).

11월 18일, 싱거미싱회사는 재봉틀 대금 중 박씨가의 미불입 잔금이 12엔이라며 할부금의 납부를 독촉하는 최고장을 박씨가에 발송했다.[30] 여기에서 싱거미싱회사의 할부금 관리에 문제가 있었음이 확인된다. 잔금이 최초 회사 측 주장인 22엔이 아닌 12엔이었기 때문이다.

그러나 함양박씨가는 싱거미싱회사에서 주장하는 12엔의 할부 잔금도 인정하지 않았다. 함양박씨가는 싱거미싱회사 강경 분점 집금인 구모가 방문하여 할부금 납부 관련 회사 측 서류와 박씨가 측 영수증을 일일이 대조한 결과 잔금은 6엔이었고, 이를 즉석에서 납입하고 영수증도 받았다고 주장하였다.[31] 그리고 해를 넘긴 1925년 2월 함양박씨가의 박만희는 싱거미싱회사 강경 분점에 다시 한 번 미싱 대금 지불이 완료되어 미싱 소유권이 본인에게 있음을 주장하고, 구입 당시 작성한 계약서를 조속히 돌려줄 것을 요구하는 독촉장을 보냈다. 최초 구매 당시 작성한 계약서가 필요한 이유에 대해서는 언급하지 않았다.[32]

싱거미싱회사와 박씨가의 미싱 대금 관련 분쟁의 최종 결과 역시 확인할 수 없다. 그러나 이 과정에서 1920년대 초 식민지 조선의 농촌에서 일어난 방문할부판매의 취약점이 확인된다. 가장 큰 문제는 집금인으로 불리던 할부 대금 수금인에 대한 관리와 통제가 어려웠다는 점이다. 박씨가의 사례에서 싱거미싱회사는 집금인이 제출한 할부 납부 금액 관련 서류와 실제 재봉틀 구매인의 납부액의 차이가 발생한 것을 통제하지 못한 상황이었음이 확인된다. 식민지 조선에서 미싱 대금을 둘러싼 싱거미싱회사와 구입자 간의 분쟁이 종종 있었던 것으로 보이고, 주로 할부 대금 수금을 책임지는 집금인이 문제를 일으켰음을 다른 사례에서도 확인할 수 있다. 싱거미싱회사와 함양박씨가의 분쟁 후 10년쯤 뒤에 경기도 김포읍 영

30 「催告書」(F03001-03-W000422).

31 「抗告書」(F03001-03-W000421).

32 「催告書」(F03001-03-W000424).

등포리에서 싱거미싱회사 영등포지부의 집금인이 대금을 받아 잠적하는 사건이 발생한 것이 확인된다.[33] 이런 상황은 오늘날에도 벌어지고 있는 것처럼 방문신용판매가 가지는 자본주의적 수탈성에 기인한 것이기도 하다. 왜냐하면 싱거미싱회사의 집금인에 대한 처우가 열악했기 때문이다. 이들은 본사를 상대로 처우 개선을 요구하는 집단행동을 전개하기도 하였다.

부여군 은산면 함양박씨가의 싱거미싱회사 재봉틀 구입과 할부 대금 납부를 둘러싼 분쟁 과정을 통해 전통적 양반지주가가 식민지 모국 일본을 통해 들어온 근대와 접촉하는 과정을 확인할 수 있다. 이것은 함양박씨가의 입장에서는 방문판매와 할부 구입이라는 자본주의 시스템에 대한 학습임과 동시에 싱거미싱회사와의 분쟁 과정은 그 자체가 또 다른 의미의 농외 경제활동이었다고 할 수 있다. 아울러 1920년대 초중반, 20세기 전반기까지 전 세계적으로 재봉틀의 대명사였던 미국 업체 싱거미싱회사가 일본에 들어온 후 식민자 일본인에 의해 조선에 진출하여 재봉틀을 보급하는 사례를 확인할 수 있다. 당시 싱거미싱이 생산한 재봉틀은 쌀 10가마니에 해당하는 거액의 물건으로 박씨가와 같은 지역 유지이자 자산가가 장기 할부로 구입하기에도 버거운 대상이었다. 그럼에도 재봉틀의 경우 식민지배 초기에 이미 전국적 판매망이 구축되었고 부여군 은산면 가곡리라는 지역 농촌에서도 자본주의를 상징하는 '방문신용판매'가 이루어지고 있었음은 식민지 사회경제라는 상황을 염두에 두면 흥미로운 지점이다.

33 『중앙일보』(1932.4.2).

4. 일제시기 금융거래 동향

가내 문서를 볼 때, 일제시기 함양박씨가의 금융거래 가운데 가장 많은 것은 농사 경영에 관련된 것이다. 주로 부여금융조합과의 거래이며, 농사 자금과 관련한 소액의 단기 차입이었다.[34] 이러한 일상적인 농사 자금 외에 주목되는 것은 1920년대 초반 조선식산은행에서 거액을 융자받은 일이다. 가내 문서를 통해 확인되는 조선식산은행의 함양박씨가에 대한 융자는 강경지점을 통해 1922년 2월과 11월 등 두 차례 이루어졌고, 금액은 1,000엔과 1,300엔으로 합계 2,300엔의 거액이었다. 일제시기 전체를 통틀어서 함양박씨가가 이렇게 큰 규모의 대출을 받은 것은 이 사례가 가내 문서에서 유일하다. 조선식산은행 건 외에 가내 문서를 통해 확인이 가능한 함양박씨가의 금융거래는 앞서 언급한 부여금융조합의 농사 자금, 그 외 가문 내의 현금 융통이나 개인거래 등으로 대체로 소액 거래이다.[35]

조선식산은행에서 받은 1차 대출액 1,000엔은 당시 함양박씨가 가주 박동익 명의로 받은 것인데, 4년 연부 상환이고 이자는 12%였다. 친동생인 박동숙이 연대보증인으로 이름을 올렸다.[36] 2차 대출액 1,300엔은 박동익의 차남인 박영희 명의로 받았고, 융자 조건은 1차 대출 때와 동일했다.[37]

34 부여금융조합과의 거래는 가내 문서 중 금융거래 확인서와 영수증 등을 통해 확인된다. 예를 들어 1924년 6월 부여금융조합이 발행한 영수증을 보면, 박동익이 부여금융조합에서 정확히 언제인지는 모르나 그전에 빌린 90엔에 대하여 원금과 이자, 그리고 연체 이자를 포함하여 136엔을 상환하였음을 확인할 수 있다.[「扶餘金融組合, 第十一號 領收證」(F03001-03-W001002)] 자금 용도는 농우(農牛) 구입, 농용인부(農用人夫) 임금, 농지 구입 등 다양했다.

35 개인의 금전거래는 '김○○에게 받은 돈' 등과 같은 것이고, 가문 내부 거래는 '큰 집에서 올 돈' 등으로 기록되었다.(「가내문서」(F03001-03-W001190).

36 「年賦償還金借用證書」(F03001-03-W001162).

37 「年賦償還金借用證書」(F03001-03-W0011723).

다만 연대보증인을 2명 세웠는데, 박동익과 1차 대출의 연대보증인이기도 한 박동숙이었다.

조선식산은행으로부터 거액의 대출을 받은 이유는 가내 문서에서 확인되지 않는다. 그러나 1922년이라는 시기에 주목할 필요가 있다. 이때는 함양박씨가가 은산흥산상회에 투자하고 경영에 참여한 시기였으므로 이와 관련한 대출이었을 가능성이 크다. 물론 1920년대 초반 시점의 조선식산은행의 역할을 감안하면 함양박씨가의 주력 사업인 농사 경영과 관련한 자금 조달일 가능성도 있다. 그러나 함양박씨가 가내 문서를 보면 농사 경영과 관련해서는 주로 부여금융조합을 주거래 대상으로 하고 있음이 확인된다. 그리고 함양박씨가가 조선식산은행과 자금거래를 한 것은 가내 문서상에서는 1922년의 두 차례 거래가 전부였다. 따라서 2,000엔이 넘는 거액의 대출은 은산흥산상회 투자 및 경영 관련 자금이었을 가능성이 큰 것이다.

함양박씨가의 금융거래 가운데 조선식산은행과의 거래 외에 주목할 만한 것은 1939년 박용진(朴用璡) 명의로 동일은행(東一銀行)[38] 서울 동대문지점과 충남 예산지점에 신규로 개설한 특별당좌예금 계좌 2개이다.[39] 박용진은 박만희의 아들로, 당좌예금 계좌를 개설한 1939년은 박동익에 이어 함양박씨가 가주였던 부친 박만희가 사망한 이듬해이다.[40] 당좌예금의 성

38 동일은행은 1931년 설립된 민족계 은행이다. 조선총독부가 중소은행 통폐합을 목적으로 1928년 12월 제령 제8호로 공포하고 이듬해 1월 1일부터 시행한 신규 '은행령'에 의거한 것이다. 기존 민족계 은행인 한일은행과 호서은행을 통합하여 설립하였다. 초대 은행장[당시 명칭은 일본식으로 도오도리(頭取)]은 한일은행장이었고, 당시 한국인 최대 갑부이자 대표적 친일파인 민영휘(閔泳徽)의 아들 민대식(閔大植)이 취임하였다. 자본금 400만 엔 규모의 은행으로 민족계 은행으로는 일제 말까지 살아남은 유일한 은행이었다. 조선총독부는 1943년 동일은행을 한성은행과 합병하여 조흥은행을 설립하였다. 일제시기 금융 통폐합과 관련해서는 배영목, 『한국통화금융사 I: 개항~광복 이전』(해남, 2021), 283~285, 363~366쪽 참조.

39 「東一銀行 禮山支店, 特別當座預金通帳」(F03001-03-W000847); 「東一銀行 東大門支店, 特別當座預金通帳(F03001-03-W000849).

40 가내 문서에 의하면, 일제시기 부여군 은산면 가곡리의 함양박씨가 가주는 박동익(1931년 사망), 박만희(1938년 사망), 박용진으로 이어진다.

격을 염두에 두면, 박용진이 부친 사망 후 가산의 승계와 운영의 주체로 등극하였음을 보여주는 것이다.[41]

박용진의 당좌예금 계좌 운용은 동일은행 동대문지점 계좌의 경우 1939년 6월 신규 개설 이후 1940년 4월까지, 그리고 예산지점 계좌는 1939년 8월 신규 개설 이후 1940년 10월까지 두 계좌 모두 약 1년간 이루어졌다. 동대문지점 계좌는 1939년 6월 30일 계좌 개설과 동시에 5,800엔을 입금하였고, 같은 해 8월까지 네 차례에 걸쳐 5,200엔이 인출되었다. 잔액 600엔은 1940년 4월에 인출되었다. 이 시점에 남은 잔액은 9엔 정도인데, 이것은 1939년 11월 동일은행이 지불한 예금이자였다. 이후 추가 예금은 없었다. 당좌예금을 확대하지는 않았다는 의미이다. 그러나 계좌는 유지한 것으로 보인다.

예산지점에 개설한 당좌계좌 역시 1939년 8월 24일 신규 개설 당일에 3만 3,000엔을 입금하였다. 3만 3,000엔을 예금하고 며칠 후 1만 3,000엔이 바로 인출되었다. 그리고 1939년 12월 1만 엔, 1940년 1월 1만 엔이 인출되어 계좌가 비었다. 박용진은 예산지점 계좌에도 추가로 예금하지 않았다. 그사이에 이자가 두 번 들어온 것을 제외하면 당좌예금 계좌 운용은 1940년 1월로 사실상 종료되었다. 1940년 10월이 마지막 거래인데, 동일은행으로부터 두 번 받은 이자 148엔 중 100엔을 인출한 것이었다. 그러나 박용진은 동대문지점 계좌와 마찬가지로 이후에도 계좌를 완전히 정리하지 않고 가지고 있었던 것으로 보인다. 잔액 48엔의 통장으로 남아

41 당좌예금은 계좌 개설자가 계좌에 현금을 넣어두고 어음이나 수표 발행을 통해 자금을 자유롭게 사용할 수 있는 '요구불예금'이다. 계좌 개설자가 발행한 어음이나 수표를 소유한 사람이 당좌예금 개설 은행에 현금 교환을 요청하면 은행은 즉시 응하게 되어 있다. 당좌예금 계좌 개설자는 자금 출납을 은행이 대신해 주기 때문에 비용과 노력 면에서 이익이 있다. 반면 은행의 입장에서 보면 자금의 장기 운영이 어려워서 사실상 이득이 없는 금융상품이다. 사실상 은행의 고객 서비스 상품이므로 은행에 당좌예금 계좌를 개설할 수 있는 사람은 많은 돈을 해당 은행에 맡겨두고 있는 중요 고객에 한정된다. 1939년 시점에 동대문과 예산의 지점에서 2개의 당좌예금 계좌를 개설해 준 동일은행이 부여 은산의 함양박씨가 가주 박용진을 그런 고객으로 평가했음을 알 수 있다.

표 2 함양박씨가 당좌예금 운영 내역

계좌 개설 지점	일자	예금액(엔)	지불금액(엔)	잔고(엔)	비고
동대문지점	1939.6.30.	5,800		5,800	
	1939.7.8.		4,400	1,400	
	1939.7.13.		300	1,100	
	1939.8.4.		200	900	
	1939.8.9.		300	600	
	1939.12.14.	9		609	예금이자
	1940.4.26.		600	9	이하 출납 내역 없음
예산지점	1939.8.24.	33,000		33,000	
	1939.8.26.		13,000	20,000	
	1939.11.26.	125		20,125	예금이자
	1939.12.21.		10,000	10,125	
	1940.1.24.		10,000	125	
	1940.5.26.	23		148	예금이자
	1940.10.21.		100	48	이하 출납 내역 없음

엔 이하에서 반올림

자료: 「東一銀行 禮山支店, 特別當座預金通帳」(F03001-03-W000847_증서28); 「東一銀行 東大門支店, 特別當座預金通帳」(F03001-03-W000849_증서30)에서 작성

있기 때문이다.

1930년대 말 함양박씨가의 당좌예금 계좌 개설과 운용은 이 시점에도 함양박씨가가 지역 유력 양반지주가로서의 위상을 유지하고 있었음을 보여준다고 할 것이다. 1939년부터 1940년까지 1년간의 함양박씨가 당좌예금 계좌 운영 내역을 정리하면 〈표 2〉와 같다.

1930년대 말 함양박씨가가 서울과 예산의 2개 동일은행 지점에 당좌예금 계좌를 열어 약 4만 엔의 자금을 운용한 이유 역시 가내 문서를 통해서는 확인되지 않는다. 부친에 이어 가주가 된 박용진의 자산 운용 구상과 관련된 것일 수도 있지만 이는 가능성에 불과하다. 자금 운용이 대략 1년 정도로 끝났기 때문에 어떤 특별한 단발성 경제활동과 관련이 있을 수도 있다. 물론 주력 사업인 농사 경영 관련일 수도 있다. 그러나 일제 전시통

제경제 시스템이 본격적으로 작동하는 시점이라는 변수를 생각해 볼 필요가 있고, 만약 기존과 동일한 농사 경영과 관련된 것이라면 근거지인 부여와 부여금융조합, 강경을 범위로 하는 것이 상식적이다. 서울과 예산에 당좌계좌를 열어서 매우 단기간 자금을 운용한 것과 어울리지는 않는다.

5. 해방 직후 정미소 설립과 경영

해방 후 가내 문서에서 함양박씨가의 농사 경영 이외의 경제활동과 관련하여 가장 흥미로운 것은 정미소 설립과 경영이다.[42] 함양박씨가는 1947년 정미소를 설립하여 운영하였는데, 기존 정미소를 인수한 것이 아니고 신축한 것이었다. 1947년 2월[43]부터 6월까지 건물과 토지 매입부터 설비 가설까지 완료하고 7월부터 가동에 들어갔다. 이름은 '곡부(曲阜)정미소'라고 하였다. 정미소 설립에 들어간 자금은 대략 56만 원이었다. 관련 내역은 〈표 3〉과 같다.

함양박씨가가 해방 직후 정미소 건설을 통해 도정업(搗精業)에 뛰어든 직접적인 배경을 알 수 있는 가내 문서는 확인되지 않는다. 그러나 함양박씨가가 해방 직후 혼란기임에도 불구하고 자금을 동원하여 정미소를 건설하고 도정업에 나선 이유는 당시 쌀값 폭등으로 비교적 쉽게 설명할 수 있다. 주지하듯이 해방 직후에는 식량난이 사회문제가 될 정도로 극심했다. 곡부정미소 신축비 내역을 기록한 자료에는 1946년부터 1947년까지

42 「精米所新築入金簿」(F03001-03-W003203).

43 양력으로는 3월이다.

표 3 곡부정미소 신축비 내역

일시	항목	금액(원)	비고
1947.2.	건물 자재, 토지, 기계설비 일절	407,340	여비와 중개료, 인부 고용비 등 포함
	공사비	22,270	
1947.3~6.	송전설비 가설, 정미소 전기공사	130,000	電柱 15本, 운반비 등 포함
합계		559,610	

자료: 「精米所新築入金簿」(F03001-03-W003203)

의 미곡 가격이 거의 1주일 단위로 기록되어 있는데,[44] 1946년 백미 1두(斗)의 가격은 300원대였으나, 1947년에는 580원까지 상승한 것이 적혀 있다.

쌀값 폭등으로 사회적 불안정이 야기되자 미군정은 사회 안정을 위해 가격 통제, 미곡 수매, 배급제 부활 등을 실시하였다. 미군정이 실시한 이러한 제도는 일제 말기 전시통제경제하에 1급 군수물자인 미곡을 통제하여 전쟁 식량으로 우선 사용하기 위해 일제가 실시한 제도들이었다. 수매한 미곡은 미군정이 관리하고 있던 정미소에서 도정할 계획이었다. 미군정은 당시 전국의 주요 정미소들을 관리·통제하고 있었는데, 이들 정미소는 일제시기 일본인들이 경영하던 것을 미군정이 '귀속재산'으로 관리하게 된 것들이다.[45]

44 「精米所新築入金簿」(F03001-03-W003203).

45 남한에 남은 일본 국공유재산과 일본인의 사유재산에 대한 처리는 해방공간 초유의 관심사였다. 한국인들은 이것을 적국의 재산이란 의미로 '적산'이라고 불렀으며, 일제가 한국인의 고혈을 수탈한 결과물이므로 당연히 앞으로 수립될 독립국가의 소유가 되어 경제발전을 위한 토대가 되어야 한다고 생각했다. 반면 미국의 방침은 제2차 세계대전의 전후 처리로 연합국의 배상에 사용할 가능성을 열어두고 있었다. 초기 남한 미군정의 애매한 태도는 여기서 시작된 것이다. 그러다 1945년 12월 미군정 법령 33호에 의거하여 남한의 모든 일본 재산을 군정에 귀속한다는 방침이 결정되면서 '귀속재산'이 되었다. 이후 일본 재산은 미군정의 관리·통제하에 있었고, 남한의 경제 혼란을 완화시킨다는 명목하에 관리인을 두어 재가동하거나 관리가 어려운 재산은 민간에 불하하기도 하였다. 일본인이 경영했던 남한의 주요 정미소가 전자에 해당하여 미군정 통제하에 가동에 들어간 것이다. 미군정기 일부 불하된 귀속재산을 제외하고 대부분의 재산은 1948년 제1공화국 정부 수립 후 소유권이 이전되었다. 정부가 1949년 「귀속재산처리법」을

그러나 또 다른 외세인 미군정에 의한 미곡 수매는 생산자인 한국 농민의 입장에서 보면 일제가 자행하던 미곡 공출의 부활이었다. 더욱이 미곡 가격이 폭등하는 상황에서 이러한 통제의 부활은 당연히 강력한 반발에 직면할 수밖에 없었다. 따라서 미군정이 미곡 통제 수단을 이용하여 꾀했던 미곡 가격 안정화는 쉽게 달성되지 않았다. 미군정의 미곡 수매에 대한 한국 농민의 저항에는 직접적인 실력행사뿐만 아니라 정교한 수단도 동원되었다. 농민들은 미군정이 구축한 통제망, 즉 '수매 참여→귀속정미소'를 따르지 않고, 본인들이 생산하여 보유하고 있던 미곡을 자체 도정하여 인근에 유통시켰다. 농촌 생산지의 이러한 도정 수요 때문에 전국 미곡 생산지 거점마다 새로운 소형 정미소들이 활발하게 설립되었다. 다음 자료의 언급은 이와 같은 상황을 잘 보여준다.

> 해방 이후에 수출미(일제시기 일제의 정책으로 일본으로 대량 이출되었던 미곡-필자 주)의 정지와 국내 소비의 격증으로 생산지 부근에 가내공업적 소규모 공장이 각지에 족출(簇出)하여 그 수는 300여 개소에 달하고 있다. 자가도미(自家搗米)가 왕성함으로 영단(조선생활필수품영단-필자 주)의 운영공장(해방 후 귀속정미소-필자 주)은 수집미만을 도미(搗米)하고 있다.[46]

함양박씨가가 한창 정미소를 짓고 있을 때인 1947년 5월에 조선상공회의소는 미군정에게 미곡 통제 정책의 철회와 자유판매 허용을 건의하였다. 조선상공회의소는 미군정의 미곡 통제 정책을 임기응변의 조치라고 비난하며, 미군정의 미곡 자유반출 봉쇄로 인해 농민들이 설비가 완전한

공포하여 1950년대부터 민간 불하 등 처리가 시작되었다. 한국전쟁 발발로 지연되기는 했으나 1950년대 말까지 주요 귀속재산은 대체로 민간 불하, 국유화 등의 방식으로 처리가 이루어졌다. 관련해서는 배석만, 『귀속재산』(해남, 2023) 참조.

46 조선은행조사부, 『조선경제연보』, 1948, Ⅰ~113쪽.

표 4 1947년 7~10월 곡부정미소 영업실적

수입(원)		지출(원)		비고
도정	55,600	인건비	37,475	
		자재비 기타	14,140	
		영업이익	3,985	이익금 이월금 처리
합계	55,600	합계	55,600	

자료: 「曲阜精米所 現金收支簿」(F03001-03-W003207)

정미소를 기피하고 '자가도정'을 하기 때문에 생기는 양곡 손실률이 전문가의 소견에 의하면 최소 7% 이상에 달한다고 지적하였다.[47]

해방 후 함양박씨가의 곡부정미소 설립은 이와 같은 상황에 편승한 것으로, 위의 자료에서 보듯이 미군정의 미곡 통제 정책에 반발한 농민들의 '자가도미(自家搗米)'에 따라 전국 각지에 속출했던 300여 개의 소규모 정미소 중 하나였을 가능성이 높다. 이렇게 보면 1주일 단위로 기록한 1946~1947년 백미 가격은 자가도미를 통한 산지 가격이었을 가능성도 있다.

가내문서 중 「곡부정미소 현금수지부(曲阜精米所 現金收支簿)」를 통해서는 곡부정미소의 1947년 7월 가동 이후 10월까지의 영업실적도 확인할 수 있는데, 정리하면 〈표 4〉와 같다. 4개월간 5만 5,600원의 도정 수입과 약 4,000원의 영업이익을 남기고 있다.

그러나 이후 자료는 없다. 이 자료대로 해석하면 박씨가의 정미소 경영은 큰 성공을 거두지는 못했고 단기간에 끝났을 가능성도 있다. 물론 단지 자료가 남아 있지 않은 경우일 수도 있지만, 정미소 사업이 번창하여 그 수입이 가계의 핵심 재원으로 부상했다면 어떤 형식으로든지 그 흔적이 남아 있어야 하는데 그렇지 않기 때문이다.

47 『경향신문』(1947.5.31).

이후 정미업과 관련한 미군정의 통제 강화로 인해 박씨가의 곡부정미소의 경영 전망은 밝지 않았을 것으로 추정된다. 1946년 미곡 수집에 사실상 실패한 미군정은 1947년 가을의 미곡 수집에서는 업계에서 바라는 통제 해제 대신 보다 강력한 통제를 추진하였다. 특히 '자가도미'의 근절에 초점을 맞춘 것으로 보인다. 우선 미군정은 1947년도 추곡 수집 기간 동안은 당국의 허가를 받지 않은 미곡의 도정, 운반, 유통을 금지시켰다. 또한 정미소가 만약 무허가로 도정할 경우 정미소 허가를 취소함과 동시에 정미소 동력 공급을 차단하고, 경영자와 도정을 부탁한 사람을 동시에 처벌하도록 하는 매우 강력한 조치를 취하였다.[48]

6. 맺음말

이 글은 전통적 양반지주가로서 부여군 은산면 가곡리를 근거지로 하는 함양박씨가가 20세기에 들어와 기존의 주업인 농사 경영 외에 어떤 경제활동을 전개했는지에 대해 살펴보았다. 한국학중앙연구원이 수집한 함양박씨가 소장의 '가내 문서'를 주요 자료로 삼아 실증적으로 분석해 보았다. 가내 문서는 해당 집안의 사회경제적 활동을 구체적으로 살펴볼 수 있는 가치 높은 자료이지만, 연결되지 않는 파편적 자료이기에 추론이 많이 들어갈 수밖에 없는 단점도 있다. 함양박씨가의 20세기 농외 경제활동을 분석하는 이 글의 경우도 그런 한계에서 자유롭지 못하다. 그럼에도 불구하고 식민성을 포함한 근대와 조우하게 된 전통적 양반지주가의 변화상

48 『조선일보』(1947.9.10).

을 확인할 수 있었다. 관련한 분석 결과를 정리하면서 그 의미를 고민해 보는 것으로 맺음말을 대신한다.

우선 주목되는 함양박씨가의 농외 경제활동은 1920년 전후부터 시작된 것으로 보이는 은산흥산상회에 대한 매우 적극적인 투자와 경영이다. 은산흥산상회가 어떤 사업을 주력으로 했는지는 불명확하지만 구권을 발행하여 투자금을 모은 것으로 보아 합자회사 혹은 조합 형태의 조직이었던 것으로 보인다. 함양박씨가가 1920년이라는 매우 이른 시기에 회사 투자와 경영에 참여한 것은 지방 농촌을 거점으로 하는 전통적 양반지주가의 식민지 근대와의 조우라는 관점에서 보면 분명 흥미로운 변화상이다. 다만 이러한 변화의 노력은 길게 이어지지 않았다. 은산흥산상회 투자와 경영 참여는 실패로 끝났고, 상회 양도 과정에서 연대보증으로 인해 일본인 지주와 민사소송까지 가는 곤경에 직면했기 때문이다.[49] 이후 함양박씨가의 회사 투자나 경영 참여는 적어도 일제시기에는 나타나지 않는다.

그렇다고 해서 이후 함양박씨가가 다시 19세기 전통 양반지주가로 돌아간 것은 아니다. 우선 싱거미싱회사와의 할부금 납부와 관련한 분쟁은 방문판매와 할부제도라는 최첨단 자본주의 시스템에 대한 전통적 양반지주가의 학습으로 볼 수 있다. 일제 국책은행인 조선식산은행, 그리고 민족계 동일은행과의 금융거래 역시 동일한 범주이다. 함양박씨가는 조선식산은행에서 1920년대 초에 4년 연부상환, 12% 금리의 조건으로 총 2,300엔을 빌렸다. 동일은행에서는 1930년대 말 서울과 충남 예산 지점에 2개의 당좌예금 계좌를 개설하고 총 4만 엔의 자금을 운용하였다. 이 두 은행과의 거래 자금은 중소지주로 평가되는 함양박씨가의 재력을 감안하면 매

49 부여라는 공통된 공간에 거주하던 일본인 지주와의 분쟁도 다른 관점에서 중요한 의미를 갖는다. 일찍이 식민지 조선에 진출하여 부를 축적하고 이를 토대로 지역 유지의 지위를 획득한 일본인 지주가 해당 지역 한국인 지주와 어떤 사회경제적 관계를 맺고 있었는지 확인할 수 있는 사례이기 때문이다.

우 큰 규모였다. 그런데 아쉬운 것은 이 자금들의 용도가 불명확하다는 것이다. 조선식산은행 대출금은 1922년이라는 시기를 보면 실패로 끝난 은산홍산상회 투자금과 관련이 있을 것으로 보이기도 하지만, 동일은행의 4만 엔 운용은 그런 추정마저 어렵게 한다. 함양박씨가의 농사 경영과 관련한 금융거래는 가내 문서의 영수증철을 보았을 때 주로 부여금융조합과 이루어졌다. 거래된 자금 규모도 대체로 100엔대 이하의 소액거래였다. 이렇게 보면 식민지 근대의 영향하에 변화를 모색하는 농외 경제활동이었을 가능성이 있다.

함양박씨가는 일제시기 초입에 은산홍산상회에 대한 투자와 경영을 통해 변화를 모색했던 것과 같이 해방 초입에도 새로운 사업을 시도하였다. 정미소를 설립하여 도정업에 뛰어든 것이다. 이것은 당시 쌀값 폭등에 편승한 자본 축적 시도였다고 할 수 있다. 농사 경영과 관련된 '연관 다각화'로도 볼 수 있지만, 일제시기 함양박씨가가 동일한 시도를 하지 않았다는 점에서 해방공간의 특수한 상황이 계기로 작용했을 가능성이 크다. 정미소는 부지부터 매입하고 필요 자재를 조달하여 완전히 새롭게 건설하는 것이었고, 60만 원의 자금이 투자되었다. 그러나 결과는 은산홍산상회와 대체로 동일했던 것 같다. 가내 문서로 확인되는 정미소 가동 후 수익은 1949년 7월부터 4개월간 5만 5,600원의 도정 수입과 4,000원의 영업이익이 전부였다. 가내 문서의 한계를 염두에 두면 이런 평가를 속단하기 어려운 측면도 있지만, 함양박씨가가 건설한 곡부정미소는 1950년대까지 관련한 타 자료에서 그 존재가 확인되지 않는다.

전체적으로 함양박씨가의 20세기 농외 경제활동은 일제가 들여온 식민지 근대에 적극적으로 대응하고 변화를 모색하며 이를 토대로 사회경제적 성장을 도모하고 있었던 것이라고 평가할 수 있다. 그리고 이런 노력은 해방 후에도 멈추지 않았다. 이와 관련하여 파편적이라는 한계를 가진 가내 문서임에도 불구하고 그 분석을 통해 도출한 키워드는 은산홍산상회,

싱거미싱회사, 조선식산은행, 동일은행, 그리고 곡부정미소였다. 변화를 시도한 경제활동들이 큰 성공을 거두지는 못했다. 그러나 이런 결과는 역설적으로 함양박씨가가 지역 중소지주이자 전통 양반가의 외양을 유지하게 한 하나의 요인으로 작용했다고 볼 수 있다.

참고문헌

扶餘 恩山 咸陽朴氏 九堂 朴世榮 宗家 典籍(장서각 소장).

朝鮮功勞者名鑑刊行會, 『朝鮮功勞者名鑑』, 民衆時論社, 1935.

조선은행조사부, 『조선경제연보』, 1948.

배석만, 『귀속재산』, 해남, 2023.

배영목, 『한국통화금융사 I: 개항~광복 이전』, 해남, 2021.

안승준·김학수, 「扶餘 恩山 咸陽朴氏의 家系와 古文書」, 『古文書集成 45: 扶餘 恩山 咸陽朴氏篇』, 한국정신문화연구원, 2000.

오미일, 『근대 한국의 자본가들: 민영휘에서 안희제까지, 부산에서 평양까지』, 푸른역사, 2014.

주익종, 『대군의 척후: 일제하의 경성방직과 김성수·김연수』, 푸른역사, 2008.

카터 J. 에커트 지음, 주익종 옮김, 『제국의 후예: 고창 김씨가와 한국 자본주의의 식민지 기원 1876~1945』, 푸른역사, 2008.

허원영, 『한국 근대 양반지주가의 경제활동』, 혜안, 2022.

〈싱거코리아〉(singerkorea.co.kr).

〈야마나시근대인물관〉(www.pref.yamanashi.jp/ykj).

『경향신문』, 『동아일보』, 『매일신보』, 『조선일보』, 『중앙일보』.

부여 은산 함양박씨 종가의 방목(榜目)과 과거(科擧)

이재옥

1. 머리말

부여 은산에 세거한 함양박씨가는 구당(九堂) 박세영(朴世榮)[1]을 입향조로 하고 있다. 박세영은 1480년(성종 11)에 태어나 1552년(명종 7) 73세에 졸하였다. 슬하에 3남 1녀로 박대립(朴大立)[2], 박사립(朴思立), 박희립(朴希立), 그리고 사위 김붕(金鵬)이 있다. 박세영 이하 종가의 계대는 〈그림 1〉과 같다.

부여 함양박씨 종가는 현재 5종의 단회방목(單回榜目)을 소장하고 있다. 2종의 문무과방목과 3종의 사마방목이다. 보통 가문에서 소장하고 있는

1 박세영에 대해서는 『淸江集』 卷之3, 誌銘, 「有明朝鮮國通訓大夫敦寧府正 贈崇政大夫議政府左贊成兼判義禁府事朴公墓誌銘」 참고.

2 박대립에 대해서는 『月沙集』 卷之43, 神道碑銘, 「左贊成贈領議政朴公神道碑銘」 참고.

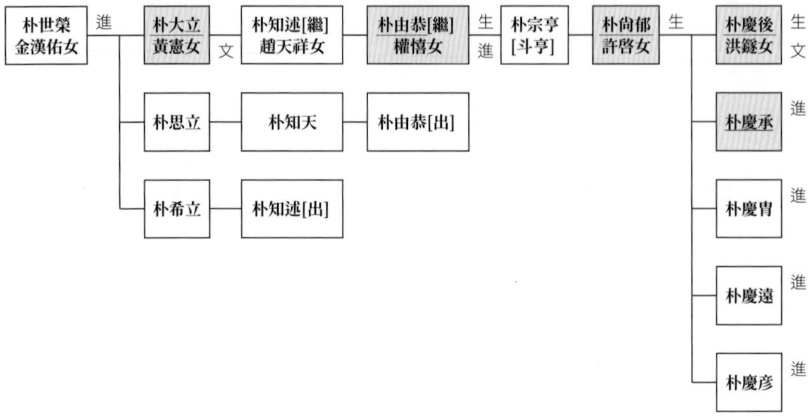

그림 1 함양박씨 종가 계대

표 1 부여 은산 함양박씨 종가 소장 방목

방목명	구분	시험년	함양박씨 합격 인물
庚子式年榜目	문무과	1540년(중종 35)	**朴大立**
壬子增廣司馬榜目	사마	1612년(광해군 4)	**朴由恭**·朴思誠·朴儼
辛卯式年司馬榜目	사마	1651년(효종 2)	**朴尙郁**·朴思文
己酉式年司馬榜目	사마	1669년(현종 10)	**朴慶後·朴慶承**
乙卯增廣別試榜目	문무과	1675년(숙종 1)	**朴慶後**

방목은 대다수가 집안 인물이 합격한 경우이다. 그래서 방목에 출현하는 함양박씨를 조사하였다. 2종의 문무과방목에 무과 출신 함양박씨는 없다. 그래서 문과 급제자 함양박씨와 생원·진사를 조사하였다. 과거 합격자를 중심으로 방목과 족보를 이용하여 인물 중심의 인적 관계망을 구성하고자 한다.

2. 함양박씨 종가의 방목

1) 1540년(중종 35) 경자식년방목

함양박씨 종가에 보관된 가장 이른 시기의 방목이다. 1540년(중종 35)에 실시된 경자 식년시 문무과에 선발된 급제자의 명단을 기록하고 있다. 이 방목과 같은 시험의 방목이 고려대학교 도서관에 소장되어 있는 『가정19년경자4월일식년방목(嘉靖十九年庚子四月日式年榜目)』(만송 貴 380 1540)인데, 여기에는 문과, 무과에 이어서 잡과(譯科·醫科·陰陽科·律科)가 추가되어 있다.

이 방목은 필사본으로 표제는 '경자식년방목(庚子式年榜目)'이고, 권수제는 '가정19년경자4월일식년방목(嘉靖十九年庚子四月○日式年榜目)'이다. 정기적으로 실시된 식년시로서 문과에서는 김윤정(金胤鼎)이 장원(壯元)을 하였는데, 갑과 3인·을과 7인·병과 23인으로 33명을 선발하였다. 무과 장원은 박응(朴應)으로 28명(甲 3, 乙 5, 丙 20)을 선발하였다. 문과 급제자 중 28명은 사마 합격자 출신이다.

문과에서 함양박씨 급제자는 무환당(無患堂) 박대립(朴大立)으로 병과 16위로 급제하였다. 같은 시험으로 합격한 인물들을 보면 사암(思菴) 성세장(成世章), 금계(錦溪) 황준량(黃俊良), 역암(櫟菴) 민기문(閔起文), 서교(西郊) 송찬(宋贊), 일계(逸溪) 채무일(蔡無逸), 구배헌(灸背軒) 안방경(安方慶), 호은(壺隱) 유감(柳堪), 청사(淸莎) 정자(鄭滋), 입암(立巖) 유중영(柳仲郢)이 있다. 유중영은 병과 23위(居末)로 서애(西厓) 유성룡(柳成龍)의 부친이다. 정자는 송강(松江) 정철(鄭澈)의 형이다.

1540년 방목을 중심으로 박대립의 네트워크를 만들면 〈그림 3〉과 같은 그래프가 생성된다.

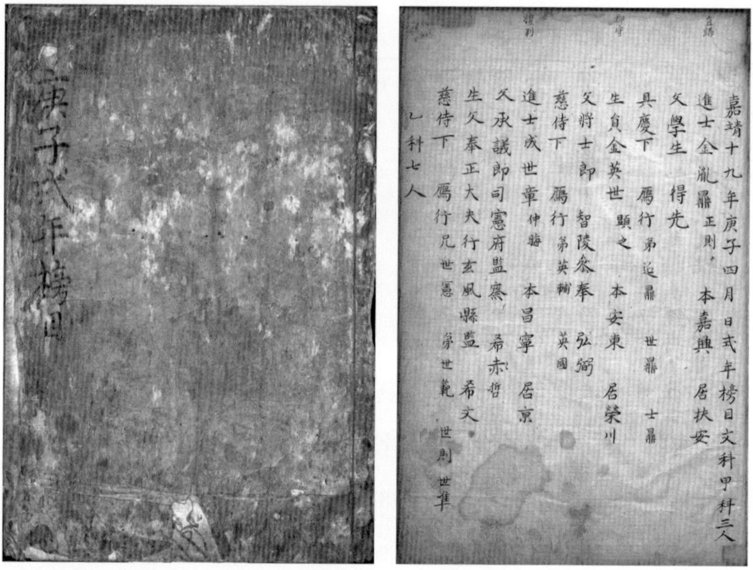

그림 2 1540년(중종 35) 경자식년방목

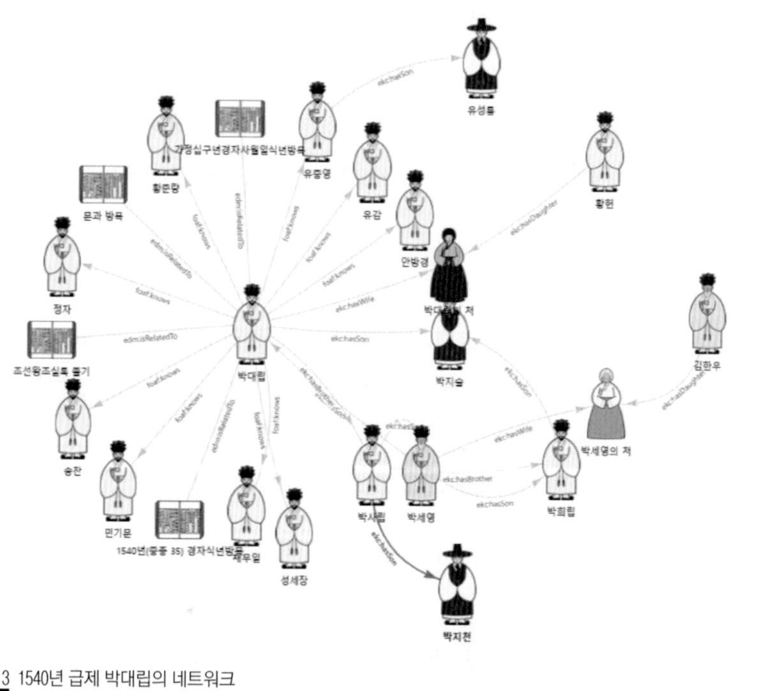

그림 3 1540년 급제 박대립의 네트워크

출처: 〈SEDB:과거 합격자 정보 디지털 아카이브〉, 1540년 경자식년방목.1st (dh.aks.ac.kr/~sonamu5/wiki/index.php/1540년_경자식년방목.lst)

2) 1612년(광해군 4) 임자증광사마방목

함양박씨 종가의 두 번째 방목으로 사마방목이다. 1612년(광해군 4) 임자 증광시로 실시된 사마시 방목이다. 생원 장원은 정두원(鄭斗源)이고, 진사 장원은 정택뢰(鄭澤雷)로 각각 100명을 선발하였다.

이 방목은 목판본으로 표제는 '임자증광사마방목(壬子增廣司馬榜目)'이고, 권수제는 '임자증광사마방(壬子增廣司馬榜)'이다. 일소(一所)는 성균관(成均館), 이소는 태평관(太平館)이다. 10명의 양시(兩試)[3]와 5건의 연벽(聯壁)[4]이 있다. 동일한 시험의 방목이 『국조연방(國朝蓮榜)』[5]건(乾)(규장각한국학연구원[奎12230]) 에 실려 있다. 이 책은 현재 유일한 사마방목의 종합방목으로 112회 사마시가 기록되어 있다.

이 사마방목에 등재된 함양박씨는 박유공(朴由恭)이다. 박유공은 이 시험에서 양시를 하면서 또한 연벽인 처남 권임중(權任中)·권귀중(權貴中)과 같이 합격하였다. 동방(同榜)으로 유명한 인물은 호정(壺亭) 정두원(鄭斗源), 수북(水北) 김광현(金光炫), 석계(石溪) 이시명(李時明), 핍천(逼川) 곽현(郭玹), 고산(孤山) 윤선도(尹善道), 석남(石南) 이경준(李敬遵), 취헌(翠軒) 유백증(兪伯曾), 죽남(竹南) 오준(吳竣), 현주(玄洲) 이소한(李昭漢), 수졸당(守拙堂) 이의잠(李宜潛) 등이 있다.

〈그림 5〉 박유공의 네트워크 그래프는 사마방목을 토대로 작성하였다. 이는 동방한 인물과 박유공의 가계 및 과거 자료의 관계를 나타내고 있다.

3 양시는 소과인 사마시(司馬試)에서 같은 해에 생원(生員)·진사(進士)에 동시 합격한 사람으로 쌍련(雙蓮), 쌍중(雙中), 구중(俱中), 겸득(兼得)이라고도 함.

4 연벽은 소과인 사마시에서 같은 해에 형제가 나란히 합격한 것을 일컫는 말로 연방(聯榜), 연중(聯中), 형제구중(兄弟俱中), 형제동년(兄弟同年), 체화(棣華)라고도 함.

5 『국조연방(國朝蓮榜)』乾·坤 2책으로 규장각한국학연구원(奎12230)에 소장되어 있다. 표제는 『국조연방(國朝蓮榜)』이고, 권수제는 「증식연방(增式蓮榜)」이다. 건권에는 중종조에서 순조조까지 72회의 사마방목, 곤권에는 순조조부터 고종조까지 40회의 사마방목이 실려 있다. 총 112회로 전체 230회 중 48.7%만 등재되어 있다. 합격자 본인과 부명만 기록하고 있는 것이 특징이다.[사마방목은 연방(蓮榜), 문과방목은 계방(桂榜)이라 함]

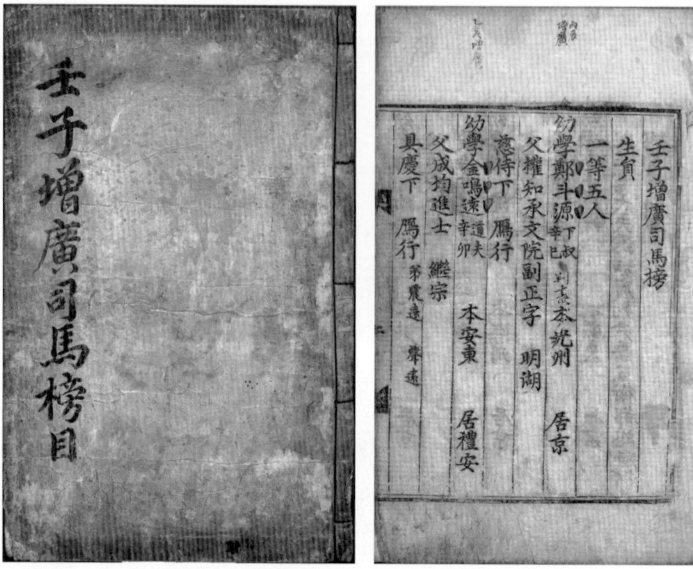

그림 4 1612년(광해군 4) 임자증광사마방목

표 2 1612년 증광시 사마 양시·연벽

양시	연벽
곽현(郭玹)	권임중(權任中)·권귀중(權貴中)
권훈(權勛)	이약(李鑰)·이익(李釴)
김광현(金光炫)	이의활(李宜活)·이의잠(李宜潛)
김득연(金得研)	이호양(李好讓)·이호눌(李好訥)
박원(朴瑗)	정사유(鄭四維)·정사명(鄭四溟)
박유공(朴由恭)	
정두원(鄭斗源)	
최진운(崔振雲)	
허유(許愉)	
홍박(洪珀)	

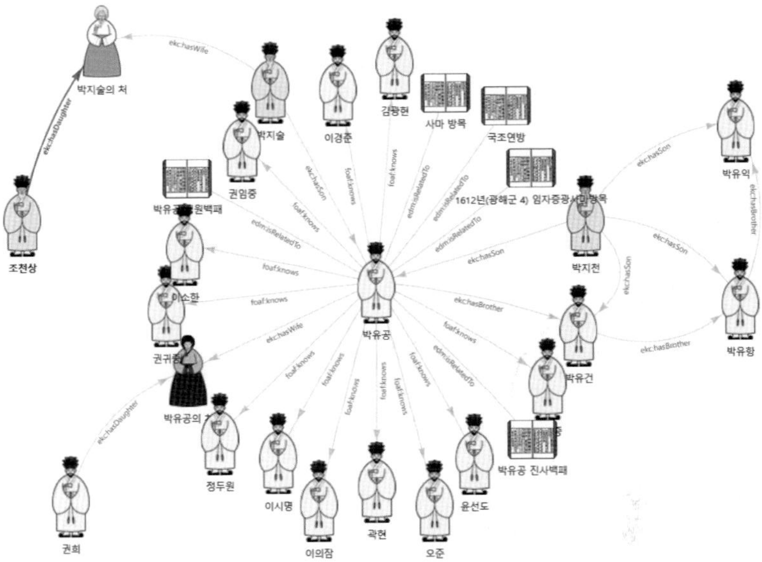

그림 5 1612년 합격 박유공의 네트워크

출처: 〈SEDB:과거 합격자 정보 디지털 아카이브〉, 1612년 임자증광사마방목.lst (dh.aks.ac.kr/~sonamu5/wiki/index.php/1612년_임자증광사마방목.lst)

3) 1651년(효종 2) 신묘사마방목

함양박씨 종가의 세 번째 방목으로 사마방목이다. 1651년(효종 2) 신묘식년시로 실시된 사마시 방목이다. 생원 장원은 이원록(李元祿)이고, 진사 장원은 이익상(李翊相)으로 각각 100명을 선발하였다.

이 방목은 목판본으로 표제는 '신묘사마방목(辛卯司馬榜目)'이고, 권수제는 '신묘식년사마방목(辛卯式年司馬榜目)'이다. 일소는 한성부(漢城府), 이소는 동학(東學)이다. 7명의 양시와 4건의 연벽이 있다. 오정일(吳挺一)의 아들 오시태(吳始泰)는 양시와 연벽을 동시에 하였다.

동일한 시험의 방목이 국립중앙도서관에 2종(古6024-201, 古6024-184), 하버드옌칭도서관[TK 2291.7 1746(1651)], 고려대학교 도서관(만송 B8 A1 1651), 전북대학교 도서관(351.3-사마방 효종2), 성암고서박물관(성암2-724), 쿄우쇼쿠

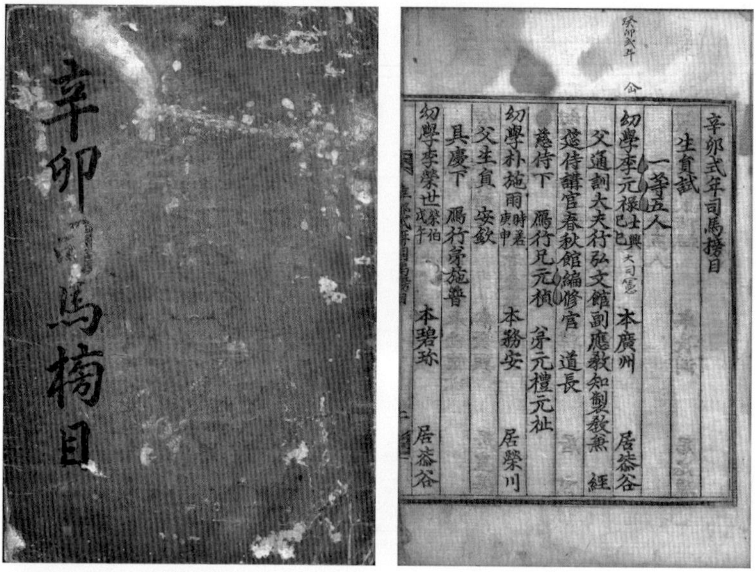

그림 6 1651년(효종 2) 신묘식년사마방목

표 3 1651년 식년시 사마 양시·연벽

양시	연벽
김익남(金益南)	권덕연(權德衍)·권덕광(權德廣)
김정석(金庭碩)	이무(李堥)·이재(李栽)
유장운(柳長運)	오시태(吳始泰)·오시익(吳始益)
신사덕(辛師德)	허률(許慄)·허징(許憕)
오시태(吳始泰)	
정기태(鄭期泰)	
홍만용(洪萬容)	

(杏雨書屋) 미키분코(三木文庫)(300-9) 등에 소장되어 있다.

이 사마방목에 등재된 함양박씨는 생원 2등 12위 박상욱(朴尙郁)이다. 동방으로 유명한 인물은 양계(陽溪) 이하(李馥), 금화(金華) 홍만용(洪萬容), 낙남(洛南) 정재숭(鄭載嵩), 재곡(齋谷) 안후열(安後說), 청헌(靑軒) 유명천(柳命天), 약천(藥泉) 남구만(南九萬) 등이 있다. 홍만용은 영안위(永安尉) 홍주원(洪柱元)

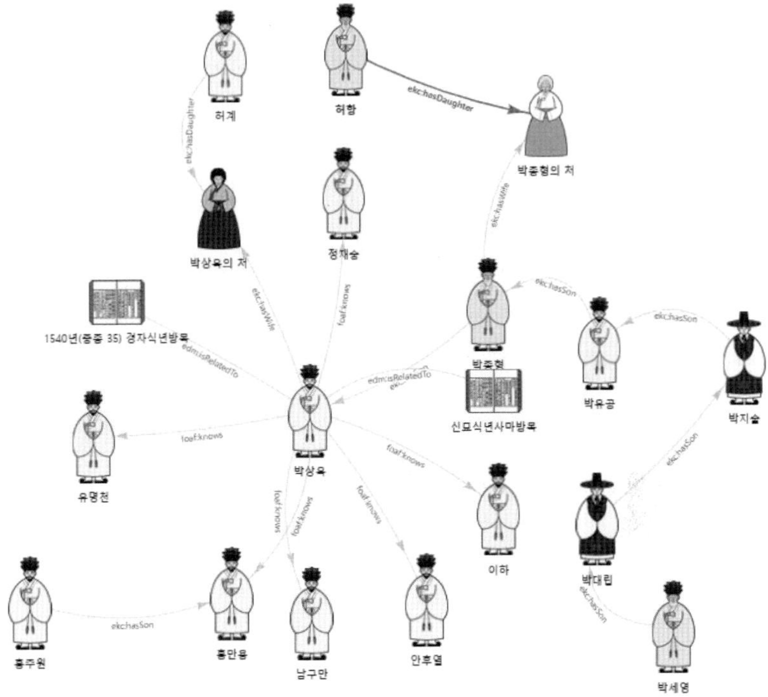

그림 7 1651년 합격 박상욱의 네트워크

출처: 〈SEDB:과거 합격자 정보 디지털 아카이브〉, 1651년_신묘식년사마방목.lst (dh.aks.ac.kr/~sonamu5/wiki/index.php/1651년_신묘식년사마방목.lst)

과 선조(宣祖)의 딸인 정명공주(貞明公主)의 아들이다.

4) 1669년(현종 10) 기유식년사마방목

함양박씨 종가의 네 번째 방목으로 사마방목이다. 1669년(현종 10) 기유식년시로 실시된 사마시 방목이다. 생원 장원은 한성좌(韓聖佐)이고, 진사 장원은 신엽(申曄)으로 각각 100명을 선발하였다.

이 방목은 목판본으로 표제는 '기유사마방안(己酉司馬榜眼)'이고, 권수제는 '기유식년사마방목(己酉式年司馬榜目)'이다. 일소는 한성부(漢城府), 이소는

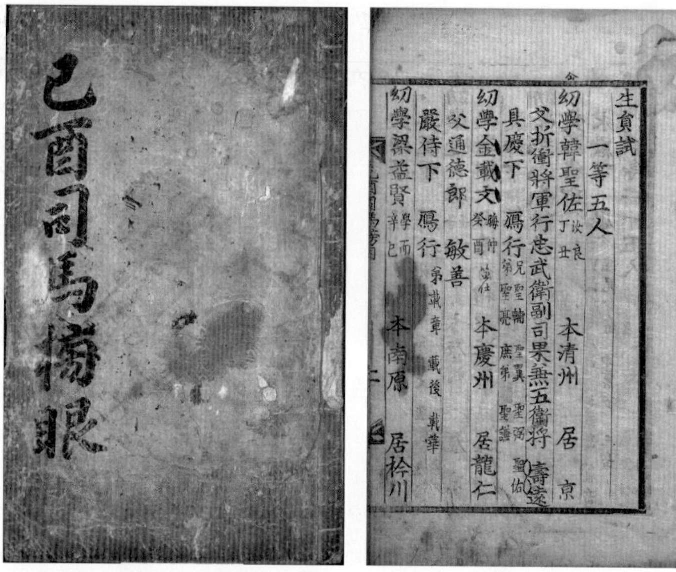

그림 8 1669년(현종 10) 기유식년사마방목

표 4 1669년 식년시 사마 양시·연벽

양시	연벽
강후상(姜後尙)	**박경후(朴慶後)·박경승(朴慶承)**
김귀중(金龜重)	변세화(邊世華)·변세영(邊世英)
김만길(金萬吉)	정상린(鄭祥麟)·정상룡(鄭祥龍)
이태룡(李台龍)	한성우(韓聖佑)·한성좌(韓聖佐)
이태제(李泰齊)	홍수항(洪受恒)·홍수제(洪受濟)·홍수점(洪受漸)
박봉상(朴鳳祥)	
송유식(宋有栻)	
심사침(沈思沉)	
한주상(韓柱相)	
황익한(黃翼漢)	

성균관반수당(成均館泮水堂)이다. 10명의 양시와 5건의 연벽이 있다. 홍수항(洪受恒)·홍수제(洪受濟)·홍수점(洪受漸)은 3형제 연벽이다.

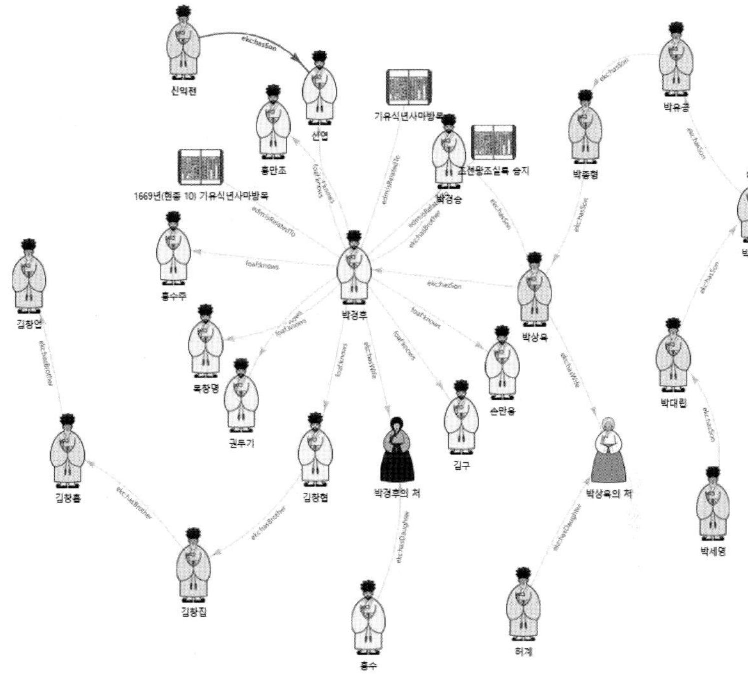

그림 9 1669년 합격 박경후·박경승의 네트워크

출처: 〈SEDB:과거 합격자 정보 디지털 아카이브〉, 1669년_기유식년사마방목.lst (dh.aks.ac.kr/~sonamu5/wiki/index.php/1669년_기유식년사마방목.lst)

동일한 시험의 방목이 국립중앙도서관에 2종(古朝26-29-17, 일산古6024-94), 규장각한국학연구원(想白古351.306-B224s-1669), 전북대학교 도서관(351.3- 사마방 현종10), 계명대학교 동산도서관[(이) 349.16 사마기유ㄱ], 영남대학교 중앙도서관(古南350.48 사마방기유) 등에 소장되어 있다.

이 사마방목에 등재된 함양박씨는 박경후(朴慶後)·박경승(朴慶承) 형제이다. 박경후는 문과에도 급제하였다. 동방으로 유명한 인물은 야촌(野村) 손만웅(孫萬雄), 만퇴당(晩退堂) 홍만조(洪萬朝), 관복(觀復) 김구(金構), 허재(虛齋) 신엽(申曅), 소한(素閑) 권두기(權斗紀), 취원(翠園) 목창명(睦昌明), 농암(農巖) 김창협(金昌協), 호은(壺隱) 홍수주(洪受疇) 등이 있다.

5) 1675년(숙종 1) 을묘증광별시방목

함양박씨 종가의 다섯 번째 방목으로 문무과방목이다. 1675년(숙종 1) 을묘 증광시로 실시된 문무과 방목이다. 비정기적으로 실시된 증광시로 문과에서는 이봉징(李鳳徵)이 장원을 하였는데, 갑과 3인·을과 7인·병과 24인으로 34명을 선발하였다. 무과 장원은 유이번(柳以蕃)으로 47명(甲 3, 乙 7, 丙 37)을 선발하였다. 문과 급제자 중 29명은 사마 합격자 출신이다.

이 방목은 목판본으로 표제는 '을묘증광방-문무(乙卯增廣榜-文武)'이고, 권수제는 '을묘증광별시방목(乙卯增廣別試榜目)'이다. 초시(初試)는 9월 12일, 복시(覆試)는 10월 23일, 전시(殿試)는 10월 30일에 실시되었다. 전시 시제는 '부 군덕성취책경연(賦君德成就責經筵)'이다. 동일한 시험의 방목이 규장각한국학연구원(想白古351.306-B224m-1675)과 하버드옌칭도서관(FK128)에 소장되어 있다.

이 문무과방목에 등재된 함양박씨는 박경후(朴慶後)이다. 동방으로 유명한 인물은 은봉(隱峰) 이봉징(李鳳徵), 유재(游齋) 이현석(李玄錫), 우사(雩沙) 이세백(李世白), 민취도(閔就道), 민안도(閔安道), 목임유(睦林儒), 윤의제(尹義濟), 용포(龍浦) 윤세기(尹世紀), 우헌(寓軒) 유세명(柳世鳴) 등이 있다.

이현석은 지봉(芝峰) 이수광(李睟光)의 증손이고, 유세명은 겸암(謙菴) 유운룡(柳雲龍)의 증손이다. 윤의제의 부친은 백호(白湖) 윤휴(尹鑴)이고, 민취도와 민안도는 조부가 민응협(閔應協)이다. 민취도의 부 민희(閔熙)와 민안도의 부 민점(閔點)은 민응협의 아들로 쌍둥이인데, 동생 민점이 백부(伯父) 민응회(閔應恢)의 양자로 가서, 생가(生家)로 보면 사촌지간이다.

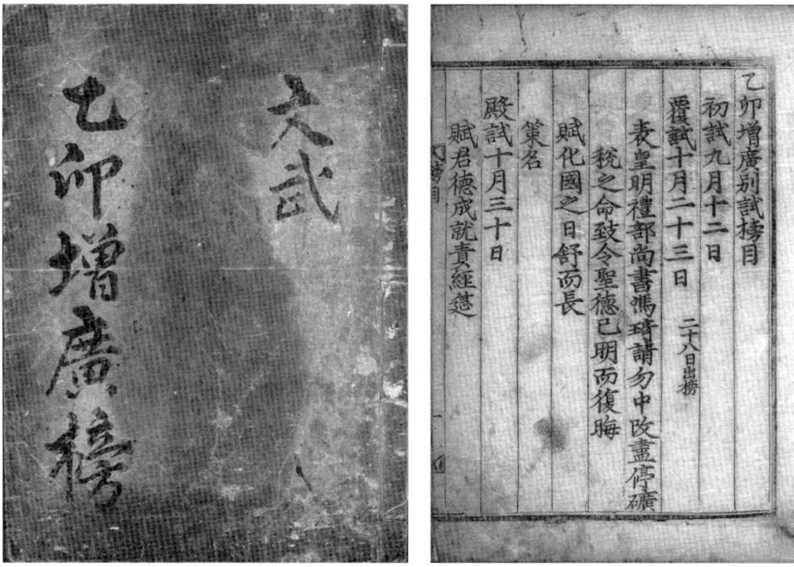

그림 10 1675년(숙종 1) 을묘증광별시방목

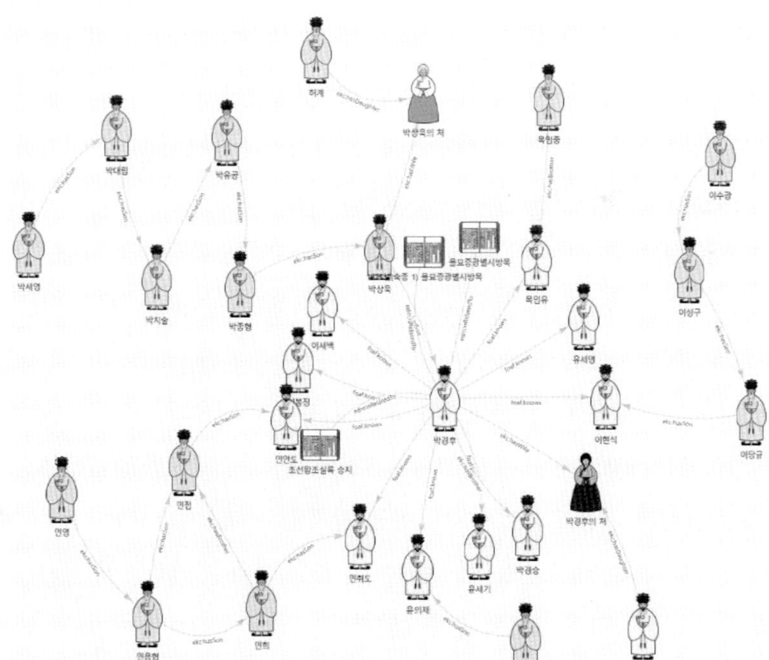

그림 11 1675년 급제 박경후의 네트워크

출처: 〈SEDB:과거 합격자 정보 디지털 아카이브〉, 1675년_을묘증광별시방목.lst (dh.aks.ac.kr/~sonamu5/wiki/index.php/1675년_을묘증광별시방목.lst)

3. 함양박씨 종가의 관계 진출

1) 박대립

박대립(朴大立)은 1512년(중종 7)에 태어나 1584년(선조 17)에 졸하였다. 자는 수백(守伯)이고 호는 무환당(無患堂)이다. 1540년(중종 35) 경자 식년시 문과에 병과 16위로 급제하였다.

〈조선왕조실록〉에서 박대립을 검색하면 43건이 나온다. 이를 통해서 박대립의 관계 진출을 조사하면, 관직은 지평(持平), 성균관사성(成均館司成), 군기시정(軍器寺正), 의정부검상(議政府檢詳), 사헌부집의(司憲府執義), 병조참지(兵曹參知), 승정원동부승지(承政院同副承旨), 우부승지(右副承旨), 첨지중추부사(僉知中樞府事), 홍문관부제학(弘文館副提學), 경상감사(慶尙監司), 공조참판(工曹參判), 형조참판(刑曹參判), 부총관(副摠管), 함경도감사(咸鏡道監司), 이조판서(吏曹判書), 판돈령부사(判敦寧府事) 등을 역임하였다.

〈한국민족문화대백과사전〉에는 박대립이 역임한 관직이 대사간, 함경도관찰사, 대사헌, 동지경연사(同知經筵事), 개성부유수(開城府留守), 이조참판, 형조판서, 이조판서, 지중추부사(知中樞府事), 우참찬, 호조판서, 우찬성, 판의금부사(判義禁府事), 판돈령부사, 좌찬성 등으로 나온다.

〈한국고문서자료관〉에서 검색하면 5건이 나오고, 박대립 관련은 3건으로 혼서 1건과 추증교지 2건이다. 아들 박지술(朴知述, 1552~1627)이 정여립(鄭汝立, 1546~1589)의 모반을 평정하는 데 공을 세워 평난원종공신(平難原從功臣) 1등에 봉해졌기 때문에 추증되었다.

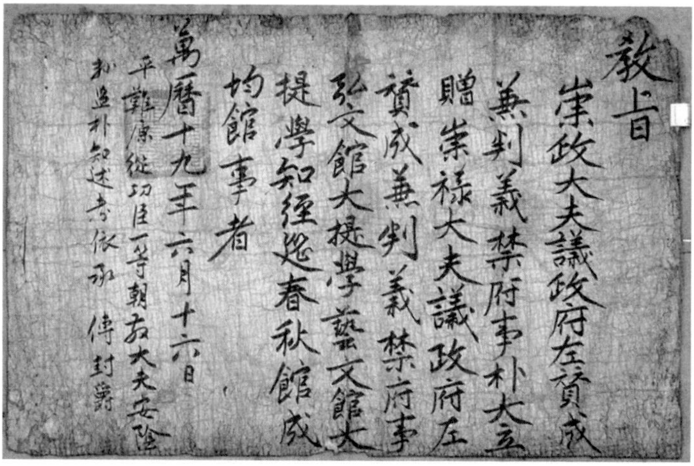

그림 12 1591년 박대립 추증교지

敎旨

崇政大夫 議政府左贊成

兼判義禁府事 朴大立

贈崇祿大夫 議政府左

贊成 兼判義禁府事

弘文館大提學藝文館大

提學 知經筵春秋館成

均館事者.

萬曆十九年 六月十六日

平難原從功臣一等朝散大夫 安陰

縣監 朴知述考, 依承傳, 封爵.

[施命之寶]

2) 박유공

박유공(朴由恭)은 1575년(선조 8)에 태어나 1618년(광해군 10)에 졸하였다. 자는 자안(子安)이다. 박유공은 1612년(광해군 4) 38세에 임자 증광시 생원·진사에 합격하였다. 현재 생원백패(生員白牌)와 진사백패(進士白牌)가 현전하고 있다. 문과에는 급제하지 못하였다.

〈조선왕조실록〉에서는 검색되지 않으며, 〈한국고문서자료관〉에서는 22건이 검색되었다. 생원·진사 백패 2건, 고신 11건, 차첩 2건, 추증교지 2건이다. 추증교지를 통해서 본 관직은 내섬시직장(內贍寺直長)이고, 사헌부집의(司憲府執義)에 증직되었다.

표 5 박유공의 고신

구분	관직 임명일	교지 연월일	관직	품계
教牒	1608년 1월	1608년 1월 4일	務功郎	正七品
教牒	1608년 1월	1608년 1월 14일	宣教郎	從六品
教牒	1608년 1월	1607년 7월 5일	從仕郎	正九品
教牒	1608년 1월	1607년 12월 21일	通仕郎	正八品
教牒	1613년 6월	1613년 5월 2일	承訓郎	正六品
教牒	1613년 7월	1613년 7월 5일	奉訓郎	從五品
教牒	1613년 8월	1613년 8월 8일	通善郎	正五品
教旨	1613년 8월 11일	1613년	朝奉大夫	從四品
教旨	1613년 12월 22일	1613년	奉列大夫	正四品
教旨	1614년 7월 4일	1614년	中訓大夫	從三品
教旨	1615년 1월 5일	1615년	通訓大夫	正三品

출처: 〈한국고문서자료관〉

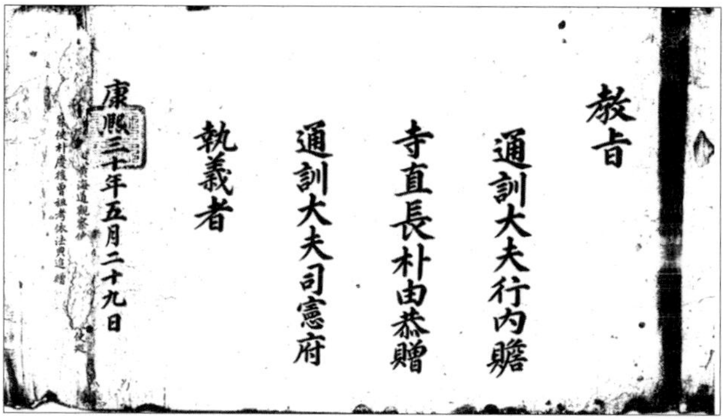

그림 13 1691년 박유공 추증교지

敎旨

通訓大夫 行內贍

寺直長 朴由恭 贈

通訓大夫 司憲府

執義者.

康熙三十年 五月二十九日.

[嘉善大夫]·黃海道觀察使·[兼兵馬水軍節度]使·巡

察使 朴慶後 曾祖考, 依法典, 追贈.

[施命之寶]

3) 박상욱

박상욱(朴尙郁)은 1627년(인조 5)에 태어났다. 자는 문재(文哉)이다. 1651년(효종 2) 25세에 생원에 합격하였다.

〈한국고문서자료관〉에는 검색 결과가 68건 나온다. 생원 백패 1건, 고신 47건, 차첩 1건, 추증교지 2건, 준호구 4건, 납폐서 2건 등이다. 〈조선왕조실록〉에는 출현하지 않는다.

그림 14 1703년 박상욱 추증교지

『고문서집성 45』 수록 해제를 참고하면 관직은 참봉(參奉), 의금부도사(義禁府都事), 상의원주부(尙衣院主簿), 제천현감(堤川縣監), 공조좌랑(工曹佐郞), 괴산군수(槐山郡守), 나주목사(羅州牧使) 등을 역임하였다.

教旨

折衝將軍 僉知中樞

府事朴尙郁, 贈嘉善

大夫 吏曹參判兼同

知義禁府事五衛都

摠府副摠管者.

康熙四十二年 五月初二日.

嘉善大夫 前兵曹參判朴慶後 考, 依法典追贈.

[施命之寶]

4) 박경후

박경후(朴慶後)는 1644년(인조 22)에 태어나 1706년(숙종 32)에 졸하였다.

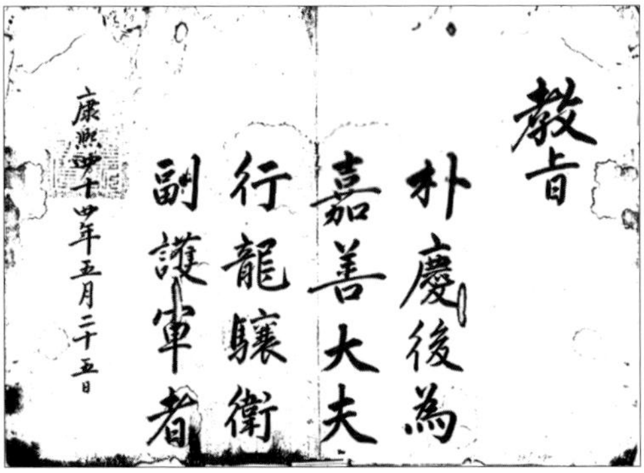

그림 15 1705년 박경후 고신

자는 휴경(休卿)이고, 호는 취옹(醉翁), 만오(晩悟)이다. 1669년(현종 10) 기유 식년시에 생원 3등에 합격하였다. 1675년(숙종 1) 을묘 증광시 문과에 병과 1위로 급제하였다.

〈조선왕조실록〉에는 21건이 검색된다. 실록에 나오는 관직은 주서(注書), 병조좌랑(兵曹佐郞), 수찬(修撰), 지평(持平), 정언(正言), 종사관(從事官), 송화현감(松禾縣監), 승지(承旨), 동지의금부사(同知義禁府事), 황해관찰사(黃海觀察使), 전라도관찰사(全羅道觀察使), 사직(司直) 등이다.

〈한국고문서자료관〉에서 검색하면 138건이 출현한다. 생원 백패 1건, 문과 홍패 1건, 고신 113건, 차첩 1건, 준호구 1건 등이다.

教旨

朴慶後爲

嘉善大夫

行龍驤衛

副護軍者.

康熙四十四年 五月二十五日.

[施命之寶]

5) 박경승

박경승(朴慶承)은 1647년(인조 25)에 태어났다. 자는 기경(基卿)이다. 1669년(현종 10) 23세에 기유 식년시 진사에 합격하였다.

〈조선왕조실록〉에는 나오지 않는다. 〈한국고문서자료관〉에는 13건이 검색된다. 진사 백패 1건, 고신 4건, 차첩 3건, 준호구 1건 등이다. 관직은 통덕랑(通德郎), 부사과(副司果), 가평현감(加平縣監), 공조좌랑(工曹佐郎) 등을 역임하였다.

教旨

朴慶承爲朝奉

大夫 行工曹佐

郎者.

康熙五十五年 十二月二十七日.

[施命之寶]

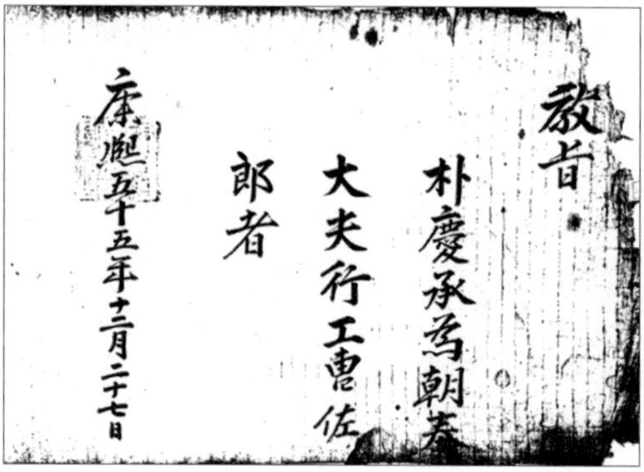

그림 16 1716년 박경승 고신

4. 맺음말

방목별로 등재되어 있는 함양박씨가 인물들을 살펴보았다. 진사 박세영의 아들 박대립은 방목에 나오는 것처럼 문과 급제를 하였다. 두 번째 사마방목을 참고하면 박대립의 손자 박유공이 양시로 생원과 진사에 합격하였다. 세 번째 사마방목에는 박유공의 손자 박상욱이 생원에 합격한 기록이 보인다. 네 번째 사마방목에 의하면 박상욱의 두 아들 박경후와 박경승 형제가 각각 생원과 진사에 합격하였다. 마지막 방목에는 박경후가 문과 급제한 기록이 보인다. 5개 방목은 6대에 걸친 함양박씨가의 과거 도전의 역사를 보여준다. 문과 급제자 2명과 사마 합격자 4명에 대한 기록이다.

가문의 현달을 위해서 관직 진출의 수단으로 과거를 이용하는 것은 조선시대 양반들의 특징이다. 함양박씨도 이런 수단을 이용하여 관직에 나아갔다. 과거 급제자 기록인 방목을 통해서 동시대에 같이 활동한 여러 인물도 살펴볼 수 있었다. 사마 합격의 관계 진출과 문과 급제의 관계 진출의 차이를 기록을 통해 분명하게 알 수 있다.

함양박씨 가문에 소장되어 있는 방목은 역사적인 인물들이 어떤 경로로 관직에 진출하고 활동하였는지 그 실마리를 확인하고 연구하는 자료로서 의의가 있다.

참고문헌

『국조문과방목(國朝文科榜目)』, 규장각한국학연구원(奎106).
『국조방목(國朝榜目)』 卷之一, 서울대학교 중앙도서관(일사 351.306 B224).

심영환 외, 『고문서에 담긴 조선의 일상』, 한국학중앙연구원출판부, 2022.
이재옥, 「조선시대 문무과 재급제 현황과 재급제자 조사 (1)」, 『장서각』 32, 2014.
이재옥, 『조선시대 과거 합격자의 디지털 아카이브와 인적 관계망』, 보고사, 2018.

〈SEDB:과거 합격자 정보 디지털 아카이브〉 (https://dh.aks.ac.kr/~sonamu5/wiki/index.php/SEDB:과거_합격자_정보_디지털_아카이브).
〈기초학문자료센터〉, 연구성과물유형별검색, 낱장자료 상세정보, 함양박씨 문과 인맥도(www.krm.or.kr/krmts/link.html?dbGubun=FRBR&metaDataId=4b76f6dd1ed90b88011f40b93ebc794b).
〈조선왕조실록〉(sillok.history.go.kr).
〈한국역대인물 종합정보시스템〉(people.aks.ac.kr/index.aks).

부록

1. 1540년(중종 35) 경자 식년시 문과 급제자 명단

	성명	본관	부	시험명	사마
1	金胤鼎	佳興	金得先	갑과 1위[壯元]	
2	金英世	安東[舊]	金弘弼	갑과 2위[榜眼]	1522
3	成世章	昌寧	成希赫	갑과 3위[探花]	1528
4	魚季瑄	咸從	魚叔平	을과 1위	1528
5	黃俊良	平海	黃觶	을과 2위	1537
6	韓琦	淸州	韓永年	을과 3위	1528
7	閔起文	驪興	閔慓	을과 4위	1531
8	宋贊	鎭川	宋世曾	을과 5위	1537
9	金鎧	光山	金昭胤	을과 6위	1525
10	李致	德水	李自夏	을과 7위	1522
11	蔡無逸	仁川	蔡胤權	병과 1위	1522
12	朴承侃	潘南	朴珩	병과 2위	1531
13	安方慶	竹山[舊]	安恂	병과 3위	1540
14	韓沃	淸州	韓承慶	병과 4위	1537
15	朴永俊	高靈	朴裯	병과 5위	1528
16	曺淑	昌寧	曺承老	병과 6위	1531
17	姜益	晉州	姜永壽	병과 7위	1534
18	許亮	河陽	許輔	병과 8위	
19	金漢卿	開城	金禮根	병과 9위	
20	柳潛	文化	柳壽千	병과 10위	1528
21	朴承任	潘南	朴珩	병과 11위	1540
22	閔箎	驪興	閔世瑠	병과 12위	1531
23	曺彦博	昌寧	曺漢弼	병과 13위	1534
24	禹鍴	丹陽	禹仁孫	병과 14위	1528
25	崔堣	和順	崔重淳	병과 15위	1528
26	朴大立	咸陽	朴世榮	병과 16위	
27	鄭景祐	迎日[知]	鄭輝	병과 17위	1528
28	柳堪	全州	柳世龜	병과 18위	1537
29	南慶春	宜寧	南孝義	병과 19위	1528
30	趙應謙	林川	趙翊	병과 20위	1534

	성명	본관	부	시험명	사마
31	鄭滋	迎日[監]	鄭惟沉	병과 21위	1540
32	崔水淸	全州	崔𦡓	병과 22위	1522
33	柳仲郢	豊山	柳公綽	병과 23위	

2. 1612년(광해군 4) 임자 증광 사마시 생원·진사 합격자 명단

	성명	본관	부	생원 등위	문과	성명	본관	부	진사 등위	문과
1	鄭斗源	光州	鄭明湖	1등 1위	1616	鄭澤雷	河東	鄭得說	1등 1위	
2	金鳴遠	安東[舊]	金繼宗	1등 2위	1635	尹善道	海南	尹惟幾	1등 2위	1633
3	洪珀	洪州	洪慶世	1등 3위		李厚載	富平	李德一	1등 3위	
4	崔滰	海州	崔有源	1등 4위		崔振雲	水原	崔亨祿	1등 4위	1616
5	金光炫	安東[新]	金尙容	1등 5위	1623	吳尙吉	寶城	吳世蘭	1등 5위	
6	李宜活	驪州	李應仁	2등 1위	1618	金處鉉	光山	金堅	2등 1위	
7	李弘吾	全州	李鸞壽	2등 2위		鄭斗源	光州	鄭明湖	2등 2위	1616
8	成汝寬	昌寧	成澳	2등 3위	1623	尹勉之	海平	尹暉	2등 3위	
9	李坪	羽溪	李孝麟	2등 4위	1612	李壽宗	全州	李德一	2등 4위	
10	金得研	光山	金彦璣	2등 5위		李敬遵	眞城	李逢春	2등 5위	
11	鄭增	河東	鄭弘量	2등 6위		姜渫	晉州	姜海老	2등 6위	
12	李尙恒	全州	李昌後	2등 7위	1615	李元棵	固城	李崇古	2등 7위	1618
13	許愉	陽川	許思進	2등 8위		張珂	未詳	張景弘	2등 8위	
14	李時幹	固城	李艄	2등 9위		魚夢濂	咸從	魚雲澤	2등 9위	
15	楊泰亨	中和	楊懿直	2등 10위		愼守甲	居昌	愼有	2등 10위	
16	任鳳禎	長興	任謹	2등 11위		金得研	光山	金彦璣	2등 11위	
17	孫士說	密陽	孫克良	2등 12위		成攬	昌寧	成天祚	2등 12위	1621
18	柳秬	全州	柳永謹	2등 13위		蔡楙	仁川	蔡夢硯	2등 13위	1633
19	李馨元	星州	李汝玉	2등 14위		宋時彦	恩津	宋啓祿	2등 14위	
20	韓亨進	淸州	韓山斗	2등 15위		金德鳳	東萊	金應鉉	2등 15위	
21	李順善	星州	李世良	2등 16위		兪伯曾	杞溪	兪大逸	2등 16위	1612
22	宋徵	新平	宋文節	2등 17위		卞時望	草溪	卞惟寅	2등 17위	
23	崔範	朔寧	崔彦慶	2등 18위		禹熙吉	禮安	禹致績	2등 18위	
24	權勛	安東	權若	2등 19위		李必達	全州	李重繼	2등 19위	1616
25	金知復	永同	金覺	2등 20위	1624	奇秀發	幸州	奇允獻	2등 20위	1616

	성명	본관	부	생원 등위	문과	성명	본관	부	진사 등위	문과
26	張自好	仁同[3]	張世哲	2등 21위	1613	元淩	原州	元弼商	2등 21위	
27	李好訥	全州	李春榮	2등 22위		朴瑗	高靈	朴德胤	2등 22위	
28	李道輔	碧珍	李厚慶	2등 23위		成大受	昌寧	成應吉	2등 23위	
29	任震伯	豊川	任奕	2등 24위		崔一唯	慶州	崔瓛	2등 24위	
30	裵成業	達城	裵尙褧	2등 25위		陳聖猷	驪陽	陳海壽	2등 25위	
31	申珀	平山	申景遇	3등 1위	1616	洪珀	洪州	洪慶世	3등 1위	
32	李時明	載寧	李涵	3등 2위		閔枅	驪興	閔汝任	3등 2위	
33	具安民	綾城	具湘	3등 3위		金霱	商山	金德謹	3등 3위	1623
34	崔尙巇	全州	崔惟善	3등 4위		張千悟	未詳	張敬國	3등 4위	
35	趙拭	楊州	趙仁秀	3등 5위		李好讓	全州	李春榮	3등 5위	
36	李挺南	興陽	李天錫	3등 6위		宋錫弼	恩津	宋敬祚	3등 6위	
37	閔瀞	驪興	閔雲瑞	3등 7위		李衎	仁川	李安世	3등 7위	
38	金就英	安東[舊]	金文祥	3등 8위		朴自凝	密陽	朴承宗	3등 8위	1613
39	柳坰	文化	柳鼇壽	3등 9위		金絅	安東[舊]	金時敏	3등 9위	1615
40	朴儼	咸陽	朴天挺	3등 10위		李尙馨	全州	李昱	3등 10위	1625
41	宋周賓	延安	宋汝潤	3등 11위		金重器	安東[舊]	金繼燾	3등 11위	
42	李喜熊	全義	李彦恭	3등 12위	1624	南衢	英陽	南夢虬	3등 12위	
43	朴由恭	咸陽	朴知述	3등 13위		金鬲	商山	金德訥	3등 13위	
44	崔振雲	水原	崔亨祿	3등 14위	1616	李榮後	全州	李輅	3등 14위	
45	李永賢	全州	李調	3등 15위		崔濩	江華	崔善繼	3등 15위	1616
46	許僴	陽川	許潛	3등 16위		李言悅	全義	李忠可	3등 16위	
47	權貴中	安東	權憘	3등 17위		全克恒	沃川	全湜	3등 17위	1624
48	裵敬業	達城	裵尙袞	3등 18위		李發坤	慶州	李榮門	3등 18위	
49	金砥	光山	金兌孚	3등 19위		李井男	慶州	李恒福	3등 19위	
50	李鑰	全義	李仲年	3등 20위		朴東緯	潘南	朴應寅	3등 20위	
51	柳復元	文化	柳安仁	3등 21위		吳竣	同福	吳百齡	3등 21위	1618
52	李烱	驪州	李潤壽	3등 22위		閔澈	驪興	閔秀震	3등 22위	
53	李慶侊	韓山	李山甫	3등 23위		吳瀐	高敞	吳守雄	3등 23위	
54	慶有後	清州	慶暹	3등 24위		尹弘輔	坡平	尹暒	3등 24위	
55	具宰	綾城	具思閔	3등 25위		權益慶	安東	權慄	3등 25위	
56	郭玹	玄風	郭嶒	3등 26위		金大鍵	扶寧	金濟	3등 26위	
57	李鈂	全義	李仲年	3등 27위		許愉	陽川	許思進	3등 27위	
58	朴大華	羅州	朴璡	3등 28위		姜瑜	晉州	姜天民	3등 28위	1624
59	成弘憲	昌寧	成惇	3등 29위		郭鉉	善山	郭自堅	3등 29위	
60	李乾元	全州	李大亨	3등 30위		朴弘仁	咸陽	朴苓	3등 30위	

	성명	본관	부	생원 등위	문과	성명	본관	부	진사 등위	문과
61	姜渭興	晉州	姜應生	3등 31위		梁廷櫓	黃州	梁進海	3등 31위	
62	吳士毅	珍原	吳瓚	3등 32위		沈紞	靑松	沈仁補	3등 32위	
63	權克行	安東	權深	3등 33위		權遠	安東	權琦	3등 33위	
64	尹順之	海平	尹暄	3등 34위	1620	郭玹	玄風	郭嶒	3등 34위	
65	姜台老	晉州	姜應聖	3등 35위		成宏烈	昌寧	成砬	3등 35위	
66	李義遵	眞城	李得春	3등 36위		李昭漢	延安	李廷龜	3등 36위	1621
67	洪復見	南陽[唐]	洪天敍	3등 37위		洪有炯	南陽[唐]	洪汝栗	3등 37위	
68	鄭四維	迎日[知]	鄭三顧	3등 38위		權勛	安東	權若	3등 38위	
69	尹孝立	坡平	尹格	3등 39위		田錫圭	南陽	田坦	3등 39위	
70	朴日省	尙州	朴致安	3등 40위	1625	梁夢禹	濟州	梁千運	3등 40위	
71	尹興莘	坡平	尹期壽	3등 41위		柳時英	晉州[移]	柳燦	3등 41위	
72	李濬	淸安	李翰龍	3등 42위		李文徵	廣州	李必榮	3등 42위	
73	李配義	星州	李庭莢	3등 43위		沈挺豪	靑松	沈綽	3등 43위	1646
74	柳元亮	豊山	柳裿	3등 44위		鄭基岡	草溪	鄭穀	3등 44위	
75	柳天根	晉州[土]	柳浩	3등 45위		權英俊	安東	權奉先	3등 45위	
76	金嵩壽	光山	金敏善	3등 46위		金辥	禮安	金應軫	3등 46위	1624
77	李日馨	全州	李玹	3등 47위		金光炫	安東[新]	金尙容	3등 47위	1623
78	李稹	韓山	李慶淹	3등 48위		李福長	驪州	李精	3등 48위	
79	朴夢軫	未詳	朴光欄	3등 49위		尹弘宣	平山	尹瑗	3등 49위	
80	邕達行	玉川	邕夢辰	3등 50위		朴振亨	平山	朴紝	3등 50위	
81	李潤身	全義	李劼	3등 51위		柳景緝	文化	柳訒	3등 51위	1624
82	李逸民	陜川	李嚴	3등 52위		李壽百	廣州	李英賢	3등 52위	
83	卓爾崙	平澤	卓廷立	3등 53위		劉敬甲	居昌	劉德盖	3등 53위	
84	鄭四溟	迎日[知]	鄭三顧	3등 54위	1618	朴垷	昌原	朴天壽	3등 54위	
85	禹仁濟	丹陽	禹安鼎	3등 55위		李永式	全州	李談	3등 55위	1615
86	韓晴	淸州	韓纘男	3등 56위	1616	金灝	光山	金正輝	3등 56위	
87	鄭昌言	瑞山	鄭士愼	3등 57위		鄭弘任	東萊	鄭思敬	3등 57위	1624
88	李民益	全州	李冲	3등 58위		李元鎭	驪州	李志完	3등 58위	1630
89	洪仁源	南陽[唐]	洪雲海	3등 59위		朴由恭	咸陽	朴知述	3등 59위	
90	朴思誠	咸陽	朴泳	3등 60위		李碩望	星州	李稶	3등 60위	
91	蔡謙吉	平康	蔡興雲	3등 61위	1616	閔守慶	驪興	閔毅俊	3등 61위	
92	李逸馨	陜川	李敦	3등 62위		延瀇	谷山	延文秀	3등 62위	
93	柳義男	文化	柳瀹	3등 63위		權任中	安東	權憘	3등 63위	1626
94	高傅進	長興	高凝厚	3등 64위		金英	順天	金興國	3등 64위	
95	許九田	泰安	許震童	3등 65위		閔貴達	驪興	閔惕	3등 65위	

	성명	본관	부	생원 등위	문과	성명	본관	부	진사 등위	문과
96	元海宏	原州	元忭	3등 66위		金永纘	光山	金俔	3등 66위	
97	趙光斗	廣州	趙瑢	3등 67위		黃湜	昌原	黃建中	3등 67위	
98	琴是調	奉化	琴復古	3등 68위	1624	姜恜	晉州	姜宗胤	3등 68위	1621
99	朴瑗	高靈	朴德胤	3등 69위		李誠一	陽城	李疊	3등 69위	
100	崔達源	江華	崔澮	3등 70위		李宜潛	驪州	李應仁	3등 70위	

3. 1651년(효종 2) 신묘 식년 사마시 생원·진사 합격자 명단

	성명	본관	부	생원 등위	문과	성명	본관	부	진사 등위	문과
1	李元祿	廣州	李道長	1등 1위	1663	李翊相	延安	李昭漢	1등 1위	1660
2	朴施雨	務安	朴安欽	1등 2위		柳英立	全州	柳仁茂	1등 2위	1663
3	李榮世	碧珍	李忠民	1등 3위		尹喜	坡平	尹正壁	1등 3위	
4	安弘靖	順興	安礁	1등 4위		李必茂	廣州	李士獻	1등 4위	1678
5	李斗章	韓山	李畯成	1등 5위		洪萬容	豊山	洪柱元	1등 5위	1662
6	盧尙欽	長淵	盧忠秀	2등 1위	1657	鄭期泰	晉陽	鄭晅	2등 1위	1652
7	黃道宏	昌原	黃瀗	2등 2위	1653	金益南	光山	金大器	2등 2위	
8	李汝舟	延安	李承元	2등 3위	1651	鄭思賢	迎日[知]	鄭恢道	2등 3위	
9	高啓昌	濟州	高允文	2등 4위		郭再周	玄風	郭頊	2등 4위	
10	金滘	淸道	金孝先	2등 5위		申省吾	寧海	申龜年	2등 5위	
11	任碘	豊基	任之得	2등 6위		崔俊彦	全州	崔瑍	2등 6위	1651
12	李栽	全州	李炯胤	2등 7위		玄弘祖	驪州	玄績	2등 7위	
13	李馥	星山	李尙規	2등 8위	1654	閔晩	驪興	閔守慶	2등 8위	
14	朴良胤	羅州	朴遠基	2등 9위		兪夏益	杞溪	兪柲	2등 9위	1660
15	鞠昱	潭陽	鞠大雄	2등 10위	1663	鄭載嵩	東萊	鄭太和	2등 10위	1660
16	辛篪	靈山	辛屹	2등 11위		洪萬最	豊山	洪柱滐	2등 11위	
17	朴尙郁	咸陽	朴宗亨	2등 12위		成夏聖	昌寧	成應復	2등 12위	
18	金鈛	禮安	金擇善	2등 13위		洪俊亨	南陽[唐]	洪勣	2등 13위	
19	洪萬容	豊山	洪柱元	2등 14위	1662	黃嵺	尙州	黃以翼	2등 14위	
20	宋昱	鎭川	宋圖南	2등 15위		郭弘章	玄風	郭瀗	2등 15위	
21	姜時說	晉州	姜泳	2등 16위		梁垍	南原	梁燁	2등 16위	
22	鄭錫衡	草溪	鄭基達	2등 17위	1678	柳命天	晉州[土]	柳碩	2등 17위	1672
23	吳珩	羅州	吳允智	2등 18위		金啓址	義城	金宗一	2등 18위	1669

	성명	본관	부	생원 등위	문과	성명	본관	부	진사 등위	문과
24	李朝英	眞城	李琴	2등 19위		睦林儒	泗川	睦兼善	2등 19위	1675
25	鄭壽先	光州	鄭綝	2등 20위		兪命益	杞溪	兪橵	2등 20위	
26	李璾	全州	李汝龍	2등 21위	1665	柳瑞	晉州[移]	柳汝惺	2등 21위	
27	鄭世欽	草溪	鄭時爀	2등 22위		權德衍	安東	權大有	2등 22위	
28	金楊烈	安東[舊]	金柱旻	2등 23위		任晉錫	豊川	任絖	2등 23위	
29	鄭東燁	長鬐	鄭霔	2등 24위	1654	鄭澮	東萊	鄭弘鏞	2등 24위	
30	李嫳	全州	李烱胤	2등 25위	1653	李儀徵	廣州	李必成	2등 25위	
31	辛師德	靈山	辛繼業	3등 1위		李震昉	全州	李命說	3등 1위	
32	柳譚厚	文化	柳管	3등 2위	1665	李瑜	全義	李之英	3등 2위	
33	兪櫶	杞溪	兪希曾	3등 3위	1665	金萬翼	光山	金宇仁	3등 3위	
34	李稴	永川	李時楨	3등 4위		睦天成	泗川	睦林宗	3등 4위	1676
35	宋國藎	恩津	宋希建	3등 5위		權儹	安東	權逷	3등 5위	
36	孫愚	求禮	孫裕祖	3등 6위	1666	金斗翼	海豊	金嵲	3등 6위	1660
37	李時瞻	咸平	李得經	3등 7위		李善淵	德水	李觀夏	3등 7위	
38	柳明翊	瑞山	柳玶	3등 8위		李重明	牙山	李師金	3등 8위	
39	李日三	舒川	李復亨	3등 9위	1651	洪有厓	豊山	洪千璟	3등 9위	
40	吳始泰	同福	吳挺一	3등 10위		李廷彦	長興	李德栽	3등 10위	
41	權垢	安東	權益隣	3등 11위		洪寯	南陽[唐]	洪纘緖	3등 11위	
42	崔後亮	全州	崔鳴吉	3등 12위		鄭莆	慶州	鄭弘毅	3등 12위	
43	朴重敷	咸陽	朴明宇	3등 13위		金宅憙	順天	金克敬	3등 13위	
44	尹壽斗	咸安	尹穎	3등 14위	1657	李文潑	全義	李根遠	3등 14위	
45	趙威明	漢陽	趙緷	3등 15위	1668	金棐	光山	金長生	3등 15위	
46	成瞰	昌寧	成以諒	3등 16위		趙毗	白川	趙璜	3등 16위	
47	李秀東	全州	李後陽	3등 17위		金縝	延安	金鉉吉	3등 17위	1654
48	徐行矩	大丘	徐彊智	3등 18위		李志遜	碧珍	李坰	3등 18위	
49	尹溟擧	坡平	尹熻	3등 19위		洪汝望	南陽[唐]	洪頲	3등 19위	
50	睦林華	泗川	睦時尹	3등 20위		吳挺柱	同福	吳竣	3등 20위	
51	沈宗迪	青松	沈鐸	3등 21위		裵汝閔	盆城	裵德基	3등 21위	
52	朴之彬	羅州	朴震哲	3등 22위		睦存善	泗川	睦長欽	3등 22위	
53	尹溱	坡平	尹鏶	3등 23위		辛師德	靈山	辛繼業	3등 23위	
54	崔淰	江陵	崔弘重	3등 24위		安後說	廣州	安獻規	3등 24위	1652
55	徐來碩	扶餘	徐相民	3등 25위		朴思文	咸陽	朴有彬	3등 25위	
56	任大有	長興	任楫	3등 26위		睦志善	泗川	睦叙欽	3등 26위	
57	金庭碩	義城	金項	3등 27위		李慣	延安	李時昉	3등 27위	
58	朱烈	熊川	朱正臣	3등 28위		李文胄	全州	李昌馨	3등 28위	

	성명	본관	부	생원 등위	문과	성명	본관	부	진사 등위	문과
59	李瓛	全義	李之馨	3등 29위		趙時琛	咸安	趙咸哲	3등 29위	
60	朴縡	密陽	朴守初	3등 30위		閔東鳴	驪興	閔承顔	3등 30위	
61	李厚芳	德水	李棫	3등 31위		趙時瑗	咸安	趙咸章	3등 31위	1663
62	鄭弼祥	東萊	鄭攸	3등 32위		李壽男	固城	李獻國	3등 32위	1665
63	金晉鑑	光山	金墩	3등 33위		柳相辰	晉州[土]	柳時僴	3등 33위	
64	洪時震	南陽[唐]	洪錫祚	3등 34위		金濤	慶州	金玉鉉	3등 34위	1652
65	金益泰	靈光	金后夔	3등 35위		金時暕	光山	金璇	3등 35위	
66	郭世翼	玄風	郭淨	3등 36위	1654	李榮元	星州	李漢	3등 36위	
67	李在容	興陽	李德圭	3등 37위	1660	李慶雲	廣州	李挺	3등 37위	
68	金之重	扶寧	金沆	3등 38위		元格	原州	元海宏	3등 38위	1651
69	李濟亨	延安	李山賚	3등 39위		許㻹	陽川	許穦	3등 39위	
70	柳長運	晉州[移]	柳寔	3등 40위		房明燮	南陽	房元井	3등 40위	
71	曺晏	昌寧	曺克明	3등 41위		金壽賓	安東[新]	金光炫	3등 41위	
72	李尙炫	全州	李天柱	3등 42위		元行敏	原州	元海寬	3등 42위	
73	吳瑞雨	高敞	吳汝楷	3등 43위		趙相抃	豊壤	趙珩	3등 43위	
74	朴敏才	密陽	朴繼亨	3등 44위		崔謹憲	海州	崔弘宇	3등 44위	
75	金震聲	廣州	金坤紀	3등 45위		具時雄	綾城	具仁繼	3등 45위	
76	吳以立	海州	吳震承	3등 46위		吳始泰	同福	吳挺一	3등 46위	
77	鄭晙	慶州	鄭信男	3등 47위		韓榑	淸州	韓汝泂	3등 47위	
78	朴琇	高靈	朴惟貞	3등 48위		吳挺昌	同福	吳端	3등 48위	1662
79	李瑞雨	羽溪	李慶恒	3등 49위	1660	車渭載	延安	車奐	3등 49위	
80	崔齊華	衿川	崔繼林	3등 50위		吳始益	同福	吳挺一	3등 50위	
81	閔龢	驪興	閔貴達	3등 51위		閔鎭國	驪興	閔科	3등 51위	
82	朴廷儀	咸陽	朴由混	3등 52위		權綷	安東	權慶中	3등 52위	
83	安漢翼	順興	安廷佑	3등 53위		金賓	義城	金是榒	3등 53위	1657
84	南俅	英陽	南振紀	3등 54위		申善淵	高靈	申濡	3등 54위	
85	金益南	光山	金大器	3등 55위		李縯	全州	李頤養	3등 55위	
86	沈材	靑松	沈之漢	3등 56위		任東老	豊川	任愓	3등 56위	
87	具契	綾城	具時勉	3등 57위		金庭碩	義城	金頊	3등 57위	
88	韓弼寯	潭陽	韓有慶	3등 58위		柳長運	晉州[移]	柳寔	3등 58위	
89	權德廣	安東	權大有	3등 59위		李敏采	全州	李敬輿	3등 59위	1665
90	鄭期泰	晉陽	鄭晅	3등 60위	1652	權尙準	安東	權昌	3등 60위	
91	鄭爾僑	河東	鄭祉	3등 61위		南九萬	宜寧	南一星	3등 61위	1656
92	柳榮厚	文化	柳籌	3등 62위	1665	李集成	全州	李長英	3등 62위	
93	朴箴	密陽	朴後文	3등 63위		李喜萬	德水	李稠	3등 63위	

	성명	본관	부	생원 등위	문과	성명	본관	부	진사 등위	문과
94	金學培	義城	金黯	3등 64위	1663	黃道光	昌原	黃泳	3등 64위	
95	李昌稷	韓山	李冲淵	3등 65위		許憕	陽川	許穧	3등 65위	
96	金尙絅	海豊	金嵩	3등 66위		洪益亨	南陽[唐]	洪勗	3등 66위	
97	朴龍見	尙州	朴日省	3등 67위		金洪慶	金海	金德承	3등 67위	
98	李有煥	禮安	李文勗	3등 68위		權斗樞	安東	權垍	3등 68위	1655
99	崔亨業	水原	崔潛	3등 69위		李稕	德水	李慶恒	3등 69위	
100	尹珏	坡平	尹天承	3등 70위		申善餘	平山	申德休	3등 70위	

4. 1669년(현종 10) 기유 식년 사마시 생원·진사 합격자 명단

	성명	본관	부	생원 등위	문과	성명	본관	부	진사 등위	문과
1	韓聖佐	淸州	韓壽遠	1등 1위		申暈	平山	申翊全	1등 1위	1679
2	金載文	慶州	金敏善	1등 2위		洪受濟	南陽[唐]	洪處深	1등 2위	
3	梁益賢	南原	梁侃	1등 3위		申善溫	高靈	申混	1등 3위	1671
4	邊世華	原州	邊麟吉	1등 4위		趙祺錫	楊州	趙益剛	1등 4위	1690
5	李汝岳	龍仁	李後俊	1등 5위		蔡呈夏	平康	蔡天漢	1등 5위	
6	朴俊蕃	忠州	朴垠	2등 1위	1683	鄭維禼	奉化	鄭杓	2등 1위	1673
7	姜後尙	晉州	姜弘戒	2등 2위		朴慶承	咸陽	朴尙郁	2등 2위	
8	鄭埜	迎日[知]	鄭碩基	2등 3위		閔鎭長	驪興	閔鼎重	2등 3위	1686
9	韓舜相	淸州	韓休	2등 4위		權斗紀	安東	權厚	2등 4위	1669
10	邊世英	原州	邊麟吉	2등 5위		洪受漸	南陽[唐]	洪處深	2등 5위	1684
11	李汲	驪州	李翼鎭	2등 6위		申善泳	高靈	申澐	2등 6위	
12	李仲果	全義	李希英	2등 7위		沈思沉	靑松	沈世鐸	2등 7위	
13	尹悠期	坡平	尹楨	2등 8위	1687	張相韓	沃溝	張後栻	2등 8위	
14	黃翼漢	沔川	黃以厚	2등 9위		洪萬恢	豊山	洪柱元	2등 9위	
15	柳集	文化	柳敬身	2등 10위		閔安道	驪興	閔點	2등 10위	1675
16	宋華	鎭川	宋時雨	2등 11위		李喜夏	德水	李格	2등 11위	
17	韓有相	淸州	韓謹吾	2등 12위		孫碩佐	密陽	孫昌祖	2등 12위	
18	鄭祥麟	迎日[知]	鄭叔周	2등 13위		金瑜	光山	金廷鐸	2등 13위	1679
19	李尙說	全義	李義根	2등 14위		金以久	光山	金遠聲	2등 14위	
20	金宇柱	金海	金後達	2등 15위		白時亨	水原	白以泰	2등 15위	
21	李尙正	廣州	李嶠	2등 16위		任胤元	豊川	任量	2등 16위	1687

	성명	본관	부	생원 등위	문과	성명	본관	부	진사 등위	문과
22	李柱吉	咸平	李浚	2등 17위		李喜茂	德水	李積	2등 17위	1691
23	朴鳳祥	密陽	朴昌文	2등 18위	1675	金栽	淸風	金濤	2등 18위	1695
24	李蕃	德水	李端夏	2등 19위		丁時潤	羅州	丁彦璧	2등 19위	1690
25	韓致相	淸州	韓徹吾	2등 20위		趙鳴和	豊壤	趙緈	2등 20위	
26	劉濟成	白川	劉獻	2등 21위		宋有栻	鎭川	宋興詩	2등 21위	
27	楊夢擧	南原	楊汝梅	2등 22위		徐文翊	大丘	徐坦履	2등 22위	1689
28	金履龜	光山	金聲五	2등 23위		睦昌明	泗川	睦行善	2등 23위	1670
29	鄭時衎	迎日[知]	鄭好仁	2등 24위		金漢斗	光山	金憲	2등 24위	
30	金敏道	延安	金進	2등 25위		金龜瑞	江陵	金楀	2등 25위	1695
31	崔厦柱	全州	崔宣	3등 1위		徐必榮	利川	徐國綱	3등 1위	
32	韓憕	淸州	韓克述	3등 2위		尹世遇	海平	尹堤	3등 2위	
33	宋光涑	礪山	宋時喆	3등 3위		申重漢	高靈	申檢	3등 3위	
34	孫萬雄	慶州	孫愼儀	3등 4위	1669	兪夏謙	杞溪	兪極	3등 4위	1672
35	洪萬朝	豊山	洪柱天	3등 5위	1678	金盛迪	安東[新]	金壽民	3등 5위	1684
36	尹必誠	坡平	尹時慶	3등 6위		宋耆昌	恩津	宋仁植	3등 6위	
37	金世華	遂安	金光弼	3등 7위		崔奎瑞	海州	崔碩儒	3등 7위	1680
38	成震昌	昌寧	成時望	3등 8위	1677	金萬吉	光山	金益煕	3등 8위	1682
39	朴洙	密陽	朴仁行	3등 9위		沈玹	豊山	沈廥	3등 9위	
40	姜銑	晉州	姜栢年	3등 10위	1675	李鳳朝	延安	李萬相	3등 10위	
41	崔廷柱	全州	崔憲	3등 11위		李昌興	全州	李錫亨	3등 11위	
42	李東柱	碧珍	李重光	3등 12위		金善恒	延安	金時韞	3등 12위	
43	金德祚	淸風	金寅	3등 13위		李尙謙	全州	李東老	3등 13위	
44	李廷白	全州	李纘宗	3등 14위		黃翼漢	沔川	黃以厚	3등 14위	
45	權晩	安東	權澤吉	3등 15위		辛棨	靈山	辛應會	3등 15위	
46	具尙濂	綾城	具翺	3등 16위		權胄	安東	權躋	3등 16위	
47	朱南翼	全州	朱胤立	3등 17위		黃極立	懷德	黃宗諒	3등 17위	
48	沈玩	豊山	沈序	3등 18위		鄭祥龍	迎日[知]	鄭叔周	3등 18위	
49	朴絢	密陽	朴以隆	3등 19위		閔柱世	驪興	閔以聖	3등 19위	
50	金構	淸風	金澄	3등 20위	1682	李台龍	延安	李后翊	3등 20위	1675
51	朴士憲	珍原	朴繼根	3등 21위		韓聖佑	淸州	韓壽遠	3등 21위	1684
52	宋炳遠	恩津	宋光栻	3등 22위		洪受恒	南陽[唐]	洪處深	3등 22위	
53	李泰齊	全州	李碩胤	3등 23위		金夢臣	慶州	金夏振	3등 23위	1684
54	任道三	豊川	任翰登	3등 24위	1675	張後俊	沃溝	張雲翔	3등 24위	
55	李濟臣	延安	李海賚	3등 25위		韓九搏	淸州	韓克讓	3등 25위	
56	李益謙	文義	李純一	3등 26위		黃一夏	昌原	黃震耉	3등 26위	1696

	성명	본관	부	생원 등위	문과	성명	본관	부	진사 등위	문과
57	呂有衡	咸陽	呂渭載	3등 27위		李鼎命	全州	李敏章	3등 27위	1687
58	許埥	陽川	許穉	3등 28위		尹之翊	坡平	尹隮	3등 28위	1680
59	金晢	慶州	金夏重	3등 29위		鄭行五	東萊	鄭之美	3등 29위	1699
60	宋有栻	鎭川	宋興詩	3등 30위		愼汝楫	居昌	愼徽	3등 30위	
61	李㢑	全州	李時馣	3등 31위		吳世泰	寶城	吳鼎楳	3등 31위	
62	李台龍	延安	李后翊	3등 32위	1675	金龜重	光山	金益廉	3등 32위	
63	郭鑑	玄風	郭弘垛	3등 33위		李東奎	全州	李時烱	3등 33위	
64	尹聖耉	坡平	尹栓	3등 34위		李東根	韓山	李梧賓	3등 34위	1689
65	黃釗	昌原	黃儁耉	3등 35위		南得星	宜寧	南銑	3등 35위	
66	嚴纘	寧越	嚴鼎耉	3등 36위		兪命衡	杞溪	兪稷	3등 36위	
67	金正雅	安東[舊]	金周	3등 37위		趙正宇	林川	趙景望	3등 37위	
68	李籦	全州	李德咸	3등 38위		柳彬	高興	柳起瀛	3등 38위	
69	吳再昌	寶城	吳振碩	3등 39위		趙泰開	陽川	趙晉錫	3등 39위	
70	金萬吉	光山	金益煦	3등 40위	1682	許堣	陽川	許稹	3등 40위	
71	鄭弼周	海州	鄭勔	3등 41위		李廷謙	全義	李行逸	3등 41위	1682
72	閔濂	驪興	閔汝鎭	3등 42위		李重榮	全州	李光漢	3등 42위	
73	李始興	全州	李錫命	3등 43위		李泰齊	全州	李碩胤	3등 43위	
74	睦惇和	泗川	睦壽益	3등 44위		金昌協	安東[新]	金壽恒	3등 44위	1682
75	金儁相	善山	金世濂	3등 45위	1678	朴鳳祥	密陽	朴昌文	3등 45위	1675
76	韓柱相	淸州	韓翼明	3등 46위		韓柱相	淸州	韓翼明	3등 46위	
77	吳世周	海州	吳溥	3등 47위	1686	朴尙郁	密陽	朴以煥	3등 47위	
78	姜植	晉州	姜碩老	3등 48위		洪重模	豊山	洪萬衡	3등 48위	
79	石冠岷	忠州	石應璿	3등 49위		朴大需	尙州	朴龍見	3등 49위	
80	沈思沉	靑松	沈世鐸	3등 50위		成虎昌	昌寧	成雲翰	3등 50위	
81	李休成	全州	李俊英	3등 51위		姜後尙	晉州	姜弘戒	3등 51위	
82	吳大顯	羅州	吳孝錫	3등 52위		裵正徽	星州	裵世緯	3등 52위	1673
83	申濩	平山	申汝晢	3등 53위		尹尙恒	坡平	尹璹	3등 53위	
84	金鼎臣	慶州	金弘振	3등 54위		鄭善鳴	晉陽	鄭百順	3등 54위	1678
85	李永敷	全義	李命欽	3등 55위		李萬葉	全州	李晉賢	3등 55위	
86	尹以壽	南原	尹材	3등 56위		柳沆	文化	柳成厦	3등 56위	
87	吳以健	平海	吳尙仁	3등 57위		李明淵	韓山	李星齡	3등 57위	
88	朴慶後	咸陽	朴尙郁	3등 58위	1675	李東馣	驪州	李烜	3등 58위	1686
89	申轍	平山	申宗華	3등 59위		金時爀	淳昌	金百鎰	3등 59위	
90	李世貞	全州	李藪	3등 60위		南宮磧	咸悅	南宮樀	3등 60위	
91	林濡	平澤	林震喬	3등 61위	1665	洪受疇	南陽[唐]	洪處尹	3등 61위	1682

	성명	본관	부	생원 등위	문과	성명	본관	부	진사 등위	문과
92	睦齊仁	泗川	睦馨善	3등 62위		黃霨	長水	黃德輿	3등 62위	
93	趙匡漢	白川	趙鎭	3등 63위		李翬	牛峰	李有謙	3등 63위	
94	金元燮	善山[坪]	金厦樑	3등 64위	1672	鄭有昌	東萊	鄭之明	3등 64위	
95	金韻夏	瑞興	金泳	3등 65위		李斗岳	龍仁	李後山	3등 65위	1682
96	金龜重	光山	金益廉	3등 66위		禹相漢	丹陽	禹仁範	3등 66위	
97	李範錫	全州	李榮先	3등 67위		鄭涖	迎日[知]	鄭弘溟	3등 67위	
98	宋日中	礪山	宋時獻	3등 68위		李樟	咸平	李後吉	3등 68위	
99	張處敬	結城	張四紀	3등 69위		鄭洙觀	草溪	鄭錫後	3등 69위	
100	金宇杭	金海	金洪慶	3등 70위	1681	李震	全州	李明彬	3등 70위	1679

5. 1675년(숙종 1) 을묘 증광시 문과 급제자 명단

	성명	본관	부	시험명	사마
1	李鳳徵	延安	李稅	갑과 1위[壯元]	1675
2	韓構	清州	韓碩元	갑과 2위[榜眼]	1657
3	姜獻之	晉州	姜顯昇	갑과 3위[探花]	1657
4	趙益剛	楊州	趙有恒	을과 1위	1657
5	李漢命	廣州	李元禎	을과 2위	1666
6	沈檥	青松	沈光泗	을과 3위	1675
7	李玄錫	全州	李堂揆	을과 4위	1666
8	李世白	龍仁	李挺岳	을과 5위	1657
9	李思永	全州	李鳴夏	을과 6위	1660
10	閔就道	驪興	閔熙	을과 7위	1673
11	朴慶後	咸陽	朴尙郁	병과 1위	1669
12	金澍	慶州	金玉鉉	병과 2위	1660
13	安如岳	順興	安弼星	병과 3위	1666
14	尹鼎和	坡平	尹必讓	병과 4위	1675
15	許垦	陽川	許積	병과 5위	1675
16	權是經	安東	權順長	병과 6위	1657
17	睦林儒	泗川	睦兼善	병과 7위	1651
18	李命殷	全州	李德益	병과 8위	
19	韓溰	清州	韓後琦	병과 9위	1673

	성명	본관	부	시험명	사마
20	尹義濟	南原	尹鑴	병과 10위	1675
21	權珪	安東	權大運	병과 11위	1675
22	李湜	延安	李鼎徵	병과 12위	1675
23	洪有龜	南陽[唐]	洪浚	병과 13위	
24	姜銑	晉州	姜栢年	병과 14위	1669
25	閔安道	驪興	閔點	병과 15위	1669
26	韓紀千	淸州	韓廓	병과 16위	1663
27	任道三	豊川	任翰登	병과 17위	1669
28	金正夏	安東[舊]	金周	병과 18위	1675
29	尹世紀	海平	尹堦	병과 19위	1675
30	金喜臣	交河	金成九	병과 20위	1662
31	李東植	新平	李灌	병과 21위	
32	張振文	蔚珍	張大仲	병과 22위	
33	柳世鳴	豊山	柳元履	병과 23위	1660
34	金夏世	順天	金如晦	병과 24위	

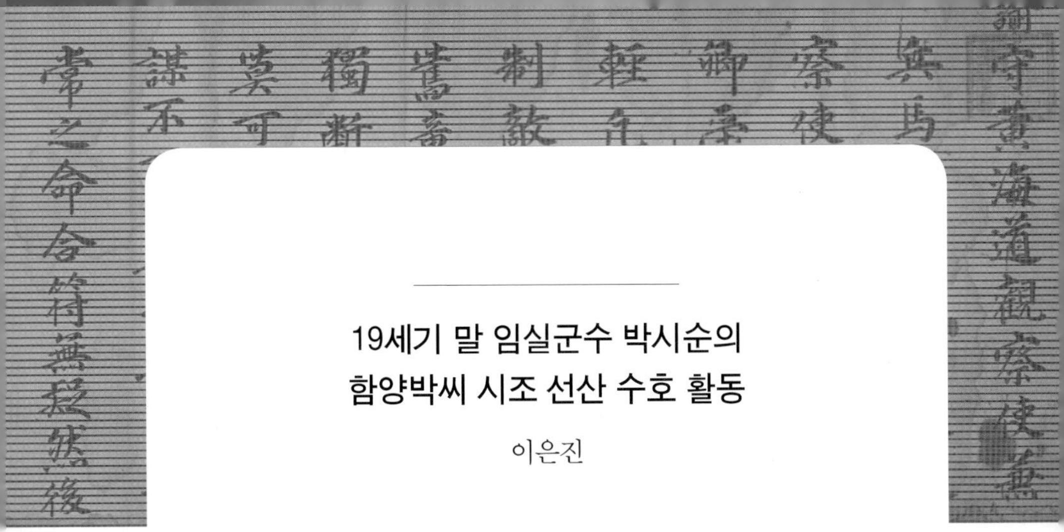

19세기 말 임실군수 박시순의 함양박씨 시조 선산 수호 활동

이은진

1. 머리말

산송(山訟)은 조상의 묘지와 주변 산림(山林)을 대상으로 한 소송을 가리킨다. 이는 소송 대상의 특성상 일신(一身)이 아닌 가문 전체의 문제였으며, 진행 상황은 소지(所志)·산도(山圖) 등의 고문서를 통해 상세히 알 수 있다. 이들 고문서를 토대로 조선 후기를 휩쓴 산송의 출현 배경과 시간이 지날수록 격화되는 현상에 대한 심도 있는 연구 성과가 꾸준히 발표되었다.

먼저 김선경은 18세기 중반 전라도 영암, 경상도 영천, 경상우병영의 민장치부책(民狀置簿冊)을 분석한 결과 산송은 산림 이용의 독점 및 소유권 형성 다툼으로 귀결된다고 보았다.[1] 전경목은 조선 후기 크게 성행한 산

* 이 글은 이은진, 「19세기 말 함양박씨가의 산송과 시조 선산 수호활동: 임실군수 박시순의 역할을 중심으로」, 『전북사학』 73(2025), 377~411쪽을 수정·보완한 것이다.

송은 대부분 묘지에 한정되었으나 점차 산지·산림 점유권 관련 분쟁의 비중이 높아졌는데, 이는 향촌사회의 구성원 모두에게 유용한 경제적 가치를 지녔기 때문이라고 판단했다.[2] 김경숙은 조선 후기 『주자가례(朱子家禮)』의 종법 관념에 입각한 종족 질서와 유교적 상장례가 사족층 외에 중인 및 양인층으로도 확대되었으며, 산송이 격화되고 투장(偸葬), 분산(墳山) 매매(賣買), 투작(偸斫) 등으로 다양화되는 현상이 19세기까지 이어졌다고 보았다.[3] 이외에도 다양한 지역과 문중 사례뿐만 아니라[4] 여성이나 내시가 주도적으로 관여한 산송과 같은 특수한 사례가 연구되기도 했다.[5]

이처럼 산송은 조상을 수호하고 종족 질서를 지킨다는 관념과 산림이 가지는 경제적 효용 가치로 인해 조선 후기 소송의 한 축으로 자리 잡았다. 특히 19세기 말~20세기 초 검안(檢案) 자료에는 산림 소유권과 묘지 분쟁으로 인한 형사 사건이 기록되어 있다. 이는 산송이 뿌리내린 조선 사회의 특징이 이 시기까지 지속되었음을 단적으로 보여준다.[6]

18~19세기 들어 산송이 격화됨에 따라 수령칠사(守令七事) 중 하나로서 간소하고 명백하게 판결하여 소송을 줄이는 '사송간(詞訟簡)'의 원칙이 더욱 강조되었다. 때문에 송관(訟官)은 사송간의 원칙에 따라 소송에 적극적으로 관여하지 않았고, 이는 투장자의 거굴(据掘) 행위를 지속시키는 데 유리하게 작용했다.[7] 그런데 관직에 진출하여 지방관에 제수된 양반 사족이

1 김선경, 「朝鮮後期 山訟과 山林 所有權의 실태」, 『동방학지』 77·78·79 합집, 1993.

2 전경목, 「朝鮮後期 山訟 硏究: 18·19세기 고문서를 중심으로」, 전북대학교 박사학위논문, 1996.

3 김경숙, 「조선후기 山訟과 사회갈등 연구」, 서울대학교 박사학위논문, 2002.

4 김경숙, 「조선후기 전의이씨가의 山訟과 墳山守護」, 『역사학연구』 39, 2010; 김경숙, 「19세기 향촌 사대부가의 山訟 실태와 滯訟: 潭陽 善山柳氏家 소장 고문서를 중심으로」, 『역사학연구』 66, 2017; 조미은, 「조선 후기 영광 동래정씨의 분산수호와 갈등: 영광 동래정씨 산송 사례를 중심으로」, 『호남학』 66, 2019; 김봉곤, 「18세기 홍덕의 平海黃氏家의 산송의 전개과정: 『頤齋亂藁』를 중심으로」, 『조선시대사학보』 96, 2021 등.

5 김경숙, 「조선후기 산송(山訟)과 여성의 행위성」, 『역사와 현실』 127, 2023; 김나라, 「1880년 내시(內侍) 우계범(禹啓範)이 관여한 충주 산송의 특수 사례 고찰」, 『고문서연구』 64, 2024.

6 심재우, 「檢案을 통해 본 한말 山訟의 일단」, 『고문서연구』 50, 2017.

라면 임지에서는 송관의 역할을 충실히 수행하더라도 언제든지 그 자신이 당사자 또는 관련자로서 산송에 등장할 수 있었다.

19세기 말 함양박씨가의 산송과 임실군수 박시순(朴始淳, 1848~1907)의 사례가 이에 해당한다. 박시순은 1895년(고종 32) 7월 임실군수로 부임한 직후 인근 지역인 함양 사금동(賜琴洞)에서 일어난 함양박씨가의 산송에 직접 참여했다. 산송의 대상은 함양박씨 시조 박선(朴善)의 산소이며, 선산이 위치한 함양은 함양박씨의 관향(貫鄕)이라는 점에서 중요성을 지닌다. 박시순은 임실과 함양의 지역적 인접성과 인근 지역 종인들의 협조를 바탕으로 산송을 이끌어 나갔다. 이는 한국학중앙연구원 소장 '부여 은산 함양박씨 구당(九堂) 박세영(朴世榮) 종가 전적' 중 박시순이 임실군수 재직 기간에 작성한 『운불일기(雲紱日記)』, 산송의 진행 과정에서 생산된 고문서 등을 통해 자세히 알 수 있다.[8]

이 글에서는 박시순의 『운불일기』와 관련 고문서를 토대로 함양 사금동 산송의 전개 과정을 살펴보겠다.[9] 특히 박시순이 임실군수로 재임하는 중에도 종족을 결집시켜 산송을 진행해 가는 모습에 주목하여, 함양박씨가의 승소를 위해 그가 어떠한 역할을 담당했는지를 밝히려고 한다. 이는 정치적·사회적으로 급변하는 19세기 말까지도 조선의 양반사회에서 중요하게 자리 잡았던 산송의 성격을 이해하는 데 조금이나마 도움이 될 것이라고 생각한다.

7 김경숙(2002), 앞의 글, 101쪽.

8 한국학중앙연구원 장서각에서 조사·수집하고 영구 기탁을 받은 '부여 은산 함양박씨 구당 박세영 종가 전적'은 2022년 5월 23일 기준 고문서 5,504점, 고서 2,391점, 유물 4점 등 총 8,799점이다. 그중 일부 문서가 2000년에 출간한 『고문서집성 45: 부여 은산 함양박씨편』을 통해 소개된 바 있다.

9 『운불일기』는 송만오 외 역, 『구한말 郡守 朴始淳 日記』(임실문화원, 2017)의 번역을 참조하여 일부 수정했다. 본문에서 인용한 고문서는 『고문서집성 45』와 〈한국고문서자료관〉(archive.aks.ac.kr)에서 확인 가능하다.

2. 함양박씨 가계와 선산 묘역 현황[10]

함양박씨는 신라 박씨에서 시작하여 동명왕(東明王)의 3남 박언신(朴彦信)이 속함군(速咸君)으로 봉해지면서 득관(得貫)하게 되었는데 '속함(速咸)'은 함양의 이칭 중 하나이다.[11] 박언신부터 중시조 박선까지의 가계가 전해지지 않기 때문에 함양박씨 족보류에서는 박선을 사실상 함양박씨의 시조로서 1세로 표기하고 있다.

시조 상서공 박선은 고려조에 문과에 급제하여 예부상서를 지낸 인물이다. 박선으로부터 시작된 가계는 6세에 이르러 박지문(朴之文, 軍器少監公派), 박지빈(朴之彬, 文元公派), 박지량(朴之亮, 判三司事公派), 박지수(朴之秀, 副使公派), 박지온(朴之溫, 御史公派), 박지영(朴之穎, 中郎將公派) 등 6형제의 파로 나뉘었다. 이 중 박지수로부터 이어진 11세 박습(朴習)은 1383년(우왕 9) 문과에 급제하고 조선왕조 개창 후에도 주요 관직을 역임했다. 그의 5남 박의손(朴義孫)은 안동권씨인 양촌(陽村) 권근(權近)의 손녀를 아내로 맞이했으며, 박의손의 아들 박신동(朴信童)은 서산유씨인 태재(泰齋) 유방선(柳方善)의 조카사위가 되었다. 안동권씨와 서산유씨는 조선 초기 대표적인 훈구세력 중 하나이다. 태종이 세종의 장인 심온(沈溫) 가문을 멸문시킨 사건에 연루되어 박습과 그의 아들들이 목숨을 잃었음에도 불구하고 함양박씨가 서울에 남아 재기하는 데 이 혼맥이 큰 역할을 했다.

15세 박세영(朴世榮)은 구당공파(九堂公派) 파조(派祖)로, 그의 아들 박대립(朴大立)부터 본격적으로 중앙 요직에 진출하기 시작했다. 또한 박대립은

10 해당 장은 1909년 간행 『咸陽朴氏派譜』에 수록된 정보와 『고문서집성 45』, 3~13쪽을 참조하여 정리했다.

11 『嶺南邑誌』 22, 咸陽.

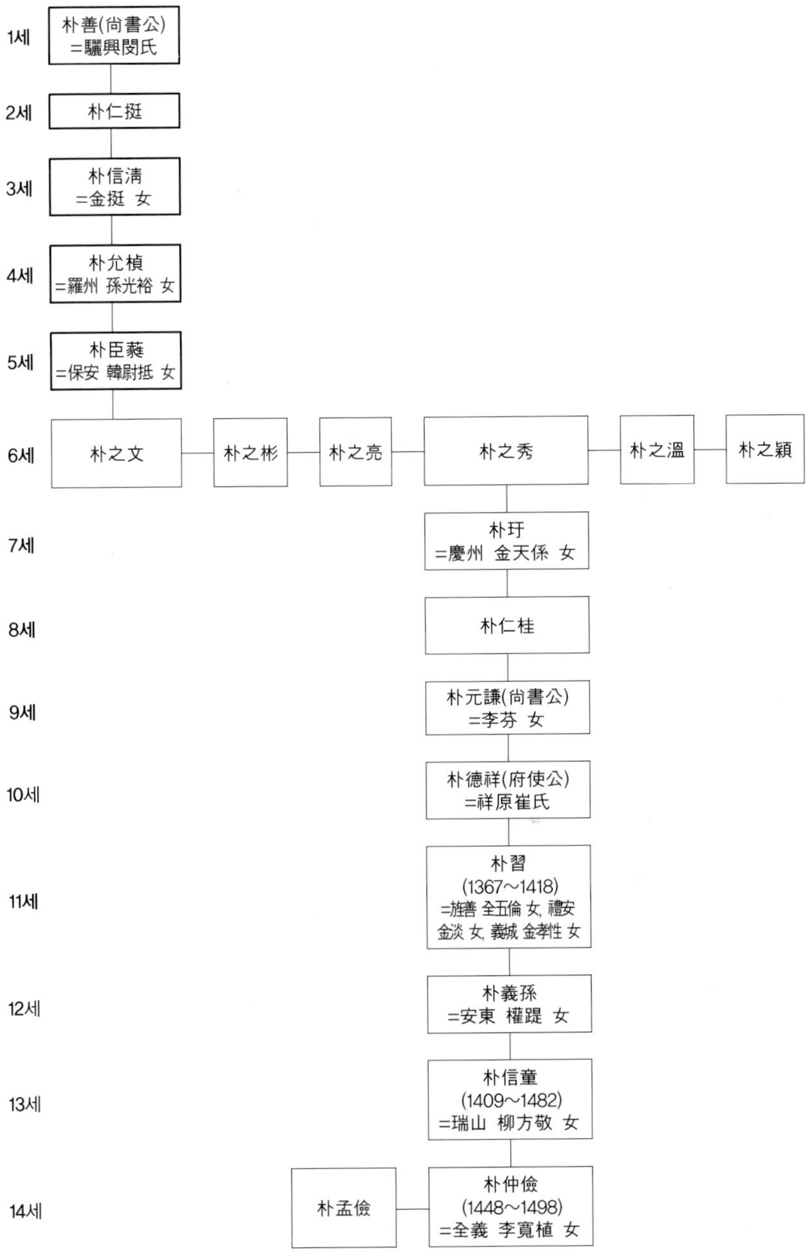

그림 1 부여 은산 함양박씨 1세 박선~14세 박중검 가계도

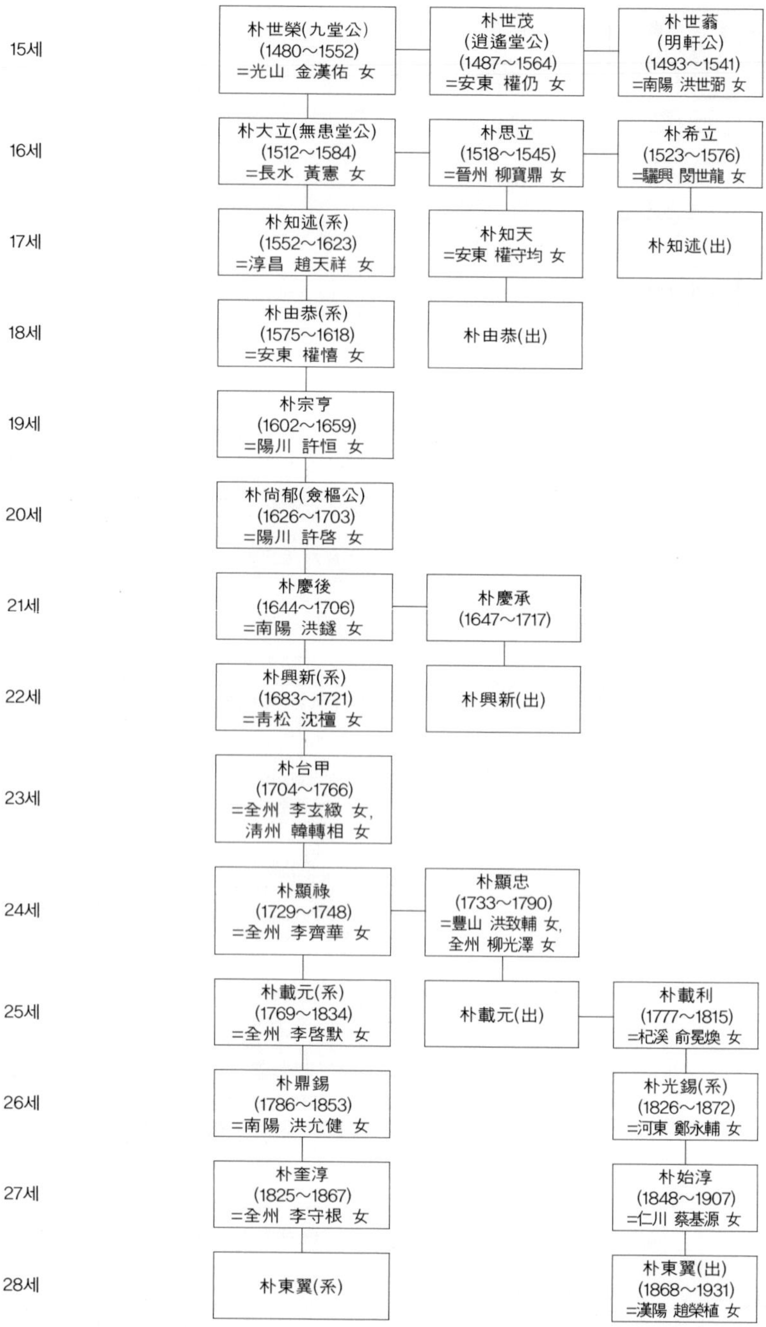

그림 2 부여 은산 함양박씨 15세 박세영~28세 박동익 가계도

장수황씨, 박지술(朴知述)은 순창조씨, 박유공(朴由恭)은 안동권씨, 박종형(朴宗亨)은 양천허씨 가문의 사위가 되었고, 박유공은 동복오씨 오정위(吳挺緯)를 사위로 맞았다. 모두 당시 명가(名家)로 일컬어진 가문들이며, 안동권씨·동복오씨와의 혼맥으로 인해 함양박씨는 정치적으로 남인 계열에 속하게 되었다.

이후 함양박씨는 당대 남인 명가인 청송심씨 심단(沈檀)계, 원주김씨 김덕원(金德遠)계, 전주이씨 이의징(李義徵)계와 통혼하면서 입지가 크게 강화되었다. 18세기 중반에 23세 박태갑(朴台甲)은 경기도 이천으로 거주지를 옮기는데, 이는 1694년(숙종 20) 갑술환국으로 정계에서 몰락한 남인들이 서울에서 벗어나 경기도 일원으로 분산되는 경향과 유사하다. 이천으로 이거한 이후 함양박씨는 일반적인 남인들과 마찬가지로 사환(仕宦)과는 멀어져 향촌의 사족 중 하나가 되었다. 그러나 혼반(婚班)만은 유지하여 박태갑과 아들 박현록(朴顯祿)은 각각 전주이씨 이현치(李玄緻)·이제화(李齊華)의 사위가 되었고, 함양박씨는 정치적으로 남인의 입장을 유지했다.

27세 박시순의 장자 박동익(朴東翼)은 무후(無後)한 박규순(朴奎純)의 양자로 들어가 박대립 계열 구당공파의 종통을 이었다. 그러나 애초에 박사립(朴思立)의 손자였던 박유공이 종손으로 입후되었던 것이므로 구당공파는 혈통상 모두 박사립 계열에 속했다.

〈표 1〉은 1909년 간행 『함양박씨파보(咸陽朴氏派譜)』에 기재된 1세 박선부터 26세 박정석(朴鼎錫)·박광석(朴光錫)까지의 묘역 위치를 정리한 것이다. 1세 박선의 묘역은 함양 사금동에 위치하여 유일하게 관향에 조성되었으며, 인근 지역인 안의에도 2세 박인정(朴仁挺), 5세 박신유(朴臣蕤) 등의 묘역이 있었다. 3세 박신청(朴信淸), 4세 박윤정(朴允楨), 6세 박지수의 묘소는 위치를 알 수 없지만, 7세 박우(朴玗) 묘소의 위치가 함양 또는 안의라는 내용으로 보아 1세부터 10세까지는 경상도 함양과 안의에 묘역이 집중 조성된 것으로 추정된다.

표 1 부여 은산 함양박씨 1세 박선~26세 박정석·박광석 묘역의 위치

<table>
<tr><th colspan="2">지역</th><th>대상</th></tr>
<tr><td rowspan="2">경상도</td><td>함양</td><td>1세 박선(咸陽府 東五里許 賜琴洞)</td></tr>
<tr><td>안의</td><td>2세 박인정(安義 竝川, 今失傳), 5세 박신유(安義 飛突峴, 今無傳), 8세 박인계(安陰 四十六里 蘆川洞, 無傳), 9세 박원겸(安陰 蘆川), 10세 박덕상(安陰 東十五里 飛刀峙)</td></tr>
<tr><td rowspan="3">경기도</td><td>양주</td><td>11세 박습(楊州 古州川, 未詳), 12세 박의손(同上, 無傳), 13세 박신동(楊州 神穴面 梧琴里), 14세 박중검(考參議公墓 東麓), 15세 박세영(新穴里), 16세 박대립(新穴里 九堂公墓 右麓下), 17세 박지술(先考墓 右), 18세 박유공(考墓 右), 19세 박종형(考墓 階下)</td></tr>
<tr><td>시흥</td><td>20세 박상욱(始興郡 北十里 九老里), 21세 박경후(始興 九老里 考府使公 階下), 22세 박흥신(考參判公墓 案山), 26세 박광석(始興 參判公墓 左肩)</td></tr>
<tr><td>이천</td><td>23세 박태갑(利川 山村 伯父 昌新公 階下), 24세 박현록(利川 山村 加平公墓後)·박현충(利川 山村 加平公墓 東麓盡處), 25세 박재원(利川 麻田面 億萬里 南距西麓)·박재리(加平公墓 右眷麓回龍內), 26세 박정석(億萬里 考位 左麓)</td></tr>
<tr><td colspan="2">미상</td><td>3세 박신청(失傳), 4세 박윤정(今無傳), 6세 박지수(無考), 7세 박우(咸陽或安陰, 今無傳)</td></tr>
</table>

11세 박습 대에 이르면 묘역의 위치가 경기도 양주로 이동한다. 이는 서울에 거주하면서 가까운 경기도에 선영을 조성하는 서울 사족층의 특징과 유사하며, 19세 박종형 대까지 유지되었다. 그러다가 20세 박상욱 대부터는 묘역이 시흥으로 나타나고 23세 박태갑 대에는 서울에서 이천으로 거주지를 옮김에 따라 묘역의 위치 역시 이천으로 변동되었다. 그 외 묘역으로는 경기도 수원, 황해도 평산 등이 있는데, 평산은 박사립 계열의 후손이 세거하던 곳으로 박시순·박동익 부자의 출생지이기도 하다.

조선 전기 함양박씨 인물들은 서울에서 관직활동을 하며 생활권을 형성했기 때문에 자연스럽게 묘역도 인근 경기도 지역에 조성되었다. 따라서 함양박씨에게 함양은 관향이자 지역 내 유일한 선산, 게다가 시조의 묘소가 위치한 곳이라는 상징성을 지닌다고 할 수 있다. 함양의 토성(土姓)은 여(呂)·오(吳)·박(朴)·서(徐)·조(曺)·이(李)였지만,[12] 이들은 일찍이 함양을 떠나 사환했기 때문에 함양에서의 재지 기반이 약한 편이었다. 오히려

12 『嶺南邑誌』 22, 咸陽.

15세기 이래 함양으로 이주한 신창표씨·풍천노씨·고령유씨·하동정씨 등 26개 이상의 성관(姓貫)을 중심으로 재지사족이 형성되었다. 이는 김종직(金宗直) 등 사림파 출신 군수가 함양에 부임하여 학문을 장려했고, 김종직의 문인인 표연말(表沿沫)·유호인(俞好仁)·정여창(鄭汝昌)과 남명 조식(曺植)의 제자였던 노진(盧禛)이 모두 함양 출신으로서 학풍을 확립한 영향이 컸다.[13] 1566년(명종 21) 정여창을 기리기 위해 남계서원(濫溪書院)을 건립할 때 기여한 주요 사족층 대부분은 남명학파이거나 북인에 속해 있었으며 여기에 함양박씨는 포함되지 않았다.[14] 즉 함양박씨는 토성임에도 불구하고 함양 지역 내 사족으로서 큰 영향력을 발휘하지 못했고 이러한 상황은 19세기 말까지도 지속되었다.

3. 임실군수 박시순의 부임과 시조 선산의 투장 실태

박시순의 자는 윤원(允元), 호는 국인(菊人)이고 초명은 태순(台淳)이다.[15] 박광석과 하동정씨 사이에서 태어났으며, 1879년(고종 16) 문과 정시(庭試)에서 급제하여 관직 생활을 시작했다. 그는 중앙에서 서학교수, 우부승지 등을 역임하다가 첫 번째 외직인[16] 면천군수를 거쳐 1895년 6월 임실군

13 원창애, 「『고대일록』을 통해본 함양 사족층의 동향」, 『남명학연구』 33, 2012, 233~237쪽.

14 박소희, 「남계서원의 내력과 인적 네트워크: 남계서원 소장 『裒寶錄』을 중심으로」, 『대동한문학』 75, 2023, 27쪽; 윤혜민, 「함양(咸陽) 남계서원(藍溪書院)의 장서(藏書) 운영」, 『한국서원학보』 17, 2023, 310쪽.

15 박시순은 1891년(고종 28)에 '태순(台淳)'에서 '시순(始淳)'으로 개명했다. 『승정원일기』 고종 28년 1월 9일(갑술).

16 박시순은 홍양현감에 임명된 바 있지만 실병(實病)으로 부임하지 못했고 유석응(柳錫膺)으로 개차(改差)되었다. 『승정원일기』 고종 31년 9월 22일(을미), 9월 25일(무술).

수로 임명되어[17] 7월에 임실에 도착했다.[18]

임실에는 함양박씨 동종(同宗)의 사람들이 많이 거주하고 있었는데, 박시순은 공무에 적응하느라 바쁜 와중에도 이들과의 만남을 우선순위에 두었다. 이해 9월, 박시순은 임실 구고(九皐) 평지촌(平地村)에서 종인들이 마련한 종회(宗會)에 참석하여 부임 후 처음으로 함께하는 자리를 가졌다.[19] 다음 날에는 중종 대에 효행으로 정려가 내려진 인덕정(人德亭) 박번(朴蕃), 수심재(收心齋) 박훈(朴薰)의 정문(旌門)에서 봉심례(奉審禮)를 행했다.[20] 이날 열린 화수회(花樹會)에는 문장(門長)인 박영근(朴榮根) 등 종인 약 120명이 참석했다. 참석한 종인들의 거주지로는 임실의 구고·신평(新平)·신안(新安)·일도(一道) 외에도 인근에 위치한 장수·진안·남원이 있었다. 담벼락에 늘어서서 구경하는 사람들이 모두 감탄하며 부러워하던 이날 박시순은 종약(宗約)을 지어 내보였다.

> 공무에서 물러난 틈에 구고(九皐)에서 화수회를 열고 정려에 봉심하여 이에 종약 몇 조를 지어 여러 종족에게 두루 보인다.
>
> 첫째, 우리는 같은 조상의 후손이니 부모에게 효도하고 형과 우애하고 어른을 공경하고 친구에게 신의를 지키고 족척과 화목하게 지내서 이성인(異姓人)이 우리 선조의 자손임을 묻지 않아도 알게 하라.
>
> 둘째, 종족이 비록 대수(代數)의 멀고 가까움이 있더라도 선조가 보기에는 모두 자손이니 빈부현미(貧富顯微)로 차이가 있어서는 안 된다. 우리 종족은 만일 빈궁하여 지탱하기 어려운 사람이나 민몰(泯沒)하여 이름이 알려지지 않은 사람이더라도 이들을 대할 때 조금 넉넉하거나 현달했다

17 『승정원일기』 고종 32년 6월 18일(정해).

18 朴始淳, 『雲紱日記』 1, 1895년 7월 27일.

19 『운불일기』 1, 1895년 9월 7일.

20 『중종실록』 7년 5월 9일(임자), 37년 11월 10일(병진).

고 으스대지 말라.

셋째, 오직 우리 동종은 선비는 벼슬하고 농부는 농사짓고 상인은 장사하여 옳지 못한 이득을 도모하지 말고 과분한 일을 경영하지 말라.

넷째, 산송(山訟) 및 선사(先事)는 의리(義理)에 관계되는 것 외에는 다른 사람과 서로 싸우거나 송사하지 말라.

다섯째, 우리 종족은 윗사람을 섬기며 관아를 두려워하는 것을 근본으로 삼으며, 공납(公納)에는 다른 사람보다 늦게 하지 않고 봉령(奉令)에는 반드시 다른 사람보다 먼저 하라.

여섯째, 우리 종족 중에 만일 패악하고 어리석은 자손이 선조의 가르침을 포기하여 난적(亂賊)의 부류라는 이름을 범하면 반드시 부형(父兄)이 깨우치도록 꾸짖고 종중에서 엄히 징계한다. 혹시라도 등소(登訴)하여 법률을 시행하면 기필코 이성(異姓)보다 배로 할 것이니 따로 단속하라.[21]

종약은 함양박씨 후손으로서 지켜야 할 덕목 6가지를 다루었다. 그 내용을 살펴보면 첫째, 서로 화목하게 지내 다른 성씨의 사람들이 묻지 않아도 같은 선조의 후손임을 알게 한다. 둘째, 모두 빈부(貧富)와 현미(顯微)에 차이가 있어서는 안 되며 항상 겸손한 자세로 지내야 한다. 셋째, 선비와 농민, 상인은 각자의 자리에서 본분을 다하며 욕심을 내지 말아야 한다. 넷째, 산송과 조상의 일은 의리에 관계되는 것 외에는 다른 사람과 싸우거나 소송하지 말아야 한다. 다섯째, 윗사람을 섬기고 관아를 두려워하는 것

21 『운불일기』 1, 1895년 9월 8일. "公退之暇, 設花樹會于九皐, 仍奉審於旌閭, 玆述宗約數條, 遍示諸宗. 其一曰, 凡我同祖之孫, 孝於親, 友於兄, 敬於長, 信於友, 婣睦於族戚, 使異姓之人, 不問知爲吾祖之子孫, 幸甚. 其二曰, 宗族雖有代數遠近, 以先祖觀之, 則均是子孫, 不可以貧富顯微有間. 吾宗如有貧窶而難支者, 泯沒而無聞者, 接愚之際, 無以稍饒稍顯有挾, 幸甚. 其三曰, 惟我同宗, 士者士, 農者農, 商者商, 勿謀非義之利, 勿營過分之事, 幸甚. 其四曰, 山訟及先事有關於義理外, 無得與人相爭相訟, 幸甚. 其五曰, 吾宗必以事上畏官, 爲大頭腦, 公納則無或後人, 奉令則必於先人, 幸甚. 其六曰, 吾宗如有悖子愚孫, 棄抛先訓, 有犯於亂類之名, 父兄必警責之, 宗中必嚴懲之. 如或登訴而入廉, 則施律必倍於異姓, 另加操束, 幸甚."

이 가장 핵심이며 세금을 납부하고 명령을 받드는 일을 남보다 먼저 해야 한다. 여섯째, 패악을 부리고 어리석은 자손이 있다면 부형(父兄)과 종중에서 엄히 다스리며, 소송에 연루되거나 염탐에 걸리는 자가 있다면 다른 성씨보다 배로 처벌하여 특별히 단속한다는 것이다. 이처럼 박시순이 지은 종약은 함양박씨 후손으로서 갖추어야 할 됨됨이와 우애에 집중되어 있다. 이어서 박시순은 화수회 개최의 기쁨을 담은 오언율시(五言律詩)를 짓고 여러 종인들이 화답하도록 했다.

얼마 후 임실의 종인 박영수(朴永洙)로부터 함양 사금동에 위치한 시조 박선의 묘소에 다녀왔다는 이야기를 들은 박시순은 자신도 선산에 가서 10월 시향(時享)에 참여하겠다는 뜻을 밝혔다.[22] 10월 14일, 함양에 도착한 박시순은 점사(店舍)에서 동종인 함양의 현직 이방 박계훈(朴啓勳), 호장 박문찬(朴文燦)과 퇴직한 아전 박문선(朴文善), 장교 박동술(朴東述)을 만났다. 그리고 묘사(墓祀)의 유사(有司)인 박석극(朴錫克)·박진하(朴鎭河)·박응우(朴應佑)가 박시순을 찾아왔다. 이들은 박선 묘소의 단안산(單案山)을 다른 성씨가 점유한 지 100년이 지났으며, 점유한 자는 함양의 또 다른 이속(吏屬)인 김세완(金世完)이라고 말했다. 이야기를 들은 박시순은 바로 김세완을 불러 문적(文蹟)이 있는지를 따져 물었다. 김세완이 관련 문적이 없다고 대답하자 박시순은 그를 꾸짖고 훈계하여 환납하겠다는 내용의 다짐을 받아냈다.[23]

사실 박시순은 함양에 도착하여 종인들에게 투장 소식을 듣기 전부터 사금동 선산의 상황을 알고 있었던 것으로 보인다. 그는 임실군수로 부임한 직후 종회, 화수회 외에도 인근의 여러 종인과 자주 만남을 가졌고, 함양의 이방이었던 종인 박두익(朴斗翊)과도 접촉했다.[24] 때문에 선산 시향에

22 『운불일기』 1, 1895년 10월 3일.

23 『운불일기』 1, 1895년 10월 14일.

24 『운불일기』 1, 1895년 10월 2일.

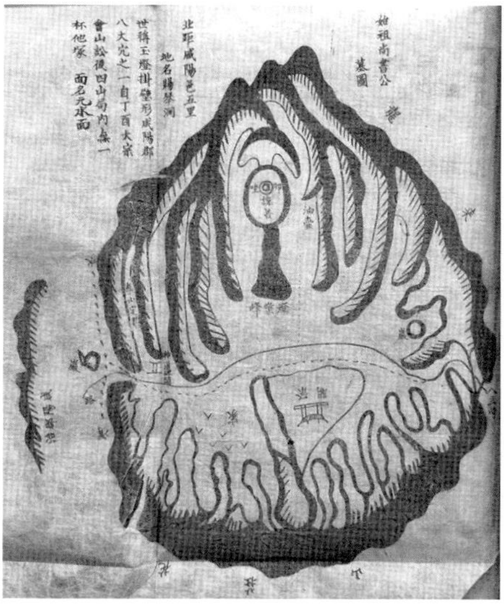

그림 3 1세 박선 산도

출처: 『함양박씨파보』 권1

참여하겠다는 의사를 밝혔을 때부터 투장 상황을 자신의 눈으로 직접 확인하고자 하는 마음을 가졌을 것으로 생각된다.

다음 날인 10월 15일, 박시순은 함양읍에서 동남쪽으로 5리쯤 떨어진 곳에 위치한 사금동 선산을 방문했다. 이때 운봉 갈계(葛溪)에 거주하는 박원익(朴源益)·박용근(朴容根) 등 종인 50여 명이 그를 마중 나왔다. 먼저 박시순은 신도비각(神道碑閣)을 봉심하고 재실(齋室)인 영명재(永明齋)에 들러 성묘록(省墓錄)과 문부(文簿)를 살펴보았다.

사금동 선산은 감여가(堪輿家, 地官)로부터 산과 물이 모아들어 기가 맑으며, 등을 거는 모양인 괘등형(卦燈形)이라는 평을 받은 함양 8대 명당 중의 하나였다. 이러한 명성 때문인지 시조 박선의 묘소 안산(案山)과 백호(白虎) 가까운 곳에는 투총 3~4기가 있었다. 투장 상황을 목격한 박시순은 금장(禁葬)을 위해 이듬해 3월 그믐에 대종회(大宗會)를 개최하겠다는 내용으로 여러 종중(宗中)에 통문(通文)을 보냈다.[25] 또한 이날 박시순은 사금동 선산을 돌아보고 난 후의 감회를 담은 「경제성묘록후(敬題省墓錄後)」라는 제목의 시문(詩文)을 지었다.

> 함양 사금동은 우리 시조 상서공(尙書公)의 묘로 그로부터 4세 동안 전해지다가 파가 6개로 나뉘었는데, 그 번성한 것을 헤아릴 수 없으며 우리나라의 대성(大姓)이 되었다. 참으로 손수 음덕을 쌓아서 자손이 경사를 받는 데 이르렀으니 불초한 나 또한 먼 후손 중 하나일 따름이다. 삼가 가첩(家牒)을 헤아려 보면 우리 11대조에는 두 분의 상공(相公)과 네 분의 재공(宰公)이 있으니, 사촌 사이로서 번갈아 경상도관찰사로 재직했으며 조상의 일에 정성을 다하여 비를 세웠고 안음에 위전(位田)을 두어 대대로 장사 지냈으나, 이 선산을 수호하는 일은 빠뜨리고 행하지 않았다. 대체로 이 선산이 전해지지 않게 된 것이 언제였는지는 모르겠다. 비를 찾고 봉분을 고쳐 쌓은 것은 우리 7대조 첨추공(僉樞公)으로 의흥·현풍 두 현의 수령이 함께 실로 그를 보좌했다. 지재(趾齋) 민공(閔公, 閔鎭厚)이 묘도(墓道)를 다시 짓고 사인 태석씨가 징구(徵求)하고 승지 명화씨가 새겼으니 네 공 모두 우리의 같은 파 족조(族祖)이다. 그러므로 우리 가문은 조상이 선영에 부지런히 힘쓴 일을 후세에 남겨 경계할 수 있을 것이다.[26]

박시순의 글은 함양박씨의 계보를 설명하는 내용으로 시작한다. 시조 상서공 박선에서 시작된 가계는 16세 박대립으로 이어졌는데 박시순이

25 『운불일기』 1, 1895년 10월 15일.

26 『고문서집성 45』, 819~821쪽, 1895년 朴始淳 敬題省墓錄後. "咸陽賜琴洞, 是吾鼻祖尙書公衣履所藏之地也, 自後四傳而分派爲六, 蕃衍不億, 爲東國之大姓. 亶由手積蔭餘慶之攸及, 不肖亦耳孫之一耳. 謹稽家牒, 吾十一代祖, 貳相公與四宰公, 以從行迭按嶺藩, 竭誠先事, 至有竪碣, 置田於安陰世葬, 而於此山守護之節, 闕而不載. 蓋此山之失傳, 不知的在何代也. 及夫思訖之獲碑改封也, 吾七代祖僉樞公, 與義興玄風兩縣守, 實先後之. 趾齋閔公之改撰墓道也, 士人泰錫氏徵求之, 承旨鳴和氏篆刻之, 四公皆吾之同派族祖也. 然則吾家祖先之勤力於先塋, 可垂來許而爲戒也."

말한 두 분의 상공(相公)은 박세영의 아들 박대립, 박세무(朴世茂)의 아들 박소립(朴素立)을 가리킨다. 이 중 박대립은 선조 대 경상도관찰사로 재직했고 그와 사촌지간인 박소립도 비슷한 시기에 제수되었다. 둘은 경상도관찰사 재임 시절 함양 사금동 선산에 비를 조성하고 인근 지역인 안의에 위전(位田)을 설치했지만 선산은 실전(失傳)하고 말았다. 이후 1701년(숙종 27)에 20세 첨추공 박상욱이 같은 함양박씨였던 의흥현감 박기조(朴起祖, 1659~1735), 현풍현감 박상순(朴尙淳, 1655~?)과 실전했던 박선의 무덤을 발견하여 정비하고 새롭게 석물을 갖추었다. 그리고 새로 세운 상서공신도비의 비문은 1701년 여흥민씨 민진후(閔鎭厚)가, 상서공묘비의 비문은 1706년(숙종 32) 안동김씨 김정균(金鼎均)이 지었다. 이들은 자신을 미생(彌甥)이라고 칭했고, 비문 말미에 각각 외원손(外遠孫), 외예(外裔)라고 하여 상서공 박선의 외손으로서 글을 지었음을 드러냈다.[27]

> 을미년 가을에 불초한 내가 명을 받들고 수령으로 왔는데 임실과 함양은 나뉘었지만 경계가 이어져 있다. 세 달이 지나 공가를 틈타 함양으로 왔고, 마침 세사(歲祀)를 맞이하여 각지의 여러 종인이 와서 모인 것이 거의 반백을 넘었으며 서로 지난날을 말하고 오늘을 즐겼다. 국내(局內)를 조사해 보니 송추(松楸)는 비록 헐벗지는 않았지만 선산을 둘러싸는 것이 없었고 용호의 경계를 넘어 장사 지낸 것이 이따금 있었다. 안산도 다른 사람에게 점유당했으니 우리 시조의 자손이 되어 누가 그 죄를 감당하겠느냐마는 어찌 선산 아래 집을 깊이 책망할 필요가 있겠는가. 이에 글을 각파에 보내 내년 봄이 되기를 기다려 일을 마치기로 논의하고 남은 봉름(俸廩) 20궤미를 별고 유사에게 보내서 공궤(供饋)할 바탕을 약간 도우니 우리 가문에는 다행히 조금의 흠도 없을 것이다. […]

27 『함양박씨파보』 권1, 咸陽朴公神道碑銘【幷序】·尙書公墓碑文.

을미 10월 15일 후손 통정대부 행 승정원 우승지 겸 경연참찬관 춘추관 수찬관, 현직 임실군수 시순이 삼가 지음.[28]

그런데 선산에 와서 보니 근처에 사는 자손들이 살피지 못한 사이 송추(松楸)의 금양(禁養)은 지켜지지 않았고 용호(龍虎)와 안산의 경계를 넘은 채 다른 사람에게 점유당한 상황에 놓여 있었다. 이에 박시순은 이듬해 봄에 투장의 해결을 논의하고, 자신의 봉름에서 남은 돈을 별고 유사에게 보내 공궤에 쓰도록 하겠다는 내용의 통문을 보냈다.

10월 15일 박시순이 함양 사금동 선산을 돌아보고 보냈다는 통문은 남아 있지 않다. 그러나 비슷한 시기인 10월 20일에 작성한 통문은 초본(草本)으로나마 전해져서 함양박씨 종인들에게 전달된 내용을 알 수 있다. 이날 박시순은 함양과 안의를 떠나 다시 임실로 돌아가는 길에 종인 박원익, 박용근 등이 거주하는 운봉 갈계에 머무르고 있었다.[29] 그는 이번 묘사를 지낼 때 신임 임실군수로서 선산에 인사를 올리기 위해 시조 상서공의 산소를 방문했는데 후손들이 살피지 못한 사이 투총이 즐비하고 송추까지 도난당했으니, 이를 의논하기 위해 이듬해 3월 그믐에 사금동 선산으로 모이기를 청했다.[30] 또한 박원익을 진주로 보내 진주부관찰사로 재직 중이던 조병필(趙秉弼, 1835~1908)에게 간찰을 전하도록 하여 산송을 준비하기 시작했다.[31]

28 "乙未秋不肖承命來守, 雲水與咸省, 分而疆連. 越三朔, 乘公暇而來省, 適値歲祀, 遠近諸宗來會者, 殆過半百, 相與道昔而歡今. 仍檢局內, 則松楸雖不童濯而無拱大者, 龍虎之界犯葬者, 往往有之. 案山亦爲人所占, 爲吾始祖之孫者, 孰不任其咎, 而何必深責乎山下之家哉. 乃文示各派爲待開春竣事之議, 以俸餘二十鐶付之別庫有司, 略助供饋之資, 吾家幸無以些誚之. [⋯] 歲乙未十月之望, 後孫通政大夫行承政院右承旨兼經筵參贊官春秋館修撰官, 今任實郡守始淳謹識."

29 『운불일기』 1, 1895년 10월 19일, 10월 20일.

30 『고문서집성 45』, 566~567쪽, 1895~1897년 朴始淳 通文.

31 『운불일기』 1, 1895년 10월 20일.

4. 산송의 진행 과정과 박시순의 역할

1909년 간행 『함양박씨파보』는 박세영(구당공파)·박세무(逍遙堂公派)·박세옹(朴世蓊, 明軒公派) 등 3파의 자손을 중심으로 수록한 책이다. 박시순이 처음 투장 상황을 접한 1895년에 시작된 함양 사금동 산송은 1897년(건양 2)에 마무리되었는데, 분쟁 대상이었던 시조 박선의 선산이 가지는 중요성 때문이었는지 이 파보에는 「사금동사실(賜琴洞事實)」이라 하여 산송의 전말을 알 수 있는 내용이 수록되었다.

「경제성묘록후(敬題省墓錄後)」는 앞서 살펴보았듯이 임실군수로 부임한 박시순이 1895년 10월 15일에 함양 사금동 선산을 돌아본 후 지은 시문이다. 「정유대종회기실비(丁酉大宗會紀實碑)」는 산송이 마무리된 후인 1897년 대종회를 열었을 때 박시순이 사건의 경과를 비에 새기기 위해 지은 글이다. 「준사본말록(竣事本末錄)」은 1898년(광무 2) 8월 10일에 박시순이 기록한 산송의 전말로 특히 그 진행 과정을 시간 순서대로 정리했다. 이어서 진주부와 함양군에서 발급한 입안(立案)·완문(完文)과 위토(位土) 전답의 현황을 기록한 내용이 나타난다.

「준사본말록」 말미의 "준사본말록이 부여 종손가에 있다(竣事錄在扶餘宗孫家)"는 기록은 박시순·박동익의 거주지 이전과 관련이 있다. 1907년에 장연군수였던 박시순은 관직을 내놓고 고향인 평산으로 돌아갔다가 부여 은산면(恩山面) 가곡리(佳谷里)로 이주하는데, 당시 부여에는 21세 박경후의 동생 박경주(朴慶冑)·박경원(朴慶遠)·박경언(朴慶彦)의 후손들이 세거하고 있었다. 그런데 박규순의 양자가 되어 종통을 잇던 박동익 역시 생부 박시순을 따라감으로써 구당공파 종가가 이천에서 부여로 옮겨지게 되었고,[32] 「준사본말록」이 다른 종가의 전적과 함께 보관된 것이다.

표 2 『함양박씨파보』 권1, 「사금동사실」 수록 문서

번호	문서명	작성 시기	작성자	비고
1	敬題省墓錄後	1895.10.15.	박시순	
2	丁酉大宗會紀實碑	1897	박시순	
3	竣事本末錄	1898.8.10.	[박시순]	竣事錄在扶餘宗孫家
4	慶尙南道裁判官立案完文	1897.5. 이후	진주부관찰사	
5	咸陽郡立案完文	1897.5. 이후	함양군수	
6	位土田畓字號卜數四標錄	[1898]	[박시순]	

이처럼 사금동 산송의 전말을 알 수 있는 기록이 박시순에 의해 작성되었으며 부여 종가에 보관되었다는 사실은 산송에서 그의 역할이 무엇보다 컸음을 짐작하게 해준다. 또한 박시순의 아들 박동익은 부친이 생전에 함양박씨의 계보 간행이 지속되지 않아 같은 자손들끼리 서로 식별하지 못하는 상황을 안타까워했다고 하며, 그의 유지를 받들어 파보를 간행한다고 강조했다.[33] 따라서 「사금동사실」이 파보에 수록된 데에는 시조 선산을 수호하는 데 큰 역할을 한 박시순의 노력을 후대에 남기려는 의도도 포함되었을 것으로 생각된다. 「사금동사실」에 정리된 내용과 『운불일기』, 종가 전적 등에 현전하는 소지류 고문서를 통해 사금동 산송 관련 문서 행정을 재구성하면 〈표 3〉과 같다.

산송과 관련한 첫 번째 문서는 1895년 10월 함양 아전 김정완(金正完) 등이 함양군수에게 올린 소지이다. 김정완은 바로 지난 9월에 박시순의 훈계를 듣고 환납하겠다는 내용의 다짐을 바쳤던 김세완인데, 그는 박시순의 일기에 기록된 내용과 상반된 의견을 주장하고 있다. 김정완이 올린 소지에 따르면 이들의 선조는 임진왜란 이후 함양에 머무르면서 아전의

32 『고문서집성 45』, 12쪽.

33 『함양박씨파보』 권1, 咸陽朴氏派序.

표 3 사금동 산송 관련 문서 행정

번호	시기	내용	출처
1	1895.10.	김정완·김재학·김재룡 등 정소(함양군수)	1895년 김정완 등 소지
2	1895.11.24.	유학 박원익·박동현 등 정소(함양군수)	사금동사실 준사본말록, 1895년 박원익 등 단자
3	1895.12.8.	임실군수 전 승지 박시순, 유학 박원익 등 정소(진주부관찰사)	사금동사실 준사본말록
4	1895.12.	김정완·김재학·김재룡 등 정소(진주부관찰사)	1895년 김정완 등 의송
5	1897.2.9.	유학 박동익, 진사 박홍진 등 정소(함양군수)	사금동사실 준사본말록, 1897년 박▣▣ 등 단자
6	1897.2.11.	박동익·박원익 등 정소(진주부관찰사)	사금동사실 준사본말록
7	1897.3.15.	박종원·박용근 등 정소(법부)	사금동사실 준사본말록
8	1897.3.27.	법부 제사(진주부관찰사)	운불일기
9	1897.4.2.	임실군수 박시순, 유학 박원익·박양직·박만직 등 정소(산청군수)	사금동사실 준사본말록, 1897년 박시순 등 단자
10	1897.4.3.	임실군수 박시순, 유학 박원익·박양직·박만직 등 정소(산청군수)	사금동사실 준사본말록, 1897년 박시순 등 단자
11	1897.4.3.	산청군수 전령(한규찬)	사금동사실 준사본말록
12	1897.4.5.	산청군수 보고(진주부관찰사)	사금동사실 준사본말록
13	1897.5.7.	박시순, 박만직 정소(진주부관찰사)	사금동사실 준사본말록
14	1897.5.11.	박만직 정소(산청군수)	사금동사실 준사본말록
15	1897.5.11.	산청군수 보고(진주부관찰사)	사금동사실 준사본말록
16	1897.5.	진주부관찰사 보고(법부)	사금동사실 준사본말록
17	1897.5. 이후	진주부관찰사 입안·완문(함양박씨가)	사금동사실 경상남도재판관입안완문
18	1897.5. 이후	함양군수 입안·완문(함양박씨가)	사금동사실 함양군입안완문

역을 수행했으며, 선산에 장사를 지내 수호한 지는 7~8대, 소나무를 심어 금양한 지는 약 300년이나 되었다. 그의 부친이 살아 있을 때도 함양박씨가 측에서 금장(禁葬)을 이유로 소송을 제기했지만 패한 전적이 있었다.[34]

34 실제 문서상으로는 1895년 10월 김정완 등이 처음 함양군에 정소했지만, 박시순은 「정유대종회기실비」와 「준사본말록」에서 종인 박원익 등이 11월에 함양군에 정소한 것이 시작이라고 기록했다. 또한 〈그림 4〉 1897년 4월 도형에는 함양박씨가 측이 '기송(起訟)', 김정완 측이 '응송(應訟)'으로 나타나며 산송이 마무리된 후인 함양군 입안·완문에서도 김정완 측을 '응송(應訟)'으로 표현하고 있다. 이는 김정완의 부친 대에 함양박씨가에서 먼저 소송을 제기한 일과도 관련이

그런데 박시순이 함양박씨의 사금동 선산은 사패지(賜牌地)임에도 불구하고 아전 놈이 투장했다고 하면서 파내기를 종용했으며, 심지어 머리를 잡아당기고 결박하여 땅에 꿇리는 등 무력까지 행사했다고 김정완 등은 주장했다. 반나절 가까이 겁박을 지속하던 박시순이 이듬해 3월까지 무덤을 파내고 송추는 환납하겠다는 내용의 수표를 작성하게 한 후 강제로 착명을 받아 갔으니, 자신의 억울함을 살펴달라고 호소했다. 이에 함양군수는 수천 보 밖에서 300년 전에 매장한 무덤을 함양박씨가 측에서 금장하는 것은 울창한 송추를 욕심냈기 때문이라고 판단했다.[35]

김정완 등의 소지에 대한 함양군수의 판결을 전해 들은 박시순은 선산을 지키기 어려울지도 모른다는 위기감을 느꼈던 것으로 보인다. 그는 종족의 의견을 모으기 위해 전라도 광주와 창평의 종인들에게도 이듬해 봄 사금동에서 종회를 열겠다는 내용의 간찰을 보냈다.[36] 이어서 안의에 사는 종인들에게는 간찰을, 함양의 공형과 안의의 읍리 김기로(金基老)에게는 패자(牌子)를 보냈는데 모두 선산의 산송 때문이었다.[37] 김정완 등이 소지를 올리고 약 한 달 후에 함양박씨 집안에서도 함양군수에게 단자(單子)를 올렸기 때문에 이를 위한 물밑 작업이었을 것이다.

1895년 11월 24일 박원익, 박동현(朴東鉉) 등이 올린 단자에 따르면 사금동 선산은 사패지로서 900여 년 동안 전해 온 곳이었는데, 지금에야 선산 국내 단안산에 3~4기의 투총이 있음을 알게 되었다. 아전 김정완이 강제로 수표를 바쳤다고 주장한 것은 말이 안 되며, 다른 투장자인 한씨(韓氏)와 최씨(崔氏)는 도망쳐서 나타나지 않았으니 이들의 처벌과 독굴(督掘)

있을 것으로 생각된다. 따라서 사금동 산송의 원고는 박시순을 비롯한 함양박씨가, 피고는 김정완으로 보아야 한다.

35 『고문서집성 45』, 287쪽, 1895년 金正完 등 所志.

36 『운불일기』 1, 1895년 10월 26일.

37 『운불일기』 1, 1895년 11월 8일.

등을 요청했다. 그러나 함양군수는 함양박씨가 측의 주장이 선산을 넓게 차지하려는 뜻에서 나온 것이므로 번거롭게 하지 말라는 제사(題辭)를 내렸다.[38]

이에 12월 8일 박시순은 '임실군수 전 승지'라는 직함을 앞세워 박원익 등과 함께 진주부관찰사에게 정소(呈訴)했지만 별다른 소득이 없었던 것으로 보인다.[39] 같은 달 김정완 등이 상급 기관인 진주부에 함양군의 처결을 받은 소지를 점련하여 올린 의송(議送)에 대해 1월 15일 진주부관찰사가 함양군의 처결이 있으니 염려할 것 없다고 답했기 때문이다.[40]

위의 문서들을 종합해 보면 함양박씨가에서는 사패지인 함양 사금동 선산에 김정완이 투장을 했으니 억울하다고 호소했지만, 관에서는 함양박씨가 측이 선산의 사면을 넓게 차지하려는 의도를 가졌다고 생각하여 김정완의 손을 들어주었다. 즉 함양박씨가가 시조 선산과 가문의 사패지라는 상징성을 지키기보다 그 경제적 가치에 욕심을 내고 있다고 판단한 것이다.

김정완과 함양박씨가의 산송은 곧 향리와 양반의 갈등이었다. 그런데 양반 사족층의 위상이 약화되고 향리층의 영향력이 확대되는 19세기 향촌사회의 특징은 산송에서도 여지없이 나타나고 있었다. 1856년(철종 7)부터 1866년(고종 3)까지 옥과 향리 박계표는 옥과에 위치한 담양 선산유씨가의 선산에 부친을 투장한 후 거굴하고 향리 업무를 수행한다는 핑계로 소송을 지연시켰다.[41] 그리고 1878~1879년(고종 15~16)에 남평 하리 박시후는 남평 전의이씨가의 선산에 처를 투장한 후 거굴과 재투장의 방식으로 저항했다.[42] 임란 이래 약 300년 넘게 함양에서 아전의 역을 수행해 왔

38 『고문서집성 45』, 253쪽, 1895년 朴源益 등 單子.

39 『함양박씨파보』 권1, 賜琴洞事實, 竣事本末錄.

40 『고문서집성 45』, 384~385쪽, 1895년 金正完 등 議送.

41 김경숙(2017), 앞의 글, 81~85쪽.

고, 부친 대에 함양박씨를 상대로 한 사금동 산송에서 승소한 적이 있다는 김정완의 주장이 떠오르는 부분이다. 함양박씨가 함양 내에서 재지 기반이 약한 사족이었다는 점도 관의 판결에 영향을 미쳤을 것이다.

이후 『운불일기』나 함양박씨 집안에 소장된 고문서에는 1896년 한 해 동안 사금동 산송의 진행과 관련한 기록이 남아 있지 않다. 상황이 소란스럽고 인심이 평온하지 않아 1896년 3월 그믐에 개최하기로 예정했던 대종회를 연기한다는 통문의 내용으로 비추어 보았을 때,[43] 을미사변의 여파로 인해 산송이 정지되었을 것으로 생각되며 다시 산송이 진행된 시기는 1897년이다.

1897년 2월 9일, 유학 박동익과 진사 박홍진(朴洪鎭) 등은 함양군수에게 단자를 올렸다. 환납하겠다며 다짐을 해놓고 태도를 바꾸어 무소(誣訴)한 김정완과 나머지 투장자인 한찬여(韓贊汝, 韓圭贊)와 최씨를 처벌하여 이들의 투총을 파내고, 특히 김정완이 베어 간 송추의 값을 받아낼 수 있게 해달라고 청한 것이다. 그러나 함양군수는 이미 전에 내린 제사가 있다며 들어주지 않았다.[44] 2월 11일 박동익·박원익 등이 진주부관찰사 이항의(李恒儀, 1846~1925)[45]에게 정소했지만 마찬가지로 성과가 없었던 것으로 생각된다.[46]

시간이 지나도 함양군수와 진주부관찰사의 판결에 변함이 없자 박시순은 서울로 눈을 돌리게 된다. 이 시기 조선의 재판제도는 한 차례 변혁을 겪고 있었다. 조선 정부는 1894년(고종 31) 6월 28일 「각아문관제」에 의해 형조를 폐지하고 법무아문을 새롭게 설치했으며, 법무아문은 1895년 3월 25일 「법부관제」에 따라 법부로 개칭했다. 법부는 사법행정 관리 및 검찰

42 김경숙(2010), 앞의 글, 49~58쪽.

43 『고문서집성 45』, 566~567쪽, 1895~1897년 朴始淳 通文.

44 『고문서집성 45』, 298쪽, 1897년 朴■■ 등 單子.

45 이항의는 조병필의 뒤를 이어 1896년 2월 진주부관찰사에 제수되었다. 『승정원일기』 고종 33년 2월 12일(정축).

46 『함양박씨파보』 권1, 賜琴洞事實, 竣事本末錄.

사무 지휘, 각 지방재판소 감독, 고등재판소 및 법관양성소 관할 등의 업무를 담당했다.[47]

같은 날에는 「재판소구성법」이 반포되면서 근대적 재판기관이 설립되기 시작했다. 그러나 지방에서는 전임 법관의 임용이 어려웠기 때문에 당분간은 편의를 위해 군수가 관내의 모든 소송을 우선 청리(聽理)하게 했다. 13도에 설치된 지방재판소 역시 각 감영에 합쳐 설치하고, 관찰사·목사 등이 판사를 겸임하도록 하는 등 지방관이 사법 업무를 관장하는 제도가 그대로 유지되었다.[48] 당시 진주감영에 경상남도재판소가 설치됨에 따라 사금동 산송은 함양군수를 거쳐 경상남도재판관을 겸임한 진주부관찰사가 심리해 왔던 것이다.

이때 각 군의 백성들이 군수의 판결에 불복하는 경우에는 지방재판소에 상소(上訴)하고, 지방재판소의 판결에 불복하는 경우에는 고등재판소에 상소하도록 하여 각 재판소 간의 위계를 분명히 했다.[49] 다만 고등재판소는 법부 건물 내에서 임시로 개정되었고, 사법관은 법부의 관원들로만 구성되었으므로 고등재판소는 곧 법부라고 보아도 무방했다.[50] 사금동 산송도 이 심급(審級) 제도를 준수한 덕분에 '함양군수(각 군)→진주부관찰사(지방재판소)→법부(고등재판소)'로 이어지는 과정을 확인할 수 있다.[51]

이러한 절차를 숙지하고 있었던 박시순은[52] 종인 박종원(朴鍾遠)과 박용

47 김병화, 『近代韓國裁判史』, 한국사법행정학회, 1974, 51, 59쪽.

48 김병화(1974), 위의 책, 55쪽; 도면회, 『한국 근대 형사재판제도사』, 푸른역사, 2014, 186~188쪽.

49 김병화(1974), 앞의 책, 65~66쪽.

50 도면회(2014), 앞의 책, 169, 181~183쪽.

51 이러한 근대적 재판제도 정립의 과도기적 특징은 실물로 남아 있는 고문서에서도 발견된다. 1895년 12월 김정완이 진주부에 올린 의송은 기존의 소지류 문서와 달리 '訴訟紙', '大朝鮮晉州府認可'가 인쇄된 인찰지(印札紙)에 작성했다.

52 박시순이 임실군수 재직 시절 각종 공문을 초록한 책인 『관지책(官旨冊)』을 통해 알 수 있다. 박시순은 법부 및 관찰사의 훈령(訓令)에 의거하여 소송하는 자는 먼저 군을 거친 후에 관찰부에 호소하고, 그 이후에 경부(京府), 즉 법부 산하 고등재판소에 상소하라는 내용으로 각 면의 훈장(訓長)에게 감결(甘結)을 발송했다. 朴始淳, 『郡甘』, 1896년 12월 9일.

근을 보내 법부 고등재판소에 정소하는 한편[53] 산송의 해결을 위해 별도의 조언을 받았다.

> [⋯] 알려주신 산송에 대해 제사를 받아서 드리니 즉시 도형(圖形)을 그려서 다시 보고하는 것이 어떻겠습니까. 이는 새로운 정식(定式)이기에 즉시 도모할 수 없으니 헤아려 주십시오. [⋯] 정유 3월 22일. 제 김종한 배배(拜拜).[54]

위 문서는 1897년 3월 22일에 김종한(金宗漢, 1844~1932)이 박시순에게 보낸 간찰이다. 김종한은 박시순의 일기에서 유하(游霞) 대감 등의 호칭으로 자주 등장한다. 그는 1890년(고종 27) 『승정원일기』의 개수를 위해 설치한 일기청에서 박시순과 함께 근무한 인연이 있었고,[55] 이 간찰을 보낸 1897년 3월 즈음에는 장례원 경의 직임에 있었다. 간찰 내용 중에 '알려주신 산송에 대해 제사를 받아서 드린다'라는 말은 함양박씨가에서 법부에 정소한 일을 가리키는 것으로 보인다. 김종한은 분쟁의 중심이었던 시조 박선의 산도를 그려서 다시 보고할 것을 제안했으며, '새로운 정식(定式)' 즉 법부의 설치에서 비롯된 사법 체계의 변화로 인해 곧바로 대처하지 못하는 데 대해 양해를 구했다.

박시순은 상서공 박선의 외손 계통인 광산김씨·안동김씨·여흥민씨·동래정씨가 당시 조정의 중요한 위치에 있으면서 명성을 날렸으며, 이들 모두 함양박씨의 산송에 대해 듣고 공분했다고 기록했다.[56] 그리고 법부에

53 朴始淳, 『雲紋日記』 2, 1897년 3월 15일.

54 『고문서집성 45』, 616쪽, 1897년 金宗漢 書簡. "[⋯] 敎山訟事, 受題以呈, 幸須卽爲圖形, 更報若何. 此是新定式, 故未能卽圖, 諒之焉. [⋯] 丁酉三月二十二日. 弟金宗漢拜拜."

55 『고문서집성 45』, 696~717쪽, 1890년 朴始淳 日記廳儀軌.

56 『함양박씨파보』 권1, 賜琴洞事實, 丁酉大宗會紀實碑.

호소하기 위해 상경하는 종인 박종원, 박용근 편에 궁내부 특진관 정범조(鄭範朝, 1833~1897), 의정부찬정 박정양(朴定陽, 1841~1905), 봉상사제조 김학수(金學洙, 1848~?) 등 중앙 조정의 유력 관원들에게 간찰을 보냈는데,[57] 이 중 정범조는 동래정씨, 김학수는 광산김씨였고 김종한은 안동김씨였다.

또한 박시순은 그동안 연기했던 대종회를 3월에 개최하기 위해 다시 통문을 보냈다. 통문에서 대종회 개최와 함께 중요하게 언급된 것은 위토의 확보였다. 사실 전국적으로 함양박씨 후손은 셀 수 없이 많았지만 선산 아래 전해 내려오는 위토는 6~7두락에 불과하여 제사나 공궤의 비용을 충당하지 못했다. 박시순은 이 때문에 이번 산송에서 인근의 다른 성씨 사람으로부터 모욕을 당한 것이라고 말하며, 여러 종중에서 균일하게 돈을 거두어 위토를 살 계획이라고 밝혔다.[58] 3월 그믐 함양 사금동 선산에서 열린 대종회에는 함양 외에도 안의·운봉·장수·영암 등지에서 온 약 90명의 종인이 참석했다.[59] 이때 박시순의 감독하에 선산 묘역 내에 범장(犯葬)한 자를 불러 7기의 투총을 파냈고 훔쳐 판 송추도 반납하도록 했다.[60]

마침내 관에서도 긍정적인 소식이 들려왔다. 서울 법부에서 산송의 판결을 위해 사관(査官)을 파견하라고 지시한 것이다.[61] 이에 따라 진주부에서 산청군수 서상빈(徐相斌, 1855~?)을 사관으로 파견했으며, 다음 날 함양에 사관이 도착할 예정이라는 이야기가 종인들을 통해 박시순에게 전해졌다.[62]

보통 일반적인 소송의 경우에는 원고나 피고가 거주하고 있는 고을의 수령이 사실을 조사하여 판결했다. 그러나 특별히 객관성을 요구하거나

57 『운불일기』 2, 1897년 2월 23일.

58 『운불일기』 2, 1897년 3월 4일; 『고문서집성 45』, 566~567쪽, 1895~1897년 朴始淳 通文.

59 『운불일기』 2, 1897년 3월 30일.

60 『운불일기』 2, 1897년 4월 1일.

61 『운불일기』 2, 1897년 3월 27일.

62 『운불일기』 2, 1897년 4월 1일.

수령이 상피(相避)해야 할 이유가 있는 소송이라면 별도의 사관을 임명하여 심리하도록 했다.[63] 원고 함양박씨가 및 피고 김정완과 한규찬의 거주지, 상서공 선산의 위치가 함양으로 동일했기 때문에 이 산송은 함양군수가 심리해 왔다. 산송이 시작된 1895년부터 법부의 지령(指令)이 내려진 1897년 3월까지 함양군수는 오성묵(吳成默)이었기 때문에 상피의 경우에는 해당하지 않았을 것이다. 그런데 법부에서는 사관을 파견하라고 지시했고, 이에 따라 진주부에서 산청군수를 함양으로 보냈다. 박시순이 중앙의 유력 관원들에게 산송의 일로 연락을 취한 이후 내려진 결정이라는 점이 주목할 만하다.

바로 다음 날인 4월 2일, 박시순은 함양에 도착한 산청군수와 함께 사금동 선산에 올라 도형양척(圖形量尺)을 마치고 비각에 가서 한규찬의 투총을 조사했다. 또한 산청군수에게 술상을 올리고 짧게 이야기를 하거나 아침 문안을 올리는 등 끊임없이 개인적인 접촉을 시도했다.[64] 함양박씨가에서 산청군수에게 올린 단자에서도 이전보다 적극적인 행보를 보이는 박시순의 모습을 발견할 수 있다. 박시순을 비롯한 함양박씨가에서는 사관으로 파견된 산청군수에게 4월 2일과 3일 등 총 2번 단자를 올렸다.

먼저 4월 2일 단자에서 박시순과 박원익·박양직(朴陽直)·박만직(朴萬直) 등은 다음과 같이 주장했다. 아전인 김정완이 경상도관찰사와 함양군수를 여럿 배출한 함양박씨의 선산에 투장한 일은 '종이 주인의 산을 범하다(奴犯主山)'[65]라는 형률(刑律)에 해당하고, 단안산이 나란한 것 같지만 투총의 좌향(坐向)이 서로 마주하고 있으니 천한 것이 도리어 귀한 것을 누르는 형상이라고 하여 양측의 신분 차이를 강조했다. 또한 김정완이 증조를 5대

63 전경목, 「산송을 통해서 본 조선후기 司法制度 운용 실태와 그 특징」, 『법사학연구』 18, 1997, 12쪽.

64 『운불일기』 2, 1897년 4월 2일.

65 『승정원일기』 정조 14년 2월 15일(병인); 『受敎定例』 六十五.

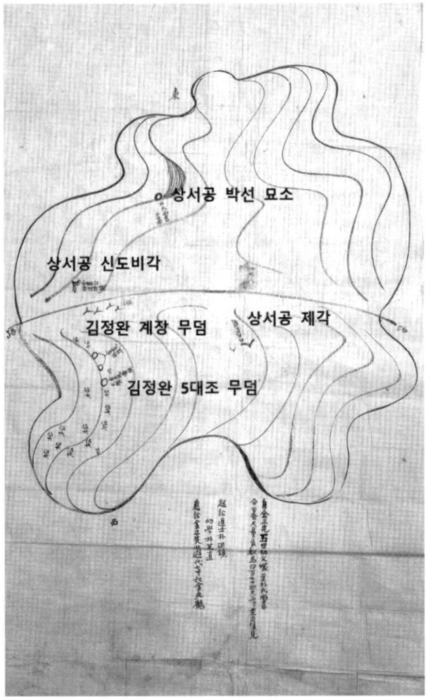

그림 4 1897년 4월 도형

조라고 칭하면서 마치 300년 전에 매장한 무덤인 것처럼 속였다고 주장했다.

한규찬의 투장에 대해서는 그가 즉시 파내겠다고 했으므로 법부에 정소할 때 언급하지 않았는데, 투총 1기는 파내 갔지만 나머지 4기는 여전히 남겨 놓은 상황이라고 말했다. 따라서 김정완의 투총은 조사하여 법에 따라 처리하고, 한규찬의 투총은 즉시 장교를 정해 독굴해 달라고 요청했다. 이에 산청군수는 김정완의 투총을 적간한 후에 사실에 근거하여 진주부에 보고할 것이며, 한규찬의 남은 투총 4기는 적간한 후에 바로잡겠다는 제사를 내렸다.[66]

66 『고문서집성 45』, 300~302쪽, 1897년 朴始淳 등 單子.

이때 산청군수가 함양에 온 목적이자 박시순과 함께 선산에 올라갔을 때 작성한 것으로 추정되는 고문서가 종가 전적에 남아 있다. 〈그림 4〉 도형에는 시조 상서공 박선의 묘소와 신도비각, 함양박씨의 제각과 함께 김정완이 5대조라고 주장한 무덤 1기와 계장(繼葬)한 2기, 그 근방에 형성된 송추 등이 그려졌다. 측정한 내용에 따르면 김정완의 5대조 무덤에서 박선 묘소까지의 보수(步數)는 474척 5촌이며 앉으나 서나 모두 보였다(坐立俱見). 함양박씨가 측의 인물로는 박홍진과 박만직의 이름을 확인할 수 있고, 그사이 김정완이 도피한 까닭에 그의 7촌숙 김광학(金光鶴)이 대신하여 이름을 기재했다.

4월 3일 박시순과 박원익·박양직·박만직 등은 전날에 이어 다시 한 번 산청군수에게 단자를 올렸다. 한규찬의 남은 투총을 처리하기 위해 수교(首校)를 보내 파내게 하거나 자신들에게 제사를 내려주어 파내 옮기게 할 것을 요청하는 내용이었다. 이에 산청군수는 한규찬이 낌새를 채고 숨어버렸으니 이치에 어긋남을 알 만하며, 즉시 독굴을 명하려 하니 물러가서 기다리라는 제사를 내렸다.[67] 그리고 한규찬에게 투총을 독굴하라는 내용의 전령(傳令)을 내렸다.[68]

이날 박시순은 박만직을 시켜 산청으로 갔다가 진주에 들러 산청군수와 진주부관찰사에게 간찰을 전하도록 했다. 그 자신도 임실로 돌아가는 길에 운봉 갈계에서 종인들과 화수회를 가지며 기쁨을 나누었고, 그동안 고생한 함양 이방 박문진(朴文鎭)[69]에게도 사례할 것이라고 다짐했다.[70]

사금동 산송의 전개 과정에서 활약한 함양박씨 종인들의 거주지는 전

67 『고문서집성 45』, 302쪽, 1897년 朴始淳 등 單子.

68 『함양박씨파보』 권1, 賜琴洞事實, 竣事本末錄.

69 박시순은 박문진에게 여러 차례 패자를 보내거나 고목을 받으며 사금동 산송에 대한 정보를 주고받았다. 박문진은 여러 차례 개명했기 때문에 『운불일기』에서는 박문진 외에도 박두진(朴斗鎭), 박문광(朴文廣)이라는 이름으로 등장하고 있다.

70 『운불일기』 2, 1897년 4월 3일, 4월 4일.

라도 임실·운봉·남원·능주·장수와 경상도 함양·안의·거창·진주 등으로 다양하게 나타난다.[71] 대표적인 인물을 살펴보면 운봉 갈계의 박원익은 도유사로서 박시순을 도와 가장 활발히 정소했다. 임실 구고의 박종헌(朴宗憲)은 1895~1896년 임실향교의 색장이었으며,[72] 임실 일도의 박만직은 임실군의 하리(下吏)이기도 했다.[73]

4월 5일 산청군수는 직접 적간한 상황에 대해 진주부관찰사에게 보고했는데, 그 내용은 다음과 같다. 먼저 상서공 묘소와 투총 간의 거리는 고사하고 사패지 안에서 행해진 범장(犯葬)은 이미 법을 어긴 것이라고 밝혔다. 김정완의 투총은 단안산에서 갑자기 상서공 묘소와 똑바로 마주하기 때문에 멀리 있는 것 같아도 가까웠다. 나머지 투총은 함양의 장교 한규찬의 소행으로 상서공의 묘소와 더욱 가까우니, 우선 전령을 내려 한규찬을 체포하고 독굴하도록 했다고 보고했다. 이에 진주부관찰사는 나머지 투총, 즉 한규찬의 투총은 도형에 기록되지 않아 모호하니 다시 도형을 보고하라고 명했다.[74]

한규총의 도형은 남아 있지 않지만 무덤 간 보수 등을 기재한 정보는 함양박씨 종가 전적에 남아 있는 고문서인 「한규찬총도형기(韓圭贊塚圖形記)」를 통해 알 수 있다.

「한규찬총도형기」에 기재된 투총은 한규찬의 고조모, 고조부, 부모의 무덤 등 총 3기이다. 이를 기준으로 상서공 박선의 묘소, 제각, 신도비각과의 보수와 앉아 있거나 서 있을 때 보이는지 여부를 기록했다. 산청군수가

71 함양박씨가에서 올린 실물 단자에 연명한 이름과 『운불일기』에 박시순이 기록한 거주지, 이름을 바탕으로 비교했다.

72 『任實青衿案』(국립중앙도서관, 古2513-311)에서는 '朴琮憲'으로 기재되기도 했다.

73 임실군의 민장치부책인 『공언청리(公言聽理)』와 『민소책(民訴冊)』에서 '박만직'이라는 이름은 하리로서 가장 많이 등장한다. 『운불일기』에서 종인 박만직은 함양군, 산청군, 진주부를 왕래하고 군수와 관찰사에게 문서를 전달하는 임무를 수행하기 때문에 동일 인물로 간주했다.

74 『함양박씨파보』 권1, 賜琴洞事實, 竣事本末錄.

표 4 「한규찬총도형기」

출발	도착	보수(步數)	비고
한규찬 고조모 무덤	상서공 묘소	307척 9촌	坐立俱見
	상서공 제각	67척 3촌	坐立俱見
한규찬 고조부 무덤	상서공 묘소	177척 5촌 5푼	坐立俱見
	[상서공] 신도비각	138척 7촌	坐立俱不見
한규찬 부모 무덤	상서공 묘소	200척	坐立俱不見
	상서공 신도비각	128척 7촌	坐立俱不見

진주부관찰사에게 보고한 내용도 이 도형기에 기재된 정보와 같다. 한규찬 투총에 대해 그의 고조부모 무덤은 박선의 묘소와 앉으나 서나 보이는 위치에 있으며 제각, 신도비각과는 매우 가까워 독굴해야 한다고 말했다. 또한 한규찬 부모의 무덤은 앉으나 서나 보이지는 않더라도 신도비각을 가장 압핍(壓逼)하고 있으니 이 역시 독굴해야 한다고 보고했다. 이에 진주부관찰사는 잠시라도 내버려둘 수 없으니 즉시 투총을 파서 옮기라고 명했다.[75]

그러나 실제로 독굴이 이행되기 전까지는 마음을 놓을 수 없었기에 함양박씨가는 다시 분주히 움직였다. 박시순은 함양군수 오성묵, 산청군수 서상빈, 진주부관찰사 이항의와 함양 수서기 박문진, 산청 형리 이은석(李殷奭)과 연락을 주고받았다.[76] 또한 5월 7일에는 박시순과 박만직이 진주부관찰사에게, 5월 11일에는 박만직이 산청군수에게 정소하여 다시 한 번 독굴을 재촉했다. 이에 산청군수는 한규찬의 투총 4기에 대해 훈칙(訓飭)을 받들어 독굴하겠다고 진주부에 보고했으며, 진주부에서는 이제까지의 조사 내용을 법부에 보고했다.[77]

「사금동사실」에는 함양박씨 일가가 동분서주하며 노력한 결과가 남아

75 『함양박씨파보』 권1, 賜琴洞事實, 竣事本末錄.

76 『운불일기』 2, 1897년 4월 12일, 4월 25일, 5월 7일.

77 『함양박씨파보』 권1, 賜琴洞事實, 竣事本末錄.

있으니 바로 진주부와 함양군에서 각각 발급한 입안·완문이다. 그 내용 중에서 산청군수가 보고한 이후의 상황 부분을 살펴보겠다.

> 경상남도재판관 입안·완문.【당시 관찰사 이항의】
> […] 지금 보고한 내용을 보니 아전 김정완과 장교 한규찬의 여러 투총은 이미 다 파냈다고 하는데, 그렇다고 자손의 원통함이 풀리겠는가. 투총을 파냈어도 죄는 아직 남아 있다. 다만 해당 군에 신칙하여 범장한 여러 놈은 경중에 따라 엄히 처벌해야 할 것이다. 앞으로는 한결같이 사관이 보고한 도형에 따라 사산을 둘러싸서 경계를 삼고 영구히 수호하게 하라.[78]

입안·완문을 내린 경상남도재판관은 곧 이를 겸직한 진주부관찰사 이항의를 가리킨다. 김정완과 한규찬의 투총을 파냈지만 함양박씨가 자손들의 원통함이 풀리지 않으니 이들을 엄히 처벌하고, 사관인 산청군수가 보고한 도형에 의거하여 상서공 사산의 경계를 삼아 영구히 수호하라는 내용이다. 이어서 함양군에서 발급한 입안·완문에는 보다 자세한 후일담이 담겨 있다.

> 함양군 입안·완문.
> […] 아전 김정완의 투총 2기는 죄를 스스로 알아서 그가 이미 파내 옮긴 후에 소송에 응한 문서축을 박씨댁에 바쳤고, 장교 한규찬의 투총은 본부의 지령을 받들어 관에서 이미 파내 옮겼으니 비록 어리석은 무리라고

78 『함양박씨파보』 권1, 賜琴洞事實, 慶尙南道裁判官立案完文. "慶尙南道裁判官立案·完文.【時觀察使李恒儀】 […] 今見狀辭, 則金吏正完與韓校圭贊之, 諸塚旣爲盡掘云者, 庶可爲子孫之雪寃歟. 塚雖掘矣, 罪尙餘矣. 第當令飭於該郡, 犯者之諸漢, 從輕重嚴勘是在如乎, 從玆以後, 則一依查官報來之圖形, 環四山而爲限, 永使守護事."

> 하더라도 반드시 모를 리가 없을 것이다. 대저 어느 산의 사패지인지를 막론하고 조정에서 중히 여기는 곳이니 법으로 마땅히 금해야 한다. 앞으로 무엄한 무리가 만약 법을 어겨 투장하거나 혹은 사사로이 몰래 파는 경우, 이 중에 하나라도 있다면 투총의 주인이 누구인지 묻지 않고 바로 관에서 파내는 것은 말할 것도 없으며, 범장한 자는 법에 따라 처리하는 것을 면하기 어려울 것이다. 사금동 사산 국내의 도형은 사관이 모본(模本)하여 경부(京部)에 보고한 것을 다시 마지막 장에 그렸으니 이 도형에 따라 영구히 수호하라.[79]

위 문서에 따르면 김정완의 투총 2기는 그가 스스로 파내 옮겼고 소송을 진행하는 동안 작성한 문서축을 모두 함양박씨가에 바쳤으며, 한규찬의 투총은 함양군에서 파내 옮겼다. 김정완 등이 올린 소지가 함양박씨 종가 전적에 남아 있는 이유를 여기에서 알 수 있다. 또한 사금동 선산이 함양박씨 사패지라는 점을 강조하면서 이곳에 투장하거나 송추를 몰래 파는 자는 바로 관에서 파내고 처벌할 것이라며 엄포를 놓았다. 그리고 경상남도재판관의 입안·완문에서와 마찬가지로 사관이 그린 도형에 따라 영구히 수호하라고 당부했다.

임실군수 박시순의 임기는 의원면직(依願免職)되고[80] 신임 군수에게 전할 인신(印信)을 내어놓으면서[81] 1897년 5월 25일 공식적으로 마무리되었다. 공교롭게 부임과 거의 동시에 시작한 산송도 이때 끝났다. 어쩌면 박

79 『함양박씨파보』 권1, 賜琴洞事實, 咸陽郡立案完文. "咸陽郡立案·完文. […] 而至若金吏正完之二塚段, 自知其罪, 渠旣掘移後, 所謂應訟之文軸, 齎納朴氏宅是遣, 韓校圭贊之塚段, 祗承本府之指令, 自官旣已掘移, 則雖愚夫愚婦, 必無不知之理. 大抵毋論某山賜牌之地, 則朝家攸重之地, 而法所當禁者也. 自玆以還, 無嚴輩若或冒犯偷埋是去乃, 又或私目暗賣者, 有一於此, 則不問塚主之誰某, 當刻官掘, 已無可言, 而犯者之依律勘處, 在所難免是如乎, 同賜琴洞四山局內圖形, 模本於查官, 京部之所報件, 更圖於末張, 依此圖永爲守護事."

80 『승정원일기』 건양 2년 4월 25일(갑신).

81 『운불일기』 2, 1897년 5월 25일.

시순은 군수직에서 내려올 시기를 염두에 두고 산송을 확실히 매듭짓기 위해 박차를 가했을지도 모른다.

박시순이 서울로 돌아가고 1898년 11월 경유사(京有司)로서 각 문중에 보낸 통문을 보면 그 결과를 알 수 있다. 함양 사금동 선산에서는 총 24기의 투총이 파내졌고 5개의 산록을 추심했으며, 이해 봄에 봉분을 정리하고 비석을 새로 세우는 등 전체 경관을 재정비했다. 1909년에 간행한 『함양박씨파보』 권1에 수록된 박선의 산도에는 "1897년 산송 이후로 사산 국내에 한 기의 투총도 없었다.(自丁酉大宗會山訟後, 四山局內, 無一杯他塚.)"고 기록했다. 이번 산송의 대상은 아니었지만 9세 박원겸(朴元謙)의 묘소 등이 위치한 안의 노천동(蘆川洞) 선산의 투총 일부도 독촉하여 파내게 했으며 봉분을 정리하고 비석을 새로 세웠다.[82]

또한 「사금동사실」 마지막의 「위토전답자호복수사표록(位土田畓字號卜數四標錄)」에 따르면 기존 사금동 인근의 답(畓) 17두락, 전(田) 1두락에 더해 1897년 이후 답 13두락, 전 2두락을 매득했다. 이를 통해 박시순이 1897년 3월 그믐 대종회를 열기 위해 보냈던 통문에서 밝혔던 대로 선산을 안전하게 수호하기 위한 기반을 마련했음을 알 수 있다.

사금동 선산은 관향인 함양에 유일하게 남아 있는 묘소이자 그 주인공이 시조 박선이라는 점에서 함양박씨 종인들을 결집시키기에 충분했다. 1895년 임실군수로 부임한 박시순은 함양 인근 전라도, 경상도 일대 지역의 종인들과 협력하여 사금동 산송을 진행했다. 종인들은 단자를 올려 정소에 참여하는 것 외에 상황을 공유하기 위해 함양, 임실, 진주, 서울 등을 오가는 수고로운 역할도 수행했다. 이들의 노력에 힘입어 마침내 사금동은 함양박씨의 선산으로서 영구히 수호하라는 판결을 받게 되었다.

82 『고문서집성 45』, 570~573쪽, 1898년 朴始淳 通文.

5. 맺음말

고려조 인물인 상서공 박선을 시조로 하는 함양박씨는 조선 전기 서울에서 관직 생활을 하며 당대 남인 명가들과 통혼하는 명문 사족으로 자리 잡았다. 이는 함양박씨의 묘역이 초기 경상도 함양과 안의에서 경기 지역으로 변동된 이유이기도 하다. 때문에 함양박씨는 함양의 토성이었음에도 재지사족으로서 영향력을 발휘하지 못했으며, 박선의 묘소가 위치한 사금동 또한 함양 내 유일한 선산이자 사패지라는 상징성에도 불구하고 투총으로 뒤덮이게 되었다.

1895년 7월 임실군수로 부임한 박시순은 얼마 지나지 않아 인근 지역의 종족들과 화수회를 열어 종의(宗誼)를 돈독히 하는 자리를 마련했다. 이해 10월에는 시향에 참여하기 위해 함양에 위치한 사금동 선산을 방문했다. 그런데 900여 년 동안 전해 온 사패지이자 함양 8대 명당 중 하나라는 말을 듣던 선산에는 투총이 즐비했고 송추의 금양도 지켜지지 않은 지 오래였다. 박시순은 사금동 선산의 단안산을 함양 아전 김정완이 점유하고 있다는 말을 듣고 바로 그를 호출하여 꾸짖은 뒤 환납하겠다는 다짐을 받아냈다. 종인들에게는 통문을 보내 산송을 의논하기 위한 대종회를 사금동에서 열 것을 제안했다.

그런데 김정완은 함양군수에게 소지를 올려 박시순의 협박으로 인해 환납하겠다고 다짐한 것이며 300년 전에 매장한 조상의 무덤을 금장하니 억울하다고 호소했다. 함양박씨가에서는 김정완의 의견을 반박하여 함양군과 진주부에 정소했지만 별다른 소득이 없었고, 그사이 을미사변의 여파로 1896년 한 해 동안 산송이 진행되지 않았다. 1897년에 다시 투장자의 처벌을 요청했지만 함양군수와 진주부관찰사의 판결에 변함이 없자,

박시순을 비롯한 함양박씨가는 보다 적극적으로 나서기 시작했다. 박시순은 연기되었던 대종회를 함양 사금동에서 개최하여 의견을 모았으며, 서울 법부에 정소하고 중앙의 고위 관원들에게도 연락을 취했다. 상서공 박선의 외손 계통이자 당시 조정의 유력 관원이었던 광산김씨·안동김씨·여흥민씨·동래정씨는 공분했고, 그 결과 법부의 지령에 의해 산청군수가 사관으로 파견되었다.

박시순은 산청군수와 함께 사금동 선산으로 가서 도형을 그렸으며, 자신의 직위와 이름을 선두에 기재한 단자를 연이어 올려 투장자의 처벌과 독굴을 강력히 요청했다. 특히 아전인 김정완이 경상도관찰사 등을 배출한 함양박씨 선산에 투장한 일을 두고 종이 주인의 산을 범했다고 하여 양측의 신분 차이를 강조했다. 결국 김정완은 자신의 죄를 인정하여 투총을 파냈고, 다른 투장자인 장교 한규찬의 투총은 관에서 파냈다. 산청군수와 진주부관찰사는 사패지로서 사금동 선산의 중요성을 인정하며 다시는 투장과 송추 도난이 일어나지 않도록 영구히 수호하라는 내용의 입안·완문을 발급해 주었다. 이렇게 사금동 산송은 1897년 5월 임실군수 박시순의 임기와 거의 동시에 마무리되었다.

산송이 진행된 약 2년간 박시순은 서울·경기 지역에서 활동한 선대의 관력과 혼맥을 이용하여 중앙의 협조를 요청하고, 현직 임실군수의 위치에서도 적극적으로 산송에 임했다. 전라도, 경상도의 함양박씨 종인들은 직접 정소에 참여하거나 함양과 타 지역을 오가며 정보를 공유하는 등 적재적소에서 활약하며 도왔다. 함양 사금동 산송은 시조 선산으로 결집된 종족의 모습과 함께 19세기 말까지도 산송이 양반사회에서 큰 부분을 차지했음을 보여준다는 점에서 유의미한 사례라고 할 수 있다.

참고문헌

부여 은산 함양박씨 구당 박세영 종가 전적, 한국학중앙연구원 장서각 소장.

김경숙, 「조선후기 山訟과 사회갈등 연구」, 서울대학교 박사학위논문, 2002.
김경숙, 「조선후기 전의이씨가의 山訟과 墳山守護」, 『역사학연구』 39, 2010.
김경숙, 「19세기 향촌 사대부가의 山訟 실태와 滯訟: 潭陽 善山柳氏家 소장 고문서를 중심으로」, 『역사학연구』 66, 2017.
김경숙, 「조선후기 산송(山訟)과 여성의 행위성」, 『역사와 현실』 127, 2023.
김나라, 「1880년 내시(內侍) 우계범(禹啓範)이 관여한 충주 산송의 특수 사례 고찰」, 『고문서연구』 64, 2024.
김병화, 『近代韓國裁判史』, 한국사법행정학회, 1974.
김봉곤, 「18세기 흥덕의 平海黃氏家의 산송의 전개과정: 『頤齋亂藁』를 중심으로」, 『조선시대사학보』 96, 2021.
김선경, 「朝鮮後期 山訟과 山林 所有權의 실태」, 『동방학지』 77·78·79 합집, 1993.
도면회, 『한국 근대 형사재판제도사』, 푸른역사, 2014.
박소희, 「남계서원의 내력과 인적 네트워크: 남계서원 소장 『裒寶錄』을 중심으로」, 『대동한문학』 75, 2023.
송만오 외 역, 『구한말 郡守 朴始淳 日記』, 임실문화원, 2017.
심재우, 「檢案을 통해 본 한말 山訟의 일단」, 『고문서연구』 50, 2017.
원창애, 「『고대일록』을 통해본 함양 사족층의 동향」, 『남명학연구』 33, 2012.
윤혜민, 「함양(咸陽) 남계서원(藍溪書院)의 장서(藏書) 운영」, 『한국서원학보』 17, 2023.
전경목, 「朝鮮後期 山訟 硏究: 18·19세기 고문서를 중심으로」, 전북대학교 박사학위논문, 1996.
전경목, 「산송을 통해서 본 조선후기 司法制度 운용 실태와 그 특징」, 『법사학연구』 18, 1997.
전경목, 「조선후기 山訟의 한 事例(Ⅰ): 전라도 영광군 立石里 世居 '독배기신씨' 松訟을 중심으로」, 『고문서연구』 14, 1998.

조미은, 「조선 후기 영광 동래정씨의 분산수호와 갈등: 영광 동래정씨 산송 사례를 중심으로」, 『호남학』 66, 2019.
한국정신문화연구원 편, 『고문서집성 45: 부여 은산 함양박씨편』, 한국정신문화연구원, 2000.

〈규장각 원문검색서비스〉(kyudb.snu.ac.kr).
〈승정원일기〉(sjw.history.go.kr).
〈조선왕조실록〉(sillok.history.go.kr).
〈한국고문서자료관〉(archive.aks.ac.kr).
〈한국고문헌종합목록〉(www.nl.go.kr/korcis).
〈한국근대사료DB〉(db.history.go.kr/modern).
〈한국학자료센터〉(kostma.aks.ac.kr).

2부

함양박씨가의 진적(眞籍) 연구

부여 은산 함양박씨가 소장 최한기 저술

『통경』과 『농정회요』의 학술적 가치

이창일

1. 머리말

이 글은 부여 은산 함양박씨 구당(九堂) 박세영(朴世榮, 1508~1552) 종가에서 소장한 전적 가운데 혜강(惠崗) 최한기(崔漢綺, 1803~1877) 저술의 가치를 살펴본 것이다. 최한기는 조선 후기를 살다 간 독창적인 철학자로, 동서의 사상을 하나로 통합하고자 하는 원대한 포부를 지녔던 보기 드문 인물이었다. 함양박씨가의 전적들 속에는 최한기의 저술이 세 가지 포함되어 있는데, 『통경(通經)』, 『농정회요(農政會要)』, 『지구전요(地球典要)』가 그것이다. 『지구전요』는 세계 지리를 소개한 저술이며, 이미 그 존재에 대해서 잘 알려져 있었다. 그러나 『통경』은 책 이름도 희미하게 전해지고 있다가 전적을 조사하고 수집하는 과정에서 처음 발견된 것이고, 『농정회요』는 유일본이 일본 대학에 있다고 알려졌는데, 이보다 더욱 완전한 형태로 발견된 것이다. 그래서 이 두 저술은 오직 한국학중앙연구원 장서각에서만 볼 수 있는 유일본으로 밝혀졌다.

『통경』은 지은이나 지은 시기가 불명인 채로 있었으며 전체가 53권 20책 분량의 필사본으로 되어 있다. 『통경』의 「서문」 내용이 기존 『증보명남루총서(明南樓叢書)』에 수록된 「통경서(通經序)」와 일치하는 것을 근거로 『통경』의 저자가 조선 후기의 사상가 최한기라는 것을 알 수 있다.

『농정회요』는 농업 관련 저술로서, 그동안은 일본 교토대학 가와이문고(河合文庫)에 소장된 것이 유일본이라고 알려져 있었다. 교토대본은 전체 10책 가운데 제1책이 결본으로 9책만 있었을 뿐, 실제 저자 및 저술의 동기나 구상 등에 대해서 직접적으로 알 수 있는 길이 없었다. 「서문」이나 「범례」 같은 글이 담긴 제1책이 유실되었기 때문이다. 그런데 함양박씨 종가에서 기탁한 『농정회요』는 제1책이 있을 뿐만 아니라, 그동안에는 그 존재조차 몰랐던 제11책을 포함하여 그 전모가 고스란히 보존되어 있었다.

이어지는 글의 순서로 먼저 이 귀한 책들이 함양박씨 종가에 소장된 과정을 살펴보겠다. 이것은 흥미로운 주제가 될 것임에 틀림없지만 실제로는 소장 과정을 알 수 있는 자료가 전무하기 때문에 실현되기 어려운 문제이다. 다만 현재까지 수집한 내용을 바탕으로 추정해 보는 것이 최선이라고 생각할 수 있다.

두 번째로 『통경』이라는 책이 어떤 형식과 내용으로 되어 있는지를 탐색할 것이다. 실로 『통경』은 유교의 사상을 총집결해 놓은 '13경(十三經)'을 전체적으로 다루고 있는 우리나라 역사에서 거의 유일한 책이라는 점에서 한국사상사에 흥미로운 연구 주제를 던져 주고 있다.

『통경』은 기존에는 흔히 볼 수 없는 파격적인 형식을 보여주고 있다. 이러한 특징은 13경을 오직 수양서(修養書)의 관점으로만 보는 것이 아니라 현실 세계의 적용에 중점을 두고 그 핵심 내용을 효과적으로 습득하려는 목적에서 생겨난 것이다. 유교사상에 대한 다양한 해석이 제시되고 있는 현대의 상황에서 『통경』의 이러한 파격적 특징이 어떤 식으로 활용될 수 있을지 타진해 본다.

세 번째로 『농정회요』의 구성과 내용을 살필 것이다. 당시 조선은 경제력을 높이기 위해 선진 농업 기술과 자국의 농업 경험이 담긴 농서(農書)를 제작하려는 계획을 가지고 있었다. 하지만 이 계획은 실행되지 못하고 수포로 돌아갔다. 다만 민간의 지식인들이 그 같은 계획을 시대정신의 요청으로 자각해서, 각자 자신의 역량을 발휘하여 농서 저술을 진행했을 뿐이다. 최한기도 이런 시대적 요청에 따라서 농업 관련 삼부작을 성취했다. 이 가운데 『농정회요』는 당시 선진국인 중국의 농업 경험을 총망라한 『수시통고』를 골간으로 하고 조선의 농업 경험을 접목하여 농정(農政)의 종합적 체계를 제시하려는 의도에서 만들어진 책이다.

이런 점들에 중점을 두고 이 두 저술이 지닌 가치를 살펴보기로 하자.

2. 구당공파 문중사(門中史)와 최한기의 저술

함양박씨 구당공파는 박세영을 파조(派祖)로 하는 가계이다.[1] 본래 서울에 정착해서 살다가 박태갑(朴台甲, 1704~1766)이 경기도 이천으로 이주하여 박규순(朴奎淳, 1825~1867) 대까지 근 120년간 거주하였다. 그러나 이천으로 근거지를 옮긴 후에는 관직에 오른 이가 없어 정치·사회적으로 큰 영향력을 발휘하지는 못했다.

1 함양박씨에 대해서는 다음을 참고. 안승준·김학수, 「고문서집성해제」, 『고문서집성 45: 부여 은산 함양박씨편』, 〈한국고문서자료관〉(archive.aks.ac.kr/heje/heje.do?booknum=45#remarkword_7).

박규순 대에 이르러 후사가 없어 입양을 하게 되고, 이를 계기로 근거지가 이천에서 부여로 바뀌는 문중사가 전개된다. 바로 이 시기가 『통경』의 유입 시기라고 조심스럽게 추정해 본다. 『통경』은 1830년 즈음 처음 생겨난 것으로 보이고 성책(成冊, 필사본)은 그 이후가 될 것이기 때문에 이를 기점으로 박씨가의 문중사와 연결시켜 볼 수 있다. 그러나 『통경』과 같은 거질(巨帙)의 유학서는 재력의 여부를 떠나서, 사대부가 아니고서는 소장할 수 있는 안목을 갖추기 어렵다는 점을 고려했을 때 문중사에서 사대부가 등장하는 시기를 살펴봐야 할 것이다.

박규순은 후사를 잇기 위해 계통상으로는 8촌, 혈통상으로는 6촌 형제 사이인 박시순의 큰아들 박동익(朴東翼, 1868~1931)을 양자로 들였다. 이때 주목되는 인물이 박동익의 생부인 박시순(朴始淳, 1848~1907)이다. 박시순과 아들 박동익은 박세영의 장자 박대립(朴大立, 1512~1584)의 후손이 아닌 차자 박사립(朴思立)의 후손으로 종손 계열이 아니지만, 박규순과 관련해서는 혈통상으로 모두 박사립의 후손이기 때문에 박동익은 박규순의 양자로 입후될 수 있었다.

박시순은 자(字)가 윤원(允元), 호는 국인(菊人)이며, 1879년(고종 16) 문과에 급제하여 서학교수(西學敎授), 우통례(右通禮), 우승지(右承旨), 면천군수(沔川郡守), 임실군수(任實郡守), 장연군수(長淵郡守) 등을 역임한 인물이다. 애석하게도 현전하는 자료에 박시순의 생애 초기에 대한 기록은 거의 없다. 다만 이 글에서 주목하는 유일한 단서는 그가 황해도 평산(平山)에서 태어나고 자랐으며, 관직을 거친 후 말년에 다시 평산으로 귀향했다가 양자로 보낸 박동익과 합류하여 부여 가곡리에서 마지막 생을 보냈다는 것이다.

종손인 박동익이 이천에서 부여로 거주지를 옮기게 되자 종가 소장의 전적은 박시순이 소장한 전적과 합쳐지게 된다. 그런데 실제 함양박씨가에 소장된 전적의 상당수는 박시순과 큰 관련을 맺고 있다. 아마도 박시순이 소장한 전적에 『통경』이 있었을 것으로 추정된다.

이거 후에 합쳐진 전적과 문서는 박동익이 관리하게 되었고, 이어 아들 박만희(朴萬熙, 1894~1938), 손자 박용진(朴用璡, 1920~미상)을 거쳐 증손 박병호(朴柄鎬, 1952~)에게 전해져서, 1996년(고문서 위주)과 1998년(고전적 및 남은 자료 전체) 두 시기에 걸쳐 한국학중앙연구원 장서각에 기탁되었다.

최한기와 박시순은 모두 황해도 출신으로, 최한기는 개성(開城)에서 박시순은 평산(平山)에서 태어났다. 1803년에 태어난 최한기가 박시순보다 46살이 많다. 『통경』은 1830년 무렵에 쓰여진 것이고 『농정회요』는 1837년에 성책(필사본)된 것을 고려하면 박시순이 태어난 1848년 즈음에는 존재하고 있었을 것으로 추정된다.

최한기는 삭녕최씨로 개성에서 태어났으나 1823년 양부 최광현(崔光鉉, 1760~1837)을 따라 서울로 가서 살았다. 서울에서 거처하였지만, 황해도는 친부모가 살아 계신 곳이고, 양부 또한 무관을 지내면서도 황해도의 유자들과 교류하며 이곳에 근거를 두고 활동하였다. 후일 외조부 한경리(韓敬履, 1766~1827)의 문집을 간행하기 위해 이 황해도의 유자들에게 도움을 받았으며, 무엇보다 경제적 기반이 황해도에 있었다.

당시 황해도는 개성을 중심으로 상당한 수준의 유학이 전개되고 있었다. 이 가운데 조유선(趙有善, 1731~1809)과 김헌기(金憲基, 1774~1842)로 이어지는 기호학파 호론(湖論) 계열의 유학사상이 괄목할 수준에 이르고 있었다.[2] 일부 연구자들은 김헌기와 최한기의 사제 관계를 논의하기도 한다.

박시순은 1879년 32세의 나이에 문과에 급제한다. 최한기는 이미 1877년에 세상을 떠나고 없었다. 박시순의 생애 초기 기록이 부재하기 때문에 그가 과거 준비를 위한 학업을 어디에서 누구에게 가르침 받았는지에 대한 사실은 정확히 알 수 없으나, 박시순은 김헌기와 무관하지 않은 황해도 개성과 평산에 근거를 둔 학맥에서 학업을 진행했을 것이다. 당시

2 노관범, 「조선후기 開城의 儒學 전통」, 『한국문화』 66, 2014 참고.

학맥에 최한기의 집안도 연관되어 있었을 것으로 보이기 때문에, 황해도 유자들이 남긴 문헌에 관련 단서가 남아 있을 수도 있다. 그러나 연구 초기 단계인 현재까지 그런 단서는 발견되지 않고 있다.

또한 박시순은 1879년에서 1905년까지 약 26년간에 걸쳐 일기(日記)를 작성하였는데,[3] 현재까지는 최한기 집안 혹은 삭녕최씨와 관련된 기사가 발견되지 않았다. 통혼 분야 또한 마찬가지이다.[4] 그러나 이 또한 연구의 초기 단계이므로 단서 발견의 가능성까지 부정할 수는 없다.

마지막으로 박시순이 최한기의 저술(『통경』, 『농정회요』, 『지구전요』 등)을 입수할 수 있는 가능성은 그의 관직 생활에서 찾을 수 있다. 황해도에 학맥을 둔 박시순은 서울에서 관직 생활을 했고 동향(同鄕)과 연계되어 있었으므로 이러한 인맥에서 최한기의 저술을 입수했을 수도 있다. 또한 박시순은 말년에 장연군수(1904년 2월~1905년 을사조약 이후 사임)를 역임했는데, 장연은 황해도 서쪽 장산곶이 포함된 지역이다.

지금까지의 추정을 정리하면, 함양박씨 종가에서 최한기의 저술을 입수한 것은 시기적·지역적 측면에서 박시순이라는 인물이 소장한 전적이 후일 종가가 경기 이천에서 충남 부여로 이주하는 시기에 합쳐진 데서 찾아볼 수 있다는 것이다. 이러한 추정을 뒷받침할 수 있는 물적 증거는 동시대 박시순과 연관된 기록의 광범위한 조사를 통해서 단서를 찾을 수 있을 것이다.

3 『면불일기(沔紱日記)』, 『북정일기(北征日記)』, 『서불일기(西紱日記)』, 『정원일기(政院日記)』 등. 〈한국고문서자료관〉, 일기자료, 부여 은산 함양박씨 구당 박세영 종가(archive.aks.ac.kr/dy/item.do#node.do?itemId=dy&gubun=holder&depth=2&upPath=&dataId=014425).

4 전진명, 「대한제국기 임실군수 박시순의 관직일기와 고문서에 대한 고찰」, 『고문서연구』 64, 2024 참고.

3. 『통경』의 구성과 내용

1) 『통경』의 형식과 내용의 특징

(1) 저술 시기와 책 제목의 의미

『통경』은 서문인 「통경서(通經序)」에도 작자와 저술 시기를 알 수 있는 서지가 부재한다. 그러나 세 가지 단서를 골자로 해서 저술 시기를 대략 최한기 30세 이전인 1830년 무렵으로 추정해 본다.

① 최한기의 장남 최병대(崔炳大)는 아버지의 저술 시기가 벼슬을 단념한 뒤라고 기록하고 있다.

> 15세가 넘어서자 책 보기를 좋아해서 기서(奇書)를 얻을 때면 기뻐서 잠을 자지 않을 정도셨다. 을유년(1825, 23세) 식년시에서 성균관에 올랐으나 시험공부를 그만두시고, […] 방향을 전환해서 경전을 연구하여 […] 저술을 하시면서, […] 수백 권이 넘는 많은 저술을 하셨다. […] 성훈(聖訓)에서 경상(經常, 변치 않는 진리)을 연구하여 『통경』을 지으셨다.[5]

이 기록은 최한기가 벼슬길에 나서지 않고 유가의 도를 연구하면서 경전 관련 저술을 시작했음을 보여준다.

② 오주(五洲) 이규경(李圭景, 1788~1856)은 1853년(계축년) 가을에 최한기에 대한 기록을 남기고 있다. 이해는 1788년(무신년)에 태어난 이규경이

5 『增補 明南樓叢書』 제5책 「礪峴山所墓誌銘」. “自成童好看書, 每得奇書, 喜而不寐, 逮乙酉式, 升之上庠, 因廢功令, […] 返轅, 窮經明理, […] 立言著書, […] 多至數百卷 […] 講經常於聖訓, 而纂通經.”

66세가 되고, 1803년(계해년)에 태어난 최한기는 51세가 되는 때이다.

> 최한기의 자는 운노(芸老)이고 본관은 삭녕(朔寧)이다. 진사로서 재주가 뛰어나 일찍이 『통경』, 『통사(通史)』, 예서(禮書)와 율수(律數, 음악이론) 및 역상(歷象) 등에 대한 글을 지었고, 여러 자료와 기록들을 모으고 고찰하며 기억력이 뛰어나고 박학다식하였으니, 평범한 선비와는 비교할 수 없는 사람이다.[6]

이규경의 기록은 연대 자체가 불명(不明)이지만, 위의 글은 『통경』이 적어도 51세 이전에 지은 것이며, 이미 세상에 알려져 있던 저술이라는 점을 알려준다.

③ 최한기는 『통경』을 저술한 동기를 밝히며 저술의 시점을 시사하고 있다.

> 나는 경전에 뜻을 둔 지 십여 년 동안 경전의 다양한 의미의 변천과 추이를 연구했다.[7]

23세에 생원시에 합격했으므로, "십여 년"을 15세부터 세어 보면 저술의 시점을 대략 25~27세(1830년 무렵)로 추정할 수 있다. 벼슬길을 단념한 지 3년 정도 지난 시기로, 『통경』을 저술한 시기가 이 무렵이라고 추정할 수 있다. 그리고 저술 기록이 분명한 주저 『기측체의(氣測體義)』(1836), 『농정회요』(1837)를 저술한 34세가 되기 몇 년 전으로 대략 30세를 넘지 않았

6 『五洲衍文長箋散稿』「경사편4」〈경사잡류2〉, '사소절을 편을 나누어 간행한 데 대한 변증설(士小節分編刻本辨證說)'. "崔漢綺, 字芝老, 朔寧人. 司馬, 才藝出類, 嘗著通經通史, 禮書及律數曆象等書, 滙集彙考, 强記博學, 非俗士可比也."

7 「通經序」. "余志于經傳十有餘載, 究其趣味之轉移."

을 것이다. 『기측체의』와 『농정회요』의 집필에 소요되는 시간이 필요하고, 방대한 분량의 저술을 동시에 하지는 않았을 것이라 추정되기 때문이다.

'통경(通經)'이라는 제목의 의미는 '경을 회통(會通)함'이라는 뜻이다. 구체적으로 경(經)은 유교 문명의 총체적 근간이 확립되어 있는 13개의 경 즉 '13경'을 가리키며, 통(通)은 13경을 각각 개별적으로 취급하여 이해하는 것이 아니라 통합적으로 취급해서 이해한다는 뜻이다. 그래서 통경은 '13경을 통합적으로 이해하는 책'이라고 할 수 있다.

13경은 『주역(周易)』, 『상서(尙書)』, 『모시(毛詩)』, 『의례(儀禮)』, 『예기(禮記)』, 『주례(周禮)』, 『춘추좌씨전(春秋左氏傳)』, 『춘추공양전(春秋公羊傳)』, 『춘추곡량전(春秋穀梁傳)』, 『논어(論語)』, 『효경(孝經)』, 『맹자(孟子)』, 『이아(爾雅)』 등을 가리키며, 처음에는 6경에서 시작되어 한당(漢唐)을 거쳐 7경과 9경, 12경으로 확충되다가 남송(南宋)에서 『맹자』가 수용되면서 비로소 완비되었다. 이후 명대에 『십삼경주소(十三經注疏)』가 성립되고, 청대에 기존의 것을 정비하여 새로운 『십삼경주소』를 편찬해서 지금까지 내려오고 있다.

최한기는 13경 가운데 『춘추』의 3전을 하나로 보아서, 실제 11경을 말하고 있다.(『통경』 「범례(凡例)」) 13경이나 11경은 경의 숫자에 따른 것이라서 보통 총경(總經)이라 부른다.

총경의 각각은 성립 시기와 그 내용이 다르기 때문에 이것을 하나로 통합해서 이해하는 것은 애초 어려움이 있다. 그러나 최한기는 총경 전체를 회통시켜서 이해하려는 생각을 가지고 있었다. 바로 여기에서 『통경』의 독특한 성격을 발견할 수 있지만, 동시에 과연 이런 일이 가능한가 하는 의문이 생긴다. 13경이 생겨난 이래 이처럼 유교 경전 전체를 일이관지(一以貫之)하여 이해하고자 한 인물은 아마도 조선의 최한기가 처음일 것이다.

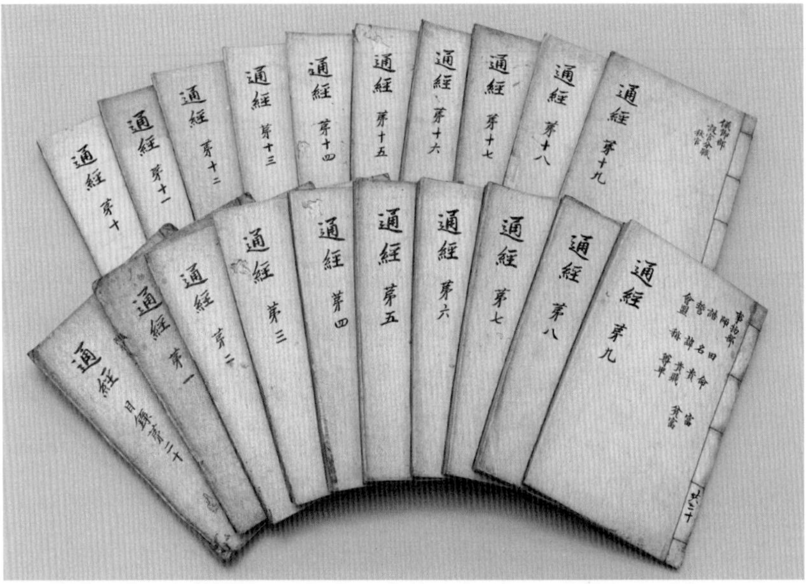

그림 1 장서각본 『통경』(전 20책)

(2) 『통경』의 성립 이유: 13경에 내재한 모순을 제거

최한기는 왜 13경을 '통째로' 이해하려고 했을까? 최한기는 지금의 13경(총경)은 세 가지 이유 때문에 회통하기 어렵다고 보았다.

> 경은 본래 순수하고 단일하지만 후학들이 회통하기가 어려운 경우가 세 가지 있다. 첫 번째는 '(경전의) 언설은 놓여 있는 맥락에 따라 달라지니' 한 가지 설이 여기저기 흩어져 복잡다단해진 것이다. 두 번째는 성인들이 힘을 다해 사물의 실정을 소통시킬 때 사물에 대해서 자세히 논의만 폈을 뿐이며, 하나하나 확실하게 정리하지는 못했다. 세 번째는 경(經)에는 주(注)가 있고, 주에는 소(疏)가 있어서 '주소를 실은 책이 너무 방대하여' 마침내 이를 읽는 자들이 그 마음을 경에 빼앗기고 경은 주에 빼앗기고 주는 소에 빼앗기게 만든다. 진실로 회통을 하는 데 세 가지 어려움을 떨쳐 버릴 수 있게 해준다면 후학이 경을 회통하는 것이 여기에 있을 것이다.[8]

① 한 가지 설이 여기저기 흩어져 복잡다단해짐.

② 확실하게 정리하지는 못함.

③ 설명(주와 소)이 지나치게 방대함.

이 세 가지를 극복하기 위해서 13경을 새로운 형식으로 재편해야 한다는 것이 최한기의 판단이었다.

가. ①의 해결과 대안

이에 대해서는 여기저기 흩어진 성인의 말씀을 갈래지어 한곳에 모으는 것이다. 그래서 총경을 모두 해체하여 자신이 설정한 특정 범주에 분속해서 배치하고 있다.

새로운 형식은 총경 전체 내용을 부(部, 부문)와 조(條, 조목)의 범주에 따라 구분한 것이다. 부문은 3가지로 된 대범주이고, 조목은 부문의 하위에 놓인 소범주로 그 수가 271조목이다. 〈표 1〉은 제20책을 제외한 총경이 재구성된 『통경』 19책 52권 전체를 부문과 조목의 범주로 구분한 표이다.

최한기는 13경의 모든 문장을 3개의 범주로 구분했다. '학'은 유교 사상을 이루는 기본적 이념과 이를 가리키는 개념이 주를 이루고, '사물'은 유교를 이루는 문화적 양태 및 이와 관련된 사물의 명칭 등이 포함되며, '의절'은 예와 관련된 다양한 개념과 제도 등을 망라하고 있다.

「학부」: 學總論, 好學, 勸學, 爲學之方, 心, 性, 仁, 未仁, 仁知, 仁義 … (68조목)

「사물부」: 父子, 孝, 事親, 諫父母, 夫婦, 子孫, 生, 養, 君 … (110조목)

「의절부」: 冠禮, 婚禮, 相見禮, 摯, 賓, 賓主, 鄉飮酒 … (93조목)

8 「통경서」. "經本精一, 而後學之難得會通者, 有三. 其一, 言隨機異, 一說之散見於彼此者, 多耑. 其二, 聖人之發揮通情, 只就事物而詳論, 未嘗一一湊泊. 其三, 經有注, 注有疏, 載籍浩瀚, 遂使覽者, 心奪於 經, 經奪於注, 注奪於疏. 苟能使會通之三難得祛, 則後學之通經, 其在斯矣."

표 1 『통경』 부문과 조목의 범주

학부(學部)		
책수	권수	조목 수
1	1	8
	2	26
	3	6
2	4	9
	5	1
	6	4
3	7	1
	8	1
4	9	1
	10	3
	11	8
총합	68조목	

사물부(事物部)		
책수	권수	조목 수
5	12	5
	13	7
	14	6
6	15	3
	16	5
	17	4
7	18	5
	19	4
	20	4
8	21	4
	22	6
	23	1
9	24	1
	25	3
	26	10
10	27	5
	28	12
	29	9
11	30	13(2)*
	31	1
	32	2
총합	108조목	

의절부(儀節部)		
책수	권수	조목 수
12	32	2
	33	6
	34	1
13	35	3
	36	4
14	37	5
	38	3
	39	2
15	40	2
	41	16
	42	7
16	43	15
	44	6
	45	1
17	46	14
	47	1
18	48	1
	49	1
	50	1
19	51	1
	52	1
총합	93조목	

• 부문(3범주): 학부(學部), 사물부(事物部), 의절부(儀節部)
• 조목(269조목): 학부 68조목, 사물부 108조목, 의절부 93조목
* 사물부 11책 30권에는 13조목이 있는데, 이 중 2조목은 조목명(器皿, 六畜)만 있고 내용은 없음

예컨대, 유교사상에서 말하는 '배움이란 무엇인가' 혹은 '학문이란 무엇인가'에 대한 경전의 언설은 「학부」의 〈학총론〉 조목에 배치된 13경의 내용을 검토하면 이해할 수 있다.

〈학총론〉을 구성하는 10항목은 『논어』(5개 항목), 『예기』(2개 항목), 『맹자』(3개 항목)에서 온 것이다. 아래 괄호 속은 각 경(『논어』, 『예기』, 『맹자』)에 속한

장의 표시다.

① 子曰. 弟子, 入則孝, 出則弟, […] 則以學文 (『論語』「學而」 6장)

② 子夏曰. 賢賢易色, […] 吾必謂之學矣 (『論語』「學而」 7장)

③ 子曰. 三年學, 不至於穀, 不易得也. (『論語』「泰伯」 12장)

④ 子謂顔淵曰. 惜乎, 吾見其進也, 未見其止也. (『論語』「子罕」 20장)

⑤ 子曰. 古之學者, 爲己, 今之學者, 爲人. (『論語』「憲問」 25장)

⑥ 發慮憲, 求善良, 足以謏聞, 不足以動衆 […] 此之謂務本. (『禮記』「學記」)

⑦ 大學之道, 在明明德 […] 此謂國不以利爲利, 以義爲利也. (『禮記』「大學」)

⑧ 公孫丑問曰. 夫子加齊之卿相, […] 自生民以來, 未有夫子也. (『孟子』「公孫丑」上 2장)

⑨ 孟子曰. 君子之澤, 五世而斬, […] 予私淑諸人也. (『孟子』「離婁」下 22장)

⑩ 曹交問曰. 人皆可以爲堯舜 […] 人病不求耳, 子歸而求之, 有餘師. (『孟子』「告子」下 2장)

나. ②의 해결과 대안

②는 기존 경전의 언설이 '사물들의 실제 상황이나 정황을 자세히 설명은 했지만, 딱 꼬집어서 분명한 정의를 내리거나 확정하지 않은 것'이 많다는 것이다. 해결과 대안은 구체적으로 기존 경학적 방법론을 엄격히 적용하는 것이다.

경전 해석의 극치는 종지(宗旨, 핵심 요지)를 제시하는 데 있으니, 종지를 제시하려면 먼저 문의(文義)를 알아야 하고, 문의를 알고자 하면 먼저 구두(句讀)를 풀어야 하며, 구두를 풀고자 하면 먼저 음훈(音訓)을 밝혀야 한다. 그러므로 음훈은 해당 글자의 아래에 (괄호 속에) 나란히 썼고, 구두는

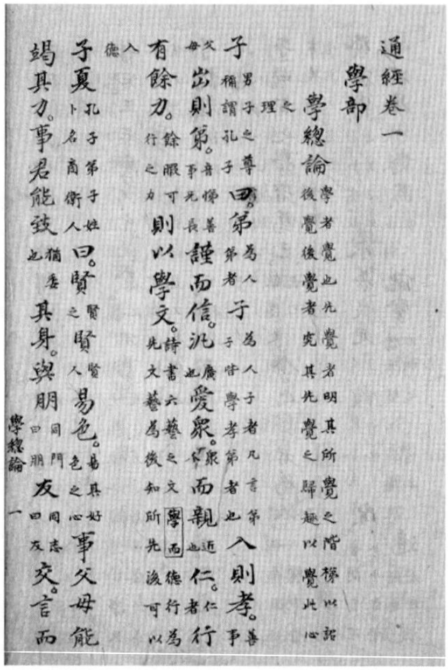

通經卷一

學部

學總論

子曰弟子入則孝出則弟謹而信汎愛衆而親仁行有餘力則以學文

子夏曰賢賢易色事父母能竭其力事君能致其身與朋友交言而

學總論 一

그림 2 『통경』 권1 「학부」의 〈학총론〉 부분

해당 구절의 아래에 동그라미[圈]로 표시했는데 구(句)는 검은색 동그라미를 쓰고 두(讀)는 흰색 동그라미를 썼으며, 문의는 긴요한 곳에서 밝혔고, 종지는 원래 장의 아래에서 논의하여 귀결되는 뜻을 대략 가리켰으며, 하나로 일관된 말을 이리저리 다시 고치지 않았다.[9]

언설의 핵심을 파악하기 위해서는 기존의 경학적 방법을 적극 활용한다. 이에 따라 그간 연구에서 최한기가 경학을 포기했다든지 해체했다는 것은 수정을 요하는 판단이다. 오히려 경학의 방법론에 충실하게, 구두를 표시하고 음과 훈을 명료하게 한 뒤에 언설의 핵심 요지를 제시하는 방식

9 『通經』「凡例」. "釋經之極致, 在於擧宗旨, 欲擧宗旨, 先知文義, 欲知文義, 先解句讀, 欲解句讀, 先明音訓, 故音訓, 則雙書於當字之下, 句讀則圈識於當句之下, 句以濁圈, 讀以淸圈, 文義則開說於肯綮處, 宗旨則論之於原章之下, 而略指歸趣, 不復飜說一統."

을 따랐다.

다. ③의 해결과 대안

총경의 이해를 막는 것은 경의 원문에 대한 설명, 즉 주(注)와 소(疏)가 지나치게 방대한 데 있다. 해결과 대안의 핵심에는 간단명료함이 있다. 『십삼경주소』에 실린 주석들을 과감하게 생략해서 마치 벌초하듯이 필요 없는 부분은 삭제해서 간단명료하게 만든다.

(3) 새로운 형식과 근거

최한기가 13경을 하나로 회통(會通)하기 위해서 필요한 것은 13경을 통일적으로 이해할 수 있는 근거이다. 이 근거는 전통 어법을 빌려 일이관지(一以貫之)의 도(道)라고 할 수 있을 것이다. 최한기가 깨달은 도는 '상도(常道)'였다. 상도가 13경을 회통할 수 있는 일통(一通)의 근거였다.

> 나는 경전에 뜻을 둔 지 십여 년 동안 경전의 변천과 추이에 따른 다양한 의미를 연구했으니, 처음에는 야인과 같아서 비록 "종묘의 아름다움과 백관의 성대함을 알지 못했으나"(『논어』「자장(子張)」 23장) 경전의 말을 이해하자 마음에는 희열이 생겨났다. 얼마쯤 시간이 흐른 뒤에 전주(傳註)에 마음을 붙이니 경전의 구절들에 담긴 조리(條理)를 기쁘게 깨달았고, 또 얼마쯤 지난 뒤에 전주를 내버려두니 경전의 요지는 반드시 상(常)에 근본을 두고 있다는 것을 기쁘게 깨달았으며, 이미 상도(常道)를 깨달으니 사고방식이 지난 시절과는 상당히 달라졌다.[10]

10 「통경서」. "余志于經傳十有餘載, 究其趣味之轉移, 則始若野人, 雖未見宗廟美百官富, 然及聞其說, 心有悅焉, 既而寓心傳註, 喜得當句之条理, 既而遺却傳註, 喜得經旨之必本於常, 既有得於常道, 而意思頗別於曩時矣. 顧念曩時之心有悅樂, 實爲今日意思之階梯, 安知其今日之有得于常者, 不爲後日漸進之資歟."

상도는 경상지도(經常之道)의 준말이다. 경상(經常)이란 '시간의 변화 속에서도 영속하는 보편성을 갖춘 기준'이라는 의미로 이해할 수 있다. 본래 13경의 경(經)이란 말에도 이러한 의미가 있다. 그렇기 때문에 유교 문명의 기준이자 표준이 될 수 있는 것이다. 그러나 경상이 시간의 변화에 영향을 받지 않는 불변의 기준은 아니다. 이는 경상의 도가 초시간적인 본질을 가진 것이 아니라 시간의 변화에 따라 적합성을 유지하는 시의성을 가진 것이라 생각한 것이다. 그러므로 경상의 도는 시간의 변화를 수용하면서 보편적 기준을 유지한다.

이러한 경상의 도는 13경을 하나로 통일할 수 있는 내적 근거가 된다. 이런 의미에서 13이라는 다양성은 상도의 통일성, 즉 일(一)에서 출현한 것이다. 일(一)은 다양한 경전을 하나로 융회관통할 수 있는 근거이며, 13경은 일(一)을 내적 통일성으로 가지고 있기 때문에 회통될 수 있는 것이다.

최한기는 경들을 내적으로 통일시키고 이 일(一)을 다시 언명하기를 내 마음의 상도라 했다. 경상의 도는 성인의 마음이 깨달은 것이며 내 마음도 상도를 가지고 있기 때문에 궁극적으로 내 마음의 상도가 13경이다. 내 마음이 성인의 마음이며, 성인의 마음이 경상의 도이고, 경상의 도가 13경이다. 이러한 최한기의 깨달음은 유교의 전통에서 "육경은 내 마음의 각주이다."라고 했던 육상산(陸象山, 1139~1192)과 이를 계승한 왕양명(王陽明, 1472~1529)의 심학(心學)을 연상시키는 논리이며, 더 근원적으로는 "만물은 내게 갖추어져 있다(萬物皆備於我)"고 선언했던 맹자에게로 소급된다.

이러한 논리는 13경이란 불변의 경전이 아니라 시의성에 따라 변통(變通)되어야 하는 체계라는 것을 정당화해 준다. 13경은 보편적 기준이지만 불완전하다. 총경(13경)에는 '말하지 않은 내용이 있고', '시의성에 따라 부적합한 내용이 있다.' 총경에서 말하지 않은 것이란 과거에는 입언할 필요가 없었으나 시대가 변화하여 입언해야 할 필요가 대두된 것이다. 또한 이미 말한 것이라도 시대가 변화하여 그 내용이 적합하지 않은 것이 있을 수밖에 없다. 그러므로 13경은 시대에 따라 변화되어야 하는 체계이며, 최한기의 시대야말로 그러한 시대이다. 이런 판단은 내 마음의 상도를 기준으로 해서 내린 것이다.

최한기의 생각에 따르면, 성인은 스스로의 상도를 따라 경을 만든 것이며 그 상도는 누구라도 가지고 있는 상도이다. 이 상도가 성즉리(性卽理)와 같은 본유적인 관념인지, 사물을 인식하는 보편적 인식능력 자체를 의미하는 것인지에 대해서는 『통경』에 자세히 나와 있지 않지만, 최한기는 이후 다른 저술을 통해 추측과 경험에 관한 인식 이론을 펼친다.

2) 『통경』의 현재적 의의

『통경』의 등장은 한국사상에 중요한 자산이 될 것으로 보인다. 유학은 경학(經學)에 기초를 두기 때문에 총경을 다룬 『통경』의 의미는 무척 크다. 또한 『통경』의 형식에 근거가 되는 철학적 입장은 기존 도학(道學)이라기보다는 심학(心學)의 전통과 연결된다는 점에서 사상사적 탐구가 필요하다. 여기서는 『통경』이 던져 주는 현재적 의의에 대한 단상만을 제시하기로 한다.

『통경』의 출현은 한국사상의 연속성에서 자리매김되어야 한다. 이를 위해 가설적으로 '총경 패러다임'이라는 개념을 제시한다. 정조(正祖) 연간 주로 정약용(丁若鏞, 1762~1836)에 의해서 구상된 새로운 총경의 구상은 동아시아 유교 문명의 정수를 조선에서 새롭게 구성한다는 의미로서, 실제로는 '중화'의 구문명을 이어 새로운 중화 문명의 리더가 되고자 하는 장대한 계획이었다. 그러나 이는 수포로 돌아가고 결국 망국과 더불어 총경 구상은 사라졌다. 하지만 『통경』의 존재는 총경의 구상이 비록 사인(士人)에 의해서 결실을 맺은 것이지만, 시대적 요청에 대한 방향을 제시한 것이라고 볼 수 있을 것이다. 조선 문명은 사라졌고 저술도 오랜 시간 실전된 불운이 닥쳤지만, 이것은 한국사상의 저력을 보여준 사건이었다.

조선의 총경 패러다임은 서로 다른 두 개의 길을 보여주었다. 하나는 총경의 경(經) 부분은 보존하고 주소(注疏)와 같은 전(傳) 부분은 재구성하는 것이며, 다른 하나는 총경 전체를 새로운 형식으로 재구성하는 것이었다. 전자가 형식을 보존하는 것에 반해 후자는 형식을 해체하는 것이었다. 그 이유는 최한기의 철학적 전망에서 경학(經學)은 기학(氣學)의 일부분이며 성경(聖經)보다 천경(天經)이 더 우위에 있었기 때문이라고 생각된다. 비록 천경이나 성경은 경상의 도에서 나온 것이지만, 성경은 천경에 의해서 시의적으로 완전함을 보존하는 체계였다. 따라서 총경은 시대의 요청에 따라 변화되지 않으면 경상의 도를 보존할 수가 없다. 최한기는 이렇게 총경을 변화시켰다. 하지만 유교 문명이 몰락하자 총경 패러다임은 유지될 수 없었다.

현재 동아시아에서 총경 패러다임은 전승된 문화적 유산에 대한 계승과 발전이라는 시대적 요청에 따라 새로운 형태로 다시 등장하게 되는 것 같다. 유교의 측면에서 보더라도 현대 중국은 자국의 전통 문헌을 『중화대전(中華大典)』이나 『유장(儒藏)』의 형태로 정리하고 있다. 한국도 자국의 유교 문화유산을 보호하고 이로부터 새로운 문화적 역량을 이끌어내기 위한 국가적 차원의 엄청난 지식정보 구축사업을 펼쳐 왔다.(일본도 이런 흐름에 있으나, 유교에 대해서는 중국이나 한국보다 활발하지 않은 것 같다.)

그러나 자료의 집성이란 문화 창조를 위한 하위 차원의 토대에 해당하는 것이며, 상위 차원에 속하는 새로움의 출현에는 아직 미치지 못한 것이다. 이런 의미에서 총경을 해체해서 시대의 요청에 부합하는 범주로 주제화하여 전체적 이해의 길을 새롭게 제시한 『통경』의 의도는 중국이나 한국 혹은 일본에서 한 번도 시도해 보지 않은 방법이라 볼 수 있을 것 같다.

동아시아는 유교 문명의 정체성을 유지하고 있다고는 하지만, 서구적 가치를 포함한 전 세계의 가치관이 공존하고 갈등하는 사회를 이루고 있다. 우리의 현대 문명이 어떤 모습으로 미래에 전개될지 몰라도, 유교 문명의 한 요소가 미래에도 완전히 망각될 수는 없을 것이다.

그런 의미에서 『통경』에서 제시한 유교의 정신은 현재는 물론이고 미래의 세계에도 어떤 식으로 유교의 가치가 기여할 수 있을지에 대한 전망을 타진해 볼 수 있는 자원이 될 것이다.

4. 『농정회요』의 구성과 내용

1) 『농정회요』의 구성과 내용

(1) 장서각본과 교토대본

『농정회요』는 국역되어 널리 알려져 있는 농서이다. 국역의 대본은 일본 교토대에 소장된 필사본을 이용했다. 우리나라에는 남아 있는 것이 없었기 때문이다. 그래서 국역 『농정회요』의 「해제」에서는 "문화유산이라고 할 원본이 외국으로 넘어갔다."며 애석함을 표현하고 있다. 그러나 장서각본의 등장으로 인해 이런 애석함은 사라지게 되었다. 게다가 장서각본은 완질(完帙)이고 교토대본은 낙질(落帙)이다. 유실된 문화유산을 찾은 것이다. 기존 교토대본의 목차와 비교하면 〈표 2〉와 같다.(음영은 새로 발견된 부분)

두 판본의 가장 큰 형식적 차이는 장서각본이 온전한 전체로 보존되어 있는 반면에 교토대본은 제1책과 제11책이 결본이라는 점이다. 이제까지는 제1책만 망실된 것으로 보았으며, 제11책에 대해서는 그 존재조차 알지 못했다. 각 책수별 권수는 차이가 없으며, 형식적 차이는 아래와 같다.

그림 3 장서각본 『농정회요』(전 11책)

① 장서각본의 경우 목차의 제목이 본문의 실제 제목과 차이가 있다. 예컨대 『농정회요』 권5는 「토의(土宜)」이나 본문에는 생략되어 있다.

② 장서각본 목차에서 「토의」는 고려전제(高麗田制)와 본조전부(本朝田賦)가 제시되어 있지만, 고려전제는 누락되어 있다. 교토대본은 「토의」라는 제목이 없고 '本朝田賦'라고 표기되어 있다.

③ 두 본 모두 권수 표기가 미비하다. 장서각본은 권6까지만 권수가 표기되어 있고 이후부터는 누락되어 있다. 교토대본은 권4까지만 권수가 표기되어 있고 이후부터는 권수가 표기되지 않았다.

두 판본은 내용 면에서는 거의 차이가 없다. 이 밖에 장서각본은 정서본(淨書本)이나 교토대본은 2명으로 보이는 필사자의 필체가 혼재되어 있고 필체가 단정하지 못하다.

『농정회요』는 9가지의 범주를 설정하고 농정을 종합적으로 정리해서 방향을 제시한 것이다. 9가지 범주는 아래처럼 간략히 정리할 수 있다.

표 2 장서각본과 교토대본의 목차 비교

장서각본			교토대본		
책수	권수	목차	책수	권수	목차
1		農政會要序	없음		
		凡例			
		目錄			
	1	勸課			
	2	天時			
2	3	土宜	2	3	土宜
	4	土宜		4	土宜
	5	土宜		5	本朝田賦
3	6	穀種	3	6	穀種
	7	穀種		7	穀種
	8	功作		8	功作
4	9	功作	4	9	功作
	10	蓄聚		10	蓄聚
	11	農餘		11	農餘
5	12	農餘	5	12	農餘
	13	農餘		13	農餘
	14	農餘		14	農餘
6	15	農餘	6	15	農餘
	16	農餘		16	農餘
	17	農餘		17	農餘
7	18	農餘	7	18	農餘
8	19	農餘	8	19	農餘
	20	農餘		21	農餘
9	21	治膳	9	21	治膳
10	22	治膳	10	22	治膳
	23	救荒		23	救荒
11	24	救荒	없음		
	25	救荒			
11책 25권			1책과 11책 결본		

권과(勸課, 농업 정책), 천시(天時, 기후), 토의(土宜, 토양, 토질에 따른 작물, 농업용수, 세금), 곡종(穀種, 작물의 파종), 공작(工作, 김매기, 작물별 노동), 축취(畜聚, 양곡의 비축과 구휼제도), 농여(農餘, 곡물 이외의 농작물, 양잠, 가축), 치선(治膳, 각종 요리), 구황(救荒, 재난 대비 정책)

최한기가 『농정회요』를 지은 이유는 세 가지이다. 첫째로 최한기는 농업에 대한 지식과 실천을 사람됨의 기본 요건으로 선언하고 있다. "사람이 농업을 모를 수 있겠는가?"[11] 두 번째 이유는 지식인의 신분을 지닌 자신의 사회적 책무에 대한 자발적 실천이라는 것을 알 수 있다. 최한기는 신분에 따라 농업에 대응하는 영역이 다르다고 보았다. 농업계층론을 편 것이다. 제왕의 농업, 경대부의 농업, 지식인의 농업, 백성의 농업 등이 있고, 이것이 조화를 이루어야 농업이 진흥된다고 보았다. "농업 관련 여러 문헌들을 연구하며 생산과 증식의 방법에 대해 널리 알리는 것은 '지식인들의 농업'이다."[12] 세 번째 이유로 기존 농학을 비판하고 이를 극복할 수 있는 대안으로 새롭고 구체적인 내용을 제시하는 것이다. "(농업에 관한 기존) 저서들은 간혹 방술(方術)에 빠지고 눈과 귀를 통해 전해진 것들은 자못 새롭고 기이한 것을 무턱대고 좇고 있기에, 뒤에 태어나서 농업을 배우고 농사짓는 사람들은 의심스러움만 더해져 어떤 말을 따라야 하는지 어둡게 되니, 이를 상심해서 제가(諸家)의 농서를 찾고 뒤져서 편집을 거쳐 여러 권의 책을 만들었다."[13]

이렇게 세 가지 이유로 성립된 『농정회요』의 내용은 기존 농서를 저본으로 해서 새로운 인식으로 재편집한 것이다. 저본이 된 농서 가운데 대표

11 「農政會要序」. "人可以不知農乎."

12 「농정회요서」. "講究典籍, 敷告生殖, 儒林之農."

13 「농정회요서」. "於書者 或泥于方術, 傳於耳者, 頗尙其新異, 則後生之學圃業農者, 祗增訝惑, 而昧于適從, 言庸是傷, 搜摭諸家農書, 編輯成帙."

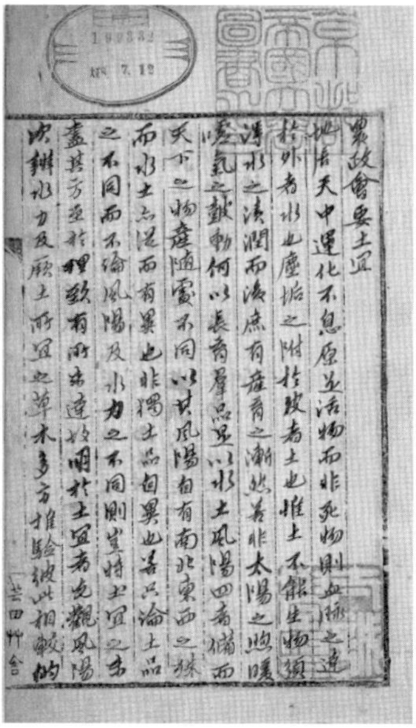

교토대본

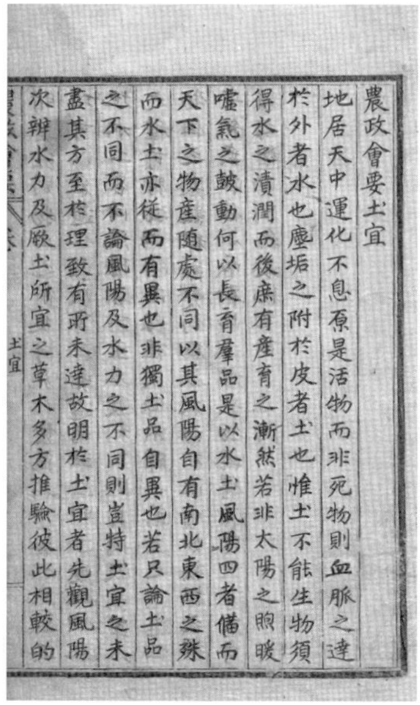

農政會要土宜
地居天中運化不息原是活物而非死物則血脈之達
於外者水也塵垢之附於皮者土也惟土不能生物須
得水之潰潤而後庶有産育之漸然若非太陽之煦暖
噓氣之鼓動何以長育羣品是以水土風陽四者備而
天下之物産隨處不同以其風陽自有南北東西之殊
而水土亦從而有異也非獨土品自異也若只論土品
之不同而不論風陽及水力之不同則豈特土宜之未
盡其方至於理致有所未達故明於土宜者先觀風陽
次辨水力及厥土所宜之草木多方推驗彼此相較的

장서각본

그림 4 『농정회요』(2책) 「토의」의 교토대본, 장서각본

적인 것이 『수시통고(授時通考)』이다. 그러므로 『농정회요』를 명확히 이해하려면 『수시통고』와 비교하는 절차를 밟아야 한다.

(2) 『농정회요』와 『수시통고』의 연관성

『수시통고』는 청나라 건륭 황제의 명으로 1742년에 간행된 농서로,[14] 『농정회요』와는 근 100년의 차이가 난다. '수시'는 요임금이 천문을 담당했던 희화씨에게 "농사짓는 이들에게 농사철을 신중하게 알려주도록 명

14 郭跃山, 「道藏于农: 《授时通考》所见清代皇帝的农学思想」, 『农业考古』(4), 江西省社会科学院, 2020, 125~126쪽. 『수시통고』는 건륭 2년(1737) 5월에 홍주(弘晝), 총리사무대신 악이태(鄂爾泰), 장정옥(張廷玉)을 책임으로 하고 남서방(南書房)과 무영전(武英殿)의 한림(翰林) 47명이 동원되어 "건륭 7년 임술년(1742) 봄 정월"에 편찬을 완수하였다. 경사자집(經史子集)에서 553종의 문헌, 사료 3,575조목, 그림 512점을 발췌하여, 10개의 문(門)으로 구분해서 중국 농학의 전 부문을 78권 규모(판본에 따라 24책 또는 32책 구성)에 담아냈으며, 청대에 편찬된 1,252종의 농서 가운데서도 대표적인 농학 백과사전으로 평가받는다.

하였다"는 『서경(書經)』「요전(堯典)」 기록에서 온 것으로, 이후 역사에서는 농사의 성패를 결정짓는 황제의 중요한 통치 행위를 가리키는 관용어로 자리 잡았다. '통고'는 문헌으로 드러난 역사적 사실에 대한 체계적 고찰을 뜻한다. 그러므로 『수시통고』는 '역대 제왕의 농정에 대한 역사적 고찰을 체계적으로 정리'한 문헌이라는 뜻이다.

최한기가 『수시통고』를 저본으로 삼은 이유는 이 문헌이 당시까지 중국의 농학을 총망라하고 있다는 점과 철저한 실용정신으로 일관하고 있다는 장점을 높이 샀기 때문이었다.

> 이 책은 치용을 위주로 하여 무릇 경사(經史)에서 (내용을) 채집하였으나, 다만 실용에 절실하고 명물(名物)의 근거가 있는 것을 취하였다. 시문(詩文)의 화려한 문장은 내버려두고 싣지 않았다.[15]

실용은 농업의 문제를 해결하고 실제적인 성과를 만들어내기 위해 적절한 제도와 방법을 최대한 활용하겠다는 정책적 의지를 표방하는 강령이다. 이런 특징 때문에 최한기가 '농정'에 관한 저술에 저본으로 삼았던 것으로 보인다.

> 이 편들은 실용을 위주로 삼고 화려한 미사여구를 높이지 않기 때문에 경사자집(經史子集) 가운데 채록한 것은 다만 절실한 것만을 들었을 뿐이고, 우리나라에 전해져 내려온 것들은 비록 저잣거리의 말일지라도 해당하는 조목에 채록해서 사람들이 쉽게 이해할 수 있도록 했다. 무릇 간지로 길흉을 보는 설들이나 기이하거나 바른 상식에 따르지 않는 논의들은

15 『御製授時通考』「凡例」. "是編以致用爲主, 凡採摭經史, 但取其切於實用, 及名物根据所自. 詩文藻麗之詞, 槩置弗録."

하나도 채록하지 않았다.[16]

최한기는 실용을 준거로 삼고 경사자집에서 농학 관련 자료를 수집하였다. 저본이 중국의 경험을 대상으로 했기 때문에 우리나라 민간의 실제 농사 경험을 존중해서 보완했고, 근거 없는 농법은 단호히 배격했다. 이외에도 『수시통고』가 기존 농서보다 나은 차별점으로 들고 있는, 역대의 상평과 사창 제도를 강조하고 보완한 것을 수용하였다.

『농정회요』가 『수시통고』를 저본으로 삼았다는 것은 『수시통고』의 내용뿐 아니라 특히 구성에 큰 영향을 입었다는 것을 의미한다. 그런데 『농정회요』가 『수시통고』와 구별되는 가장 큰 차이점은 권과(勸課)라는 부분을 유독 강조한 것에 있다. 권과는 '임무나 과업을 맡겨서 실행하게 하는 것'으로 보통 권과농상(勸課農桑)이란 말로 드러나는 목민관의 주요 업무였다.

『수시통고』에서 권과는 농정의 여러 범주 중 하나였으나, 『농정회요』에서 권과는 농정의 핵심이면서 가장 중요한 사안으로 격상되어 있다. 이는 두 문헌의 목차에서 잘 드러난다.

『농정회요』는 『수시통고』와 달리 '권과'를 우선시하는 것 외에도 '치선(治膳)'과 '구황(救荒)' 같은 범주를 신설해 놓았다. 그리고 9가지 농정의 범주를 시작할 때에 이에 대한 개략적인 설명을 담은 글이 있다. 이는 『수시통고』에서는 찾아볼 수 없는 점이다.

최한기가 농정의 성공을 위해서 권과를 강조한 이유는 농업의 전반적인 상황을 진두지휘할 수 있는 '컨트롤타워'의 중요성을 누구보다 크게 느끼고 있었기 때문이다.

16 『農政會要』「凡例」. 一. "是編以實用爲主, 不尙辭藻, 故四部中所採, 只擧切實, 而我東流傳, 雖涉俚諺, 隨條附錄, 俾人易曉, 凡干支吉凶之說, 奇異不經之論, 一無所採."

표 3 『농정회요』와 『수시통고』의 목차와 내용 비교

장서각본 『농정회요』			『수시통고』
책수	권수	목차	목차
1		農政會要序, 凡例, 目錄	御製授時通考序, 目錄, 凡例
	1	勸課	勸課門 (卷42~53)
	2	天時	天時門 (卷1~6)
2	3	土宜	土宜門 (卷7~14)
	4	土宜	土宜門 (卷15~18)
	5	土宜	없음
3	6	穀種	穀種門 (卷19~26)
	7	穀種	穀種門 (卷27~30)
	8	功作	功作門 (卷31~34)
4	9	功作	功作門 (卷35~41)
	10	蓄聚	蓄聚門 (卷54~57)
	11	農餘	農餘門 (卷58)
5	12	農餘	農餘門 (卷59)
	13	農餘	
	14	農餘	農餘門 (卷63~66)
6	15	農餘	
	16	農餘	農餘門 (卷67~68)
	17	農餘雜植	農餘門 (卷69)
7	18	農餘紡績	蠶桑門 (卷72~78)
8	19	農餘畜牧	農餘門 (卷70)
	20	農餘畜牧	農餘門 (卷71)
9	21	治膳	없음
10	22	治膳	없음
	23	救荒	없음
11	24	救荒	없음
	25	救荒	
		11책 25권	78권(24책 혹은32책 구성)

『농정회요』는 『수시통고』의 구성과 철저한 실용정신을 전폭적으로 수용했지만, 『수시통고』에는 없는 자국의 농업 경험을 담아서 균형을 맞추고 있으며, 농업 정책을 담당하는 조정의 역할을 유례없이 강조하고 있다

는 특징을 보인다. 이는 조선의 당시 현실을 타개하려는 지식인의 사명감이 컸기 때문일 것이다.

(3) 농서 편찬의 시대적 요청과 『농정회요』의 위상

국내외의 급격한 변화에 직면한 조선 후기는 농본의 이념을 강화하여 새로운 유교 문명을 건설하려는 국가적 의지가 농정의 개혁으로 이어진 시기였다. 정조는 1798년(정조 22) 새로운 농서 편찬을 기획하는 윤음(綸音)을 내렸다.[17] 이에 호응하여 지식인들은 각종 농서를 저술했다. 우하영(禹夏永, 1741~1812)의 『천일록(千一錄)』(1796, 1804), 박제가(朴齊家, 1750~1805)의 『북학의(北學議)』,[18] 박지원(朴趾源, 1737~1805)의 『과농소초(課農小抄)』(1799), 서호수(徐浩修, 1736~1799)의 『해동농서(海東農書)』(1798~1799), 이 밖에도 서유구(徐有榘, 1764~1845)의 『임원경제지(林園經濟志)』(1842) 등을 꼽을 수 있다.[19] 모두 외래 선진 농학의 소개와 자국의 농업 경험을 하나로 종합하려는 대표적인 농서들이다. 비록 윤음에 대한 직접적인 답변은 아니지만, 『농정회요』도 이러한 시대정신 속에서 저술된 것이라고 볼 수 있다.

정조는 윤음에서 농업 진흥의 구체적인 3가지를 목표로 삼고 있다.

> 농업의 근본은 근면하고 힘써 일하는 것에 달려 있지만, 그 요체를 따진다면 역시 수리(水利) 사업을 일으키고, 농작물을 토질에 맞게 심으며, 농기구를 잘 이용하는 것에 있다.[20]

17 『정조실록』 22년 11월 30일(기축) 1번째 기사, 「勸農政求農書綸音」. 정조의 윤음이 갖는 역사적 의미에 대한 해석은 다음의 연구를 참고. 염정섭, 「18세기말 正祖의 '農書大全' 편찬 추진과 의의」, 『한국사연구』 112, 2001.

18 『진소본북학의(陳疏本北學議)』를 가리킨다. 『북학의』(1778)의 내외편 가운데 3분의 1 정도의 내용을 간추려 첨삭을 가하고 순서를 바꾸어 농업에 대한 내용을 보강해서 정조의 윤음에 답했다.

19 『농정회요』 이전의 농서 역사에 대해서는 다음 연구를 참고. 김용섭, 「農書小史」, 『農書』(11~13)(한국학문헌연구소, 韓國近世社會經濟史料叢書 III), 아세아문화사, 1981.

최한기의 농업 저술은 국왕의 이런 인식에 부합해서 농업 3부작의 형태를 띠고 있었다. 먼저 수리에 대해서는 『육해법』을 저술하였다.

> 천하의 사업 가운데 농업보다 더 중요한 것은 없고, 농업은 관개(灌漑)보다 더 중요한 것이 없으며, 관개는 물을 끌어올리는 것이 다일 뿐이다.[21]

『육해법』은 1834년에 저술된 것으로 『농정회요』보다 3년 먼저 저술되었다. 이어서 농기구에 대한 관심으로 『기기도설(奇器圖說)』(1627), 『제기도설(諸器圖說)』, 『수시통고』 등[22]을 참고해 『심기도설(心器圖說)』(1842)을 저술한다. 이미 저술한 『육해법』과 『농정회요』에 나온 것을 제외하고 관개에 참고할 만한 9개 기구의 내용을 「취수도설(取水圖說)」로 정리했다.[23]

정조의 윤음 이후에 저술된 농서들은 자국의 농업 경험과 선진 농업의 체계를 종합하고 있으며, 『과농소초』, 『해동농서』, 『임원경제지』 등과 『농정회요』는 같은 인식을 공유하고 있다. 『농정회요』가 이들 농서와 구별되는 점은 선진 농업의 체계를 명대(明代)의 『농정전서(農政全書)』(1639)에 준거를 정하지 않고, 청대의 『수시통고』에 두었다는 것이다. 최한기가 『수시통고』를 농학 저술에 저본으로 이용한 것은 당시 조선 사회에서 특이한 일이었으며, 『수시통고』를 인용한 농서도 매우 드물었다. 농학 중심의 방대한 백과전서인 『임원경제지』조차도 농학 분야에 속하는 6개 가운데 인

20 『정조실록』 22년 11월 30일(기축) 1번째 기사, 「勸農政求農書綸音」. "農之本, 在乎勤與勞, 而其要則亦惟曰興水功也, 相土宜也, 利農器也."

21 『陸海法』「陸海法序」. "天下事, 莫大於農業, 農業, 莫先於灌漑, 灌漑, 惟盡於挈水."

22 『기기도설』은 예수회 선교사 테렌츠(Johann Terrenz Schreck, 1576~1630, 중국명 鄧玉函)가 16세기까지의 서양 기술을 중국에 최초로 소개한 백과사전으로 왕징(王徵, 1571~1644)의 도움을 얻어 1627년 간행되었고, 『제기도설』은 이 책의 부록으로 실린 것이다. 정약용의 거중기도 이 문헌을 참고해 고안한 것이다.

23 『심기도설』「심기도설서」 참고. 노태천, 「최한기의 『심기도설』에 대하여」, 『과학사상』 30, 범양사, 1999.

용 문헌은 357종이고, 100회 이상의 핵심 문헌에 『농정전서』가 속하는 것과 대조적으로 『수시통고』는 3개의 분야(「본리지(本利志)」, 「만학지(晩學志)」, 「전공지(展功志)」)에 매우 소략한 내용으로 총 4회만 등장할 뿐이다.[24]

최한기의 농학 관련 3대 저술은 정조의 윤음이라는 시대적 요청에 대한 답이라고 해석할 수 있다. 수리 사업은 『육해법』으로 답하고, 풍토에 적합한 농작물의 재배는 『농정회요』로, 농기구의 활용은 『심기도설』로 답하였다. 비록 정조의 윤음에 즉답한 것은 아니지만, 시대적 요청에 대한 지식인의 사명이 『농정회요』로 구현되었다.

2) 『농정회요』의 현재적 의의

(1) 정책의 중요성

『농정회요』에서 제시된 농정은 현재의 관점에서 보면 거의 모두 낡은 것이다. 친환경농업의 현대적 활용을 위해 과거의 농업 경험을 살펴보는 것은 전통의 현대화를 위한 발상일 수 있지만, 지금의 농업에 투여되는 첨단과학기술의 활용에 비하면 매우 협소하다. 그래서 이러한 기술적 측면에 대한 관심보다, 『농정회요』의 현재적 관심이란 농정 수립의 정책적 중요성에 대한 강조에 있다고 볼 수 있다. 이는 최한기가 농업 진흥에서 권과를 강조한 것과 연관되어 있다.

> 백성의 농업은 몇 사람의 생계만을 구제할 수 있지만, 제왕의 농업은 나라 전체를 구제하여 평안하게 만들 수 있으니 참으로 큰 것이다.[25]

24 노기춘, 「『임원십육지』 인용문헌 분석고(1): 농학분야를 중심으로」, 『한국도서관정보학회지』 37, 2006, 26쪽.

25 「農政會要序」. "庶人之農, 只可救活數口, 帝王之農, 乃能康濟一國, 大哉."

최한기 시대만 해도 국부(國富)를 얻을 수 있는 산업은 농업이었으므로 농업은 거의 절대적인 위치를 차지하고 있었다. 여기에 농본(農本, fundamental agriculturalism)의 이념이 더해져 농업은 산업의 핵심일 뿐 아니라 유교적 이상사회의 초석이 되는 가치나 윤리의 원천이며 인격의 도야를 위한 근본 조건이고, 농민과 농촌을 사회·경제조직의 바탕으로 삼아 국가를 경영해야 한다는 사상으로 고양된다. 이런 농본 이념의 실현은 국부의 실현은 물론 백성의 인격 도야 및 사회의 평안으로 이어졌다. 이렇듯 유교 국가의 성패와 연관된 농업 성패의 관건은 제왕의 농업에 있다.

> 농업을 전담하는 관직을 설치하고 농업을 권장하며 농업의 시기를 알리고 농업에 도움을 주며 기반을 공급하는 것이 '제왕의 농업'이다.[26]

최한기의 관점에서 유교 국가 및 문명의 성패는 제왕의 농업에 있으며, 현대적 의미로는 농업이 경제를 가리키고 있기에 이는 곧 국가 주도의 경제 정책 수립의 여부에 의존한다는 의미를 띠고 있다. 최한기의 『농정회요』는 이러한 자명한 메시지를 특별히 강조하고 있다. 농업 진흥의 시대적 요청에 대한 최한기의 응대는 기술 발전에 선결해서 국가 주도적인 정책 기획과 전략의 본질적 필요성에 큰 의미를 부여했고, 이것이 지금도 귀중한 『농정회요』의 통찰이라고 할 것이다.

(2) 완성본의 조건과 한계

장서각본 『농정회요』는 낙질이 없는 유일본이지만, 「범례」를 보면 실제로 완성본인지에 대한 의문이 든다. 장서각본이 갖추지 못한 완성본의 조건은 두 가지이다. 첫째, 〈팔도지도〉가 존재한다.

26 「농정회요서」. "設官勸課, 授時助給, 帝王之農."

> 우리나라는 땅이 협소하여 남북의 길이가 3천 리가 못 되지만 그 사이에 풍토도 저마다 달라서 별도로 〈팔도지도〉를 만들어서 그 대강을 나타냈다.[27]

「범례」에서는 우리나라 지리 전체를 그린 전도(全圖)의 존재를 알려주지만 장서각본에서는 찾을 수 없다.

둘째, 별도의 체재를 갖춘 「도설」이 존재한다. 『농정회요』는 『수시통고』에 등장하는 식물과 농작 기구 등에 대한 방대한 도설을 하나도 채록하지 않고 있다. 그런데 최한기는 『농정회요』에 다양한 그림을 제시하고 있다고 분명히 언급하고 있다.

> 여러 조목에 각각 기구를 그린 도상이 있는데, 밭 가는 기구는 혹 김매기에도 쓸 수 있고 파종 기구는 수확에 쓸 수도 있으니, 각 조목에 흩어져 있었으나 실제로는 두루 통하지 않아서, 이제는 합해 「도설」이라는 이름으로 따로 권을 묶었으니 이를 보고 모방해서 도구를 제작하는 사람들이 비교하고 참고할 수 있도록 편리를 도모했다. 곡식, 채소, 나무열매, 풀열매 등도 쭉 늘어놓고 그림을 그려서 그 형태를 구별하게 했다.[28]

최한기는 농기구가 여러 조목에 중복해서 등장하지 않게 「도설」이라는 제목 아래에 모아 놓음으로써 농기구를 모방해 제작하는 데 도움을 주고자 했음을 알리고 있다. 또한 『수시통고』에 등장하는 농작물의 그림을 포함하여 형태를 이해하는 데 도움을 주기 위해 그림도 삽입했음을 알리고

27 『농정회요』「범례」. 一. “我國褊小, 南北不滿三千里, 而其間風土爰異, 別作八道地圖, 以示其槪.”

28 『농정회요』「범례」. 一. “諸條各有器用圖像, 而墾耕之器, 或可用於耘耔, 播種之器, 或可用於收穫, 則散附各條, 實未周通, 今合爲圖說卷, 使依倣制作者, 比類參酌, 得盡便利, 穀蔬果蓏, 亦列爲圖, 俾別其形貌.”

있다. 모든 그림을 「도설」이라는 제목 아래 한군데 모아 놓았지만, 현행 2종의 필사본에는 「도설」이 실려 있지 않다. 따라서 「도설」에 해당하는 권(卷)이 유실되었을 가능성이 제기된다.

「범례」에 나타난 저술의 전체 구성에 비추어 볼 때 현존 『농정회요』에서는 「도설」의 부재가 확인된다. 이는 장서각본이 완성본이 아니며, 더 나아가 『농정회요』가 미완의 저술이라는 함의로 이어질 수도 있다.

5. 맺음말

장서각에 기탁된 함양박씨가의 많은 전적 가운데 최한기의 저술이 3종이나 있는 것은 특이한 일이다. 게다가 『통경』은 우리의 역사에서 찾아보기 어려울 정도로 독특한 성격의 전적이고, 『농정회요』는 전체가 보존되어 있는 농서이다. 모두 귀중한 문화자산이 아닐 수 없다.

이 전적들은 1998~1999년에 기탁되어 장서각에 소장되었지만, 책 제목만 겨우 전해졌을 뿐 그 내용은 2023년에 발견된 이후에야 알려지게 되었다. 이에 대해서는 양가적인 감정을 가질 수밖에 없다. 25년 전에 이루어졌어야 하는 일이라는 아쉬움과 함께 이제라도 발견되어 세상에 드러난 것이 다행이라는 안도감이 있다.

이제 이런저런 감정은 뒤로 하고 두 문헌에 대한 본격적인 관심이 학계는 물론이고 국민 모두에게 전달되기를 바란다. 『통경』은 유교 문명의 총체적 구상이 담긴 13경을 시대의 변화에 적합하게 새로운 형태로 변모시킨 대작이다. 아마도 이는 한중일의 유교 문명에서 거의 유일하게 일어난 일대 사건이 아닐까 한다. 최한기와 같은 큰 사상가가 아니라면 엄두도 내기 어려운 일이다.

『농정회요』는 농학 분야의 저술이지만, 당시 조선에서는 그 존재조차 알지 못했던 중국의 선진 농학을 수용해서 여기에 자국의 농업 경험을 결합해 만들어낸 역저였다. 그러나 『통경』과 마찬가지로 이런 내용은 조선 사회에 흡수되지 못했고 조선은 점차 쇠퇴 일로를 걷게 되었다.

『통경』과 『농정회요』는 최한기가 청년 시절에 집필한 저술이다. 최한기의 오랜 지인이었던 이규경은 최한기를 "세상의 평범한 선비에 비할 수 없고" "기억력이 비상하고 박학다식하며" "온갖 기록과 자료를 모아 검토하고 정리"하는 데 뛰어난 인물로 묘사하고 있다.[29] 최한기는 우리나라에서 가장 많은 책을 저술한 인물로도 유명한데, 명성에 비해 지금 전해지는 것은 많지 않다. 그런데 특별한 연고도 없는 함양박씨가에서 거질의 최한기 저술이 발견된 것은 참으로 기이한 일이라 할 수 있다. 그 입수 경위에 대해서 문중사와 연관 지어 생각해 보았지만 여전히 오리무중이다.

최한기가 남긴 많은 저술들은 우리나라의 소용돌이치는 역사를 견디지 못하고 뿔뿔이 흩어지거나 소멸되었다. 크게는 일제강점기와 한국전쟁을 겪으면서, 목숨도 지키기 어려운 그 혹독한 시기에 최한기의 저술뿐 아니라 종가의 많은 전적을 지켜낸 문중의 노고에 후인으로서 큰절을 올릴 뿐이다.

향후 최한기의 전적은 연구를 통해서 그 진가를 밝혀내야 할 것이다. 물론 그 이전에 새로 발견된 저술에 이미 수집된 저술과 여기저기 산재되어 있는 최한기의 여러 저술까지 한데 모아서 종합적으로 정리하는 가장 기본적인 일부터 선행되어야 할 것이다. 그래야 대를 이어 조상의 유산을 지키고 가꾸어 온 분들의 노고에 답례하는 일이 될 것이다.

29 『오주연문장전산고』「경사편4」, 〈경사잡류2〉, '사소절을 편을 나누어 간행한 데 대한 변증설(士小節分編刻本辨證說)'. "崔漢綺, 字芝老, 朔寧人. 司馬, 才藝出類, 嘗著通經通史, 禮書及律數曆象等書, 滙集彙考. 强記博學, 非俗士可比也."

참고문헌

『氣測體義』, 『農政會要』, 『心器圖說』, 『陸海法』.

『농정회요』, 고농서국역총서10, 농촌진흥청, 2005.

『增補 明南樓叢書』, 대동문화연구원 성균관대출판부, 2022.

『정조실록』, 〈조선왕조실록〉(sillok.history.go.kr/main/main.do).

李圭景, 『五洲衍文長箋散稿』, 〈한국고전종합DB〉(db.itkc.or.kr).

김용섭, 「農書小史」, 『農書』(11~13), 한국학문헌연구소, 韓國近世社會經濟史料叢書 Ⅲ, 아세아문화사, 1981.

김진철, 「現代中國에서의 古籍의 編纂과 硏究 現況: 中華大典과 儒藏을 중심으로」, 『민족문화』 32, 2008.

노관범, 「조선후기 開城의 儒學 전통」, 『한국문화』 66, 2014.

노기춘, 「『임원십육지』 인용문헌 분석고(1): 농학분야를 중심으로」, 『한국도서관정보학회지』 37, 2006.

노태천, 「최한기의 『심기도설』에 대하여」, 『과학사상』 30, 1999.

심경호, 「十三經注疏 번역의 필요성과 방법」, 『고전번역연구』 9, 2018.

안승준·김학수, 「고문서집성해제」, 『고문서집성 45: 부여 은산 함양박씨편』, 〈한국고문서자료관〉(archive.aks.ac.kr/heje/heje.do?booknum=45#remarkword_7).

염정섭, 「18세기말 正祖의 '農書大全' 편찬 추진과 의의」, 『한국사연구』 112, 2001.

이창일, 「崔漢綺의 저술 『通經』 발견과 그 학술적 의의」, 『장서각』 52, 2024.

전진명, 「대한제국기 임실군수 박시순의 관직일기와 고문서에 대한 고찰」, 『고문서연구』 64, 2024.

郭跃山, 「道藏于农: 《授时通考》所见清代皇帝的农学思想」, 『农业考古』(4), 江西省社会科学院, 2020.

『신찬 척독완편』의 체재와 내용 연구

『척독완편』과의 비교를 중심으로

윤세순

1. 머리말

척독(尺牘)이란 한문이 통용되던 전통시대에는 비교적 짧은 한문체 편지를 가리키는 용어였다. 특히 18~19세기에는 문인들의 문예적 취향이 담긴 소품문적 성향이 농후한 한문체 편지를 척독이라 일컫기도 하였다. 그런데 근대 시기에 우후죽순으로 출간된 다종다양한 척독집(尺牘集)들은 전통시대의 척독과는 그 의미가 좀 다르게 사용되었다. 일단 한문체, 국한문혼용체, 순한글체 편지를 모두 척독이라 일컬었다. 또한 척독집이란 단순히 이런 편지들을 모아 놓은 서책이 아니라 편지를 작성할 경우에 길라잡이 역할을 해주는 일종의 지침서, 즉 간찰서식집(簡札書式集)을 가리키는

* 이 글은 윤세순, 「『新撰 尺牘完編』의 체재와 내용 연구: 『尺牘完編』과의 비교를 중심으로」, 『대동한문학』 82(2025), 193~224쪽을 수정·보완한 것이다.

용어로 사용되었다.

간찰서식집이 통용되던 시기를 정확히 알 수는 없지만, 대략 조선 후기인 18세기 즈음부터 점차 성행하여 근대 시기로 접어들어 대유행하였으며, 1970~1980년대까지도 미약하나마 그 명맥이 이어졌다.

전통시대와 근대 시기에 간찰서식집이 지속적으로 통용되었던 이유는 간찰이 공적으로든 사적으로든 이 시기에 서로 소통할 수 있는 중요한 통신 수단이었기 때문이다. 게다가 유교 중심의 한자문화권이었던 조선 사회에서 식자층은 예의와 격식을 중시했는데, 특히 비대면의 의사소통 수단인 간찰에서 예의와 격식을 더욱 엄격하게 따졌다. 그런데 예의와 격식에 맞추어 한 통의 간찰을 작성하려면 용어 선정부터 까다롭고 서면(書面)의 구성 방식도 단순하지 않았기 때문에 이를 도와줄 간찰서식집이 필요했던 것이다.

조선 후기에는 방각본(坊刻本)으로 간행될 정도로 인기가 있었던 간찰서식집들이 있었는데, 당시 조선 사회가 여전히 한문과 한글의 이중 문자 체계를 유지하고 있었기 때문에 방각본 간찰서식집도 한문체와 한글체가 공존하였다.[1] 한편 1895년에 근대적인 우편제도가 본격적으로 가동되었고, 일제강점기 동안 조선 지식인들은 계몽의 차원에서 일반 대중을 문맹(文盲)에서 탈피시키기 위한 방법의 일환으로 편지쓰기를 적극 장려하기도 하였다. 이러한 사회적 분위기 속에서 출판업자나 서점주인들은 새로운 근대식 출판·인쇄 기술을 도입하여 주로 영리를 목적으로 전통시대의 간찰서식집을 바탕으로 당대에 통용될 만한 새로운 간찰서식집, 즉 척독집(尺牘集)을 앞다투어 편찬·간행하기에 이르렀다.

이 글에서는 통시적·공시적으로 이와 같은 배경에서 탄생한 근대 간찰

1 『簡式類編』, 『寒暄箚錄』, 『簡牘精要』, 『簡牘會粹』, 『候事類輯』은 방각본 한문 간찰서식집이고, 『언간독』, 『증보 언간독』은 방각본 한글 간찰서식집이다.

서식집들 가운데 『신찬 척독완편(新撰 尺牘完編)』[2]에 대해 논의해 보려 한다. 『신찬 척독완편』은 비교적 이른 시기에 간행된 『척독완편(尺牘完編)』 계열의 간찰서식집이다. 필자는 간찰서식집 관련 이전 논문[3]에서 근대 시기 통용되던 간찰서식집들[4]을 간행 시기를 중심으로 크게 세 시기, 즉 성장기(1890~1910년대), 전성기(1920~1930년대), 쇠퇴·변모기(1940~1950년대)로 구분한 바 있는데,[5] 1899년에 출간된 『척독완편』과 1908년에 출간된 『신찬 척독완편』은 모두 성장기의 간찰서식집이라 할 수 있다.

『척독완편』은 근대 간찰서식집들 가운데 한문을 이해하는 독자 대중들이 많이 애용한 가장 대표적인 저작이라 할 수 있다.[6] 그런데 『척독완편』과 『신찬 척독완편』 사이에는 많은 차이점이 있는 것을 확인할 수 있다. 이 글에서는 이런 차이점을 자세하게 밝혀 그 변화 양상이 갖는 의미를 파악해 볼 것이다.

2 『신찬 척독완편』은 1908년, 1909년, 1912년 판본이 현존하는데, 그 수량이 많지 않다. 본 연구를 위해 1912년 판본의 열람을 흔쾌히 허락해 주신 부여 은산 함양박씨 가문에 감사드린다. 이 판본은 현재 한국학중앙연구원 장서각에 '부여 은산 함양박씨 문고본' 가운데 소장되어 있다.

3 윤세순, 「간찰서식집의 부록 연구」, 『인문학연구』 32, 2022.

4 간찰서식집 연구에서 근대 시기를 1950년대 전후까지로 정한 것은 1920~1930년대에 출판된 간찰서식집과 함께 이것과 비슷한 유형의 간찰서식집들이 1950년대까지도 여전히 출판되어 판매되었기 때문이다.

5 간찰서식집의 성장기는 우편제도가 본격적으로 시행되고 고종이 〈교육입국조서〉를 발표하여 근대식 교육의 실시를 선포한 1895년이나 고종이 국호를 대한제국으로 선포한 1897년, 즉 19세기 말 즈음부터 1910년대까지의 시기이다. 이 시기의 척독집들은 조선 후기의 간찰서식집을 새로운 시대에 걸맞게 재구성하는 방식으로 편찬되어 유통되었다. 전성기인 1920~1930년대에는 척독집이 쏟아져 나왔다. 앞 시기에 간행되었던 척독집들이 계속 간행되는 한편으로 새로운 유형의 척독집도 속속 간행되었다. 쇠퇴·변모기인 1940~1950년대는 근대에서 현대로 넘어가는 과도기로, 일제강점기의 끝자락이자 해방을 맞이하여 새로운 역사를 쓰기 시작한 시기이다. 이 시기에 근대 척독집은 성장이 멈추면서 쇠락의 길로 접어들었다고 평가할 수 있다.

6 "僕이 於光武二年歲에 家塾兒輩의 發軔ᄒᆞᆷ을 起見ᄒᆞ야 尺牘完編을 纂集ᄒᆞᆯ식 經春抵冬ᄒᆞ야 始克成書 얏더니 坊友의 嗜痂ᄒᆞᆫ바를 作ᄒᆞ야 印布ᄒᆞ기에 至ᄒᆞ니 幾年의 間에 翻印이 凡六度오 三萬有餘帙에 達ᄒᆞ야 居然이 域內에 衣被ᄒᆞᆫ지라." 金雨均, 「敍言」, 『文明尺牘』, 1917.

2. 『척독완편』 계열의 간찰서식집

『척독완편』과 『신찬 척독완편』을 비교 고찰하기 전에 먼저 『척독완편』 계열의 간찰서식집에 대해 파악해 보려 한다. 이를 통해 『신찬 척독완편』이 『척독완편』 계열의 간찰서식집 가운데 어떤 위치에 있는지 확인할 수 있을 것이다. 『척독완편』 계열의 간찰서식집은 『척독완편』을 필두로 『신찬 척독완편』, 『증보(增補) 척독완편』, 『증보자전(增補字典) 척독완편』, 그리고 『문명척독(文明尺牘)』이 있다.

최초의 『척독완편』은 역관 출신인 최성학(崔性學)[7]이 그의 제자들과 함께 1896년부터 1899년[8]까지 4년여 동안 청나라의 간찰서식집과 조선시대 차록(箚錄)을 가지고 논의하면서 중요한 것들을 취해 분류하여 6권으로 편찬한 필사본이다.[9] 이 필사본을 여러 서당에 비치해 놓았는데, 서당 아이들이 그 내용 중에 한마디 말이라도 소중히 여겨 베껴 썼고,[10] 또한 젊

7 최성학(1842~?)은 조선 말기 한학(漢學) 역관이다. 자는 공선(公選)·전숙(典叔), 호는 연농(硏農), 본관은 경주이다. 역관 집안 출신으로, 조부, 부친, 형이 모두 역관이었다. 23세 때인 1864년에 역과 증광시에 합격하여 역관으로 활동하였다. 추사 김정희의 제자였던 역관 출신 문인 이상적(李尙迪, 1804~1865)의 제자이다. 그의 작품은 『해객시초(海客詩鈔)』, 『대동시선(大東詩選)』, 『조야시선(朝野詩選)』 등에 일부가 실려 있다. 또한 동시대 문인들의 문집에도 그가 쓴 서문과 발문, 그리고 일부 작품이 남아 있다. 그의 문집인 『운향산방집(芸香山房集)』과 『연농유고(硏農遺稿)』가 존재했을 것으로 추측되지만 현재까지 알려지지 않았다. 김홍매, 「역관 崔性學의 생애와 문학세계」, 『대동한문학』 50(2017), 307~311쪽 참고.

8 1899년(광무 3) 수고본(手稿本) 6권 6책이 한국학중앙연구원 장서각(K4-6754 1~6)에 소장되어 있다.

9 "余嘗倦遊南北, 交知益廣, 所經風雨關河, 東草盈篋. 及老而假館與諸生, 設爲問答分類相證. 取淸市所刊諸編, 暨吾邦箚錄, 刪冗撮要, 裒成六卷, 閱四年而告竣. […] 光武 己亥 小春月 硏農居士 崔性學 題于寶芸山房." 최성학, 「自序」, 『尺牘完編』, 博文社, 1905.

10 "丁酉春, 余受讀于崔師硏農, 尋摘之暇, 與同學, 因習尺牘. 取華人所著, 錄折其衷, 參互東俗, 篇各問答, 而師乃潤色之, 輯爲六卷, 命寘諸家塾. 於是焉片言隻字, 奉如拱璧, 索抄者衆, 殆紙貴洛陽. […] 甲辰秋, 黃參奉民秀, 見是書而悅之, 要余商訂, 更加註脚, 出資付活字, 庸爲廣布, 其嘉惠於藝林多矣." 김우균, 「後序」, 『척독완편』(1905).

은이들이 그 서식을 배우고자 앞다투어 서로 베껴서 당시 유행하는 서식의 요점을 갖추고자 했을[11] 정도로 애용되었다. 이처럼 『척독완편』은 간찰을 작성하는 데 길라잡이 역할을 했을 뿐만 아니라 한문을 배우려는 초학자들에게 글쓰기 규범을 제시하기도 했기[12] 때문에 상당수의 독자를 확보할 수 있었다. 이런 인기에 힘입어 『척독완편』은 최성학의 제자인 김우균(金雨均)[13]이 중심이 되어 1905년에 박문사(博文社)에서 활자로 인쇄되어 6권 2책으로 출판되었다.

1905년(광무 9)에 출판된 『척독완편』에는 조병식(趙秉式)·황민수(黃民秀)의 서문과 최성학의 자서(自序), 김우균의 후서(後序), 그리고 권말에 고응원(高應源)의 발문(跋文)이 수록되어 있다. 서문 뒤에는 범례(凡例)와 '동학편집제씨(同學編輯諸氏)'라는 제목하에 김우균·김균상(金均祥)·이건(李建)·이정균(李鼎均)·김세익(金世益)·박형석(朴瀅錫)의 이름이, '감인제씨(監印諸氏)'라는 제목하에 황민수·고응원·이항열(李恒烈)·최상호(崔相浩)의 이름이 언급되어 있다.[14]

이후 『신찬 척독완편』이 출판되었는데, 1908년(융희 2), 1909년(융희 3), 1912년에 발행된 것이 현재까지 확인되었다. 『신찬 척독완편』은 『척독완

11 "年少者無不欲學其規式, 爭相抄寫, 以備時行之要, 常患其誤落相沿. 於是金君雨均, 念傳鉢之恩, 慨然以付梓爲已, 任歷三處, 擇其刊而不憚勞費. 又約余及李君恒烈, 崔君相浩, 監其印役, 歲周而才竣較原本." 고응원, 「尺牘完編跋」, 『척독완편』(1905).

12 "[…] 而又有註脚綦詳, 俾觀者了然, 竊以爲初學之津梁云爾." 최성학, 「自序」, 『척독완편』(1905). "尺牘一書, 乃硏農師弟, 爲初學而編輯也. […] 將使初學, 皆爲繩墨, 能免於固陋之稱, 其所補者, 奚止投良劑於沈疴, 指迷津於跬步而已." 고응원, 「尺牘完編跋」, 『척독완편』(1905). "令初學開卷, 瞭然輒曉其規式之詳略, 而措語之瑰奇栗密, 皆有依據." 조병식, 「尺牘完編序」, 『척독완편』(1905).

13 김우균(1874~?)은 자는 경부(景傅), 호는 춘포(春圃), 본관은 김해(金海)이다. 26세(1899년 9월)에 평리원(平理院) 주사(主事)로 근무했고, 이후 법부와 한성재판소에서 주사를 지냈으며, 35세(1908년)에 울산재판소 판사로 임명되었다. 또한 애국계몽단체인 기호흥학회(畿湖興學會) 회원이었고, 1910년부터 출판사 겸 서점인 동문서림(同文書林)을 경영하기도 했다. 홍인숙, 「근대 척독집 연구: 김우균의 『尺牘完編』을 중심으로」, 『한국문화연구』 19(2010), 68쪽 참고.

14 각 인물의 이름 아래에 그 자호(字號)와 본관, 출생 시기가 언급되어 있다.

편』의 체재와 내용을 대폭 개정한 판본이다. 1908년 판본[15]은 2권 2책으로 동문사(同文社)에서 발행되었는데, 책의 표지나 속표지, 그리고 판권지(板權紙) 어디에도 편찬자의 이름이 적혀 있지 않았다. 그런데 본문 첫 페이지에서 '박정동(朴晶東)[16] 교정(校正), 김우균 편찬(編撰)'이란 말을 확인할 수 있었다. 책머리에 서언(緖言)이 있는데, 작성자를 밝히지 않았고 서언의 끝부분에 '동문사 지(同文社 識)'라고만 적혀 있다.[17] 책 뒷부분에 부록으로 신행재판소법령(新行裁判所法令) 11편(編)과 구행민형수리법(舊行民刑受理法)이 수록되어 있다. 1909년 판본[18]은 권수와 발행소와 서언이 1908년 판본과 동일하다. 다만 속표지에 '박정동 저(著)'라고 되어 있고, 판권지에도 편찬자가 박정동으로 적혀 있다. 1912년 판본[19]은 1책으로 되어 있고, 중앙서관(中央書館)과 신구서림(新舊書林)에서 발행되었으며, 속표지에 정정4판(訂正四版)이라 하였고, 책머리에 서문이 없다. 책 뒷부분에는 부록으로 현행법칙(現行法則) 11과(課)가 수록되어 있다. 또한 속표지와 판권지를 통해 김우

15 1908년(융희 2)에 발행된 『신찬 척독완편』은 현재 국립중앙도서관(複朝40-745-1-2)에 권1(乾)과 권2(坤)가 모두 소장되어 있고, 한국학중앙연구원 한국학도서관(안 816.5 척25)에는 권2만 소장되어 있다.

16 박정동(?~1919)은 대구 출신으로 대한제국 시기에 한성사범학교 교원 등을 역임한 교육자이자, 국채보상운동에 주도적으로 참여한 계몽운동가이다. 1909년 무렵 흥사단에 가입하여 교과서 개발에 관여하였고, 1910년 일제강점기 이후에는 동학의 일파인 시천교(侍天敎)에 입문하여 종교인으로도 활동하였다.(〈한국향토문화전자대전〉과 〈한국민족문화대백과사전〉 참고) 한편 1909년 12월 2일자 『황성신문』에 실린 『신찬 척독완편』에 대한 광고 내용 중에서 "흥사단 편집부장 박정동씨 저작(興士團 編輯部長 朴晶東氏 著作)"이라는 구절을 확인할 수 있다. 『황성신문』 第三千二百卅七号(大韓隆熙三年十二月二日木曜) 4면 4단.

17 홍인숙은 김우균이 동문서림 혹은 동문사라는 출판사 겸 책방을 직접 운영했다는 사실을 『황성신문』(1910.4.5~5.3) '서책대발매(書冊大發賣)'라는 글을 통해 밝혀내어, 이 서언은 김우균이 직접 작성한 것으로 추정하고 있다. 홍인숙, 「김우균의 『척독완편』 서발문을 통해 본 근대 척독집 편찬 과정 및 척독 인식」, 『한국학연구』 38, 2011, 528쪽.

18 1909년(융희 3)에 발행된 『신찬 척독완편』은 성균관대학교 존경각(우송 D04B-0030 v.1~2)에 소장되어 있다. 1909년 판본도 1908년 판본과 동일하게 동문사에서 2권 2책으로 간행된 것으로 미루어 보건대, 1908년 판본의 재판본(再版本)인 듯하다.

19 1912년에 발행된 『신찬 척독완편』은 현재 한국학중앙연구원 장서각(부여 은산 함양박씨 문고본)과 한양대학교 백남학술정보관(808.6 김65ㅊ4)에 소장되어 있다.

균이 편찬했음을 확인하였다. 이 세 판본을 통해 김우균과 박정동이 『신찬 척독완편』의 편찬을 주도했으며 최종적으로 김우균이 편찬자로 확정된 사실을 알 수 있다.

『증보 척독완편』은 1912년에 중앙서관에서 발행한 것[20]과 1913년에 동문서림(同文書林)과 문명서관(文明書館)에서 발행한 것[21]이 현재까지 확인되었는데, 모두 1책으로 되어 있다. 1913년 판본은 속표지에 증보 5판, 김우균 편찬이라 되어 있고, 판권지에도 저작 겸 발행자가 김우균으로 되어 있다. 책머리에 임자년 겨울에 쓴 강암(剛菴) 이용직(李容稙)의 「척독중간서(尺牘重刊序)」와 김우균의 「자서(自序)」가 수록되어 있다.

『증보자전 척독완편』은 1916년,[22] 1918년,[23] 1919년,[24] 1920년,[25] 1937년[26]에 발행된 것이 현재까지 확인되었다. 1916년 판본만 3권 3책이고, 이후에 발행된 4개의 판본은 모두 3권 1책이다. 1916년부터 1920년까지 4개의 판본은 모두 동문서림에서 발행되었고, 책 표지에 김우균이 편저자로 되어 있으며 판권지에도 김우균이 저작 겸 발행자로 되어 있다. 반면 1937년 판본은 속표지에 책 제목이 '최신판 서찰대방 최신척독완편(最新板 書札大方 最新尺牘完編)'이라 되어 있고, 영창서관(永昌書館)에서 편찬 발

20 1912년 중앙서관에서 발행한 『증보 척독완편』은 한양대학교 백남학술정보관(808.6 김65ㅊ5)에 소장되어 있다.

21 1913년 동문서림과 문명서관에서 발행한 『증보 척독완편』은 홍인숙 소장본이다.

22 1916년(大正 5) 판본인 『증보자전 척독완편』은 한국학중앙연구원 장서각(D4B 11 1~3)과 이화여자대학교 도서관(808.6081 김77) 등에 소장되어 있다. 한편 한양대학교 백남학술정보관에서 『척독완편』을 검색해 보니, 1912년에 발행된 3권 3책 증보 6판인 『증보자전 척독완편』(808.6 김65ㅈ v.1)이 소장되어 있다고 했는데, 이는 『척독완편』 발행의 흐름상 매우 어색하다. 아마도 1916년 판본인데, 1912년(壬子年)에 작성된 서문이 수록되어 있어 발행 연도로 착각한 듯하다.

23 1918년(大正 7) 판본인 『증보자전 척독완편』은 한국학중앙연구원 한국학도서관(816 김66ㅊ)에 소장되어 있다.

24 1919년(大正 8) 판본인 『증보자전 척독완편』은 국회도서관(古 811.6 ㅈ558)에 소장되어 있다.

25 1920년(大正 9) 판본인 『증보자전 척독완편』은 홍인숙 소장본이다.

26 1937년(昭和 12) 판본인 『증보자전 척독완편』은 이화여자대학교 도서관(808.6김77ㅊ), 영남대학교 도서관(802.6 김우균ㄱ)에 소장되어 있다.

행되었다고 하였으며, 판권지에는 강의영(姜義永)이 저작 겸 발행인으로 되어 있다.[27] 무슨 이유 때문인지 알 수 없지만, 『증보자전·척독완편』의 판권이 영창서관의 강의영에게 넘겨진 것으로 보인다.

지금까지 『척독완편』 계열의 저자 및 출판 사항, 그리고 서문과 발문의 유무 등에 대해 살펴보았는데, 이를 일목요연하게 정리해 보면 〈표 1〉과 같다.

표 1 『척독완편』 계열의 이본

<table>
<tr><th>서명</th><th>연도</th><th>권책수</th><th>간행처</th><th>판수</th><th>서문 및 발문</th></tr>
<tr><td rowspan="2">『척독완편』</td><td>1899</td><td>6권 6책</td><td>없음
(필사본)</td><td></td><td></td></tr>
<tr><td>1905</td><td>6권 2책
(乾·坤)</td><td>博文社</td><td>초판</td><td>조병식과 황민수의 서문
최성학의 自序
김우균의 後序
고응원의 跋文</td></tr>
<tr><td rowspan="3">『신찬 척독완편』</td><td>1908</td><td rowspan="2">2권 2책</td><td rowspan="2">同文社</td><td rowspan="2"></td><td rowspan="2">緖言</td></tr>
<tr><td>1909</td></tr>
<tr><td>1912</td><td>1책</td><td>中央書館</td><td>訂正4판</td><td>없음</td></tr>
<tr><td rowspan="2">『증보 척독완편』</td><td>1912</td><td rowspan="2">1책</td><td>中央書館</td><td></td><td rowspan="2">이용직의 序文
김우균의 自序</td></tr>
<tr><td>1913</td><td>同文書林,
文明書館</td><td>5판</td></tr>
<tr><td rowspan="5">『증보자전
척독완편』</td><td>1916</td><td>3권 3책</td><td rowspan="4">同文書林</td><td>증보 6판</td><td rowspan="5">이용직 序文
김우균 自序</td></tr>
<tr><td>1918</td><td rowspan="4">3권 1책</td><td>7판</td></tr>
<tr><td>1919</td><td>8판</td></tr>
<tr><td>1920</td><td>9판(증보 7판)</td></tr>
<tr><td>1937</td><td>永昌書館</td><td>최신판
(속표지)</td></tr>
</table>

27 강의영은 1916년 서울 종로3가에 서점 겸 출판사인 영창서점을 설립하여 운영하였다. 〈한국민족문화대백과사전〉 참고.

3. 『신찬 척독완편』의 체재에 대하여

『신찬 척독완편』은 『척독완편』 계열에 속하는 간찰서식집인데, 『척독완편』의 체재와 내용을 대대적으로 수정하여 개찬(改撰)한 것이다. 본 장에서는 『신찬 척독완편』 체재의 특징을 『척독완편』 체재와 비교해 파악해 볼

표 2 『척독완편』의 목차

권차	목 차
권1	尊卑**(附:在他邦取用) (附:各部各司措語) (附:尊處短札)**, 道邑, 師弟, 尊侍, 老少, **(附:三黨稱號)**, 家書式
권2	邦慶頭辭, 國哀頭辭, **(附:地方, 官制)**, 賀人中選**(附:短札)**, 賀人初仕, 賀人外除, 賀人復職, 賀人陞資, 賀人獻捷, 賀人卜居, 賀人生子, 賀人冠婚**(附:婚書)**, 賀人壽宴**(附:請帖)**, 結義兄弟, 僧徒, 女史 **(附:與他邦女敎師書)**
권3	春令, 春日遊賞, 夏令, 夏日遊賞, 秋令, 秋日遊賞, 冬令, 冬日遊賞, 詩, 文 書, 畵
권4	印刊, 事業, 名節, 學藝, 商務, 懷仰, 薦引, 訟事, 勸勉, 辯論
권5	感謝, 囑託, 干請, 作別, 餽遣, 邀約, 借人馬, 借書冊, 借衣服, 借器具, 求花卉, 貸錢
권6	借穀, 緩期, 傷逝, 慰人罷免, 慰人疾病, 慰人災難, 慰人譴謫, 慰人服制, 居廬往復**(附:華人套[葬前, 葬後, 大祥, 禫祀])**

표 3 『신찬 척독완편』의 목차

권차	장제목	절 제목
권1	제1장 天時	春令, 夏令, 秋令, 冬令
	제2장 家族	**(附: 三黨)**, 家書式
	제3장 事爲	印刊, 事業, 名節, 學藝, 商務, 薦引, 訟事, 勸勉, 辯論
	제4장 交際	感謝, 囑託, 作別, 餽遣, 邀約, 借貸
권2	제5장 慶賀	邦慶頭辭, 致賀
	제6장 慰問	國哀頭辭, 傷逝, 慰人罷免, 慰人疾病, 慰人災難, 慰人服制, 居廬往復
	제7장 尊卑	大臣, 次官, 高等官, 地方官, 長幼
	제8장 上疏	旌閭
	부록	新行裁判所法令(1908) / 現行法規(第1~11課)(1912)

것이다. 먼저 『척독완편』과 『신찬 척독완편』의 목차를 도표로 제시해 보면 〈표 2〉, 〈표 3〉과 같다. 두 책의 목차를 비교해 보면 『신찬 척독완편』의 체재가 어떻게 대폭 바뀌었는지 대략 확인할 수 있다. 이제 『신찬 척독완편』과 『척독완편』의 체재상 차이점을 구체적으로 살펴서 『신찬 척독완편』의 특징을 파악해 볼 것이다.

1) 장과 절의 구분

『척독완편』은 예문 간찰을 종류별로 분류하여 수록해 놓기도 했지만, 장과 절에 대한 인식이 없었다. 예를 들면, 축하류를 장과 절로 분류하지 않고 그대로 수록해 놓았다. 반면 『신찬 척독완편』에서는 축하류 예문 간찰을 상위 분류인 장과 하위 분류인 절로 구분하여 일목요연하게 수록해 놓았다.

또한 『척독완편』은 권2에 '방경두사(邦慶頭辭)'와 '국애두사(國哀頭辭)'를 나란히 실어 놓았는데, 『신찬 척독완편』에서는 제5장 경하(慶賀)의 제1절에 '방경두사'를, 제6장 위문(慰問)의 제1절에 '국애두사'를 각각 실어 구분해 놓았다. 이를 통해 『신찬 척독완편』의 분류가 『척독완편』의 분류보다 좀 더 체계적임을 알 수 있다.

표 4 『척독완편』과 『신찬 척독완편』 축하류 예문 간찰 수록 방식 비교

서명	권/장/절	예문 간찰
『척독완편』	권2	賀人中選, 賀人初仕, 賀人外除, 賀人復職, 賀人陞資, 賀人獻捷, 賀人卜居, 賀人生子, 賀人冠婚, 賀人壽宴
『신찬 척독완편』	권2 제5장 慶賀 제2절 致賀	賀人卒業, 賀人初仕, 賀人外除, 賀人復職, 賀人陞資, 賀人獻捷, 賀人卜居, 賀人生子, 賀人冠婚, 賀人壽宴

2) 예문 간찰 수량의 축소

『신찬 척독완편』은 『척독완편』에 수록된 예문 간찰의 수를 대폭 줄였다. 〈표 5〉는 『척독완편』과 『신찬 척독완편』의 차대류 부분이다. 『척독완편』에는 7개의 차대류에 각각 6개[28]의 예문 간찰을 포함시켜 총 42개의 차대류 예문 간찰을 수록해 놓았다. 반면 『신찬 척독완편』에서는 제4장의 제6절에 차대류 예문 간찰을 13개 수록해 놓았다. 즉 『신찬 척독완편』에는 『척독완편』의 3분의 1 수준에도 미치지 못하는 차대류 예문 간찰이 수록되어 있다. 『신찬 척독완편』의 편찬자는 이런 방식으로 『척독완편』에 수록된 예문 간찰을 상당수 제외시켰다.

표 5 『척독완편』과 『신찬 척독완편』 차대류 예문 간찰 수 비교

<table>
<tr><th>서명</th><th>권/장/절</th><th colspan="2">예문 간찰</th><th colspan="2">개수</th></tr>
<tr><td rowspan="7">『척독완편』</td><td rowspan="7">권5</td><td>借人馬</td><td>六足, 款段, 衛也, 長耳, 騶從, 自行車</td><td>6</td><td rowspan="7">42</td></tr>
<tr><td>借書冊</td><td>經解, 道藏輯要, 皇極經世, 明季覽署, 隨園全集, 東寶錄</td><td>6</td></tr>
<tr><td>借衣服</td><td>章服, 祭服, 軍服, 小禮服, 毛具, 西具</td><td>6</td></tr>
<tr><td>借器具</td><td>洋餐器皿, 舖陳屛幛, 樂具, 神仙爐, 酒器, 架子</td><td>6</td></tr>
<tr><td>求花卉</td><td>梅花, 叢竹, 水仙花, 葡萄, 種柳, 洋草花,</td><td>6</td></tr>
<tr><td>貸錢</td><td>家垈價, 股分錢, 役費, 柴糧備, 貨本, 筏木價</td><td>6</td></tr>
<tr><td>借穀</td><td>借米, 黃粱, 赤豆, 醬豆, 麯子, 糆粉</td><td>6</td></tr>
<tr><td>『신찬
척독완편』</td><td>권1
제4장 交際
제6절 借貸</td><td colspan="2">借人馬, 借章服, 借祭服, 借軍服, 借禮服, 借毛具, 借雨具, 求梅花, 借竹, 借葡萄, 借花種, 借資本, 借穀</td><td colspan="2">13</td></tr>
</table>

3) 예문 간찰의 재배치

『신찬 척독완편』은 예문 간찰의 배치 순서도 『척독완편』과 다르다. 〈표

28 수신·발신 간찰 한 쌍을 1개의 간찰로 취급한다.

표 6 『척독완편』과 『신찬 척독완편』 첫머리에 수록된 예문 간찰의 비교

서명	권차	목차	예문 간찰
『척독완편』	권1	尊卑	議政大臣, 各部大臣, 無任正卿, 各部協辦, 無任亞卿, 各局長
		道邑	各道觀察使, 各邑守令, 守令與觀察使往復, 各港監理
		師弟	舊套, 新套
		尊侍	舊套, 新套
		老少	舊套, 新套
『신찬 척독완편』	권1 제1장 天時	제1절 春令	立春, 人日, 上元, 花朝, 上巳, 寒食, …
		제2절 夏令	綠陰, 浴佛日, 麥秋, 端午, 伏日, 夏日游賞, …
		제3절 秋令	七夕, 中元, 旣望, 秋夕, 重陽, 聽蟬, …
		제4절 冬令	立冬, 十月之望, 亞歲, 除夕, 賞雪, 訪梅, …

6>에서 알 수 있듯이 『척독완편』에서는 공사(公私) 간의 위계질서에 따라 주고받는 간찰을 권1에 배치해 놓았다. 반면 『신찬 척독완편』에서는 이런 부류의 예문 간찰은 제7장 존비(尊卑)의 절 아래에 '대신(大臣), 차관(次官), 고등관(高等官), 지방관(地方官), 장유(長幼)'의 항목으로 배치하였다. 그리고 권1에는 사계절에 주고받는 간찰들을 배치하였다. 즉 '천시(天時)'라는 장의 제목 아래에 춘령(春令), 하령(夏令), 추령(秋令), 동령(冬令)으로 절제목을 붙여 각각의 계절에 관련된 예문 간찰을 수록해 놓았다. 이런 배치 방식을 통해 『척독완편』은 유교적 상하 신분 질서 속에서 예의와 격식을 지켜서 소통해야 하는 간찰을 중시한 반면, 『신찬 척독완편』은 계절이라는 자연스럽게 변화하는 시간의 흐름 속에서 주로 평교(平交)하는 사이에서 소통하는 간찰을 중시하였음을 알 수 있다.

4) 상소의 장 추가

『신찬 척독완편』의 개찬(改撰) 방법 가운데 하나는 『척독완편』에 수록된 예문 간찰의 수를 줄이는 것이다. 그런데 예외적으로 『척독완편』에는 없

표 7 『신찬 척독완편』 제8장 상소

서명	권차	장/절	예문 간찰
『신찬 척독완편』	권2	제8장 上疏 제1절 旌閭	① 忠臣旌閭, ② 烈女旌閭, ③ 忠臣贈職

는 것으로 『신찬 척독완편』에 새롭게 추가된 부분이 있다. 즉 제8장 상소(上疏) 부분이다.

〈표 7〉에서 알 수 있듯이 『신찬 척독완편』에는 충신과 열녀의 뜻을 기려 표창해 주자는 상소문이 수록되어 있다. 반면 『척독완편』에는 '상소(上疏)'와 '정려(旌閭)'라는 항목이 아예 없다. 상소문이나 정려문은 엄연히 간찰이 아니기 때문에 『척독완편』에는 수록되지 않은 것이다. 그런데 『신찬 척독완편』에는 비록 본문의 끝부분이지만 본문으로 편성되어 있다.

상소문이나 정려문은 전통사회에서 통용되던 것인데, 신구 문물이 교차되는 전환기에 간행된 간찰서식집, 그것도 개찬된 간찰서식집에 추가된 이유가 궁금하지 않을 수 없다. 여전히 충신과 열녀에 대한 향념(向念)이 유효하기 때문이었을까. 이 장의 추가를 단순히 전통사회로의 회귀, 즉 복고 취향으로 취급해서는 안 될 것이다. 1905년 을사조약이 체결되고 1910년 한일병합이 이루어지는 국가 존망의 시기에 나라를 위해 충성하고 절의와 지조를 지키는 인물을 선양(宣揚)할 필요가 있었을 것이다. 즉 사회적 혼란 속에서 위기의식을 느낀 편찬자가 전통사회의 미풍양속을 계승하여 국가와 민족을 지킬 인물을 갈구하는 차원에서 상소의 장을 추가한 것이라 짐작해 본다.

5) 부록에 우편제도 추가

『신찬 척독완편』은 부록에 있어서 『척독완편』을 계승한 부분도 있고 새

표 8 『척독완편』에 수록된 부록들

<table>
<tr><th colspan="2">수록 위치</th><th>부록</th><th>부록 수</th></tr>
<tr><td rowspan="2">『척독완편』 권1</td><td>尊卑</td><td>議政大臣(附: 在他邦取用), 各部大臣(附: 各部各司措語), … 各局長(附: 尊處短札)</td><td>3개</td></tr>
<tr><td>老少와 家書式 사이</td><td>三黨稱號</td><td>1개</td></tr>
<tr><td rowspan="4">『척독완편』 권2</td><td>國哀頭辭와 賀人中選 사이</td><td>地方, 官制</td><td rowspan="4">5개</td></tr>
<tr><td>賀人冠婚</td><td>(附: 婚書)</td></tr>
<tr><td>賀人壽宴</td><td>(附: 請帖)</td></tr>
<tr><td>女史</td><td>(附: 與他邦女敎師書)</td></tr>
<tr><td>『척독완편』 권6</td><td>居廬往復</td><td>(附: 華人套[葬前, 葬後, 大祥, 禫祀])</td><td>1개</td></tr>
</table>

표 9 『신찬 척독완편』에 수록된 부록들

<table>
<tr><th>판본 연도</th><th colspan="2">수록 위치</th><th>부록</th></tr>
<tr><td>1908년</td><td rowspan="3">제2장
家族
제1절
三黨</td><td rowspan="3">권말</td><td rowspan="2">新行裁判所法令(제1~제10編), 地方</td></tr>
<tr><td>1909년</td></tr>
<tr><td>1912년</td><td>現行法規(제1~제11課)</td></tr>
</table>

롭게 추가한 부분도 있다. 먼저 『척독완편』에 수록되어 있는 부록을 살펴보면 예문 간찰과 직접적으로 관련이 있는 것들이다.

〈표 8〉은 어떤 종류의 부록들이 『척독완편』의 어느 위치에 수록되어 있는지를 보여주고 있다. 부록들은 거의 예문 간찰류 사이에 삽입되어 실려 있는데, 모두 간찰을 작성할 경우에 필요한 양식이나 참고할 만한 자료들이다. 반면 『신찬 척독완편』에는 제2장과 권말에 부록이 수록되어 있다.

〈표 9〉에서 알 수 있듯이 1908년·1909년·1912년 판본의 제2장에 삼당(三黨, 삼당 칭호)이 실려 있는데, 부록의 형태가 아니라 본문에 하나의 절(節)로 편성되어 있다. 『척독완편』과 마찬가지로 『신찬 척독완편』에서도 가족 및 친인척 간에 주고받는 간찰을 작성할 경우에 삼당, 즉 부당(父黨), 모당(母黨), 처당(妻黨)에 대한 호칭의 중요성을 강조하고 있음을 알 수 있다.

한편 1908년과 1909년 판본의 경우 권2의 뒷부분에 '신행재판소법령(新行裁判所法令)'이란 부록이 실려 있는데, 무려 73면부터 188면까지 110여 면 정도의 상당히 많은 분량이다. 이런 부록은 다소 뜬금없어 보이지만, 편찬자인 김우균이 재판소에 근무한 적이 있다는 사실과 연결지어 보면 이해가 된다.[29] 사회의 제반 상황이 바뀌어 가는 새로운 시대에 직면하여 식자층이라고 자칭할 수 있으려면 법령 정도는 알고 있어야 한다는 편찬자의 의도가 반영된 부록이라 여겨진다.[30] 그리고 189면부터 195면까지는 '지방(地方)'이라는 제목하에 전국 각 도(道)의 부(府)와 군(郡)에 대한 옛 이름과 이정(里程)을 제시해 놓았다. 이는 『척독완편』에 있던 부록으로 위치만 권말로 바꾸어 그대로 수록한 것이다.

한편 1912년 판본의 경우는 권2의 뒷부분에 '현행법규(現行法規)'를 제1과부터 제11과까지 수록해 놓았는데, 간찰과 관련하여 제11과 잡록(雜錄) 부분을 주목할 필요가 있다.

〈표 10〉에서 알 수 있듯이 1912년 판본 『신찬 척독완편』은 법규(제1~10과)와 전국 각 도의 부와 군에 대한 이정표를 수록해 놓았다는 점에서는 1908년 및 1909년 판본과 동일하지만, 이외에 우편과 철도에 관련된 사항을 추가한 점이 다르다. 간찰 등의 우편물을 전국 각지로 보내려면 우편제도가 필요하고 운송을 위해서는 철도가 필요하기 때문에 간찰서식집과 연관성이 있어서 부록으로 수록해 놓은 것이다. 이처럼 부록을 통해서 알

29 김우균이 재판소에 근무한 이력에 대해서는 앞의 각주 13을 참고할 것.

30 1909년 12월 2일자 『황성신문』에서 『신찬 척독완편』에 대한 광고를 확인할 수 있는데, 그 내용 중에 새로운 법령의 핵심을 모아 부록으로 실어 놓았다고 선전하고 있다. 광고 기사의 내용은 다음과 같다. "再版 新撰尺牘完篇裁所現行法令輿士團編輯部長 朴晶東氏著作 一帙 二冊 正價金 壹圜△今此局勢가 維新ᄒᆞ고 事爲가 繁劇ᄒᆞᆫ 時代에 際ᄒᆞ야 吾人도 論交酬世의 道가 日廣日多홈이 尺牘을 不可不讀이라 本尺牘은 已爲刊行于世ᄒᆞ야 江湖의 好評을 博得ᄒᆞᆫ 바 今에 國漢文으로 新撰增補ᄒᆞ야 新舊尺牘에 牛耳가 되며 且近日 新法令의 最要ᄒᆞᆫ 者를 類聚附輯ᄒᆞ얏ᄉᆞ오니 一般 人士ᄂᆞᆫ 案頭에 必備ᄒᆞᆯ 好書이ᄋᆞᆸ." 『황성신문』 第三千二百卅七号(大韓隆熙三年十二月二日木曜), 4면 4단.

표 10 『신찬 척독완편』에 수록된 부록 중 우편제도 관련 부분

판본	부록		잡록의 세부 사항
1912년 『신찬 척독완편』	現行法規 (第1~11課)	第11課 雜錄	① 內國郵便爲替料金表
			② 振替貯金拂込料金表
			③ 郵便物特別處理金
			④ 郵便物의關ᄒᆞᆫ各種料金表
			⑤ 朝鮮內의發着小包郵便物에關ᄒᆞᆫ件
			⑥ 電信,新聞電報,電話各種料金表
			⑦ 各鐵道發着時刻表
			⑧ 各鐵道賃金表
			⑨ 十三道府郡里程表

수 있는 점은 『척독완편』이 예의와 격식을 갖춘 간찰의 작성에 초점을 맞춘 반면 1912년 판본 『신찬 척독완편』은 간찰의 작성뿐만 아니라 간찰을 전달해 줄 우편제도에 대해서도 인식하고 있었다는 것이다.

지금까지 『신찬 척독완편』의 체재를 『척독완편』과 비교하여 살펴보았다. 그 결과 『신찬 척독완편』은 『척독완편』에 수록된 예문 간찰의 수량을 대폭 줄이고 예문 간찰의 배치를 재조정하였으며, 비슷한 예문 간찰들을 장과 절로 구분하여 보다 체계적으로 수록해서 체재를 정비하였다. 게다가 부록을 통해서는 근대 우편제도에 대한 인식도 엿볼 수 있었다. 한편 『척독완편』에는 없었던 '상소의 장(章)'을 추가한 것은 당시 국가 존폐의 위기 상황에서 올곧고 충실한 구국(救國)의 인물을 갈망했기 때문일 것이다.

4. 『신찬 척독완편』 소재 예문 간찰의 특징

본 장에서는 『척독완편』과 『신찬 척독완편』 소재 예문 간찰의 비교를 통해 『신찬 척독완편』의 특징을 살펴볼 것이다.

1) 수신·발신 간찰의 봉투 양식 생략

『척독완편』에서는 공사 간에 예의와 격식을 차려야 하는 간찰일 경우에는 외봉(外封)과 피봉(皮封)을 간찰 앞부분에 제시해 놓았다. 즉 권1의 존비(尊卑), 도읍(都邑), 사제(師弟), 존시(尊侍), 노소(老少)와 권6의 위인복제(慰人服制), 거려왕복(居廬往復) 부분에 수록된 예문 간찰에는 외봉과 피봉을 모두 제시해 놓거나 피봉만 제시해 놓았다. 반면 『신찬 척독완편』에는 이 부분의 예문 간찰에서 외봉과 피봉이 모두 생략되어 있다. 격식을 생략하고 간소화하는 방식을 취한 것이다.

〈표 11〉과 〈표 12〉에서 알 수 있듯이 『척독완편』에서는 신분의 고하와 연령의 다소에 따라 격식을 갖추어야 할 편지의 경우, 편지 본문 앞에 외봉과 피봉을 제시해 놓았다.[31] 반면 『신찬 척독완편』에 수록되어 있는 모든 예문 편지에는 외봉과 피봉이 전혀 없다. 이를 통해 『신찬 척독완편』은 상하관계에서 필요한 예의와 격식이 상대적으로 느슨해졌음을 알 수 있다. 1894년(고종 31) 갑오경장으로 인해 정치·사회적 측면에서 문벌 및 신분 계급의 타파와 노비제도의 폐지 등이 시도되었다. 이 개혁을 기점으로

31 『척독완편』 권1의 尊卑, 都邑, 師弟, 尊侍, 老少와 권2의 家書式, 賀人中選, 賀人初仕, 賀人外除, 賀人復職 등의 경하류 부분에 외봉과 피봉이 수록되어 있다. 외봉과 피봉이 나란히 제시되기도 하고, 외봉이나 피봉 하나만이 제시되어 있기도 하다.

표 11 『척독완편』의 외봉과 피봉을 갖춘 예문 간찰

『척독완편』
권1 尊卑 議政大臣
外封[議政大臣 舊套四條] 議政大臣 宅 侍人 入納[某洞] 某職名 上書 皮封[只書上書二字 若客書則加答字] 伏不審此時勻[勻 本鈞字 敬避廟諱], 體候連享萬安, 伏慕區區, 無任下誠. [侍生]姑保前狀, 伏幸何喩. 餘在夾白[白告也 謂夾紙所告], 不備. 伏惟下鑑. 年月日 侍生 某 上書]

표 12 『척독완편』과 『신찬 척독완편』에 수록된 동일 예문 간찰의 피봉 有無

『척독완편』	『신찬 척독완편』
권1 老少	권2 제7장 尊卑 제5절 長幼-老少
皮封[新套 二條] [某大人 閤下 勛啓 某號生 謹緘] 月初京報, 聞抗疏陳弊, 朝野聳然, 尤驗其忠愛之誼. 伏惟尊兄大人, 敭[敭揚也]名逷駿[逷駿 詩 通聿同駿大也]楙[楙懋也]德敦庬[庬大也], 丁年[丁年即英年]折桂, 瀛洲[折桂 即登科 唐書 翰林稱登瀛洲]之選, 是登, 午夜燃藜, 天祿之書[午夜中夜 劉向校書於天祿 閣有老人植藜杖 燃火當明]常勘. 翹企偉猷, 曷勝馣禱? … 少弟 某 再拜 年月日	月初京報에 聞抗疏陳弊ᄒᆞ야 朝野聳然ᄒᆞ니 尤驗其忠愛之義라 伏惟尊兄大人은 英年折桂에 瀛洲之選을 是登이요 午夜燃燈에 天祿之書를 常勘이라 翹企偉猷에 馣禱曷勝이리오 … 年月日 弟某頓

조선 사회는 근대화가 점차적으로 진행되면서 정착되어 갔는데, 『신찬 척독완편』은 이러한 사회적 변화 양상을 반영하고 있는 것이다.

2) 국한문혼용체의 구사

〈표 13〉에서 알 수 있듯이 『척독완편』은 순한문체이고, 전통적인 한문 표기법에 따라 문장의 띄어쓰기가 전혀 되어 있지 않아 한문을 완벽하게 구사하지 못하면 문장을 이해하기 매우 어렵다. 반면 『신찬 척독완편』은 구절마다 우리말로 현토(懸吐)를 달아 한주국종(漢主國從)의 국한문혼용체

표 13 『척독완편』과 『신찬 척독완편』에 수록된 동일 예문 간찰의 문체 비교

『척독완편』	『신찬 척독완편』
권3 春令-立春	권1 제1장 天時 제1절 春令-立春
寒梅纔發園丁[園丁治圃者]適獻生菜斯**謂五辛**[齊俗立春日食五辛菜]豈非杜詩春盤[春盤杜立春詩春日春盤細生菜]者耶天時從此鼎[鼎即盛也]始則人事亦可以賁新未諗嗿候益禔[禔福也]奉禱奉禱玆有麴生[麴生酒名]遲[遲待也]兄同飮以作迎春之喜幸爲蚤降擁篲[擁篲禮記註爲長者擁篲而前掃塵也]恭竢靑睞[睞游眺貌] 愚弟 某[拜]	寒梅가纔發에園丁이適獻生菜하니斯豈非杜詩春盤之細者耶아天時가從此鼎始盛則人事도亦可以賁新이라未諗嗿候益福가奉禱奉禱라玆有薄酒ᄒᆞ야待兄同飮ᄒᆞ야以作迎春之喜ᄒᆞ니幸爲蚤降ᄒᆞ라擁篲ᄒᆞ고恭竢靑睞라[春盤杜立春詩春日春盤細生菜 擁篲禮記註爲長者擁篲而前掃塵也] 愚弟 某拜

를 구사하여 가독성과 문장 이해력을 높였다. 『척독완편』의 예문 간찰은 문체상으로 조선시대 방각본 한문 간찰서식집과 별반 차이가 없어 보인다. 반면 『신찬 척독완편』은 아직 국주한종체(國主漢從體)를 구사하는 정도까지 나아가지는 못했지만, 한문에 대한 이해가 다소 떨어지는 독자층에 대해 어느 정도 배려하고 있다.

3) 우리말 어순의 사용

표 14 『척독완편』과 『신찬 척독완편』에 수록된 동일 예문 간찰의 문장 비교

『척독완편』	『신찬 척독완편』
권3 春日游賞 餞春의 答書	권1 제1장 天時 제1절 春令 餞春의 答書
昨醉未醒, **忽獲華翰,** 如承棒喝[棒即杖也 佛經棒喝六迷]也. 第餞春只在轉頭[轉頭 謂焂忽也], 則離懷黯澹, **誰能膠[膠 猶黏也]住西日耶?** 宜趁殘紅未謝, 即向駱園[駱山在城東 多花園], 更進數盃, 夜深而歸恐好. 賈島詩云, 未到五更猶是春, 最爲絶唱, 幸諒竢[竢待也]焉. 留拜匆匆, 藉賀文安.32 弟某 拜復	昨醉未醒에 **華翰을 忽獲**ᄒᆞ니 如承棒喝也라 第餞春이只在轉頭則離懷雖黯이나 **西日을 誰能膠住耶아** 宜趁殘紅未謝에 即向駱園ᄒᆞ야 更進數盃ᄒᆞ고 夜深而歸가恐好라 賈島詩에 云未到曉鐘猶是春이 最爲絶唱이니幸諒俟焉ᄒᆞ라 留拜匆匆에 藉賀文安이라[棒即杖也 佛經 棒喝六迷] 弟某 拜復

32 위의 문장은 가독성을 위해 필자가 임의로 구두점을 찍었다. 이하 인용한 『척독완편』의 예문 간찰도 동일하다.

표 15 『척독완편』과 『신찬 척독완편』에 수록된 모당(母黨)에 대한 서술 비교

『척독완편』	『신찬 척독완편』
권1 三黨稱呼 중에 母黨에 대한 서술	권1 제2장 家族 제1절 三黨 중에 母黨에 대한 서술
王母[稱己], 王大夫人[稱人]. 老慈慈闈[稱己], 諼堂·萱幃·太碩人[萱詩 焉得萱草 太大也 碩人出詩][稱人]. 內舅[稱己], 令舅氏·渭陽丈[渭陽詩 我送舅氏曰 至渭陽][稱人]. 甥侄[稱己], 賢甥[稱人].	己之祖母에는 稱王母오 人에는 稱王大夫人이오 己之母老에는 稱老慈慈闈오 人에는 稱萱堂·闈萱·太碩人이오 己之외삼촌에는 內舅오 人에는 稱渭陽丈이오 己之甥侄은 只稱甥侄이오 人에는 稱賢甥이라

『척독완편』의 '忽獲華翰'과 '誰能膠住西日耶?'라는 구절을 『신찬 척독완편』에서는 '華翰을 忽獲ᄒᆞ니'와 '西日을 誰能膠住耶아'라고 각각 바꾸어 놓았다. 즉 『척독완편』에서는 한문 문법에 맞게 '술어+목적어', '주어+술어+목적어'의 구조로 되어 있는 반면, 『신찬 척독완편』에서는 현토를 달아야 했기 때문인지 알 수 없지만 한글의 문법 체계인 '목적어+술어', '목적어+주어+술어'의 구조로 바꾸어 놓았다.

〈표 15〉는 삼당(三黨) 가운데 모당(母黨)에 대한 존칭을 제시해 놓고 있는데, 『척독완편』에서는 '술어+목적어' 구조로 간단하게 제시하였다. 그런데 『신찬 척독완편』에서는 『척독완편』의 '王母[稱己]'를 '己之祖母에는 稱王母오'라고 한글 현토를 달고 한글 문법을 가미하여 제시하였다.

『신찬 척독완편』에 수록된 모든 예문 간찰에서 이런 현상이 나타나는 것은 아니지만, 한문 문장을 우리말 어순에 따라 서술하려는 시도를 살펴보았다. 위의 두 예시를 통해 한문 문법 체계가 서서히 무너져내리고 있음을 엿볼 수 있다.

4) 협주(夾註)의 생략과 이동

『척독완편』에서는 한 문장의 단어나 구절에 협주를 달아 본문의 이해를 돕고 있다. 그런데 한 문장의 여러 구절에 세주(細註)의 형태로 협주를

표 16 『척독완편』과 『신찬 척독완편』에 수록된 동일 예문 간찰의 협주 비교(1)

『척독완편』	『신찬 척독완편』
권3 春令-立春	권1 제1장 天時 제1절 春令-立春
寒梅纔發, 園丁[**園丁 治圃者**], 適獻生菜, 斯謂五辛[齊俗 立春日 食五辛菜], 豈非杜詩春盤[**春盤 杜立春詩 春日春盤細生菜**]者耶? 天時從此鼎[鼎即盛也]始, 則人事, 亦可以賁新. 未諗唫候益禔[禔 福也], 奉禱奉禱. 玆有麴生[麴生 酒名], 遲[遲 待也]兄同飮, 以作迎春之喜, 幸爲蚤降. 擁篲[擁篲 禮記註爲長者 擁篲而前掃塵也], 恭竢靑睞[**睞游眺貌**]. 愚弟 某[拜]	寒梅가 纔發에 園丁이 適獻生菜하니 斯豈非杜詩春盤之細者耶아 天時가 從此鼎始盛則人事도 亦可以賁新이라 未諗唫候益福가 奉禱奉禱라 玆有薄酒ᄒᆞ야 待兄同飮ᄒᆞ야 以作迎春之喜ᄒᆞ니 幸爲蚤降ᄒᆞ라 擁篲ᄒᆞ고 恭竢靑睞라[**春盤 杜立春詩 春日春盤細生菜** 擁篲 禮記註爲長者 擁篲而前掃塵也] 愚弟 某拜

표 17 『척독완편』과 『신찬 척독완편』에 수록된 동일 예문 간찰의 협주 비교(2)

『척독완편』	『신찬 척독완편』
권3 夏令-端午	권1 제1장 天時 제2절 夏令-端午
時逢地臘[**道書 端午稱地臘 又稱天中節**], 榴花已發, 伏詢邇來, 侍祺多慶, 頂祝頂祝. 嘗遊申滬[**申滬 今上海 古春申君浦也**], 時觀楚俗, 思屈原之忠, 投粽飯爲競渡[**屈原諫楚懷王 不聽 投江而死 後人蘆葉裏粽米飯投之 乘舟競渡 以爲拯出之狀**]之歌, 復以蘭湯[**蘭湯 謂沐浴也**]桃印[**桃印 辟邪之物也**]相遺, 或鬪草爲戲, 終日取樂, 尤知其佳節耳. 今午約年少數三, 巡市南看日人之幻戲[**幻 謂變幻之妖術**]歷詣高齋穩討矣. 先此仰陳, 即希雅照. 愚弟 某頓	時逢地臘에 榴花가 已發ᄒᆞ다 伏詢邇來에 侍祺多慶가 頂祝頂祝이라 嘗遊上海ᄒᆞ야 時觀楚俗에 思屈原之忠ᄒᆞ야 投粽飯爲競渡之歌ᄒᆞ고 復以蘭湯桃印으로 相遺ᄒᆞ며 或鬪草爲戲ᄒᆞ야 終日取樂에 尤知其佳節耳라 今午에 約年少數三ᄒᆞ야 巡市南看日人之幻戲ᄒᆞ고 歷詣高齋矣리라 先此仰陳ᄒᆞ야 即希雅照라[**今上海 古春申君浦也**] 愚弟 某頓

달아 놓으면 문장의 이해력은 높아질 수 있지만 읽을 때 거슬리거나 방해가 되어 가독성이 떨어진다. 반면 『신찬 척독완편』에서는 문장의 의미가 크게 달라지지 않는 한도 내에서 협주를 삭제하거나 문장의 끝부분으로 옮겨 가독성을 높였다.

5) 단어의 교체

『신찬 척독완편』에서는 『척독완편』의 한자를 동일하거나 비슷한 의미

표 18 『척독완편』과 『신찬 척독완편』에 수록된 동일 예문 간찰 속의 단어 비교(1)

『척독완편』	『신찬 척독완편』
권3 春令-立春	권1 제1장 天時 제1절 春令-立春
…未諗喩候益**禔**[禔福也]. 奉禱奉禱. 玆有**麴生**[麴生酒名]. **遲**[遲待也]兄同飮. 以作迎春之喜. 幸爲蚤降. 擁篲[擁篲 禮記註 爲長者 擁篲而前掃塵也]. 恭竢青睞[睞游眺貌]. …	…未諗喩候益**福**가 奉禱奉禱라 玆有**薄酒**ᄒᆞ야 **待**兄同飮ᄒᆞ야 以作迎春之喜ᄒᆞ니 幸爲蚤降ᄒᆞ라 擁篲ᄒᆞ고 恭竢青睞라…

표 19 『척독완편』과 『신찬 척독완편』에 수록된 동일 예문 간찰 속의 단어 비교(2)

『척독완편』	『신찬 척독완편』
권3 春日游賞 餞春의 答書	권1 제1장 天時 제1절 春令 餞春의 答書
…第餞春只在轉頭[轉頭 謂焂忽也]. 則離懷**黯澹**. 誰能膠[膠 猶黏也]住西日耶?…賈島詩云. 未到**五更**猶是春. 最爲絶唱. 幸諒竢[竢待也]焉.…	…第餞春이 只在轉頭則離懷**雖黯**이나 西日을 誰能膠住耶아…賈島詩에 云未到**曉鐘**猶是春이 最爲絶唱이니 幸諒俟焉ᄒᆞ라…

의 한자로 대체해 놓았다. 일반적으로 '복'이란 의미로는 '지(禔)' 자보다 '복(福)' 자를 더 많이 사용한다. 또한 지(遲) 자는 보통 '더디다, 늦다'의 의미로 사용되지 '기다린다'는 의미로 사용되는 경우는 매우 드물다. 때문에 『신찬 척독완편』에서는 '기다린다'의 의미로 지(遲) 자 대신 대(待) 자를 사용하고 지(遲) 자가 대(待) 자의 의미라는 협주도 삭제하였다.

또한 『척독완편』에서는 술을 의미하는 단어로 술의 별칭인 '국생(麴生)'을 사용했지만, 『신찬 척독완편』에서는 '박주(薄酒)'로 대체해 놓았다. 술을 의미하는 단어로 국생(麴生)보다는 주(酒) 자가 포함된 박주(薄酒)가 더 이해하기 쉽다. 게다가 박주(薄酒)의 사전적 의미는 일반적으로 '아무렇게나 빚어 맛이 좋지 않은 술'을 지칭하지만 '자신이 남에게 대접하는 술을 겸손하게 이르는 말'로도 사용된다. 위의 문장은 자신의 집에 술이 있으니 상대방을 기다려 함께 술을 마시며 봄을 맞이하는 기쁨을 느끼고 싶다는 내용이다. 따라서 『신찬 척독완편』에서는 국생(麴生)을 박주(薄酒)로 대체하여 이해하기 쉽고 좀 더 겸손한 뉘앙스를 풍기게 하고 있다.

『척독완편』의 '이회암담(離懷黯澹)'은 '이별하는 마음이 암담[33]하다'라는 뜻이다. 이 구절을 『신찬 척독완편』에서는 '이회수암(離懷雖黯)'으로 교체하여 '이별하는 마음이 비록 쓸쓸하지만'이라고 뉘앙스를 살짝 바꾸어 놓았다. '담(澹)' 자를 생략하고 '수(雖)' 자를 첨가하여 뒤 문장과의 역접 관계를 드러내 주었다. 이처럼 『신찬 척독완편』은 현토의 추가뿐 아니라 단어의 교체를 통해서도 독자들이 문장을 좀 더 쉽게 이해할 수 있도록 배려하였다. 한편 『척독완편』에서는 당나라 시인 가도(賈島)가 지은 시 〈삼월회일증유평사(三月晦日贈劉評事)〉의 한 구절을 인용하면서 약간의 착오가 있었던 듯하다. 『신찬 척독완편』에서는 이를 바로잡아 '오경(五更)'을 원래의 '효종(曉鐘)'으로 바꾸어 놓았다. 따라서 『척독완편』의 '未到五更猶是春(오경이 되기 전은 아직 봄이라네)'라는 구절과 『신찬 척독완편』의 '未到曉鐘猶是春(새벽종 울리기 이전은 아직 봄이라네)'라는 구절은 약간 다른 느낌이 든다. '오경(五更)'이라고 시간을 직접적으로 언급하는 것보다는 '새벽종'으로 시간을 간접적으로 언급하는 것이 좀 더 시적인 맛이 느껴진다.

6) 단어나 구절의 생략

『신찬 척독완편』에서는 문장의 의미가 어색하지 않은 한도 내에서 단어나 구절을 생략하여 문장을 단순화시키기도 하였다. 〈표 20〉에서 『척독완편』의 '向者山中之晤(지난번 산 중에서의 만남은)'을 『신찬 척독완편』에서는 '向晤(지난번 만남은)'라 하여 '산중(山中)'을 생략했다. 또한 『척독완편』의 '旣極聞見之博, 而文翰甚美, 持論裕如, 於富强之事, 尤爲習熟.'[34]이라는 문장에서 '文翰甚美, 持論裕如'라는 구절을 생략하여 문장을 단순화했다.

33 '암담(黯澹)'은 사전적으로 '어두컴컴하고 쓸쓸하다' 또는 '희망이 없고 절망적이다'라는 의미이다.

표 20 『척독완편』 수록 예문 간찰의 단어나 구절이 『신찬 척독완편』에서 생략된 예시

『척독완편』	『신찬 척독완편』
권4 薦引-學徒	권1 제3장 事爲 제6절 薦引-學徒
向**者山中之**晤, 又十餘年所未得也. 恪詢比凉, 直軆連旺, 深禱無斁. 弟一是踈慵耳. 敝友韓某, 自日邦轉至泰西, 游覧數萬里, 既極聞見之博, 而**文翰甚美, 持論裕如,** 於富强之事, 尤爲習熟. 當此用人之際, 使不得展其素抱哉? 幸傍誦于部堂大人, 先試其, 則可知薦者之虛實. 玆又縷陳, 並希霽照. 愚弟 某拜	向晤는 又十餘年所未得也라 恪詢比凉에 直軆連旺가 深禱無斁이라 弟는 一是踈慵耳라 敝友韓某는 自日本으로 轉至泰西ᄒᆞ야 游覧數萬里에 **既極聞見之博而於富强之事에 尤爲習熟**ᄒᆞ니 當此用人之際ᄒᆞ야 使不得展其素抱哉아 幸傍誦于部堂大人ᄒᆞ야 先試其才則可知薦者之虛實이라 玆又縷陳ᄒᆞ야 並希霽照라 愚弟 某拜

표 21 『척독완편』 수록 예문 간찰의 구절이 『신찬 척독완편』에서 생략된 예시

『척독완편』	『신찬 척독완편』
권4 勸勉	제3장 事爲 제8절 勸勉
前辱規言, 稽未質對, 然讀書爲吾儕寔[寔實也]事也. 自非大過人者, 安得無燈下之苦耶? 靜坐開卷, 須要辨其善惡是非之源, 故 雖文理奇硬, **章句戞颯,** 讀之既熟, 則味漸滋而疑亦釋然耳. 來敎又云十三經, 庶期秋冬畢讀, 此欲速之心勝. …	前辱規言은 稽未質對나 然讀書는 爲吾儕寔[寔實也]事也라 自非大過人者면 安得無燈下之苦耶아 靜坐開卷ᄒᆞ야 須要辨其善惡是非之源故로 雖文理奇硬이나 讀之既熟則味漸滋而疑亦釋然耳라 來敎에 又云十三經을 庶期秋冬에 畢讀이라ᄒᆞ니 此는 欲速之心이 勝이라 …

〈표 21〉의 예문 간찰에서도 『신찬 척독완편』은 『척독완편』의 '章句戞颯'이라는 구절을 생략하였다.[35] 하지만 전체적인 의미를 파악하는 데는 전혀 문제가 되지 않는다.

34 『척독완편』: 이미 견문이 아주 넓어져서 문장 실력이 심히 훌륭하고 의견이 풍부하며, 부강해지는 일에 대해 더욱 배워서 숙달하였으니(既極聞見之博, 而**文翰甚美, 持論裕如,** 於富强之事, 尤爲習熟) ⇒ 『신찬 척독완편』: 이미 견문이 아주 넓어지고 부강해지는 일에 대해 더욱 배워서 숙달하였으니(既極聞見之博, 而於富强之事에 尤爲習熟ᄒᆞ니).

35 『척독완편』: 비록 문리가 어색하고 장구가 껄끄럽지만 이미 익숙히 읽었다면(雖文理奇硬, **章句戞颯,** 讀之既熟) ⇒ 『신찬 척독완편』: 비록 문리가 어색하지만 이미 익숙히 읽었다면(雖文理奇硬이나 讀之既熟).

7) 문장의 생략

표 22 『척독완편』 수록 예문 간찰의 문장 일부가 『신찬 척독완편』에서 생략된 예시

『척독완편』	『신찬 척독완편』
권3 冬令-立冬	권1 제1장 天時 제4절 冬令-立冬
秋盡寒届, 懷詠益勤. 伏惟兄體康衛. 不任願言. **第今年旨蓄[旨蓄 謂御冬之食物], 全不成樣, 所謂菘田無過數頃, 而因旱災多爲虫蝕, 將欲求諸開城也, 及其採葑, 亦未免惡草[惡草 史 漢待項王使惡草 言不堪食也], 柰何? 未知貴厨能備凍葅三百甕[凍菹三百甕 侯鯖錄有十醉墮河 河神扶出曰 子有凍菹三百甕 不死何地 消去], 以供嘉肴否?** 從此天氣閉塞而成冬, 故鳥亦養羞[禮 養羞羞食也], 況人乎. 吾儕俱以多病, 深藏茅屋, 亟圖燋糟[燋糟 杜詩 燋糟萃一盤 註蒸裏也]之會, 如何? 爲探不備, 並請淵覽. 愚弟 某頓	秋盡寒届에 懷詠益勤이라 伏惟兄體康衛아 不任願言. 見今天氣가 蕭條에 從此閉塞而成冬, 則鳥亦養羞, 況人乎아 吾儕는 俱以多病으로 深藏茅屋, 則亟圖燋糟[燋糟 杜詩 燋糟萃一盤 註蒸裏也]之會가 如何오 爲探不備ᄒᆞ고 並請淵覽이라[養羞 禮 羞謂食也] 愚弟 某頓

〈표 22〉의 예문 간찰에서 알 수 있듯이 『신찬 척독완편』에서는 『척독완편』의 두 개의 문장을 생략하여 하나의 화제(話題)를 통째로 날려버렸다. 이 때문에 편지의 내용이 간단해졌다. 『척독완편』에서 발신자는 겨울철이 다가왔는데, 올해는 배추와 순무 농사가 잘 안 되어 겨울철에 먹을 저장 음식을 제대로 마련하지 못했다고 속상해한다. 그리고 상대방에게 겨울철 저장 김치를 많이 마련하여 맛 좋은 음식을 제공할 수 있는지를 물어본다. 그런데 이 편지를 보내는 요지는 뒷부분의 조속히 초조(燋糟)[36]의 모임을 마련하자는 것이다. 따라서 배추와 순무 농사, 김치에 대한 이야기를 생략해도 무방하다.

본 장에서는 『척독완편』에 수록된 예문 간찰들이 어떤 방식으로 수정

36 초조(燋糟): 쌀강정을 가리킨다. 옛날 중국의 형초(荊楚) 지방 사람들은 쌀강정을 볶아 먹는 사람들이 많았다고 한다.

되어 『신찬 척독완편』으로 개찬되었는지 일곱 가지 측면에서 상세히 살펴보았다. 이를 통해 다음과 같은 세 가지 사항을 알 수 있었다. 첫째, 『척독완편』의 예문 간찰들은 그 내용이 다소 방만한 편이었는데, 『신찬 척독완편』에서는 이를 보다 간결하고 정제된 문장으로 바꾸어 놓았다. 둘째, 편찬자가 한문 구사 수준이 다소 떨어지는 사람들도 독자층으로 확보하기 위한 방향으로 『척독완편』을 개찬하였다. 셋째, 신분 계급의 타파 등 사회 개혁을 시도한 갑오경장의 여파가 점진적으로 사회 문화에 반영된 양상을 미약하나마 『신찬 척독완편』에서도 확인할 수 있었다.

5. 맺음말

신구 문물이 교차하던 전환의 시기인 1899년에 역관 출신 최성학이 그의 제자들과 함께 필사본 『척독완편』을 출간하였다. 이 책이 초학자인 서당 학동들뿐만 아니라 서식(書式)을 배우려는 젊은이들에게도 인기가 있게 되자, 1905년에 최성학의 제자인 김우균이 주축이 되어 근대식 인쇄술로 출판하게 되었다. 그런데 이 시기에 출판된 『척독완편』은 순한문체로 띄어쓰기가 되어 있지 않았고, 협주가 너무 많아 문장을 막힘없이 읽어 내려가는 데 방해가 되었다. 즉 1905년 판본 『척독완편』은 조선 후기 방각본 한문 간찰서식집과 별반 차이가 없었다. 이 때문에 한문을 능숙하게 구사하는 식자층이 아니면 문장을 제대로 이해할 수 없었다. 이에 김우균은 한문 구사 능력이 다소 떨어지는 사람들도 독자층으로 확보하기 위해, 1905년 판본의 체제와 내용이 방만하다고 판단해서인지 알 수 없지만, 1908년 대대적인 개수 작업을 거쳐 『신찬 척독완편』을 출판하였다.

이 글에서는 근대 전환기에 출판된 『척독완편』 계열의 간찰서식집에 대해 대략 파악해 보고, 그 가운데 편찬 과정을 주시해 볼 필요가 있는 『신찬 척독완편』에 대해 살펴보았다. 『신찬 척독완편』은 『척독완편』을 바탕으로 편찬되었지만 상당히 큰 폭으로 개수되었다. 따라서 이 두 간찰서식집의 비교를 통해 『신찬 척독완편』의 체재와 예문 간찰의 특징에 대해 파악해 낼 수 있었다.

먼저 『신찬 척독완편』의 체재상 특징으로 다섯 가지, 즉 ①장과 절의 구분, ②예문 간찰의 수량 축소, ③예문 간찰의 재배치, ④상소(上疏)의 장 추가, ⑤부록에 우편제도를 추가한 것에 대해 살펴보았다. 또한 수록된 예문 간찰의 특징으로 일곱 가지, 즉 ①봉투 양식의 생략, ②국한문혼용체의 구사, ③우리말 어순(語順)의 사용, ④협주의 생략과 이동, ⑤단어의 교체, ⑥단어와 구절의 생략, ⑦문장의 생략에 대해 살펴보았다.

본 연구로 『척독완편』과 상당히 다른 모습을 보이고 있는 『신찬 척독완편』의 특징이 구체적으로 밝혀졌는데, 이를 통해 편찬자 김우균의 편찬 의도도 엿볼 수 있었다. 『척독완편』 계열의 간찰서식집 연구에 있어서 앞으로의 과제는 『척독완편』, 『신찬 척독완편』, 『증보자전 척독완편』, 그리고 『문명척독』 상호 간의 변별점을 밝혀내는 것이다. 이러한 연구는 시간의 흐름에 따라 편찬자의 편찬 의도가 어떻게 변화해 가는지 지켜볼 수 있어 흥미로울 것이다.

참고문헌

김우균, 『尺牘完編』, 博文社, 1905.

김우균, 『新撰 尺牘完編』, 同文書館, 1908; 同文社, 1909; 中央書館, 1912.

김우균, 『增補 尺牘完編』, 同文書林·文明書館, 1913.

김우균, 『增補字典 尺牘完編』, 同文書林, 1916; 1918; 1919; 1920; 1937.

김홍매, 「역관 崔性學의 생애와 문학세계」, 『대동한문학』 50, 2017.

박해남, 「근대 척독자료집 『척독완편』의 출판 현황과 배경」, 『반교어문연구』 32, 2012.

윤세순, 「간찰서식집의 부록 연구」, 『인문학연구』 32, 2022.

홍인숙, 「근대 척독집 연구: 김우균의 『尺牘完編』을 중심으로」, 『한국문화연구』 19, 2010.

홍인숙, 「김우균의 『척독완편』 서발문을 통해 본 근대 척독집 편찬과정 및 척독 인식」, 『한국학연구』 38, 2011.

〈한국민족문화대백과사전〉(encykorea.aks.ac.kr).

〈한국향토문화전자대전〉(www.grandculture.net/korea).

『황성신문』.

함양박씨 구당공파 종가 소장 일제강점기 사법·행정 관련 서적 분석

전병무

1. 머리말

부여 은산 함양박씨 구당공파 종가는 구당(九堂) 박세영(朴世榮)을 파조(派祖)로 하는 가문이다. 현재 구당공파의 종가는 충남 부여군 은산면 가곡리에 소재하고 있지만, 이 가계가 부여로 이거한 것은 1905년경이다. 그 이전에는 서울, 경기 이천에 세거한 전형적인 서울·경기 양반 가문으로서 문중에서 생산한 자료, 수집 또는 구입한 자료 등 상당수의 전적류와 고문서를 소장하고 있었다.

부여 은산 함양박씨 구당공파 종가(이하 함양박씨 구당공파 종가)에서 수집한 자료는 고서와 고문서를 포함하여 총 9,000여 점에 달한다. 고문서 자료

* 이 글은 전병무, 「부여 은산 함양박씨 구당공파 종가 소장 일제강점기 사법·행정 관련 서적 분석」, 『장서각』 54(2025), 132~163쪽을 수정·보완한 것이다.

는 2000년에 『고문서집성 45: 부여 은산 함양박씨편』으로 정리되어 출간되었다.[1] 전적류는 제본 형태와 시대를 기준으로 나눌 수 있는데, 일제강점기 이전의 선장본(線裝本)인 고전적과 일제강점기 이후의 양장본(洋裝本)으로 대별할 수 있다. 이렇게 구분할 경우 고전적은 약 470여 종 1,050여 책, 양장본은 약 1,040여 종 2,060여 책에 이른다. 고전적 470여 종의 내용과 자료적 특성에 대해서는 1999년 신명호(申明鎬)에 의해 정리되었다.[2]

그런데 일제강점기 및 미군정을 전후한 시대에 출판된 양장본에 대해서는 지금까지 검토가 이루어지지 않았다. 특히 일제강점기에 출판된 양장본 자료 중에는 학계에 공개되지 않은 자료가 적지 않다. 따라서 본 글은 함양박씨 구당공파 종가 소장 전적류 중 일제강점기에 출판된 양장본을 중심으로 검토하고자 한다. 그 가운데 필자의 전공과 관련된 일제강점기 사법·행정에 관한 주요 서적 약 110여 종 300여 책을 살펴볼 것이다. 그 이유는 첫째, 은산면의 지역 유지로 가문의 품격을 유지하기 위해서는 각종 사업, 관직 혹은 전문직 진출 등을 위하여 법률 관련 서적을 반드시 구비하고 필독해야 할 필요가 있었기 때문이다. 둘째, 지금까지 학계에 공개된 적이 없는 지방행정 관련 잡지 등이 적지 않다는 점이다. 이들 자료의 분석을 통해 일제강점기 지방행정 기초단위인 면(面) 행정의 주요 관심사와 그 대응책 등을 살필 수 있을 것이다. 일제강점기 지방제도의 변화상을 살펴보면, 1917년 면제(面制)를 시행했으며, 1920년 부(府)의 성격을 지닌 면을 지정면(指定面)으로 하고 나머지 면을 보통면(普通面)으로 구분해 면장의 자문기관으로 면협의회를 두었고, 1931년 면제를 개정하여 지정면을 읍으로 승격시켰다. 이러한 시기에 발행된 잡지는 관련 분야 연구에 도움을 줄 수 있을 것이다. 또 조선총독부의 지방자치 정책에 발맞추어 출

1 『古文書集成 45』, 한국정신문화연구원, 2000.

2 신명호, 「咸陽朴氏家 蒐輯古典籍의 내용과 자료적 특성」, 『장서각』 2, 1999.

판업계에서는 경쟁적으로 관련 서적을 출판하였는데, 그 과정에서 출판업계의 내부 분열과 갈등이 가열되었다. 그러한 양상이 비공개 지방행정 관련 잡지에 그대로 남아 있다. 아직 이 분야에 대한 연구가 거의 이루어지지 않아서 향후 큰 도움이 될 것으로 기대된다.

이에 본 글은 우선 함양박씨 구당공파 종가의 근대 인물에 대하여 그 면모와 활동을 살펴보고, 소장 자료와의 관련성을 규명해 볼 것이다. 이어서 사법·행정 관련 서적을 전체적으로 개괄하여 규모와 종류를 검토한 후, 비공개 지방행정 관련 잡지를 중심으로 그 내용과 특징을 정리하고자 한다.

2. 함양박씨 구당공파 종가 가계와 근대 인물

함양박씨 구당공파 종가가 이전의 세거지 경기 이천을 떠나 부여군 은산면 가곡리에 정착한 시기는 1905년경이다.[3] 종가가 부여로 이전하는 계기를 제공한 인물이 박시순(朴始淳)이다.

박시순은 황해도 평산 출신으로 문과에 합격한 후 승지(1893), 면천군수(1894.10~1895.6), 임실군수(1895.6~1904)를 역임하였다. 1904년 2월 장연군수로 임명되어 재직 중 1905년 을사늑약이 체결되자 사직하였다. 고향 평산으로 내려와 바로 가산을 정리하여 부여군 은산면 가곡리로 이거하였다. 일찍이 박시순은 종손 박규순(朴奎淳)이 후사가 없자 자신의 장남 박동

3 자세한 것은 신명호(1990), 앞의 글, 167쪽; 안승준·김학수, 「扶餘 恩山 咸陽朴氏의 家系와 古文書」, 『고문서집성 45』, 2000, 12쪽.

〈함양박씨 구당공파 종가 가계도〉[4]

중시조 善→15대 世榮(1480~1552)→(중략)→23대 台甲(1704~1766)→24대 顯祿

顯忠

顯祿-載元(1769~1834)-鼎錫(1786~1853)-奎淳(1825~1867)-東翼

生父 顯忠 生父 始淳

顯忠-載元(出)

載利(1777~1815)-光錫(1826~1872)-始淳(1848~1907)-東翼(出)

東翰

東翻

東翼(1868~1931)-萬熙(1894~1938)-用璡(1920~미상)-柄鎬(1952~수집 당시)

寗熙(1896~1930)(出系東翰)

宬熙

익(朴東翼)을 박규순에게 양자로 보냈다. 종손이 된 박동익이 생부 박시순을 따라 가곡리로 이주하여 살게 된 것을 계기로 함양박씨 구당공파 종가가 이천에서 부여로 옮겨진 것이다. 부여로 이주한 박시순·박동익 부자는 한집에 거주했을 가능성이 크다. 박시순은 부여로 이주한 후 3년 만인 1907년에 사망하였다.

박동익은 황해도 평산 출신으로 1877년부터 1892년까지 한문을 사숙(私塾)하였다. 1902년 5월 내부주사(판임관 6등)에 임명되었고, 1903년 12월 해임되었다.[5] 1908년 부여 은산에서 신명의숙(信明義塾)의 설립을 주도하였다.[6] 그는 이엽(李燁)·조병기(趙秉夔)·심하진(沈夏鎭)·박동설(朴東卨)·김천

4 신명호(1990), 앞의 글, 168쪽; 안승준·김학수(2000), 앞의 글, 10~11쪽.

5 부여 은산 함양박씨 구당 박세영 종가 전적, 증빙류 이력서 6. 다만『관보』에 의하면 1902년 5월 21일에 내부주사에 임용되어 당일에 의원면관(依願免官)한 것으로 게재되어 있다.『관보』 1902년 5월 22, 23일.

규(金天圭)·강준현(康駿顯) 등 6인과 함께 발기인이 되어 공동면(公洞面) 곡부(曲阜, 현재의 충남 부여군 은산면)에 사립 신명의숙을 건립하였다.[7] 이 학교 임원은 숙장(塾長)·부숙장(副塾長)·숙감(塾監)·학감(學監)·총무(總務)·교사(敎師)·간사장(幹事長)·간사원(幹事員)·찬성장(贊成長)으로 구성되었는데, 박동익은 총무 겸 교사로 활동하였다.[8] 또한 신명의숙을 운영하기 위한 실질적인 조직인 신명의숙학계(信明義塾學稧)의 감독이었다. 즉 박동익은 신명의숙의 설립 발기인, 신명의숙의 총무와 교사로 참여했으며 부여 지역 다수의 함양박씨와 함께 부여 일대의 교육활동을 주도하였다.

그런데 신명의숙의 실질적인 운영자는 이상린(李相麟)·이세영(李世永)이었다. 이상린은 신명의숙학계의 계장이었고, 이세영은 평의장이었다. 이들은 홍주의병장 출신으로 홍주의병이 실패한 후 1908년 4월 충남 청양의 적곡(赤谷)에서 성명학교(誠明學校)를 설립하기도 하였다.[9] 이 두 학교를 통하여 민중들을 계몽시켜 장기적인 대일항전을 위해 인재를 양성하고자 하였던 것이다.

박만희(朴萬熙)는 1894년 은산면 가곡리에서 출생하여 어려서 한문을 사숙하였다. 1908년 4월 신명의숙에서 입학하여 1911년 2월 졸업하였다.[10] 1911년 3월 경성의 사립측량학교(私立測量學校)에 입학하여 6월 졸업하였다. 1912년 3월 신명의숙의 촉탁 교원이 되었고, 8월 강경공립보통학교(江景公立普通學校)에서 소정의 사립학교 교원강습회 강습을 수료하였

6 안승준·김학수(2000), 앞의 글, 12쪽.

7 「私立信明義塾發起員錄」, 『고문서집성 45』, 759쪽.

8 「信明義塾任員座目」, 『고문서집성 45』, 759~762쪽.

9 이성우, 「劍秋 朴寧熙의 독립운동 배경과 항일무장투쟁」, 『대구사학』 142, 2021, 8쪽.

10 부여 은산 함양박씨 구당 박세영 종가 전적, 증빙류 이력서 1·5·10. 이하 박만희의 이력은 앞의 자료에 의거하여 작성하였는데, 자료마다 연도 차이가 있다. 또한 박만희는 1908년 12월, 1909년 12월, 1910년 12월, 1911년 12월 신명의숙에서 성적 우수자로 상장을 받았다.(「朴萬熙償証」, 『고문서집성』 45, 773~778쪽) 따라서 박만희 입학 및 졸업 연월에 약간 차이가 있다.

다. 1913년 4월 경성의 중동학교(中東學校)에 입학하였다가 1915년 가정 사정으로 퇴학하였는데, 후술하겠지만 아마도 친동생 박영희의 중국 망명과 관련이 있는 듯하다. 고향으로 내려온 그는 집안을 단속하는 한편 고향에 정착할 것을 결심한 것 같다. 1918년 1월과 2월 부여군청에서 실시하는 농사강습회와 잠업강습회를 수료하였다. 1921년 은산면 가곡리 구장(區長)에 임명되었다. 대개 구장은 마을의 유력자가 임명되었는데, 급여가 없는 명예직이었다.[11] 1927년 7월 구장을 의원면직하였다. 1930년(소화 5) 8월 조선국세조사원(朝鮮國勢調査員)에 임명되어 활동하였다.[12] 1938년 사망하였다.

박영희는 형 박만희와 함께 신명의숙을 졸업한 후 서울의 휘문의숙에 진학하였다. 1915년 재학 중 은사 이세영의 권유로 만주로 망명하였다. 그는 망명 이후 신흥무관학교에 입학 및 졸업하였고, 사관연성소 학도단장으로 대한군정서군(大韓軍政署軍)을 양성하였으며, 청산리대첩에 참가하였다. 박영희는 청산리대첩 후 대한통의부 부관, 대한독립군정서의 행정부장, 신민부의 보안사령관 등을 역임하며 항일무장투쟁에 헌신하다가 1930년 순국하였다.[13] 만주에서 항일활동을 할 때는 박두희(朴斗熙)라는 이름을 사용하였다.

박만희와 박영희 형제는 일제강점기에 전혀 다른 공간에서 자신만의 역할을 다한 것 같다. 박영희는 유력 가문의 후손으로 독립운동에 투신하여 순국하였고, 박만희는 종가의 종손으로 고향과 가문을 지키며 일제강점기를 견디어 낸 것으로 보인다. 해방 이후 박만희의 아들 박용진(朴用璡)은 1960년 은산면장에 임명되었다.[14]

11 古庄逸夫, 『朝鮮地方制度講義』, 帝國地方行政學會 朝鮮本部, 1925, 67~68쪽.

12 『조선총독부관보』, 1933년 6월 9일.

13 자세한 것은 이성우(2021), 앞의 글 참조.

14 『고문서집성 45』, 613쪽.

3. 사법·행정 관련 서적류의 종류와 규모

함양박씨 구당공파 종가에 수집된 사법·행정 관련 서적의 규모와 종류는 이 글 말미에 있는 〈부록〉 자료와 같다. 이를 다음과 같이 분류할 수 있다.

• 법률 관련 서적

- 법전(법률 전체를 아우르는 서적): 帝國六法全書對照朝鮮六法全書, 模範六法全書, 日本六法全書, 模範六法全書, 新體六法全書, 二色刷六法全書, 實用帝國六法全書, 朝鮮法規類纂, 朝鮮司法例規 등
- 실체법 및 절차법(특정 분야에 대한 법률서와 판례집): 物權法, 刑法總論, 刑法各論, 商法總論, 相續法, 平時國際公法論, 民事訴訟法, 朝鮮民事訴訟法, 新舊對照民事訴訟法, 人事訴訟手續法論, 手形法小切手法及關係法令, 萬國公法要略, 大審院判例集, 民法釋義, 行政法總論及刑法總論, 增訂日本債權法各論, 犯罪卽決例司法行政例規, 改訂擔保物權法, 選擧關係法令集, 大日本帝國憲法, 改正朝鮮民刑事令, 朝鮮民刑事令, ポケット稅令集第二輯

• 행정 관련 서적

- 지방제도(지방행정제도와 법령 및 실무, 행정구역 명칭): 地方制度略解, 朝鮮行政要覽, 地方選擧法令解說, 地方行政例規, 加除自在朝鮮地方制, 面の財務監査要領, 道制府制邑面制關係法令, 改正府制面制釋義, 朝鮮地方行政例規, 改正朝鮮地方制度輯覽, 新舊對照朝鮮全道府郡面里洞名稱一覽, 地方行政區域名稱一覽
- 호적사무(호적 관련 사무 및 규정): 戶籍寶典, 模範屆書式戶籍記載例集成,

改正朝鮮戶籍事務必携, 加除自在戶籍法實例大全, 朝鮮戶籍必携集, 戶籍講習錄, 戶籍記載例, 朝鮮戶籍書式大全, 朝鮮戶籍法規詳解, 改正朝鮮戶籍例規

- 농지·소작령(농지 및 소작 관련 법령의 해설): 朝鮮小作調停法令集, 朝鮮小作調停令解說及書式, 朝鮮農地令解說附關係法令, 朝鮮農地令解說高等法院判決錄, 臨時土地收得稅法解說.

• 경찰(경찰 관련 실무와 교육): 最近警察實務判例集, 註釋警務全書, 警察教科書

• 기타 서적

- 잡지·신문(법률 및 행정 관련 정기간행물): 朝鮮司法協會雜誌, 法曹會雜誌, 法制時報, 法學協會雜誌, 判例集報, 司法行政判例彙報, 東亞法政新聞, 面講習會錄, 面政硏究, 府邑面雜誌, 朝鮮地方行政, 自治機關, 自治硏究, 地方行政

- 서식 기타: すぐに役立つ願屆書式大全, 書式大全, 日鮮文增修新編書式大全, 執達吏執務提要, 法學通論, 精選法學通論, 普通文官養成講義錄, 京城法政學校法學講義錄

- 국세조사: 國勢調査質疑應答, 昭和五年朝鮮國勢調査, 朝鮮昭和十年國勢調査ニ關スル質疑解答, 昭和五年朝鮮國勢調査質疑應答, 國勢調査員必携

위와 같이 사법·행정 서적은 다양하게 나타난다. 법률 관련 서적은 육법전서와 헌법, 형법 등 실체법과 형사소송법, 민사소송법 등 절차법들 대부분이 소장되어 있다. 박동익이 한말 내부주사를 지냈고, 박만희는 경성의 측량학교와 중동학교에서 공부하였으며, 박영희는 휘문학교에서 공부하였다. 이때 기본적인 법률 서적과 측량학 등에 관련된 전문서적을 구입했을 것이다.

함양박씨 구당공파 종가에서 수집된 사법·행정 관련 서적 중 가장 많은 분량을 차지하는 것이 『조선사법협회잡지(朝鮮司法協會雜誌)』이다. 제3권 제4호(1924.4.30)~제16권 제10호(1937.10.1)의 122책이다. 이 잡지는 조선사법협회[15]의 기관지이다. 『조선사법협회잡지』는 1922년 1월 창간호 제1권 제1호가 발간된 후 월간으로 발행되었고, 간혹 합간호(合刊號)도 있었지만 1945년 제24권 제2호까지 24년 동안 모두 274책이 발행되었다. 조선사법협회는 1921년 12월 조선총독부 법무국장의 주도로 민사, 형사, 비송사건, 등기 호적, 행형(行刑) 기타 일반 사법사무의 진보 및 회원의 친목을 도모하기 위하여 일반 단체로 설립되었고 1922년 8월에 재단법인으로 변경되었다. 재단법인이 된 후 사무소는 조선고등법원 내에 두고, 회장은 조선고등법원장, 이사는 고등법원 검사장과 법무국장, 감사는 경성복심법원장과 경성복심법원 검사장 등을 선임하였다. 즉 조선사법협회는 단순한 친목단체가 아니라 공식적인 관변단체였다. 회원은 정회원, 준회원, 명예회원 등이 있었으며, 법무국, 법원 및 형무소의 판임관 대우자 이상의 현직자를 정회원으로 하고 조선총독부 및 그 소속 관서에 직을 봉한 자는 준회원으로 하였다.

『조선사법협회잡지』와 같은 법률 전문 잡지를 소장하고 있지만, 함양박씨가에서 고등문관시험이나 조선변호사시험 등을 준비한 것은 아닌 것 같다. 함양박씨 구당공파 종가에 수집된 사법 관련 서적은 종류가 다양하지만 출세를 위한 시험에 대비한 수험 서적이 많지 않다는 특징이 있다. 수험 잡지나 수험 해설서도 거의 보이지 않는다.

그 대신 지방행정, 호적사무, 소작령 및 농지령, 서식(書式) 등 지방행정을 집행하는 관공리에게 유용한 실용서가 가장 많다. 가곡리 구장 및 국세

15 정긍식·장창민, 『植民地期 司法 關聯 資料:《朝鮮司法協會雜誌》의 분석』(한국법제연구원, 2004) 참조.

조사원 등 박만희의 이력을 고려할 때 충분히 활용되었을 서적들이다. 즉 면 행정 등과 같이 면 단위에서 활용되거나 필요한 서적이 적지 않다는 점이 주목된다. 또한 잡지류도 순수 법학 잡지보다는 지방제도 혹은 지방행정에 관한 잡지가 더 많다. 후술하겠지만 주요 지방행정 잡지의 발행 시기가 대체로 1924~1932년이 주류를 이룬다. 이 시기는 박만희가 가곡리 구장으로 활동하던 시기와 일치한다. 실제로 박만희는 1929년 『면강습회록(面講習會錄)』을 정기 구독하기도 하였다.[16] 따라서 함양박씨 구당공파 종가에서 수집된 사법·행정 관련 서적은 지역 유지로서의 권위 유지, 공적 활동 수행 등에 필요한 것들이었다고 볼 수 있다.

4. 지방행정 관련 잡지류의 내용과 특징

부여 은산 함양박씨 구당공파 종가에서 수집된 사법·행정 관련 서적 중 지방행정과 직접적으로 관련이 있는 잡지류는 『면정연구(面政研究)』, 『면강습회록』, 『부읍면잡지(府邑面雜誌)』, 『자치연구(自治研究)』, 『조선지방행정(朝鮮地方行政)』, 『사법행정판례휘보(司法行政判例彙報)』, 『동아법정신문(東亞法政新聞)』, 『판례집보(判例集報)』 등이다. 이들의 서지 사항, 특징, 기관 소장 여부 등을 개괄적으로 검토한 결과는 〈표 1〉과 같다.

국내에서 발행된 잡지는 5종이고 일본에서 발행된 잡지는 3종이다. 이 가운데 주목되는 잡지가 『면정연구』, 『면강습회록』, 『부읍면잡지』이다. 『부읍면잡지』를 제외하면 지금까지 학계에 소개된 적이 없는 것으로, 일

16 「讀者名簿」, 『面講習會錄』 1-2, 1929.6.1, 46쪽.

표 1 지방제도 및 지방행정 관련 잡지·신문

잡지 및 신문명	성격 및 특징(발행 장소)	발행 연도	타 기관 소장 여부
『面政研究』(10책)	면 행정 관리를 위한 실무 종합 잡지(경성)	1928.4~1930.7	×
『面講習會錄』(16책)	조선지방행정연구회의 면강습회 내용(法制·面制·戶籍·地方費·農會·鄕校財産·회계 사무 등) 정리(경성)	1929.4~1930.2	×
『府邑面雜誌』(7책)	府邑面 관리를 위한 실무 종합 잡지(경성)	1932.1~1933.12	○
『自治研究』(2책)	일본 국내의 지방자치행정 전문잡지 (동경)	1928.11.5, 1931.5.5	○
『朝鮮地方行政』(2책)	조선의 지방행정에 관한 전문잡지(경성)	1929.1.1(통권85호), 1930.4.1(통권100호)	○
『司法行政判例彙報』(3책)	일본 대심원의 민사·형사 판례와 행정재판소 판례를 모음(동경)	1926.8.15~10.1, 10.15	○
『東亞法政新聞』(17호, 19책)	법률을 기반으로 정치 경제를 가미한 조선 사법계의 대표 신문(경성)	1929.8~1931.4	○
『判例集報』(1책)	각급 법원의 민법, 형법, 상법 등 판례 모음(동경)	1925.12.1	○

제강점기 지방자치제 및 지방행정 연구에 소중한 자료가 될 것으로 기대된다. 검토 순서는 잡지의 창간일과 함양박씨 구당공파 종가의 소장 호수 등을 고려하여 선정하였다.

우선 『면정연구』는 1928년 조선면행정연구회(朝鮮面行政硏究會, 주소: 경성부 남산정 1정목 21번지)가 창설되면서 기관지로 발행되었다. 조선면행정연구회의 목적은 면제(面制)를 연구하고 면 사무의 쇄신 및 이원(吏員)의 소질 향상과 아울러 회원의 호조공제(互助共濟)를 도모하는 것이다.[17] 본회의 목적을 달성하기 위해 ①기관잡지 『면정연구』의 발행, ②공제기관(共濟機關)의 설치, ③우량 면 및 우량 면이원(面吏員)의 표창, ④면 행정에 관한 연구회, 강연회, 강습회 등의 개최 및 시찰단 조직, ⑤면 행정에 관한 출판물 간행 등의 사업을 추진한다고 하였다.

17 「朝鮮面政硏究會 會則」, 『面政硏究』 창간호, 1929.4.1, 47쪽.

그림 1 『면정연구』 창간호

그림 2 『면정연구』 종간호[18]

임원은 주간(主幹) 1명, 부주간 2명, 참사(參事) 약간 명을 둔다. 정회원은 면장 또는 면이원으로 회비 4개월분 1원 이상을 선납한 자, 찬조회원(贊助會員)은 도(道)·부(府)·군(郡)·도(島)의 직원으로 회비 반년분 1원 40전 이상 선납한 자로 하였다. 정회원은 4개월분, 찬조회원은 6개월분 회비를 선납해야 한다. 회비는 1개월 25전, 4개월 1원, 6개월 1원 40전, 1년 2원 75전이다. 이러한 방식으로 사업을 진행하는 학회는 일반적인 연구단체가 아니고 후술하겠지만 민간 출판업자인 경우가 대부분이다.

『면정연구』는 1928년 4월 1일 창간호가 발행된 후, 1930년 7월 종간호를 낼 때까지 48쪽 내외의 분량으로 매월 1일에 1회 발간되었다. 편집·인쇄·발행자는 조선면행정연구회 주간 요시다 히로시(吉田寬)였다. 즉 요시다 히로시가 사장이라는 말이다. 요시다 히로시는 자료가 없어 정확한

18 종간호 표지 사진에는 1930년 6월 4일 수원권업시험장에서 야마나시(山梨) 총독과 박영효가 함께 모심기하는 장면이 게재되어 흥미롭다.

이력은 알 수 없으나, 1924년 당시 잡지 『조선지방행정』의 편집부 기자로 재직하고 있었다.[19] 거의 매 호 첫 면에 사설(社說)처럼 글을 쓴 것으로 보아 어느 정도 교육을 받은 인텔리로 보인다.

『면정연구』의 지면 구성은 논설(면 행정에 관한 제도, 법령 및 실무에 관한 글), 수험자료(보통문관시험 정보), 질의응답(행정, 호적에 관한 사항), 해외사정(해외 지방자치 소개), 신어해설(新語解說, 용어해설), 월별 보고사항(면장이 군수에게 보고할 사항), 신법령 등으로 이루어졌다. 지면 편집상 특징은 제1권 1호부터 3호까지 본문은 일본어이지만 아랫부분에 주석 혹은 신어해설 부분을 따로 배치하여 한글로 기재했다. 또 간혹 한글 원고도 게재했다. 발행 초기에 구독층이 많은 조선인을 겨냥한 것으로 추정된다. 〈표 2〉는 『면정연구』 호별 주요 기사와 집필자를 정리한 것이다.

가장 많이 게재된 글을 주제별로 보면, 면제 및 면 행정과 관련된 것은 조선행정요람(9회), 면행정개론(3회), 면정축조강의(8회), 면제강의(4회) 등이고, 면의 재무·회계와 관련된 것은 면회계사무강요(9회), 면재무행정범론(7회), 통계연구(4회) 등이며, 면의 실무와 관련된 것은 면기술원지도요항(12회), 공용문의 연구(12), 주산강의(7회) 등으로 나타났다. 이들 집필진은 군수, 경기도 농무과장, 군(郡)의 재무주임, 군속(郡屬) 등 전현직 관리들이 대부분을 차지하였다. 이 가운데 양산군수(梁山郡守) 임홍순(任洪淳)이 주목된다. 그는 이 잡지의 주요 집필진이다. 군서기로 출발하여 군수까지 오른 인물이다.[20] 양산군수 재직 시 『면행정대요(面行政大要)』(제국지방행정학회 조선본부, 1925)를 출판하였다. 이를 바탕으로 잡지에 투고한 것으로 이해된다.

『면정연구』에는 면당국자열전(面當局者列傳)이라는 기사란(記事欄)을 설치하여 면장, 면서기를 추천하는 인물평을 게재하였는데, 대략 면장 21명,

19 기자 요시다 히로시, 「草鞋造까지 저축을 장려한 金郡守」, 『朝鮮地方行政』 3-9, 1924.9, 14~20쪽; 광고 「謹賀新年」, 『朝鮮地方行政』 4-1, 1925.1.

20 『친일인명사전』 3권, 민족문제연구소, 2009.

표 2 『面政研究』 號別 주요 기사와 집필자

호수(발행연월일)	주요 기사와 집필자
제1권 1호 (1929.4.1.)	創刊之辭(主幹 吉田寬), 面行政概論(梁山郡守 任洪淳), 面政逐條講義(法學士 車田篤), 面會計事務綱要(前金泉郡守 大山松造), 面財務行政汎論(天安郡 財務主任 島本久萬吉), 面技術員指導獎勵要項(3月)(京畿道 農務課長 八尋生男), 公用文의 研究(竹森蘆州), 面務取扱上의 主意(論山郡守 市野澤酉之助)
제1권 2호 (1929.5.1.)	面行政概論(2)(梁山郡守 任洪淳), 面政逐條講義(2)(法學士 車田篤), 面會計事務綱要(2)(前金泉郡守 大山松造), 面財務行政汎論(2)(天安郡 財務主任 島本久萬吉), 面技術員指導獎勵要項(4~5月)(京畿道 農務課長 八尋生男), 公用文의 研究(2)(竹森蘆州), 面統計擔任者에게 바란다(總督官房總務課 統計係主任 大內要), 農村 丁抹을 보다(1)(朝鮮殖産銀行 監事 方台榮)
제1권 3호 (1929.6.1.)	面行政概論(完)(梁山郡守 任洪淳), 面政逐條講義(3)(法學士 車田篤), 面會計事務綱要(3)(前金泉郡守 大山松造), 面財務行政汎論(3)(天安郡 財務主任 島本久萬吉), 面技術員指導獎勵要項(6月)(京畿道 農務課長 八尋生男), 面統計事務擔任者執務要綱(盈德郡 金廷錫), 農村 丁抹을 보다(2)(朝鮮殖産銀行 監事 方台榮)
제1권 4호 (1929.7.1.)	面財政의 一考察(吉田寬), 朝鮮行政要覽(第1講)(九庵 任洪淳), 面政逐條講義(4)(法學士 車田篤), 面會計事務綱要(4)(前金泉郡守 大山松造), 面財務行政汎論(4)(天安郡 財務主任 島本久萬吉), 面技術員指導獎勵要項(7月)(京畿道 農務課長 八尋生男), 公用文의 研究(3)(竹森蘆州), 郡中心의 社會敎化施設(南海郡廳 戶張守治)
제1권 5호 (1929.8.1.)	面特別會計의 制定(吉田寬), 朝鮮行政要覽(第2講)(九庵 任洪淳), 面政逐條講義(5)(法學士 車田篤), 面會計事務綱要(5)(前金泉郡守 大山松造), 面財務行政汎論(5)(天安郡 財務主任 島本久萬吉), 面技術員指導獎勵要項(8月)(京畿道 農務課長 八尋生男), 公用文의 研究(4)(竹森蘆州), 面會計事務閑話(成川郡廳 方煥岳)
제1권 6호 (1929.9.1.)	優良面의 方嚮定(吉田寬), 朝鮮行政要覽(第3講)(九庵 任洪淳), 面政逐條講義(6)(法學士 車田篤), 面財務行政汎論(6)(天安郡 財務主任 島本久萬吉), 面技術員指導獎勵要項(9月)(京畿道 農務課長 八尋生男), 面制度概要(第1講)(唐津郡屬 鄭炅謨), 公用文의 研究(5)(蘆州 竹森喜久馬), 珠算講義(第1講)(京城振替貯金管理所 倉智一雄), 內地 優良村委託生의 訪問, 平南 大同郡管內 面書記第1信(金祭面書記 洪乃信)
제1권 7호 (1929.10.1.)	面格을 發揚하자(吉田寬), 自然과 人生에 대하여(吉田紘二郞), 朝鮮行政要覽(第4講)(九庵 任洪淳), 面政逐條講義(7)(法學士 車田篤), 面會計事務綱要(6)(前金泉郡守 大山松造), 面財務行政汎論(7)(天安郡 財務主任 島本久萬吉), 面制度概要(第2講)(唐津郡屬 鄭炅謨), 面技術員指導獎勵要項(10月)(京畿道 農務課長 八尋生男), 珠算講義(第2講)(京城振替貯金管理所 倉智一雄), 公用文의 研究(6)(蘆州 竹森喜久馬), 良吏憲法18條(梅原寅之助)
제1권 8호 (1929.11.1.)	良吏憲法18條(梅原寅之助), 面政逐條講義(8)(法學士 車田篤), 面制度概要(第3講)(唐津郡屬 鄭炅謨), 面技術員指導獎勵要項(11月)(京畿道 農務課長 八尋生男), 珠算講義(第3講)(京城振替貯金管理所 倉智一雄), 公用文의 研究(7)(蘆州 竹森喜久馬), 내가 본 內地農村(長津郡 北面事務所 韓國順), 面職員의 職責에 대하여(盈德郡 丑山面事務所 朴潤鍾)
제1권 9호 (1929.12.1.)	形式的 監督主義의 弊害(明治大學敎授 小島憲), 面制度概要(第4講)(唐津郡屬 鄭炅謨), 面技術員指導獎勵要項(12月)(京畿道 農務課長 八尋生男), 公用文의 研究(8)(蘆州 竹森喜久馬), 珠算講義(第4講)(京城振替貯金管理所 倉智一雄), 統計研究(第1講)(諸富三郞), 朝鮮行政要覽(第5講)(九庵 任洪淳), 所謂 使用料手數料에 대한 一考察(法學士 田中廣太郞), 出世訓(子爵 澁澤榮一), 勞動主義의 行者 慶南 咸陽郡屬 朴泰洪 氏(편집부), 面書記候補者 採用試驗問題(慈城郡 庶務主任 內田儀三郞)

호수(발행연월일)	주요 기사와 집필자
제2권 1호 (1930.1.1.)	形式的 監督主義의 弊害(明治大學敎授 小島憲), 統計硏究(第2講)(諸富三郎), 面財政槪要(第1講)(唐津郡屬 鄭炅謨), 面會計事務綱要(7)(前金泉郡守 大山松造), 珠算講義(第5講)(京城振替貯金管理所 倉智一雄), 面技術員指導奬勵要項(1月)(京畿道 農務課長 八尋生男), 出世訓(2)(子爵 澁澤榮一), 內地 優良村派遣 面吏員 제6회 報告書(平南 大寶面書記 金晏洙)
제2권 2호 (1930.2.1.)	自治政의 腐敗와 我民族性의 短所(明治大學敎授 小島憲), 面의 回顧(1)(覆面子), 豫算制度硏究(第1講)(法學士 工藤重義), 面財政槪要(第2講)(唐津郡屬 鄭炅謨), 面會計事務綱要(8)(前金泉郡守 大山松造), 統計硏究(第3講)(諸富三郎), 面書記候補者 資格試驗(三陟郡 朴云烋), 珠算講義(第6講)(京城振替貯金管理所 倉智一雄), 面技術員指導奬勵要項(2月)(京畿道 農務課長 八尋生男), 內地 優良村派遣生 報告(大同郡 南串面書記 金廷彬), 出世訓(3)(子爵 澁澤榮一)
제2권 3호 (1930.3.1.)	出世訓(4)(子爵 澁澤榮一), 朝鮮行政要覽(第5講)(九庵 任洪淳), 面會計事務綱要(9)(前金泉郡守 大山松造), 土木行政汎論(李基弘), 珠算講義(第7講)(京城振替貯金管理所 倉智一雄), 面技術員指導奬勵要項(3月)(京畿道 農務課長 八尋生男), 公課完納의 佐賀村(堤川郡 鳳陽面書記 李台夏), 面賦課金의 賦課均衡을 圖謀하라(慶北 永川 崔鍾千), 面의 回顧(2)(覆面子)
제2권 4호 (1930.4.1.)	丁抹의 農村과 農民生活(朝鮮殖産銀行 監事 方台榮), 俸給生活의 不安과 對策(文學士 河野湖風), 朝鮮行政要覽(第6講)(九庵 任洪淳), 面制講義(第1講)(郡屬 任忠宰), 徵收事務摘要(第1講)(郡屬 宋世鏞), 公用文의 硏究(10)(蘆州 竹森喜久馬), 統計硏究(第4講)(諸富三郎), 內地 優良村派遣 面吏員 제7회 報告書(平南 大寶面書記 金晏洙), 地方改良과 우리들의 覺悟(楊口郡 方山面 車道潤), 面의 回顧(3)(覆面子)
제2권 5호 (1930.5.1.)	農村振興의 根本問題(磐岳 大木喜代之進), 日本 一百姓의 話(衆議院議員 山崎延吉), 國勢調査의 大略(1)(總督官房總務課 統計係主任 大內澄), 朝鮮行政要覽(第7講)(九庵 任洪淳), 豫算制度硏究(第2講)(法學士 工藤重義), 面制講義(第2講)(郡屬 任忠宰), 徵收事務摘要(第2講)(郡屬 宋世鏞), 公用文의 硏究(11)(蘆州 竹森喜久馬), 敎育敎化上의 須要事項調査에 대하여(1)(南海郡 庶務主任 戶長守治), 面의 回顧(4)(覆面子)
제2권 6호 (1930.6.1.)	丁抹의 農村과 農民生活(朝鮮書籍印刷會社 取締役 方台榮), 農村振興의 根本問題(2)(磐岳 大木喜代之進), 國勢調査의 大略(2)(總督官房總務課 統計係主任 大內澄), 朝鮮行政要覽(第8講)(九庵 任洪淳), 面制講義(第3講)(郡屬 任忠宰), 統計事務槪要(第1講)(郡屬 金廷錫), 稅를 徵收하는 者와 稅를 納賦하는 者의 心得(慶北財務部長 堂本貞一), 面技手諸君(1)(京畿道 農務課長 八尋生男), 敎育敎化上의 須要事項調査에 대하여(2)(南海郡 庶務主任 戶長守治), 面의 回顧(5)(覆面子)
제2권 7호 (1930.7.1.)	兒玉政務總監의 新任(無得生), 英國의 地方行政(1)(內務省 地方事務官 古井喜實), 貧과 富(大日本雄辯會講談社 社長 野間淸治), 面技手諸君(2)(京畿道 農務課長 八尋生男), 朝鮮行政要覽(第9講)(九庵 任洪淳), 面制講義(第4講)(郡屬 任忠宰), 朝鮮戶籍令新論(京城府 戶籍係 李鍾賢), 度量衡講義(第1講)(郡屬 金榮起), 公用文의 硏究(12)(蘆州 竹森喜久馬), 敎育敎化上의 須要事項調査에 대하여(3)(南海郡 庶務主任 戶長守治), 面의 回顧(6)(覆面子)

면서기 6명, 회계원 2명, 구장 1명이 소개되어 있다. 면 행정의 책임자인 면장과 실질적인 담당자인 면 직원들을 발굴해 격려한 것인데, 한편으로는 이들의 당면문제와 실상을 알려주는 자료이기도 하다. 또 『면정연구』

표 3 각 도의 면 직원 수(1927년 내무국 조사)

도명	면장	부장	면서기	구장
경기도	249	3	1,472	2,519
충청북도	110	2	670	1,544
충청남도	175	5	930	2,318
전라북도	188	3	1,060	1,915
전라남도	268	2	1,561	3,952
경상북도	272	4	1,611	3,974
경상남도	257	5	1,542	2,593
황해도	226	3	1,311	2,117
평안남도	165	1	788	1,927
평안북도	193	4	842	1,509
강원도	178	3	918	2,037
함경남도	141	2	704	2,743
함경북도	81	4	377	725
합계	2,503	41	13,786	29,858

출처: 『면정연구』 2, 1929.5.1, 36쪽

에 실린 각종 통계도 관련 분야 연구에 도움이 될 것인데, 그 가운데 하나가 〈표 3〉이다

『면정연구』 13호(1930.4.1)의 기사에는 전북 김제군 관내 면회계원시찰단(面會計員視察團) 일행 15명이 시찰하는 과정을 게재하였다. 즉 이들 일행은 3월 9일 신의주와 평양 방면의 시찰을 마치고 경성에 들어와 본회 요시다 히로시 주간의 안내로 조선총독부, 창경원, 동아신문사·경일신문사(京日新聞社) 등을 참관하고, 다음 날 10일 오전 9시 전후 용산연병장(龍山練兵場)에서 거행한 육군관병식(陸軍觀兵式)을 견학한 후 오후에 인천을 시찰하고 돌아갔다고 하였다.

이상과 같이 『면정연구』는 지방행정의 기초단위인 면 행정의 발전을 위해 면 직원의 소양과 교양을 고양시키기 위해 오직 면 직원을 대상으로 하는 잡지였다. 따라서 면의 운영과 실무를 담당하는 관리가 알아야 할 제

도, 법령과 예규, 실무 등이 주된 내용이었다.

그런데 애독자 5,000명을 자랑하던 『면정연구』가 1930년 7월 1일 제2권 7호를 끝으로 종간하였다. 그 이유에 대해 종간호에 주간 요시다 히로시 명의의 성명문을 전단지 형태로 삽입하였다.[21] 이에 따르면 조선면행정연구회가 면 행정의 신장기관(伸張機關)으로 기능을 완수하기 위하여 사계(斯界) 유일의 권위 있는 종합기관지 『동아법정신문(東亞法政新聞)』과 합병하기로 했다는 것이다. 그리고 본인 포함 본회 직원은 법정신문사원이 되어 동지(同紙)의 편집 및 체재를 행정란(行政欄, 특히 면 행정을 중심으로 편집), 사법란(司法欄), 경찰란(警察欄)으로 개편하고, 종래 『면정연구』의 내용을 전부 게재하겠다고 하였다. 그러면서 『면정연구』를 대신하여 『동아법정신문』의 구독을 간청하였다. 7월 말까지 『면정연구』를 선납한 독자들에게는 그 대금이 소진될 때까지 할인하겠다는 내용이었다.

『동아법정신문』은 1920년 6월 창간되었다. 이후 『법정경찰신문(法政警察新聞)』, 『법정신문(法政新聞)』 등으로 제호가 변경되었지만 1941년 7월 언론통제로 인하여 폐간될 때까지 20년 이상에 걸쳐 발간되었다.[22] 『조선사법협회잡지』, 『고등법원판결록』 등과 아울러 조선 사법계를 대표하는 저널이었다. 함양박씨 구당공파 종가에 소장된 『동아법정신문』은 총 17호, 19책이다. 호수는 제185~186호, 제188~191호, 제193호, 제197호, 제199호, 제202~203호, 제205호, 제207~208호, 제212~213호 등이고, 발행연도는 1929년 8월 8일~1931년 4월 5일이다. 그런데 이 발행연도 기간에 동아법정신문사의 사장이 바뀐다.

1929년 9월 구보다 다쿠지(久保田卓治)가 사장을 그만두자 주간인 요시다 간지로(吉田寬二郎)가 일체의 사무를 인수하였으며 사무소도 남대문통

21 「愛讀者各位」, 『면정연구』 2-7, 1930.7.1.

22 吉川絢子, 「1920년~1941년 경성 발행 『법정신문(法政新聞)』」, 『서울대학교법학』 53-3, 2012, 617쪽.

5정목 74번지로 옮겨 갔다.[23] 1930년 3월까지는 종전과 마찬가지로 1부 30전, 월 1회 발행, 50쪽 분량이었으나, 4월부터는 월 2회(5일, 20일) 발행, 30쪽 내외 분량으로 변경되었다. 그리고 가격도 1부 20전, 2부 30전으로 인하되었다.

요시다 간지로가 동아법정신문사를 인수한 후 물러날 때까지 경찰과 행정 관련 기사가 늘어나기 시작하였다. 예를 들어 1929년 8월 8일자 신문에는 6개의 경찰 관련 기사와 10개의 행정 관련 기사가 게재되었다. 전체 44쪽 중 30쪽가량이 경찰 또는 행정 관련 기사로 채워졌다. 그런데 행정 관련 기사 중에 조선행정요람(朝鮮行政要覽, 任洪淳), 면기수제군(面技手諸君, 八尋生男), 면통계사무개요(面統計事務概要, 金廷錫), 조선호적령신론(朝鮮戶籍令新論, 李鍾賢) 등 대부분은 이미 『면정연구』에 게재된 기사였다. 지금까지는 그 이유가 설명되지 못했는데, 앞서 언급했듯이 조선면행정연구회 주간 요시다 히로시 등이 참여하면서 일어난 변화였던 것이다. 그리고 동아법정신문사 사장 요시다 간지로와 조선면행정연구회 주간 요시다 히로시의 관계가 주목된다. 현재까지 자료가 없어 단정할 수 없지만 이름이 비슷한 것으로 미루어 부자이거나 형제 혹은 최소한 같은 집안 사람으로 판단된다.

특히 면 행정을 중심으로 편집한 행정란이 신설되면서 행정 관련 게재 기사가 늘어나자 독자층에도 변화가 생겼다. 종전에는 변호사를 비롯한 법조인이 주된 독자였으나, 이 시기 신문사가 벌인 캠페인 당첨자나 질의응답 코너에 기재된 질문자의 신분을 살펴보면 독자층이 확대되었음을 알 수 있다. 예컨대 1930년 8월 5일자 신문에 게재된 「현상 행정 질의응답 당선자 발표」라는 기사에서는 신상환(辛尙煥), 유광하(劉光夏), 최종천(崔鍾千) 등 10명의 이름이 근무처와 함께 게재되었다. 이들은 대개 군속(郡屬)이거나 면장(面長)들이었다. 그리고 창간 10주년을 맞이한 1930년 7월

23 이하는 吉川絢子(2012), 앞의 글, 626~627쪽 참조.

5일자 신문에 게재된 군청, 면장, 면 직원 명의로 된 축하광고에서는 군청이나 면사무소에서 구매한 신문을 조선인 말단 관리들이 읽으면서 행정 문제를 공부하고 질문하던 모습을 엿볼 수 있다.

이러한 변화는 함양박씨 종가 소장의 『동아법정신문』의 발행연도와도 일치한다. 즉 요시다 간지로가 사장으로 있던 시기는 1929년 9월~1932년 1월이고 함양박씨 구당공파 종가에 수집된 『동아법정신문』의 발행연도는 1929년 8월~1931년 4월이다. 앞서 언급했듯이 박만희가 1929년 5월 『면강습회록』 등 잡지를 구독하고 있었음을 고려할 때 『동아법정신문』, 『면정연구』 역시 구독했을 가능성이 높다. 구장을 역임한 경험을 살펴 면 행정에 관한 여러 잡지나 신문을 꾸준히 구독하지 않았나 추정해 본다.

『부읍면잡지』는 경성(京城)의 부읍면잡지사(府邑面雜誌社, 주소: 경성부 한강통 15번지)에서 매월 1일 1회 일본어로 발행한 월간잡지이다. 함양박씨 구당공파 종가에 소장된 『부읍면잡지』는 제2권 제1호(1932.1.1)(2책), 제2권 제2호(1932.2.1), 제2권 제3호(1932.3.1), 제2권 제4호(1932.4.1), 제2권 제9호(1932.9.1), 제3권 제11·12호(1933.12.25.) 등 6호밖에 없다. 정확한 서지사항을 파악하기가 곤란한데, 1931년 11월에 제1권 제6호가 발행된 것으로 보아[24] 1931년 6월 1일 창간된 것으로 보인다. 분량은 90쪽 내외로 정가는 1부에 32전이었고, 반년분 1원 80전, 1년분 3원 60전이었다.

창간호부터 제2권 제4호까지는 주간, 편집 겸 발행인이 요시다 간지로였는데, 제2권 제9호부터는 주간 신영희(申永熙), 편집 겸 발행인 요시다 간지로로 변경되었다. 또한 제3권 제11·12호에 의하면 1933년 9월 29일 인가를 다시 받았고 발행일도 25일로 변경되었으며, 주간, 편집 겸 발행인이 모두 신영희로 바뀌었다. 부읍면잡지사 사무소도 경성부 화천정(和泉町) 152번지로 이전하였다. 결국 주간이었던 신영희가 요시다 간지로에게

24 『동아일보』(1931.11.5), 「出版日報」.

그림 3 『부읍면잡지』 제2권 제1호

그림 4 『부읍면잡지』 제2권 제2호

부읍면잡지사를 인수한 것 같다. 잡지 정가도 1부에 60전으로 올랐다.

먼저 주목되는 점은 창간호부터 제2권 제9호까지 요시다 간지로가 편집 겸 발행인이었다는 사실이다. 그는 앞서 보았듯이 동아법정신문사의 사장이었는데, 1932년 1월 동아법정신문사의 소유권을 사무이사였던 후루하타 세이조(降旗淸三)에게 매도하였다.[25] 이후 요시다 히로시와 함께 그들의 기존 인맥을 활용하여 다시 부읍면잡지사를 설립한 것으로 보인다. 당시는 읍면제가 본격적으로 시행되던 시기로 잡지에 대한 수요가 많았을 것이다.

『부읍면잡지』는 앞서 보았던 잡지들과는 행정단위가 차이가 있었기 때문에 지면의 구성과 내용 면에서 수준이 높았다. 이는 『부읍면잡지』 호별 주요 기사와 집필자를 정리한 〈표 4〉에서도 확인할 수 있다.

『면강습회록』은 1929년 5월부터 1930년 2월까지 제국지방행정학회

25 吉川絢子, 앞의 글, 627쪽.

표 4 『부읍면잡지』 호별 주요 기사와 집필자

호수(발행연월일)	주요 기사와 집필자
제2권 1호 (1932.1.1.)	時局重大한 때 新年을 맞이하다(朝鮮總督), 朝鮮을 平和한 理想境으로 하자(政務總監), 官民一致(內務局長 牛島省三), 農村更生의 方途如何(代議士 守屋榮夫), 人格第一義 法則第二義(貴族院議員 鵜澤聰明), 邑面公職者敎育(元老院居士), 法則正(普成專門學校敎授 渡邊勝美), 選擧判例槪觀(辯護士 鈴木義男), 地方財政講座(法學博士 美濃部達吉), 樂園의 丁抹(方台榮), 農閑期에 있어서 副業의 奬勵(前 京畿道 農務課長 八尋生男), 新時代의 養蠶法(農林省 蠶絲局 蠶絲課長 明石弘)
제2권 2호 (1932.2.1.)	社說 府邑面會議員의 法律上의 地位와 辭職屆의 效力發生時期에 대하여(編輯局 申永熙), 直接 參政과 地方自治에 대하여(今井禮智), 選擧判例槪觀(辯護士 鈴木義男), 中等學校에 公民敎育을 實施함에 대하여(金廉培), 府尹邑面長事故가 있는 경우 職務代理에 대하여(金泉郡廳 張範敎), 模範農村部落建設方法에 대하여(光州郡 池漢面長 崔溶淑), 邑面과 그 區域에 대하여(永興郡 橫川面書記 朴俊煥), 歐洲大陸의 自治制度를 瞥見하고(翠雲亭), 舊朝鮮과 新日本(京城帝大 法文學部 田保橋潔)
제2권 3호 (1932.3.1.)	邑面住民에 待望한다(文珠庵), 農會費의 督促手數料를 府邑面의 收入으로 삼을 수 없다(編輯局 申永熙), 面職員의 融和에 대하여(光州郡 松汀面長 張安燮), 地方財政講座(2)(法學博士 美濃部達吉), 邑面長誌上會議提案, 蠶業模範地區의 新奬勵에 대하여(京畿道 農務課 梅谷與七郞), 地方行政功績者의 表彰에 대하여(牛島 內務局長)
제2권 4호 (1932.4.1.)	改正制度의 運用은 豫想 以上의 好成績(牛島 內務局長), 社說 改正地方制度의 實施 一周年을 맞이하여(編輯局), 監督行政에서 保育行政으로(編輯局 申永熙), 地方自治와 輿論의 힘(後藤文夫), 官公署에서 執務時間과 時間外 執行事務의 效力(今井禮智), 地方改良苦心談(全南模範振興會長 朴松子女史), 形式主義를 打破하고 面豫算의 甦生을 圖謀하자(高津生), 財政上에서 본 大邱府政의 展望(大邱府 內務課長 庄司昌), 租稅의 原則과 體系(淸水哲夫), 戶別稅考(全暎燮), 現行地方自治制講義(法學博士 美濃部達吉), 府條例及邑面規則講義(山下榮夫), 普文試驗模擬問答案(一記者)
제2권 9호 (1932.9.1.)	公企業과 府營乘合自動車問題(卷頭言), 道郡産業團體를 廢止하고 邑面及道地方費에 이를 統一하자(主幹 申永熙), 農村匡濟의 途는 焉處에 있는가(京畿道囑託 曺元煥), 卒業生指導와 農村振興策(2)(京畿道囑託 八尋生男), 面事務監査에 대하여(高津生), 農村의 現狀을 嘆하다(艮文面 文在球), 江華郡의 學資造成組合에 대하여(江華郡廳 崔鍾瓚), 利川郡의 面吏員講習會(편집국), 昭和7年朝鮮辯護士試驗(편집국)
제3권 11/12호 (1933.12.25.)	社說 農山漁村振興과 地方中心人物의 養成에 대하여(申永熙), 邑面行政의 發達改善과 審議調査機關의 設置에 대하여(今井禮智), 官吏懲戒制度(京城法學專門學校敎授 園部敏), 農村經濟調査에 대하여(求禮郡 金暎燮), 農業과 肥料에 대하여(安城郡 川越禎三郞), 國庫及道費補助下에 面職員共濟組合을 設置하자(古郡面長 郭宇春), 邑面의 物品會計에 대하여(木村生), 面事務의 刷新向上에 대하여(務安郡 石津面書記 吳宗根), 職業紹介所의 苦悶과 希望(京城職業紹介所長 宮原馨), 農村窮乏의 原因과 그 更生策에 대하여(安邊 崔石峯), 제6회 地方行政講習會 行政法講義(講師 總督府事務官 井坂圭一良, 筆記者 慶南郡屬 吳周錫), 滿洲百面觀(朝鮮總督府事務官 堂本貞一)

조선본부에서 발행한 일본어 임시 월간지이다. 발행인 겸 편집인은 제국지방행정학회 조선본부장 사카이 요세키치(酒井與三吉)이고 발행일은 매월 15일이며 분량은 본문 45쪽 내외이다. 임시 월간지라고 한 것은 약간의

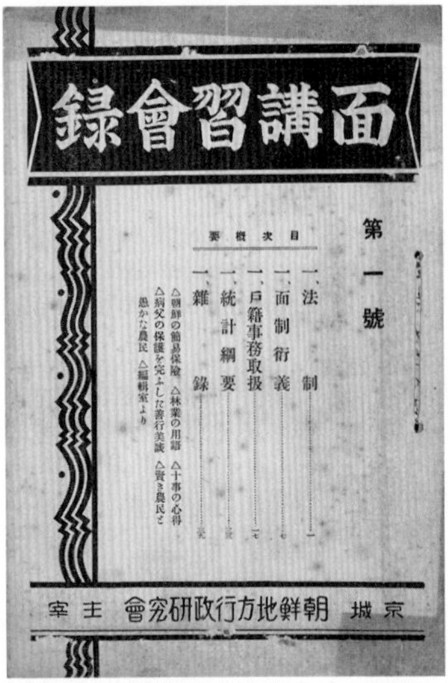

그림 5 『면강습회록』 제1호

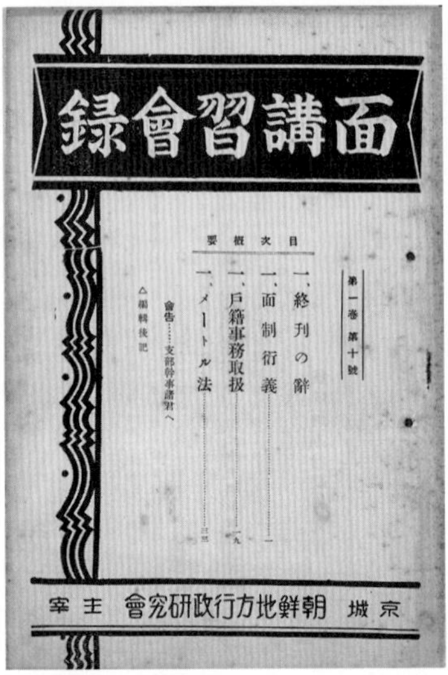

그림 6 『면강습회록』 종간호

사정이 있다.

제국지방행정학회 조선본부는 일본의 제국지방행정학회가 1922년 5월 『조선지방행정(朝鮮地方行政)』을 창간하면서 조선에 세운 지점으로 보인다. 그런데 1929년경 제국지방행정학회 조선본부는 조선총독부 시정(始政) 20년을 맞이하여 지방행정의 신장을 위하여 『조선지방행정』의 구독자로 조선지방행정연구회를 조직하였다.[26] 본회는 지방행정에 관한 제반 사항을 연구하고 그 향상 발전을 도모하는 것을 목적으로 하였다. 사무소는 제국지방행정학회 내에 두었고, 조선지방행정연구회의 회칙은 총 10개조로 구성했다.

조선지방행정연구회 회칙

제1조 본회는 조선지방행정연구회라고 칭하고 사무소를 제국지방행정

26 「編輯室より」, 『面講習會錄』 제1호, 1929. 4, 45쪽.

학회 내에 둔다.

제2조 본회는 지방행정에 관한 제반의 사항을 연구하고 그것의 향상 발전을 도모하는 것을 목적으로 한다.

제3조 본회 사업

1. 지방행정사무에 관한 도서를 간행하고 회원에게 무료 반포 또는 강습회, 강연회 등을 개최, 2. 지방행정사무에 관한 질의응답, 3. 지방 우량 사적 시찰, 4. 지방 공로자의 표창, 5. 회원의 병상(病傷), 재액(災厄), 사망에 대한 조위(弔慰), 6. 기타 사항

제4조 본회 회원은 정회원, 찬조회원 및 명예회원으로 한다.

정회원은 조선지방행정지우회원(朝鮮地方行政誌友會員), 찬조회원 및 명예회원은 본회의 사업을 찬성하거나 또는 학식 명망 있는 자를 추천한다.

제5조 본회 임원은 고문 약간 명, 회장 1명, 평의원 약간 명, 이사 2명.

회장은 평의원회에서 추천한다. 고문, 평의원은 본회 명예회원, 찬조회원 또는 정회원 중에서 추천한다. 이사는 제국지방행정학회 조선본부 직원으로 이를 충(充)한다.

제7조 본회의 경비는 모두 제국지방행정학회의 갹출금으로 지급한다.

제9조 지방에 지방지부를 설치한다.

제10조 지부 규약을 지부의 자유로 하고 그 경비는 본회에서 보조한다.

조선지방행정연구회의 사업 중 지방행정사무에 관한 도서를 간행하고 회원에게 무료 반포한다는 것과 강습회를 개최한다는 회칙에 따라 『면강습회록』을 발간했다. 즉 지방행정사무에 정통한 각 분야 권위자에게 의뢰하여 지상(紙上) 강습회를 개최하고 이를 매월 15일에 회원들에게 『면강습회록』으로 제작하여 무료 배포한 것이다. 다만 구독을 원하는 사람에게는 1부에 10전을 받고 판매하였다.[27] 강습 과목은 법제(法制), 면제(面制), 호적

(戶籍), 지방비(地方費), 향교재산(鄕校財產), 학교비(學校費), 학교조합(學校組合), 수리조합(水利組合), 농회(農會), 산업조합(產業組合), 회계사무(會計事務) 등의 주제 중 3~4과목을 선택하여 1929년 말까지 연속적으로 게재하는 방식으로 계획하였다. 하지만 강의가 더 진행되면서 1930년 2월에 종간되었다.

함양박씨 구당공파 종가에 소장된 『면강습회록』은 1929년 5월(제1호)[28] 부터 1930년 2월(제10호)까지 전부 다 있다. 『면강습회록』의 주요 내용은 계획했던 대로 법제, 면제, 호적사무, 통계, 토목행정, 미터법 등 강습 과목을 중심으로 이루어졌다. 특이한 점은 주요 과목을 강의하는 강사의 이름이 없다는 것이다. 즉 과목과 그 내용은 게재되어 있지만, 강의자 즉 집필자는 없는 형식이다. 〈표 4〉는 『면강습회록』의 전체 호별 목차 개요이다.

강습 과목의 횟수를 보면 면제연의(面制衍義) 제1~10강, 호적사무취급(戶籍事務取扱) 제1~9강, 통계강요(統計綱要) 제1~7강, 면의 재무 제1~4강, 법제 제1~3강, 미터법 제1~2강, 토목행정 제1강 등으로 정리된다. 잡록에 해당하는 행정의해(行政義解), 법률숙어(法律熟語), 법률어해(法律語解) 등도 실무에서 필요로 하는 것이었다. 선행미담(善行美談)은 면정(面政) 혹은 면의 발전에 공로가 있는 면장이나 면서기 등을 소개하고 있다. 예컨대 황해도 황주군 송림면장 방진찬(方盡燦)은 그 공로를 인정받아 면민들로부터 금배(金盃) 1조를 증정받았다는 내용이 있다. 이상 『면강습회록』은 지방자치의 기초단위인 면의 운영과 실무를 담당하는 관리가 알아야 할 제도, 법령과 예규, 실무 등을 강습하고 선전하는 잡지였다.

27 『동아일보』(1929.7.19), 「新刊紹介」.

28 제1호는 두 종류가 있다. 하나는 1929년 4월 27일에 발행된 것이고, 다른 하나는 동년 5월 15일에 발행된 것이다. 전자의 표지는 소박하지만 후자의 표지는 세련된 느낌이다. 두 종류 모두 지면의 목차 구성과 내용은 완전히 동일하고, 편집후기만 약간 다르다. 아마도 처음에 『면강습회록』을 시범적으로 발행하여 반응을 살핀 후 호응이 있자 정식으로 체제를 갖춰 발행한 것으로 추정된다.

표 5 『면강습회록』 호별 전체 목차 개요

호수(발행연월일)	목차 개요
제1권 1호 (1929.5.15.)	法制(第1講), 面制衍義(第1講), 戶籍事務取扱(第1講), 統計綱要(第1講), 雜錄, 朝鮮의 簡易保險, 林業의 用語, 十事의 心得, 病父의 保護를 完遂한 善行美談, 賢明한 農民과 어리석은 農民
제1권 2호 (1929.6.15.)	法制(第2講), 面制衍義(第2講), 戶籍事務取扱(第2講), 統計綱要(第2講), 課外講演-自治民育을 基調로 하는 町村自治, 行政義解, 法律語解, 善行美談, 面事務講評會, 朝鮮地方行政研究會 會報, 讀者名簿
제1권 3호 (1929.7.15.)	法制(第3講), 面制衍義(第3講), 戶籍事務取扱(第3講), 統計綱要(第3講), 課外講演-私情으로 公事를 다스릴 수 없다, 行政義解, 面長10信條, 善行美談, 他山의 石, 朝鮮地方行政研究會 會報, 讀者名簿
제1권 4호 (1929.8.15.)	面制衍義(第4講), 戶籍事務取扱(第4講), 統計綱要(第4講), 課外講演-行政自治의 確立과 宗教, 行政義解, 法律語解, 處務의 刷新은 如何히 해야 하는가, 善行美談, 他山의 石, 早起와 時間勵行標語, 朝鮮地方行政研究會 會報, 讀者名簿
제1권 5호 (1929.9.15.)	面制衍義(第5講), 戶籍事務取扱(第5講), 統計綱要(第5講), 面의 財務(第1講), 課外講演-地方 青年의 自治的 指導訓練에 대하여, 行政義解, 法律語解, 實行을 鐵則으로 하는 力行團體, 勸農共濟組合指導要綱, 他山의 石, 朝鮮地方行政研究會 會報, 讀者名簿
제1권 6호 (1929.10.15.)	面制衍義(第6講), 戶籍事務取扱(第6講), 統計綱要(第6講), 面의 財務(第2講), 課外講演-地方選擧取締規則의 發布에 대하여, 齋藤總督의 諭告와 訓示, 行政義解, 法律熟語, 面協議會의 職務, 生活改善同盟綱目, 善行美談, 他山의 石, 讀者名簿
제1권 7호 (1929.11.15.)	面制衍義(第7講), 戶籍事務取扱(第5-2講), 統計綱要(第7講), 面의 財務(第3講), 課外講演-施設經營事業의 一端, 私財5萬을 投擲하여 農民學校를 設立한 王在德氏의 美擧, 他山의 石(兵庫縣飾磨郡手柄村村是)
제1권 8호 (1929.12.15.)	面制衍義(第8講), 戶籍事務取扱(第7講), 統計綱要(第8講), 面의 財務(第4講), 課外講演-稅納에 관한 陳述, 行政義解, 法律熟語, 生活改善會細目, 朝鮮博覽會見學感想의 一片
제1권 9호 (1930.1.15.)	面制衍義(第9講), 戶籍事務取扱(第8講), 土木行政, 미터法(第1講), 課外講演-自治漫談, 行政義解, 法律熟語, 生活改善會細目, 讀者名簿
제1권 10호 (1930.2.15.)	終刊의 辭, 面制衍義(第10講), 戶籍事務取扱(第9講), 미터法(第2講), 會告-支部幹事諸君에게

조선지방행정연구회는 종간사(終刊辭)에서 "제1회 면강습회를 마치게 되었는데, 지방행정의 사무에 관한 이론과 운용에 관한 법령 법규의 연구 자료로 『면강습회록』이 발행 부수 1만 부를 돌파하여 출판계의 신기록을 세웠다고 자랑"하였다. 그리고 다루지 못한 강의는 모체이자 자매지 『조선지방행정』에 게재할 것이니, 많은 구독을 바란다고 하였다.[29]

29 「終刊の辭」, 『面講習會錄』 1-10, 1930.2.15. 참조.

원래 제국지방행정학회는 1893년 오타니 니헤에(大谷仁兵衛)[30]가 교토에 설립한 민간 출판사이다. 1904년 일본 최초로 가제식(加除式) 법규집(法規集)을 고안하고 이를 적용한 『법규전서(法規全書)』를 출간하여 큰 반향을 일으켰다. 이후 법령 및 판례 정보, 지방행정 등 다양한 분야의 전문 간행물을 발행하는 종합 출판사로 발전하였고 1925년 주식회사로 전환하였다.[31] 오타니 니헤에는 주로 일본에 있으면서 조선본부와 사업상 협의 및 결정할 문제가 있을 때마다 조선으로 건너와 활동하였다.[32] 제국지방행정학회 조선본부 역시 조선에서 『조선총독부급소속관서직원록(朝鮮總督府及所屬官署職員錄)』(조선총독부 편, 1929), 『조선인사예규(朝鮮人事例規)』(조선총독 관방비서과 편, 1937), 『조선지방행정예규(朝鮮地方行政例規)』(제국지방행정학회 편, 1927), 『조선사법제요(朝鮮司法提要)』(조선고등법원 서기과 편, 1930), 『조선법령집람(朝鮮法令輯覽) 상·하(上·下)』(조선총독부 편, 1934), 『조선법규유찬(朝鮮法規類纂)』(제국지방행정학회 조선본부 편, 1934), 『조선지방제도강의(朝鮮地方制度講義)』(古庄逸夫, 1926), 『개정 조선지방제도집람(朝鮮地方制度輯覽)』(조선총독부 내무국 편, 1931), 『조선토목행정법(朝鮮土木行政法)』(坂本嘉一, 1939), 『조선교육사고(朝鮮教育史考)』(高橋濱吉, 1926), 『조선경제(朝鮮經濟)의 현 단계(現段階)』(鈴木正文, 1938) 등 각종 조선총독부 출판도서, 조선 법률서, 지방제도 및 행정, 교육사 등 다양한 서적을 간행하였다. 1930년 1월 당시 제국지방행정학회 조선본부의 임직원은 회주(會主) 오타니 니헤에(大谷仁兵衛), 조선본부장 사카이 요세키치(酒井與三吉), 일반직원 조선인 13명, 일본인 21명이었다.[33] 직원 규모와 출판 도서의 종

30 오타니 니헤에(1865~1956): 현 시가현(滋賀縣) 출신. 명치기(明治期)부터 소화기(昭和期)에 걸쳐 일본의 출판업계를 대표하는 실업가. 근대 일본어 타자기의 개발을 지원하고 특허를 받아 일본타자기주식회사를 창업한 인물. 〈위키백과(일본)〉 참고.

31 각종 자료에 '東京 제국지방행정학회', '京都 제국지방행정학회', '東京/京城 제국지방행정학회' 등은 모두 같은 것이다. 이 회사의 현재 이름은 株式会社 ぎょうせい(行政)이다.

32 「大谷本會主來鮮」, 『조선지방행정』 85(8-1), 1929.1, 217쪽.

33 「謹賀新年」, 『面講習會錄』 1-9, 1930.1.15, 105쪽.

류 및 내용을 통해 볼 때 조선 내에서 굴지의 민간 출판사였을 것으로 판단된다.[34]

그런데 『면정연구』, 『면강습회록』, 『부읍면잡지』를 분석하는 과정에서 제국지방행정학회 조선본부와 출판계 사이의 분화와 갈등의 단초를 발견할 수 있었다. 즉 제국지방행정학회 조선본부 직원이었던 요시다 히로시(吉田寬)[35]가 독립하여 1929년 3월 조선면행정연구회를 설립하고 동년 4월 1일부터 『면정연구』를 발행하기 시작하였다. 『면정연구』은 앞서 언급했듯이 면 행정의 실무 담당자를 대상으로 한 잡지로 일종의 틈새 시장을 공략한 것이었다. 조선본부에서 발행한 『조선지방행정』은 약 220쪽 분량으로 정가가 50전이었던 반면 『면정연구』는 정가가 훨씬 낮았다. 조선본부는 이에 대응하기 위하여 동년 5월부터 『면강습회록』 제1호를 발행하였다. 정가를 10전으로 정하고 사고(社告)를 통하여 『면정연구』와는 아무런 관계가 없음을 밝혔다.[36] 종종 문의하는 경우가 있었는데 애초부터 본회와 관련이 없음을 강조하였다. 또한 『면강습회록』 종간호에서는 조선본부가 발행하는 『조선지방행정』을 계속해서 구독하기를 요청하였다. 그리고 1931년 6월에는 동아법정신문사 사장 출신인 요시다 간지로가 『부읍면잡지』를 창간하면서 관련 잡지계는 더욱 경쟁이 심화되었다. 『부읍면잡지』는 다시 1933년 9월 신영희가 인수하여 운영해 갔음을 앞서 언급하였다.

가장 큰 갈등은 내부 분열이었다. 제국지방행정학회 조선본부에서 조

34 1933년 당시 합자회사로 자본금이 7만 원이었다. 『朝鮮銀行會社組合要錄』(1933년판), 〈국사편찬위원회 한국사데이터베이스〉.

35 「謹賀新年」, 『朝鮮地方行政』 4-1, 1925.1. “제국지방행정학회 會主 大谷仁兵衛, 理事 井田耕治·野田敬之助·西村松次郎·濱名兼政. 조선본부 본부장 酒井與三吉, 편집 中込富藏·吉田寬·藏川茂·木澤建郎·濱口長藏·藤本勝·李壽昌, 囑託 赤根谷友三郎·濱野鍾太郎·遠田運雄, 營業 辻政次·五十嵐克二·金顯相·鄭友益·宋元燮. 囑託 前橋喜十郎, 庶務 米澤宗一·岩本淸藏·高田友次郎·李重泌·金昌演·朴鎭誠·宋金童.”

36 『面講習會錄』 제1호, 1929.5.1.

직한 조선지방행정연구회가 문제가 되었던 것 같다. 1935년만 하더라도 주식회사 제국지방행정학회 조선본부의 사장은 오타니 니헤에였고, 대표이사는 사카이 요세키치로 둘 다 대주주였는데, 1937년에는 오타니 니헤에가 여전히 사장인 데 비하여 사카이 요세키치는 사라졌다.[37] 자세한 내막은 알 수 없지만, 제국지방행정학회 대표자 오타니 니헤에와 제국지방행정학회 조선본부장이었던 조선지방행정학회 대표자 사카이 요세키치가 상호(商號) 문제로 소송을 벌였다.[38]

그 결과 최종적으로 1938년 4월 고등법원에서 오타니 니헤에 측이 승소하여 상대측은 '조선지방행정학회' 상호를 사용할 수 없게 되었다.[39] 또한 1938년 8월에 제국지방행정학회 조선본부의 신사옥이 완공되면서, 1939년 7월부터 『조선지방행정』은 『조선행정(朝鮮行政)』에 합병·통합되어 발행되기 시작하였다.[40]

5. 맺음말

본 연구는 충청남도 부여 은산에 거주한 함양박씨 구당공파 종가가 소장한 일제강점기 사법·행정 관련 서적을 집중적으로 검토함으로써, 가문

37 『朝鮮銀行會社組合要錄』(1933·1935·1937년판), 〈국사편찬위원회 한국사데이터베이스〉.

38 1936년경부터 분쟁이 일어난 것으로 보인다. 즉 조선지방행정학회 대표자 사카이 요세키치와 제국지방행정학회 조선본부 대표자 오타니 니헤에 사이에 발행소 문제로 분쟁이 일어나서 『조선지방행정』의 발행이 중단되었다. 당국에서 잡지 발행권의 귀속 문제를 신중히 검토한 결과 사카이 요세키치에게 인가 지령을 주었다고 한다. 『동아일보』(1936.11.8), 「朝鮮地方行政 續刊」.

39 『조선일보』(1938.4.24), 「類似商號決定의 標準에 關한 新判例」.

40 임상민, 「일제강점기 조선 행정 담론과 문예란 연구: 『조선행정』을 중심으로」, 『일본근대사학연구』 83, 2024, 152쪽.

자료가 지닌 역사적 가치와 지역사적 의미를 규명하고자 하였다. 해당 종가의 전적류는 총 9,000여 점의 문헌 중 3,200책이 넘는 방대한 규모로, 그중 일제강점기에 간행된 근대적 양장본 서적이 1,000여 종 이상을 차지한다. 그러나 지금까지 학계의 연구는 대부분 고전적에 집중되었고, 근대 행정·사법 자료는 충분히 주목받지 못하였다.

본 연구는 이러한 공백을 보완하기 위하여 약 110여 종, 300여 책에 달하는 사법·행정 관련 문헌과 더불어 지방행정 관련 잡지를 분석하였다. 그 내용을 요약하면 다음과 같다.

첫째, 박동익은 1908년 고향에 사립 신명의숙을 건립하여 교육운동을 주도하였고, 박영희는 만주로 망명해 신흥무관학교를 졸업한 후 항일운동에 투신하였으며, 박만희는 구장 등을 지내며 고향과 가문을 지켰다. 해방 이후 박용진은 1960년 은산면장에 임명되었다. 둘째, 사법·행정 관련 서적은 입신출세를 위한 시험 대비용 교재보다는 실제 면 단위 행정 수행에 필요한 실무 지침서와 법령집이 주류를 이루었다. 이는 함양박씨 구당공파 가문이 독립운동가를 배출하면서도 지역 유지로서 가문을 지켜내야 했던 역사적 현실을 반영하는 것이다. 셋째, 학계에 처음 소개되는 『면정연구』, 『면강습회록』 등은 일제강점기 지방행정의 실상과 출판계 내부의 경쟁과 갈등을 드러내는 귀중한 자료이다. 특히 지방행정 잡지는 제국지방행정학회 조선본부와 같은 민간 출판 네트워크의 분화 양상을 보여주며, 읍면제 개편기에 지방 관리들의 교육과 실무 능력 배양을 위한 자료로 기능하였다.

이상에서 구당공파 종가의 문헌이 단순한 가계 기록을 넘어 근대 사회 전환기의 실상을 드러내는 사료임을 확인하였다. 향후 이 자료군의 체계적 정리와 심화 연구가 지속된다면, 한국 근대 법제사·행정사 연구는 물론 지역사와 생활사 연구에서도 새로운 성과를 도출할 수 있을 것이다.

참고문헌

『面政硏究』, 『面講習會錄』, 『府邑面雜誌』, 『朝鮮地方行政』.

朝鮮總督府 內務局, 『改正地方制度實施概要』, 1922.

任洪淳, 『面行政大要』, 帝國地方行政學會 朝鮮本部, 1925.

古庄逸夫, 『朝鮮地方制度講義』, 帝國地方行政學會 朝鮮本部, 1925.

고려대 한국사연구소 일제시대사 연구실, 『식민지 조선과 제국 일본의 지방제도 관계법령 비교자료집』, 선인, 2010.

『고문서집성 45: 부여 은산 함양박씨편』, 한국정신문화연구원, 2000.

김민철, 「일제하 식민권력의 촌락 침투와 촌락사회」, 『한국민족운동사연구』 64, 2010.

박찬승, 『조선총독부의 지방제도 개편』, 동북아역사재단, 2024.

신명호, 「咸陽朴氏家 蒐輯古典籍의 내용과 자료적 특성」, 『장서각』 2, 1999.

안승준·김학수, 「扶餘 恩山 咸陽朴氏의 家系와 古文書」, 『고문서집성 45』, 한국정신문화연구원, 2000.

이성우, 「劍秋 朴寧熙의 독립운동 배경과 항일무장투쟁」, 『대구사학』 142, 2021.

임상민, 「일제강점기 조선 행정 담론과 문예란 연구: 『조선행정』을 중심으로」, 『일본근대사학연구』 83, 2024.

장신, 「1917~1928년 조선인의 출판활동과 신문」, 『근대서지』 6, 2012.

장신, 「1920년대 조선의 언론출판관계법 개정 논의와 '조선출판물령'」, 『한국문화』 47, 2009.

정긍식·장창민, 『植民地期 司法 關聯 資料: 《朝鮮司法協會雜誌》의 분석』, 한국법제연구원, 2004.

홍순권, 「일제 초기의 면 운영과 '조선면제'의 성립」, 『역사와 현실』 23, 1997.

吉川絢子, 「1920년~1941년 경성 발행 『법정신문(法政新聞)』」, 『서울대학교법학』 53-3, 2012.

『동아일보』, 『조선일보』, 『東亞法政新聞』.

■ 부록 부여 은산 함양박씨 구당공파 종가 소장 일제강점기 사법·행정 전적류

번호	사부 분류	유형 분류	서명
1	사부	정서류	人權新說
2	사부	정서류	法學通論
3	사부	정서류	經濟通論
4	사부	정서류	帝國六法全書對照朝鮮六法全書
5	사부	정서류	模範六法全書
6	사부	정서류	大日本帝國憲法
7	사부	정서류	民事訴訟法
8	사부	정서류	日本六法全書
9	사부	정서류	模範六法全書
10	사부	정서류	新體六法全書
11	사부	정서류	二色刷六法全書
12	사부	정서류	實用帝國六法全書
13	사부	정서류	民事訴訟法
14	사부	정서류	物權法
15	사부	정서류	刑法總論
16	사부	정서류	刑事訴訟法
17	사부	정서류	刑法各論
18	사부	정서류	商法總論
19	사부	정서류	魚驗法論
20	사부	정서류	法學通論
21	사부	정서류	相續法
22	사부	정서류	平時國際公法論
23	사부	정서류	債權法
24	사부	정서류	刑事補償法令
25	사부	정서류	改正朝鮮民刑事令
26	사부	정서류	鮮漢文現行刑法大全
27	사부	정서류	朝鮮民刑事令
28	사부	정서류	人事訴訟手續法論
29	사부	정서류	實際的民事訴訟執行手續詳解
30	사부	정서류	新舊對照民事訴訟法
31	사부	정서류	朝鮮民事訴訟法
32	사부	정서류	地方制度略解
33	사부	정서류	ポケット稅令集第二輯

번호	사부 분류	유형 분류	서명
34	사부	정서류	朝鮮總督府山林部校閱朝鮮林務提要
35	사부	정서류	朝鮮鑛業令要論
36	사부	정서류	手形法小切手法及關係法令
37	사부	정서류	朝鮮小作調停法令集
38	사부	정서류	朝鮮河川及公有水面關係法令
39	사부	정서류	朝鮮河川及公有水面關係願屆書樣式
40	사부	정서류	朝鮮小作調停令解說及書式
41	사부	정서류	朝鮮農地令解說附關係法令
42	사부	정서류	朝鮮農地令解說高等法院判決錄
43	사부	정서류	臨時土地收得稅法解說
44	사부	정서류	朝鮮河川令釋義
45	사부	정서류	改訂擔保物權法
46	사부	정서류	すぐに役立つ願屆書式大全
47	사부	정서류	書式大全
48	사부	정서류	日鮮文增修新編書式大全(총 2책)
49	사부	정서류	私權保護手續便覽
50	사부	정서류	朝鮮法規類纂(총 2책)
51	사부	정서류	朝鮮地方行政例規
52	사부	정서류	改正府制面制釋義
53	사부	정서류	道制府制邑面制關係法令
54	사부	정서류	面の財務監査要領
55	사부	정서류	執達吏執務提要
56	사부	정서류	最近警察實務判例集
57	사부	정서류	註釋警務全書
58	사부	정서류	警察敎科書
59	사부	정서류	加除自在朝鮮地方制(총 2책)
60	사부	정서류	改正朝鮮地方制度輯覽
61	사부	정서류	地方行政例規
62	사부	정서류	地方選擧法令解說
63	사부	정서류	選擧關係法令集
64	사부	정서류	問答解說改良新法律
65	사부	정서류	犯罪卽決例司法行政例規
66	사부	정서류	實用法律問答集
67	사부	정서류	新法令理由
68	사부	정서류	萬國公法要略

번호	사부 분류	유형 분류	서명
69	사부	정서류	人出處世法律要鑑
70	사부	정서류	朝鮮行政要覽
71	사부	정서류	朝鮮司法例規
72	사부	정서류	法律要鑑
73	사부	정서류	增訂日本債權法各論
74	사부	정서류	致富要訣
75	사부	정서류	精選法學通論
76	사부	정서류	行政法總論及刑法總論
77	사부	정서류	朝鮮博覽會規則
78	사부	정서류	朝鮮司法協會雜誌(총 122책)
79	사부	정서류	朝鮮司法協會雜誌 제8권 제5호 부록
80	사부	정서류	普通文官養成講義錄
81	사부	정서류	大審院判例集
82	사부	정서류	京城法政學校法學講義錄 (총 2책)
83	사부	정서류	民法釋義(총 2책)
84	사부	정서류	法曹會雜誌
85	사부	정서류	大衆法律講座
86	사부	정서류	法制時報(총 4책)
87	사부	정서류	法學協會雜誌
88	사부	정서류	裁判と法律
89	사부	정서류	判例集報
90	사부	정서류	判例集報抄出
91	사부	정서류	司法行政判例彙報(총 3책)
92	사부	정서류	新法令
93	사부	정서류	東亞法政新聞(총 19호)
94	사부	정서류	戶籍寶典
95	사부	정서류	模範屆書式戶籍記載例集成
96	사부	정서류	改正朝鮮戶籍事務必携(총 2책)
97	사부	정서류	加除自在戶籍法實例大全
98	사부	정서류	朝鮮戶籍必携集
99	사부	정서류	戶籍講習錄
100	사부	정서류	戶籍記載例
101	사부	정서류	朝鮮戶籍書式大全(총 2책)
102	사부	정서류	朝鮮戶籍法規詳解
103	사부	정서류	改正朝鮮戶籍例規

번호	사부 분류	유형 분류	서명
104	사부	정서류	面講習會錄(총 16책)
105	사부	정서류	面政研究(총 6책)
106	사부	정서류	府邑面雜誌(총 7책)
107	사부	정서류	朝鮮地方行政(총 2책)
108	사부	정서류	自治機關
109	사부	정서류	自治研究(총 2책)
110	사부	정서류	地方行政(총 5책)
111	사부	정서류	國勢調査質疑應答
112	사부	정서류	昭和五年朝鮮國勢調査
113	사부	정서류	朝鮮昭和十年國勢調査ニ關スル質疑解答(총 2책)
114	사부	정서류	昭和五年朝鮮國勢調査質疑應答(총 2책)
115	사부	정서류	國勢調査員必携(총 5책)
116	사부	정서류	新舊對照朝鮮全道府郡面里洞名稱一覽
117	사부	정서류	地方行政區域名稱一覽

함양박씨 박동섭의 백일장 시권에 대한 평어의 의미 탐색

김동석

1. 머리말

이 글은 부여 은산 함양박씨 박동섭(朴東燮)의 백일장 시권(試券)에 대한 평어(評語)의 의미를 탐색해 보는 데 목적이 있다. 박동섭은 1826년(순조 26)에 태어나 1800년대 후반기에 활동한 사람으로 추정되며, 이 백일장 시권을 남겼다는 점 외에는 잘 알려진 바가 없다. 은산 함양박씨 집안의 고문서를 수록한 『고문서집성 45』에는 이 집안 전래의 시권 약 20점이 실려 있으나, 이 책의 전체 해제에는 그 시권에 대해 소개한 내용이 보이지 않고, 박동섭의 신원에 대해서도 언급된 바가 없다. 그러나 이 글에서는 『고문서집성 45』의 「해제」, 『함양박씨파보』, 본 시권의 둘째 작품 「작신재

* 이 글은 김동석, 「함양박씨 朴東燮의 백일장 試券에 대한 평어의 의미 탐색」, 『장서각』 54(2025), 42~71쪽을 수정·보완한 것이다.

작신이자본의설(作新齋作新二字本義說)」의 내용 등에 근거하여 일단 박동섭의 생년을 1826년으로, 그 거주지를 평산(平山)으로 파악하고 논의를 전개해 나가기로 한다.[1]

이 시권은 백일장에서 작성된 것인데, 그 백일장은 곧 『평산군지(平山郡誌)』(1825)와 「작신재작신이자본의설」을 참조해 볼 때 이희빈(李熙斌)이 평산부사로 재임할 때인 1878년(고종 15)에 평산의 작신재(作新齋)에서 설행되었던 것으로 파악된다.[2] '백일장'이란 지방관·학교·사숙(私塾), 또는 개인이 과거시험을 모방하여 설행하는, 비공식의 모의 과거시험을 이른다. 이는 국가에서 설행하는 정식 과거시험에 비하면 사시(私試)의 성격을 띤 시험이라 할 수 있다.

작신재는 1745년(영조 21) 황해도 평산군 평산면에 평산부사 이광운(李光運)이 창건한 서재(書齋)로, 지방 향교에 비견할 만한 교육기관이었다. 『평산군지(상)』(1925)에 의하면, 쇠퇴한 지방 교육을 진작하기 위해 이광운이 작신재를 창건하고 그 운영을 위해 「작신재절목(作新齋節目)」을 만들었으며, 유생들의 교육·권과를 위해 정기적으로 백일장을 설행함으로써 학업을 적극 장려하였는데, 그 이후 여러 후임 수령들도 대체로 그의 유지에 따라 계속하여 작신재를 경영해 왔던 것으로 보인다.[3] 작신재는 1920년

1 박동섭의 시권을 포함한 이 집안의 시권 약 20점은 『古文書集成 45: 扶餘 恩山 咸陽朴氏篇』(한국정신문화연구원, 2000) 780~812쪽에 실려 있다. 부여 은산의 『咸陽朴氏派譜(人): 九堂公子孫世系』에는 박동섭이라는 이름으로 2인이 실려 있으나, 그중 1인에 대해서는 배우자가 '용인이씨(龍仁李氏)'라고만 기재되었고, 다른 1인에 대해서는 자(字)가 경춘(景春)이고, 생년이 병술(丙戌, 1826?)이며, 배우자가 '해주김씨(海州金氏)'라고 기재되었다.

2 그 근거로는 박동섭의 「작신재작신이자본의설」에서 "이미 여러 수령이 이 고을을 거쳐갔다.(由來太守之登臨於此齋者, 非不多矣.)"는 취지의 서술, 서울대학교 규장각한국학연구원 소장, 『평산군지(상)』(1925) 「作新齋·知府李熙斌帖」(1878)의 "부임했을 때 학업을 권장하려는 뜻이 절실하여 봄·가을로 백일장을 베풀고(下車之初, 志切勸奬, 設春秋白場, …)"라는 말과 박동섭의 「같은 說」에서 "다행하게도 지금 군후께서 부임하셨을 적에, 온갖 일의 폐단에 대해 개탄하시고(幸玆▽君侯之下車也, 慨歎於百務之痼瘼)"라고 한 내용이 서로 일치하는 점 등을 들 수 있다. 「知府李熙斌帖」의 작성 연도를 '갑인(甲寅, 1794? 1854?)'으로 표기한 것은 이희빈의 평산부사 재임 시기(1877~)를 고려할 때 '무인(戊寅, 1878)'의 오기라고 판단된다. 이를 뒷받침할 만한 글로 이원룡(李元龍)의 「作新齋新禊序」(1879)가 있다.

대에 이르러 공립학교의 기숙사로 전용되었다.[4] 이 시권의 제2·3 작품에 보이는 '동양(東陽)'이라는 지명은 곧 황해도 평산의 별칭으로, 이 백일장이 설행된 고을 이름이다.

이 백일장 시권은 여러 폭의 시지를 가로로 이어 붙여서 만들었고, 거기에 세 편의 설(說) 작품이 실려 있으며, 그 비봉(秘封)에는 응시자 '박동섭'의 성명만 기재되어 있다. 이 시권이 백일장에서 작성된 백일장 시권임은 그 비봉의 독특한 형태에서 금방 알 수 있다. 백일장 시권의 비봉은 우측 하단을 직각 삼각형으로 접어서 그 가운데에 응시자 본인의 이름을 쓰든가 혹은 이름과 함께 거주지를 쓴 뒤에 10시 방향으로 비스듬히 원통 모양으로 말아 접어서 압착한 다음 풀로 밀봉하고 '근봉(謹封)'이라는 글자를 쓰는 방식으로 만든다. 이 시권의 비봉도 이런 식으로 만들어졌다.

박동섭의 백일장 시권 실물 모습은 〈그림 1~3〉과 같으며, 이 사진은 〈한국고문서자료관〉에서 찾아볼 수 있다.[5]

고시 과목은 '설'이다. '설(說)'은 한문 문체의 일종으로, 사물의 이치를 천명하거나 자신의 견해를 피력하는 글이며, 산문 형식으로 짓는다. '설'은 대·소과의 과거시험 과목에는 들어 있지 않으나, 초계문신(抄啓文臣)의 제술시험에는 고시 과목의 하나로 들어 있다.[6] 일반 과거에서는 고시 과목으로 채택하지 않는 '설'을 이 백일장에서 고시 과목으로 채택하였다는 점이 이색적이다. 이는 아마도 '설'이라는 문체가 정규 과거에서 고시하는

3 『승정원일기』에 의하면, 이광운 이후의 후임 수령들로는 유광천·정기원·김기찬·이남보·홍신규·이희빈 등이 보인다. 『승정원일기』 정조 20년 7월 29일(임신); 헌종 14년 10월 12일(임자); 철종 3년 12월 1일(병자); 고종 1년 2월 12일(계미); 고종 2년 7월 28일(경인); 고종 14년 10월 7일(무자). 이광운 이후로 작신재를 경영한 대개는 『평산군지(상)』 권1, 「地理·書齋·作新齋」에 보인다.

4 서울대학교 규장각한국학연구원 소장, 『平山郡誌(上)』(1925) 「作新齋節目幷序文」(1745, 李光運).

5 〈한국고문서자료관〉 고유번호 'G002+AKS+KSM-XD.0000.1111-20101008.B030a_045_00641_XXX' 및 'G002+AKS+KSM-XD.0000.1111-20101008.B030a_045_00656_XXX' 각 참조.

6 『大典會通』 「禮典」 '勸奬'條 〈增〉 '抄啓文臣'.

'논(論)'과 유사성을 띠고 있기 때문이 아닐까 생각된다. '논'과 '설'은 다 같이 논변류의 산문 문체로서, 도리를 밝히고 견해를 피력하는 논설문이다.[7]

'논'의 작문 방법에는 정해진 규식이 없으니, 곧 가의(賈誼)의 「과진론(過秦論)」, 유종원(柳宗元)의 「봉건론(封建論)」 등과 같은 고문(古文)의 논체(論體)와 같다. 과장에서 짓는 논에서는 일반적으로 기두어로 '논왈(論曰)'을, 결미어로 '근론(謹論)'을 투식적으로 사용하였다. 논 한 편의 길이는 대개 500자 이상이었다.[8] 아마 '설'의 작문 방법도 역시 '논'과 마찬가지로 정해진 규식이 없으며, 한유의 「사설(師說)」·「잡설(雜說)」이나 유종원의 「포사자설(捕蛇者說)」 등과 같은 고문의 설체(說體)와 같으리라고 생각된다. 과장에서 짓는 '설'에 특별히 사용하는 투식어는 없는 듯하다.[9]

박동섭이 백일장에서 제술하여 시권에 써 낸 과문은 3편의 '설'이다. 그 세 편은 곧 제1작품 「고인위학차제설(古人爲學次第說)」 즉'옛날 사람들의 공부하는 차례'에 대한 논설, 제2작품 「작신재작신이자본의설(作新齋作新二字

7 유협(劉勰)에 의하면, '논'은 '성인의 가르침인 경(經)의 뜻을 조술하는 글'로, 이러한 '논'은 의(議)·설(說), 전(傳)·주(注), 찬(贊)·평(評), 서(序)·인(引)을 포괄하는 것이다. 논은 곧 경의(經義)를 밝히고 도리를 논술하는 평론(評論)·의론(議論)이라 할 수 있는데, 유협은 또 '여러 사람들의 말을 종합하여 정밀하게 한 가지 도리를 연구하는 것'이라고도 하였다. 劉勰, 『文心雕龍』 권4, 「論說」. "聖哲彝訓曰經, 述經叙理曰論. […] 陳政則與議說合契, 釋經則與傳注參體, 辨史則與贊評齊行, 銓文則與叙引共紀. […] 論也者, 彌綸羣言而研精一理者也." 그러나 과거 문체에서 논은 대개 경전(經典)·사실(史實)·인물(人物)·정사(政事) 등에 대해 자신의 주장을 피력하거나 도리를 천명하는 논설문을 이른다. 그리고 오눌(吳訥)·서사증(徐師曾) 등에 의하면, 설은 의리(義理)를 해석하고 자신의 의견을 진술하는 문체로, 논과 별 차이가 없는 것이다. 吳訥, 『文章辨體序說』 「論」·「說·解」; 徐師曾, 『文體明辨序說』 「論」·「說」. "說, 解也, 述也. 解釋義理, 而以已意述之也. […] 要之, 傅於經義, 而更出己見, 縱横抑揚, 以詳贍爲上而已, 與論無大異也."

8 김동석, 「조선시대 시권 연구」, 한국학중앙연구원 한국학대학원 박사학위논문, 2013, 268~269쪽; 김동석, 『조선시대 선비의 과거와 시권』, 한국학중앙연구원 출판부, 2021, 227~228쪽.

9 1790년(정조 14) 초계문신 제술 시험에서 지은 '설'의 대미를 보면, 최벽(崔璧, 1762~1813)은 '삼가 설을 지었습니다.(謹爲之說)'라 하였고, 서유구(徐有榘)는 '신이 삼가 설을 지었습니다.(臣謹說)'라 하였고, 김희순은 '삼가 설을 지었습니다.(謹說)'라 하였다. 崔璧, 『質菴集』 권1, 「說」 〈惡亦不可不謂之性〉; 徐有榘, 『楓石集』 권9, 「雜著」 〈惡亦不可不謂之性說〉; 金羲淳, 『山木軒集』 권18, 「應製錄」 〈惡亦不可不謂之性說〉. 한편 박동섭의 '설'은 3편 중 2편에서 대미로 대개 '군후께서는 살펴보십시오.(君侯察之)'라는 뜻을 말하였다.

本義說)」 즉 '작신재의 작신 두 글자의 본래 의미'에 대한 논설, 제3작품 「여보적자설(如保赤子說)」 즉 '어린아이를 보육하는 것처럼 한다'는 데 대한 논설인데, 그 작품의 길이는 각각 1,040자, 780자, 753자로, 도합 2,570자 정도이다. 당해 시권상에는 성적 평가 결과인 과차(科次)와 등제(等第)가 기재되어 있지 않고, 그 대신 '고방(高榜)'이라는 평어가 적혀 있다. 이는 '설' 3편 전체에 대한 성적 평가로, 과차와 등제를 한꺼번에 나타낸 말이라 생각된다. 그런데 이 '고방'이라는 표현은 '높은 등급의 성적을 나타내는 말'임을 추지할 수 있겠으나, 그 구체적인 정도는 가늠하기가 어렵다. 추측건대 이는 갑과·을과·병과 또는 1등·2등·3등으로 나눌 때 '갑과' 또는 '1등'에 해당하는 성적이 아닐까 한다.

박동섭의 위 시권에는 평점부호도 없다. 그러나 그의 시권은 무엇보다 거기에 기재된 시관의 다음 평어가 눈길을 끈다. 그 평어는 곧 주필(朱筆)로 기재된 다음의 문장이다.

> 이 세 제목의 글은 수단이 범상하지 않은 사람의 작품이다. 다만 그 글 중에는 혹 말하였지만 자세하지 않은 부분이 있다.(此三題, 手段非凡常之人, 但其間或有語焉不詳處.)

이 평어는 물론 '설' 3편 전체의 문장과 내용에 대한 평가인데, 장점과 단점을 개괄적·추상적으로 표현한 것이다. 이 글에서는 이 평어에 주목하여 ① 칭찬에 해당하는 '수단이 범상하지 않다(手段非凡常)'고 한 점과 ② 폄하에 해당하는 '말하였지만 자세하지 않다(語焉不詳)'고 한 점이 각각 어느 대목을 두고 이른 말이며, 그렇게 평한 까닭은 무엇인가를 규명해 보고자 한다.

통상 시권을 채점[考閱]할 때 시관들은 시권상에 ①의 문구에 칭찬의 비점(批點)을 찍고 ②의 문구에 폄하의 비말(批抹)을 쳐서 그 잘잘못을 표시한다. 그러나 박동섭의 시권에는 이러한 평점부호가 없으므로, 이 글은 재차 시관의 입장에서 위 세 편의 글을 천착하여 그 잘잘못을 따져 봄으로써 평어의 의미를 탐색해 보고자 하는 것이다.

이러한 탐색의 결과, 논변류의 과문을 지을 경우에 칭찬받는 요소와 폄하당하는 요소를 어느 정도 파악해 볼 수 있을 것으로 기대한다.

2. '설' 작품 3편의 개요

1) '옛날 사람들의 공부하는 차례'에 대한 논설(古人爲學次第說)

(이는 학문하는 순서 내지 독서의 순서에 대한 논설이다.)

작자 박동섭 자신은 공부에 뜻을 둔 사람으로서, 옛사람의 말씨·행적을 듣고 보게 되면 곧바로 거기에 경도된다. 그는 어느 해 추석 대보름에, 정사(精舍, 사찰)에서 공부하다가 탑돌이를 한 뒤 꿈속에서 태곳적의 인물인 성옹(惺翁, 정신이 맑은 늙은이)을 만나서 공부하는 순서에 대해 질문하였다. 성옹이 대답한 내용은 대략 다음과 같다. "태초의 시대에는 문자를 사용하지 않았으니, 자연의 성품과 자연의 지혜를 따랐다. 그 뒤 창힐·복희씨가 문자를 만들고 학교가 생기게 되자 문화가 극도로 발달했다. 공자·증자의 출현과 함께 『효경』·『대학』 등이 저작되었는데, 『대학』 한 책에서 3강령·8조목[10]을 서술함으로써 공부의 순서를 다 말했다. '격물(格物)'에서 '수

10 『대학』의 '3강령'은 명명덕(明明德)·친민(親民)·지어지선(止於至善)을 이르고, '8조목'은 격물(格物)·치지(致知)·성의(誠意)·정심(正心)·수신(修身)·제가(齊家)·치국(治國)·평천하(平天下)를 이른다. 이 가운데 '친민(親民)'은 대개 정자·주자의 설을 따라 '신민(新民)'으로 해석한다.

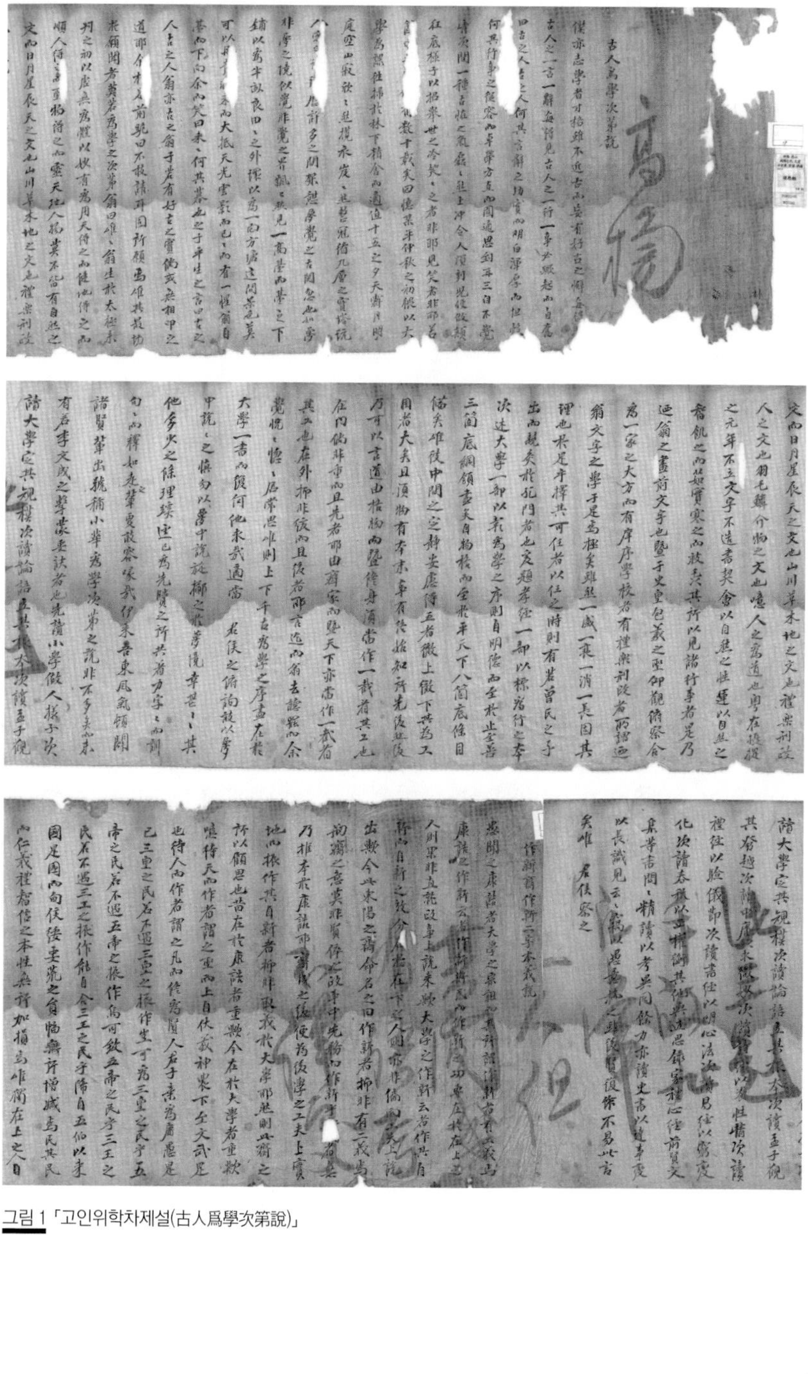

그림 1 「고인위학차제설(古人爲學次第說)」

신(修身)'까지의 먼저 해야 할 내면 공부와 '제가(齊家)'에서 '평천하(平天下)'까지의 나중에 해야 할 외면 공부가 그것이다."

우리나라는 소중화(小中華)이다. '공부하는 순서(爲學次第)'에 대한 견해가 많이 있지만, 선유들 중에서는 율곡 이이가 『격몽요결』에서 이를 자세히 말하였다. 거기에 따르면 『소학』-『대학』-『논어』-『맹자』-『중용』-『시경』-『예경』-『서경』-『역경』-『춘추』-『근사록』·『가례』·『심경』-선현들의 문집-역사서 등의 순서이다.

2) '작신재의 작신[11] 두 글자의 본래 의미'에 대한 논설(作新二字本義說)

(이는 『서경』과 『대학』에 나오는 '작신'의 의미에 대한 논설이다.[12])

작신은 두 가지 뜻을 지니고 있다. 『서경』「강고(康誥)」의 작신은 위정자가 백성들을 진작시키는 작신이고, 『대학』의 작신은 공부하는 사람 그 자신을 새롭게 하는 작신이다.

동양(東陽) 고을의 서재인 '작신재'의 '작신'이란 고을 수령으로서는 '「강고」에서 말한 작신'의 뜻을 취한 것이고, 공부하는 선비들로서는 '『대학』에서 말한 작신'의 뜻을 취한 것이다. 따라서 '작신재'의 '작신'은 곧 두 가지의 뜻을 동시에 지닌 '작신'이며, 어느 한쪽의 '작신'에 중점을 둘 것이 아니다.

옛날 성군들의 시대와 달리, 지금 시대에는 동일한 땅의 동일한 백성이건만 위정자 자신의 작신도 없고 선비들의 작신도 없다. 작신의 공부가 사라진 시대이다.

11 작신(作新)은 '새로운 사람으로 진작시킨다'는 뜻이다.

12 '작신'이라는 말은 원래 『서경』「강고」의 "천명을 안정시키고 백성들을 진작하여 새롭게 한다."는 구절에서 나왔는데, 『대학』에서도 이 말을 인용하여 '신민(新民)'을 설명하였다. 『書經』「康誥」. "宅天命, 作新民"; 『大學章句』. "(經一章) 大學之道, 在明明德, 在親民, 在至於至善. 〈注〉程子曰, 親, 當作新. […] (傳二章) 湯之盤銘曰, 苟日新, 日日新, 又日新. 康誥曰, 作新民."

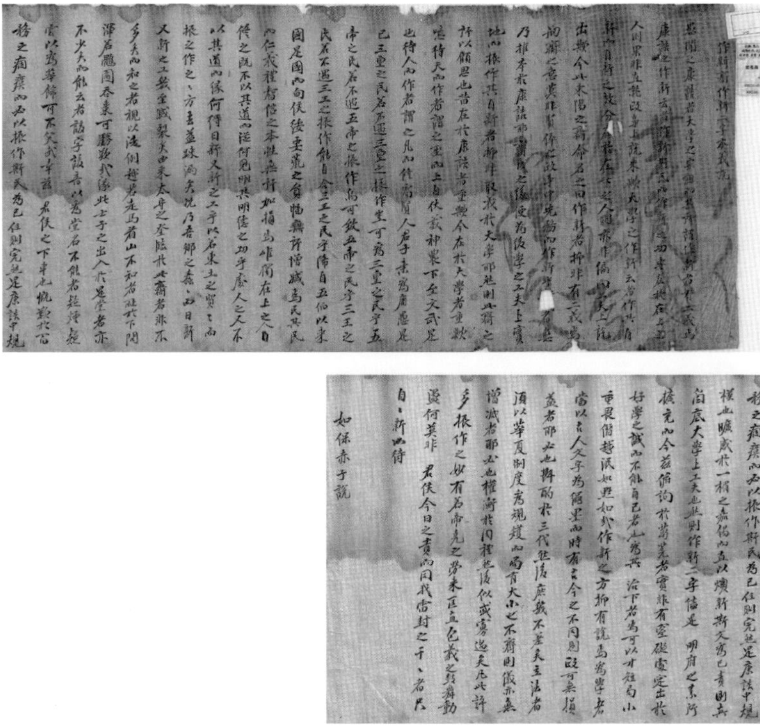

그림 2 「작신재작신이자본의설(作新齋作新二字本義說)」

그러나 지금 다행하게도 새로 부임한 태수는 「강고」의 취지대로 백성들의 작신을 자신의 임무로 삼고 선비들에게 하문하기까지 한다. 이에 대답하건대, 작신하는 방도는 삼대(三代)의 제도와 중화의 제도를 손익·증감하여야 한다. 이를 위해 요임금과 복희씨를 모범으로 삼되 태수 자신이 자득하여야 할 것이다.

3) '어린아이를 보육하는 것처럼 한다'는 데 대한 논설(如保赤子說)

(이는 '[백성들을] 어린아이를 보육하듯이 보호해야 한다'는 『서경』과 『대학』의 말에 대한 논설이다.[13])

천하를 다스리고자 하는 대인의 마음을 가지려 한다면 먼저 어린아이를 보육하는 방도를 배워야 하고, 그리하려면 자애로운 어머니 노릇을 하는 방도를 찾아야 한다.

자애로운 어머니 노릇을 하는 방도에 세 가지가 있다. 첫째 대지라는 어머니 곧 양능(良能)을 지닌 곤모(坤母)가 되는 것, 둘째 천하의 어머니 곧 요(堯)임금, 문왕(文王)과 같은 군모(君母)가 되는 것, 셋째 한 나라나 한 고을의 현명한 어머니 곧 정자산(鄭子産), 두시(杜詩)와 같은 현모(賢母)가 되는 것이 그것이다.

「강고」에서 "(어머니가) 어린아이를 보육하듯이 백성들을 보호해야 한다(如保赤子)" 하였는데, 어머니 노릇을 하는 방도는 자(慈)·애(愛)의 양지·양능을 따르는 것이다. 이는 자애로운 어머니가 말 못하는 어린아이를 대할 적에 마음속에서 진실하게 문제를 찾아서 소리가 없는 중에도 듣고 형체가 없는 중에도 보는(慈母之於赤子, 亦自足以心誠求之, 聽於無聲, 視於無形) 지극한 정성이다. 어린아이의 어머니 된 사람은 어린아이의 마음을 자신의 마음으로 삼기 때문에 먹이고 입히는 데 실수함이 없다. 마찬가지로 위정자는 백성의 마음을 자신의 마음으로 삼는다면 다스림이 근사할 것이다. 자애로운 어머니의 도리를 확충하면 곧 군(君)·장(長)의 도리가 된다.

지금 다행하게도 새로 부임한 태수는 '어린아이를 보육하는 설'에 대해 하문하였다. 성심(誠心)으로 문제를 찾는다면, 거의 해답을 적중시킬 것이다. 태수께서는 남양(南陽) 고을의 두시(杜詩) 또는 정(鄭)나라의 자산(子産) 같은 분이 되시기를 바란다.

13 '(백성들을) 어린아이를 보육하는 것처럼 보호해야 한다'는 뜻의 '여보적자(如保赤子)'는 『대학장구』 제9장에서 제가(齊家)·치국(治國)을 설명하면서 『서경』「강고」의 말을 인용한 것인데, 원래 『서경』에서는 이를 '약보적자(若保赤子)'라 하였다. 『大學章句』 제9장. "康誥曰, 如保赤子, 心誠求之, 雖不中, 不遠矣."; 『書經』「康誥」, "若保赤子, 惟民其康乂."

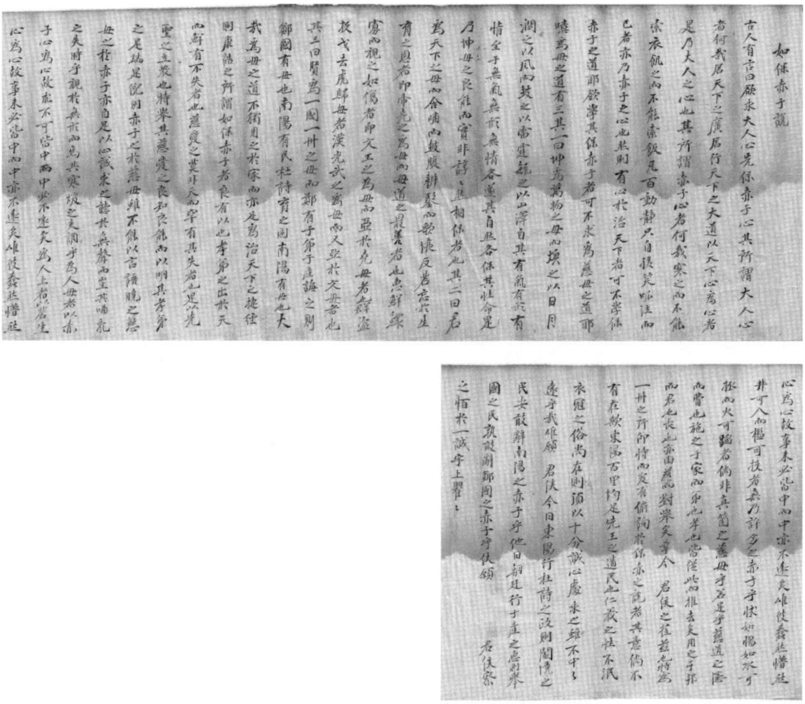

그림 3 「여보적자설(如保赤子說)」

3. 평어의 내용과 의미 분석

앞에서 보았듯이 평어에서 "이 세 제목의 글은 수단이 범상하지 않은 사람의 작품이다. 다만 그 글 중에는 혹 말하였지만 자세하지 않은 부분이 있다."라 하였는데, 이 중 앞의 문구를 칭찬의 뜻으로, 뒤의 문구를 폄하의 뜻으로 각각 이해하고자 한다. 그리하여 세 편의 '설' 작품 전체를 통틀어서 현저하다고 생각되는 칭찬 요소와 폄하 요소를 분석해 보기로 한다.

1) '옛날 사람들의 공부하는 차례'에 대한 논설(古人爲學次第說)

(1) 칭찬 요소: 꿈속에서 신선 성옹을 등장시킨 창의력과 문제점

작자가 꿈속에 가상의 인물 성옹(惺翁)을 등장시켜 그로부터 '옛날 사람들의 공부하는 순서'를 들었다 함은 창의력과 독창성이 돋보이는 대목이다. '성옹'은 후술하는 바와 같이 도가의 인물인데, 그에게 '성옹'이라는 유가적 명칭을 부여한 데서도 작자의 창의력을 엿볼 수 있다.

그런데 여기에서 우선 '옛날 사람들'이라 함은 구체적으로 어떤 사람들을 말하며, 성옹은 과연 옛날 사람인가 하는 의문이 생긴다. '옛날 사람들(古人)'이라는 말은 직접적으로는 정자(程子)의 말에서 찾아볼 수 있다. 즉 『대학장구』의 책제에 딸린 주자(朱子)의 주석에서 주자가 정자의 말을 인용하여 다음과 같이 말했다.

> 정자께서 이르기를 "『대학』은 공씨(孔氏: 공자와 그 문도)의 유서(遺書)이자 처음 배우는 사람들이 인격을 수양하는 단계에 들어가는 문호이다. 지금 옛날 사람들의 공부하는 차례를 볼 수 있는 것은 유독 이 책 『대학』 한 편이 남아 있는 덕분이다."[14]

여기에서 말한 '옛날 사람들'의 의미도 모호한데, 주자의 「대학장구서」를 살펴보면 '옛날'이란 대개 '하·은·주의 삼대' 때를 가리키고 있으며, 따라서 '옛날 사람들'도 '삼대 때의 사람들'이라 이해할 수 있다.[15] 이와 같은 '옛날 사람들'이라는 말의 의미는 『논어』 「학이」의 주석에서도 찾아볼

14 『大學章句大全』〈注〉. "子程子曰, 大學, 孔氏之遺書, 而初學入德之門也. 於今, 可見古人爲學次第者, 獨賴此篇之存."

15 『대학장구』 「대학장구서」. "大學之書, 古之大學所以教人之法也. [⋯] 三代之隆其法寖備, [⋯] 及周之衰, 賢聖之君不作, 學校之政不脩, 教化陵夷, 風俗頹敗, 時則有若孔子之聖, 而不得君師之位, 以行其政教. 於是獨取先王之法, 誦而傳之, 以詔後世, [⋯]."

수 있다.[16]

꿈속에서 나타난 성옹은 '태극이 나누어지기 전의 처음 시점에 태어난(生於太極未判之初)' 사람인데, 언제까지 살았는지는 별다른 언급이 없어서 알 수 없다. 그러나 성옹 자신의 말에 따르면, 그는 문자가 없었던 시대와 창힐·복희씨의 시대를 거쳐서 최소한 『효경』·『대학』을 저술한 증자의 시대에 이르기까지는 살았던 것으로 볼 수 있다. 그는 옛날 사람들의 공부하는 차례와 관련하여 『대학』의 3강령과 8조목에 대해 언급하였는데, 그 8조목에 대해서는 격물·치지·성의·정심과 수신을 묶어서 내면의 공부라 하고 제가·치국·평천하를 묶어서 외면의 공부라 하였다. 그렇다면 그는 도가에서 말하는 장생불사하면서 전지전능한 신선·신인이다.[17] 따라서 그는 '삼대 때의 옛날 사람들'을 논할 수 있는 옛날 사람에 해당하는 인물이라 하겠다.

그런데 유가의 학문을 논하는 마당에서 도가적 인물인 신선을 등장시킨 것은 자못 의외이다. 이는 창의력을 발휘한 독창적 사고의 발로로 칭찬받을 요소도 되지만, 원래 유가의 학문을 시험하여 인재를 선발하는 과거시험에서는 도가와 불가의 말은 이단시되어 배척당했다.[18] 그렇다면 신선·신인인 성옹의 등장은 충분히 낙제의 요인이 될 수 있다. 그러나 "그 글 중에는 혹 말하였지만 자세하지 않은 부분이 있다.(其間或有語焉不詳處.)"라고 한 평어를 놓고 볼 때, 성옹을 등장시킨 발상은 결국 배척당하지 않고 오히려 창의력·독창성이 있다는 긍정적인 평가를 받은 것으로 보인다.

16 『논어』「學而」. "子夏曰, 賢賢易色, 事父母能竭其力, [⋯] 〈注〉 三代之學, 皆所以明人倫也. 能是四者, 則於人倫厚矣. 學之爲道, 何以加此. 子夏以文學名, 而其言如此, 則古人之所謂學者可知矣."

17 더구나 그는 "이 늙은이는 태극(太極)이 나누어지기 전의 처음 시점에 태어났는데, 허무(虛無)를 본체로 삼고 묘유(妙有)를 효용으로 삼았다.(翁生於太極未判之初, 以虛無爲體, 以妙有爲用.)" 하여 스스로 도가적 인물임을 천명하였다.

18 『선조실록』 33년 4월 19일(임진). "適偶見李涵文, 用莊子語起頭, [⋯] 用老莊語者, 事目當削去, 宜削去."

실제 조선 후기에는 『노자』·『장자』의 말을 따다가 과거시험의 시제(試題)로 삼은 경우도 많았다.[19]

(2) 폄하 요소: '공부하는 차례'를 논함에 있어서 논리적 단절의 문제

'『대학』의 8조목(八條目)'과 '독서할 서적의 순서'를 논함에 양자 간의 논리적 맥락이 잘 연결되지 않는 듯하다. 작자 박동섭은 다음과 같이 말하고 있다.

> 위아래로 천고의 세월에 걸쳐서 '공부하는 순서(爲學之序)'(①)는 모두 『대학』 한 책에 들어 있으니, 다시 어찌 다른 데서 찾겠는가 생각했습니다. […] 그 이후로 우리나라의 풍기가 시원하게 열려서 여러 현인이 배출되어 '소중화(小中華)'라고 불립니다. '공부하는 차례(爲學次第)'(②)에 대한 학설은 많지 않은 것이 아니지만, 아직까지 이 문성공(李文成公, 李珥)의 『격몽요결(擊蒙要訣)』만 한 책이 없습니다.(上下千古爲學之序, 盡在於大學一書, 而復何他求哉. […] 伊來吾東風氣頓闢, 諸賢輩出, 號稱小華. 爲學次第之說, 非不多矣, 而未有若李文成之擊蒙要訣者也.)

위의 글에서 ①공부하는 순서(爲學之序)는 『대학』의 3강령과 8조목이라는 도덕적 수양의 근본적 목표를 단계적으로 이른 말이고, ②공부하는 차례(爲學次第)는 도덕적 수양의 구체적인 수단으로서 필독서의 서목과 독서 순서를 이른 것이다. 작자는 이 작품에서 '위학지서'를 '『대학』의 3강령과 8조목(목표)'에, '위학차제'를 '필독서(수단)의 독서 순서'에 각각 결부시켜서 두 가지 문제를 함께 서술하고 있다.[20] 따라서 본 작품에는 목표인 ①의

19 『일성록』 정조 8년(1784) 11월 21일(임신). "試官及抄啓文臣等行禮訖. 以擬唐堯群臣賀華封人請以五福祝聖爲表題, 限以酉時, 使之盡意製呈."; 『승정원일기』 고종 30년(1893) 10월 12일(경신). "命書題, 如華封人祝堯之意."

순서와 수단인 ②의 차례 간의 논리적 연결 고리가 자연스럽게 이어지지 않은 흠결이 있는 듯하다.

그렇다면 "[…] 우리나라는 소중화라고 불립니다."라는 말을 빼내고 그 대신 다음과 같은 취지의 말을 보충하거나, 또는 이 말 앞에 다음과 같은 취지의 말을 보충해서 기술해 나가야 마땅하지 않을까 생각된다.

> 위에서 말한 3강령 및 8조목의 공부·단계를 실현하기 위해서는 필독서를 차례차례 읽어야 합니다. 그 필독서의 서목과 독서 순서는 『격몽요결』에 자세히 나와 있으니, 곧 『소학』으로부터 시작하여 『대학』 이하의 이러이러한 서적으로 이어집니다.

2) '작신재의 작신 두 글자의 본래 의미'에 대한 논설(作新二字本義說)

(1) 칭찬 요소: 대우구(對偶句)의 강구

앞에서 보았듯이 '설'은 산문 형식의 문장이므로 사륙변려문(四六騈儷文)처럼 대우구를 강구할 필요가 없다. 그러나 실제 산문으로 짓는 과문 중 사서의(四書疑)나 오경의(五經義)를 보면 한 편의 작품 중에 대우구를 강구하는 경우가 많이 보인다. 이는 중국의 팔고문(八股文)[21]에서 영향을 받은 듯하지만, 대우구의 강구는 수사법상의 기교와 문장력을 뽐내 보임으로써

20 종래 '위학지서'와 '위학차제'라는 말은 대개 동일한 개념으로 사용되었다. 그러나 본문에서와 같이 '위학지서'와 '위학차제'를 논하면서 '3강령 8조목'과 '필독서의 순서'를 '함께 거론할 경우'에는 논리적으로 목표(목적)과 수단(방법)이라는 구분을 두어야 마땅할 것으로 생각된다.

21 팔고문(八股文): 명·청대의 과거시험에서 보인 과거문체의 일종으로, 제예(制藝)·시문(時文)·팔비문(八比文) 등으로도 불린다. 원래 송·원 대의 경의(經義)에서 유래하여 발전된 것으로, 사서·오경에서 출제하며, 문장의 체제는 파제(破題)·승제(承題)·기강(起講)·입수(入手)·기고(起股)·중고(中股)·후고(後股)·속고(束股) 등으로 구성된다. 기고 내지 속고의 4개 단락(段落)에서는 매 단락 중에 '두 가닥(兩股)'씩 대우(對偶)를 이루게 문장을 지어야 하는데, 4개 단락을 합하면 '여덟 가닥(八股)'이 되므로, 이렇게 지은 과문(科文)을 '팔고문'이라 이른다. 후일 천편일률적으로 틀에 박힌 문체로서 내용이 공허하며 독창성이 없다 하여 많은 비판을 받았다.

시관으로부터 좋은 평가를 얻고자 하는 의도에서 나온 조처라고 하겠다.

본 작품에서는 대부분의 문장을 대우 구조로 지었다. 대우를 강구한 문장은 총 15개의 단락 중 13개의 단락이다. 대우구를 이루지 못한 문장은 10개의 독립구와 2개의 단락뿐이다. 이 대우 구조를 파악하기 위해 번거로움을 무릅쓰고 이 작품 전체를 일별하면 다음과 같다.

「作新齋作新二字本義說」 (약물: { 는 獨立句, ⌈ 는 對偶句, ⌠ 는 散句)

① { 愚聞之, 康誥者, 大學之宗祖, 而其所謂作新者有二義焉.

② ⌈ 康誥之作新云者, 作新斯民, 而作新之功, 專在於在上之人, 則果非直就政事上說來歟.
大學之作新云者, 作其自新, 而自新之效, 分在於在下之人, 則亦非偏向工夫上說出歟.

③ { 今此東陽之齋, 命名之曰作新者, 抑非有二義焉.

④ ⌈ 刱齋之意, 莫非賢倅之政事中先務, 而作新乎ㅁㅁ[斯民?]者, 無乃推本於康誥耶.
齋成之後, 便爲後學之工夫上實地, 而振作其自新者, 抑非取義於大學耶.

⑤ { 然則此齋之所以顧思也,

⑥ ⌈ 昔在於康誥者重歟,
今在於大學者重歟.

⑦ ⌈ 噫, 待天而作者, 謂之聖, 而上自伏犧神農, 下至文武是也.
待人而作者, 謂之凡, 而修爲賢人君子, 棄爲庸愚是已.

⑧ ⌈ 三皇之民, 若不遇三皇之振作, 豈可爲三皇之民乎.
五帝之民, 若不遇五帝之振作, 烏可致五帝之民乎.
三王之民, 若不遇三王之振作, 能自合三王之民乎.

⑨ { 降自五伯以來,

⑩ 國是國, 而甸侯綏要荒之員幅, 無所增減焉.
民其民, 而仁義禮智信之本性, 無所加損焉.

⑪ 唯獨在上之人,

⑫ 自修之旣不以其道, 而從何見明其明德之功乎.
處人之又不以其道, 而緣何得日新又新之功乎.

⑬ 以若東土之貿貿, 而振之作之之方, 去益疏漏矣.
況乃吾鄕之蠢蠢, 而日新又新之工, 幾至滅裂矣.

⑭ 由來太守之登臨於此齋者, 非不多矣,

⑮ 而知之者視以泛例, 越若走馬看山,
不知者耻於下問, 渾若鶻圇呑棗, 可勝歎哉.

⑯ 緣此, 士子之出入於是堂者, 亦不少矣.

⑰ 而能云者, 該字該音, 以爲堂名,
不能者, 疑煙疑雲, 以爲華飾, 可不笑哉.

⑱ 幸玆▽君侯之下車也,

⑲ 慨歎於百務之痼瘼, 而必以振作斯民爲己任, 則完然是康誥中規模也.
曠感於一榻之嘉錫, 而直以煥新斯文爲己責, 則眞箇底大學上工夫也.

⑳ 然則作新二字, 儘是▽明府之素所擴充,
而今玆俯詢於蒭蕘者, 實非有窒礙處, 寔出於好學之誠而不能自已者也.
爲其▽治下者, 焉可以才短局小, 重畏僭越, 泯如默如哉.

㉑ 作新之方, 抑有說焉.

㉒ 爲學者, 當以古人文字爲繩墨, 而時有古今之不同, 則政可無損益者耶. 必也斟酌於三代, 然後庶幾不差矣.
立法者, 須以華夏制度爲規矱, 而局有大小之不齊, 則儀亦無增減者

└ 耶. 必也權衡於周禮, 然後似或寡過矣.

㉓ { 凡此許多振作之妙,

㉔ ┌ 有若帝堯之勞來匡直,
└ 包羲之鼓舞動盪,

㉕ (何莫非▽君侯今日之責,
而同我雷封之于于者, 只自自新以待.

「'작신재의 작신 두 글자의 본래 의미'에 대한 논설」

① 어리석은 저는 듣건대 「강고(康誥)」는 『대학』의 조종(祖宗)인데, 이른바 '작신(作新)'이라 함에는 두 가지의 뜻이 있습니다. 〈독립구〉

② 「강고」에서 '작신'[22]이라 함은 '이 백성들을 새로운 사람으로 진작시킨다.'는 것으로, '작신'의 공력은 오로지 위의 다스리는 사람에게만 있습니다. 따라서 이는 과연 곧장 정사(政事)의 방면에 나아가서 말한 것이 아니겠습니까.

『대학』에서 '작신'이라 함은 '자기 자신을 새롭게 하도록(自新) 진작시킨다.'는 것으로, '자기 자신을 새롭게 하는(自新)' 공효는 다스림을 받는 사람들에게 나누어져 있습니다. 따라서 이는 역시 공부(工夫)의 방면에만 치우쳐서 말한 것이 아니겠습니까. 〈상하 대우구〉

③ 지금 동양(東陽)의 서재를 '작신재(作新齋)'라고 명명한 데에는 어찌 두 가지의 뜻이 있지 않겠습니까. 〈독립구〉

④ 서재를 짓겠다는 생각은 훌륭한 수령의 정사(政事) 중 무엇보다 먼저 할 일인데, '(이 백성들을) 새로운 사람으로 진작시킴'은 곧 「강고」에서 근본을 추광(推廣)해 나간 것이 아니겠습니까. 서재가 완성된 뒤에는 곧 후학들이 공부하는 실제의 바탕이 되었는데, '자기 자신을 새롭게

22 『書經』「康誥」. "宅天命, 作新民. 〈集傳〉 安定天命, 而作新斯民."

하도록(自新) 진작시킨다.'는 것은 역시 『대학』에서 그 뜻을 취한 것이 아니겠습니까. 〈상하 대우구〉

⑤ 그렇다면 이 서재의 '명칭을 되돌아보고 그 의미를 생각해 본다(顧名思義)'는 의의[취지·이유]는, 〈독립구〉

⑥ 앞서 말한 「강고」가 무겁겠습니까,
지금 말한 『대학』이 무겁겠습니까. 〈상하 대우구〉

⑦ 아, 하늘을 기다려서 진작된 사람은 성인(聖人)이라 이르니, 위로 복희·신농으로부터 아래로 문왕·무왕에 이르기까지가 그러합니다.
사람을 기다려서 진작된 사람은 범인(凡人)이라 이르니, 수신(修身)을 하면 현인·군자가 되고 자포자기하면 용렬한 사람이나 우매한 사람이 되는 경우가 그러합니다. 〈상하 대우구〉

⑧ 삼황(三皇)의 백성들은 만약 삼황의 진작을 만나지 못했더라면 어찌 삼황의 백성들이 될 수 있었겠습니까.
오제(五帝)의 백성들은 만약 오제의 진작을 만나지 못했더라면 어찌 오제의 백성들이 될 수 있었겠습니까.
삼왕(三王)의 백성들은 만약 삼왕의 진작을 만나지 못했더라면 삼왕의 백성에 스스로 부합할 수 있었겠습니까. 〈상중하 대우구〉

⑨ 오패(五霸) 이후로, 〈독립구〉

⑩ 나라는 그 나라이면서 전복(甸服)·후복(侯服)·수복(綏服)·요복(要服)·황복(荒服)의 면적은 증감된 바가 없고,
백성은 그 백성이면서 인(仁)·의(義)·예(禮)·지(智)·신(信)의 본성에는 가손(加損)된 바가 없습니다. 〈상하 대우구〉

⑪ 유독 위의 다스리는 사람만은, 〈독립구〉

⑫ 자신을 수신함에 이미 올바른 도리를 따르지 않으니 무슨 방법으로 '밝은 덕을 밝히는 공효(明其明德之功)'를 보겠으며,
다른 사람을 대함에도 또한 올바른 도리를 따르지 않으니 무슨 방법

으로 '나날이 새롭게 하고 새롭게 하는 공부(日新又新之工)'를 얻겠습니까. 〈상하 대우구〉

⑬ 이처럼 동쪽 땅의 사람들이 우매한데, 떨쳐서 일으켜 세울 진작의 방도가 갈수록 더 허술해졌습니다.

더구나 저희 고을의 몽매한 사람들의 경우 '나날이 새롭게 하고 새롭게 하는 공부'가 거의 소멸되기에 이르렀습니다. 〈상하 대우구〉

⑭ 그동안 태수로서 이 서재에 오르내리신 분이 적지 않았습니다만, 〈독립구〉

⑮ 아는 사람은 그것을 범연(泛然)한 사례로 여겨 주마간산처럼 보아 넘겼고,

모르는 사람은 아랫사람에게 묻기를 부끄럽게 여겨 흐리멍덩하게 맛(뜻)을 음미하지 않고 그대로 삼키는 격이었으니, 〈상하 대우구〉

참으로 한탄스럽습니다.

⑯ 이로 인해 선비로서 이 서재에 출입하는 사람들도 또한 적지 않았습니다만, 〈독립구〉

⑰ 유능한 사람은 그 글자와 그 독음을 서재의 이름이라 여겼고

유능하지 못한 사람은 연기인가 구름인가 의심하면서 화려한 치장이라 여겼으니, 〈상하 대우구〉

참으로 우습습니다.

⑱ 다행하게도 지금 군후(君侯)께서 부임하셨을 적에, 〈독립구〉

⑲ 온갖 일의 폐단에 대해 개탄하시고 반드시 '이 백성들을 새로운 사람으로 진작시킴'을 자신의 임무로 삼으셨으니 완전히 「강고」 중의 규모이며,

한 개의 현판을 하사한 데 대해 광감(曠感)[23]하시고 곧바로 '유도(儒道)를 새롭게 일신시킴'을 자신의 책무로 여기셨으니 참으로 『대학』상의 공부입니다. 〈상하 대우구〉

⑳ 그렇다면 '작신(作新)'이라는 두 글자는 줄곧 명부(明府: 군후)께서 평소에 확충해 오신 것인데,

지금 무식한 저에게 하문하심은 참으로 막히는 곳이 있어서가 아니라 실로 배우기를 좋아하는 정성에서 발현되어 멈출려야 멈출 수 없는 것입니다.

그 다스림을 받는 사람이 되어서 어찌 재주가 모자라고 국량이 작다고 하여 거듭 외람됨을 두려워하면서 입을 꾹 다물고 있어서야 되겠습니까. 〈상중하 산구〉

㉑ ' 작신'하는 방도에 대해 또 설명할 말씀이 있습니다. 〈독립구〉

㉒ 학문하는 사람은 의당 옛사람의 문자(문장)로써 표준을 삼아야 하지만 시대에 고금의 다름이 있으니, 정사(政事)에 대해 손익함이 없어서야 되겠습니까. 반드시 삼대(三代)의 제도를 짐작한 다음이라야만 행여 차질을 빚지 않게 될 것입니다.

입법하는 사람은 모름지기 중화(中華)의 제도로써 법도로 삼아야 하지만 국량에 대소의 다름이 있으니, 의절(儀節)에 대해 또한 증감함이 없겠습니까. 반드시 『주례』에서 권형(權衡)을 찾은 다음이라야만 혹시 과실을 줄일 수 있게 될 듯합니다. 〈상하 대우구〉

㉓ 무릇 '진작'에 대한 허다한 묘유(妙有; 妙方)로는, 〈독립구〉

㉔ '요임금이 위로하고 오게 하며 바로잡고 곧게 한 일'[24]과

'복희씨가 고무하여 요동치게 한 일'[25]과 같은 것이 있으니, 〈상하 대

23 광감(曠感): 시대를 달리하여 느끼는 감회이다. 광세지감(曠世之感).

24 요(堯)임금이 […] 곧게 한 일: 『맹자』「등문공장구상」에 보이는 말이다. 『孟子』「滕文公章句上」. "放勳曰, 勞之來之, 匡之直之."

25 복희씨가 […] 요동치게 한 일: 전거가 미상이다. 다만 '복희씨가 금(琴) 또는 슬(瑟)을 제작했다'는 말은 여러 문헌에 산견되는데, 본문과의 관련성이 다소 있을 듯하다. 『玉海』 권110「伏羲琴·伏羲五絃琴」; 『옥해』 권110「복희슬」; 『古今事文類聚』 續集 권22, 「伏羲作瑟」. "伏羲作二十五弦之瑟, 以制婚姻之禮"; 『退溪集』「退溪先生文集攷證」 권2 〈彈琴〉〈注〉"伏羲作琴, 修身理性, 反其天眞也."

우구〉

㉕ 그 어느 것인들 오늘날 군후의 책무이자 저희들이 태수와 함께 자득하여야 할 일이 아니겠습니까.

다만 스스로 자기 자신을 새롭게 하여 기다릴 뿐입니다. 〈상하 산구〉

'대우'란 상하 양구의 동일한 위치에는 동일한 기능의 글자나 단어를 짝이 되게 배치하여 한 쌍의 문구를 이루는 수사 기법이다. '대우구'란 대우 구조를 띤 두 구절 이상의 문장을 이른다. 글자나 단어의 '기능이 같다'는 것은 문법상 '품사가 같다'는 말과 유사하나, 옛날에는 오늘날과 같은 문법 개념이 명확하지 않았으므로 오늘날의 품사론만으로는 대우 여부를 정확히 판단할 수 없다. 대우구를 강구하는 효과는 대개 문구의 의미를 반복하여 강조하거나 대비하여 부각함으로써 의사의 전달을 분명히 하는 데 있다.

결국 이 작품에서 대우구를 적극 강구한 문장은 시관으로부터 수사법상 '수단이 비범하다'는 평가를 받았을 법하다. 참고로 말하면 제1작품과 제3작품에서는 대우구를 전체 문장 중 절반에 미치지 못하게 강구하여 문장의 흐름에 약간의 강조 내지 변화를 추구한 정도이다.

(2) 폄하 요소: 문리난통의 구절 '抑非有二義焉'

시권상 제5항(이 글에서는 ③번)의 원문 "今此東陽之齋, 命名之曰作新者, 抑非有二義焉."이라는 문장을 상하의 문맥을 고려하여 뜻이 통하도록 번역하자면 "지금 동양(東陽)의 서재를 '작신재(作新齋)'라고 명명한 데에는 어찌 두 가지의 뜻이 있지 않겠습니까."라고 옮겨야 할 것이다. 즉 '작신(作新)'이라는 말은 두 가지의 뜻을 지니고 있다는 표현이다. 이렇게 새겨야만 이 작품 첫 번째 문장의 "이른바 '작신'이라 함에는 두 가지의 뜻이 있습니다.(其所謂作新者有二義焉)"라는 말과도 부합한다.

그러나 '抑非有二義焉'이라는 구절을 글자 그대로 옮기면 '역시 두 가지의 뜻을 가진 것이 아닙니다.' 또는 '역시 두 가지의 뜻을 지니지 않았습니다.'가 된다. 따라서 이를 본래 의도한 대로 제대로 작문하자면 '抑非有二義焉'을 ①'抑豈非有二義焉'이라고 고치든가, ②'抑非有二義焉耶'라고 고치든가, 아니면 ③'抑豈非有二義焉耶'라고 고쳐야 할 것이다. 즉 ①抑 자와 非 자 사이에 반문(反問)의 뜻을 나타내는 부사 豈 자를 보충해 넣거나, ②문미(文尾)에 의문조사 耶, 邪 등을 첨가하거나, ③앞뒤로 豈 자와 耶, 邪 자를 함께 첨가하는 것이다. 이렇게 고친다면 위의 번역문처럼 '어찌 두 가지의 뜻이 있지 않겠습니까.'라는 뜻을 나타내게 된다. 아니면 抑 자 다음의 非 자를 빼는 것도 의미를 통하게 하는 하나의 방법이 된다. 이렇게 고치면 '抑有二義焉'이 되어 '역시 두 가지의 뜻을 지녔습니다.'가 된다. 그러나 이는 반어법에 의한 강조 어법이 아니어서 문장에서 기백·기세가 사라진다.

생각건대 작자가 당초에 기초한 과문을 시지에 옮겨 쓸 때 실수로 豈 자 또는 耶 자를 빠뜨렸을 가능성이 없지 않다. 그러나 이 경우에는 豈 자 한 글자를 누락시키는 실수로 인해 글 뜻이 정말 정반대로 뒤바뀌게 된다. 필자의 경험에 의하면 대부분의 시권에는 늘 오탈자가 한두 자씩 눈에 띄었다. 어떤 글을 기계적으로 옮겨 쓸 때는 오탈자가 허다히 생기는 것 같다. 한두 글자의 오탈자는 경미한 실수로 치부되고 말 수도 있지만, 이 경우와 같이 중대한 의미의 차이를 야기할 수도 있다. 이는 분명히 감점 요인이다.

3) '어린아이를 보육하는 것처럼 한다'는 데 대한 논설(如保赤子說)

(1) 칭찬 요소: 풍부하고 노련한 용전(用典)

이 작품에서는 다양한 문헌을 인용하여 정교하게 전거로 사용하였다.

먼저 '대인의 마음(大人心)'을 논하면서 『맹자』·『노자』 등의 말을 인용하여 전거로 사용하였다. '대인'이라는 말은 『맹자』 「이루하」에서 따다 썼고,[26] '천하의 넓은 집(天下之廣居)'이라는 말은 『맹자』 「등문공하」에서 따다 썼으며,[27] '천하의 마음을 자기의 마음으로 삼는 것(以天下心爲心)'이라는 말은 『노자』의 주석 등에서 따다 썼다고 생각된다.[28]

또 전거를 한 단락에 집중적으로 사용하되 그것을 혹 변용하기도 하였다. 즉 세 종류의 자모(慈母)로, 대지로서의 어머니 노릇하는 '곤모(坤母)'와, 천하를 다스리는 임금으로서의 어머니 노릇하는 '군모(君母)', 한 국가나 한 고을을 다스리는 현신으로서의 어머니 노릇하는 '현모(賢母)'를 각각 제시하고 설명한 대목이 그것이다. '곤모'는 『주역』에 보이는 말인데,[29] 그 뜻풀이로는 '만물의 어머니(萬物之母)'라고 하는 『노자』의 말을 인용하였다.[30] '군모'의 항에서는 요임금·문왕·광무제의 자모 노릇을 서술하였는데, 요임금의 경우[31] 『서경』에서 '사후에 백성들이 부모를 여읜 듯이 슬퍼하였다'고 서술한 기사[32]와 더불어, 백성들이 '음식을 실컷 먹고 배를 두드렸다'는 『장자』의 고사와 '태평시절에 격양가(擊壤歌)를 부르면서 요임금의 존재 자체를 잊었다'는 『논형』의 고사를 뒤섞어서 인용하였다.[33] 문왕이

26 『孟子』「離婁下」. "大人者, 不失其赤子之心者也."

27 『맹자』「滕文公下」. "居天下之廣居, 立天下之正位, 行天下之大道."

28 『老子』 28장. "大制不割. 〈王弼注〉 大制者, 以天下之心爲心, 故無割也."; 唐 白居易, 『白氏長慶集』 권62 「七不勞而理, 在順人心立教」. "三皇之爲君也, 無常心, 以天下心爲心. 五帝之爲君也, 無常欲, 以百姓欲爲欲."

29 『周易』「說卦」. "坤, 地也, 故稱乎母."

30 『노자』 1장. "無, 名天地之始, 有, 名萬物之母."

31 '요임금의 천하의 어머니 노릇함'에 대해 이 작품에서는 다음과 같이 묘사하였다. "배불리 먹고 배를 두드리며, 농사짓고 우물물 마시면서 격양가(擊壤歌)를 부르면서도 도리어 마치 낳고 길러준 은혜를 잊어버린 듯한 경우는 요임금이 자모 노릇하는 것으로서 자모의 도리 중 최선의 것입니다."

32 『서경』「舜典」. "帝乃殂落, 百姓如喪考妣." 〈林之奇注〉 "百姓如喪考妣, 言百姓之失堯. 如失父母也."

33 『莊子』「馬蹄」. "含哺而熙, 鼓腹而遊."; 『論衡』 권5 「感虛篇」. "擊壤者曰, 吾日出而作, 日入而息.

‘홀아비와 홀어미에게 혜택을 베풀어 잘살게 한 일’은 『서경』에 보이고,[34] ‘백성들을 마치 부상당한 사람처럼 가엽게 보았다’ 함은 『맹자』에 보인다.[35] 또 후한의 광무제(光武帝)도 간접적으로 ‘자모’에 비견된 사실이 『후한서』에 보인다.[36] ‘현모’로 제시된 춘추시대 정(鄭)나라의 대부 ‘정자산(鄭子產)’은 공자로부터 “정나라 뭇 백성들의 어머니와 같다.(子產猶衆人之母也)”라는 칭찬을 들은 일이 『예기』에 보이는데,[37] 본문에서와 같이 그가 고을의 자제들을 교육한 일도 『춘추좌씨전』에 기록되어 있다.[38] 후한 광무제 때 남양 태수(南陽太守)를 지내면서 백성들을 잘 보살핀 두시(杜詩)도 ‘어머니 같은 수령’이라는 평판을 받은 사실이 『후한서』에 보인다.[39]

전거를 사용할 때는 흔적을 남기지 않으면서 고사·전고를 문장 중에 녹여 넣는 ‘수중착염(水中着鹽)’의 수법을 귀중히 여기는데, 위 세 종류의 자모(慈母)를 설명함에 있어서의 용전이 그러한 것으로 보인다. 본 작품은 세 종류의 자모를 상정한 착상도 기발하고 참신하거니와 여기에 더하여 풍부하면서도 정교한 용전 수법 또한 노련하다. 그렇다면 이는 시관으로부터 ‘수단이 범상하지 않다’는 평을 받기에 충분하지 않았을까 생각된다. 풍부하고 노련한 전거의 사용은 작자의 넓고 깊은 지식 수준을 단적으로 보여줌으로써 훌륭한 평가를 받는 데 커다란 기여를 하게 된다.

鑿井而飮, 耕田而食. 堯何等力.”

34 『서경』「無逸」. “懷保小民, 惠鮮鰥寡.”

35 『맹자』「離婁下」. “文王, 視民如傷.”

36 『後漢書』 권41 「劉盆子傳」. “今日得降, 猶去虎口, 歸慈母.”

37 『禮記』「仲尼燕居」.

38 『春秋左氏傳』「襄公30年」. “及三年, 又誦之曰, 我有子弟, 子產誨之, 我有田疇, 子產殖之, 子產而死, 誰其嗣之.”

39 『후한서』 권61 「杜詩傳」. “時人方於召信臣, 故南陽爲之語曰, 前有召父, 後有杜母.”

(2) 폄하 요소 1: '천하를 다스리는 데에 마음을 둔 사람(有心於治天下者)' 구절의 논리적 비약

이 작품의 서두에서 작자는 ① '대인의 마음을 찾고자 한다면 먼저 적자의 마음을 가져야 한다'고 전제하고, 이어서 '대인의 마음'이란 인(仁)이라는 큰 집에 살면서 대도를 실천하고 천하의 마음을 자신의 마음으로 삼는 것이고, '적자의 마음'이란 춥거나 배고플 때 울음으로 의사를 표현할 줄 밖에 모르는 것이라 설명하였다. 그러고는 곧바로 ② '천하를 다스리는 데 마음을 둔 사람이 할 일'은 '적자를 보육하는 방법을 배우는 것'과 '자모 노릇하는 방법을 아는 것'이라는 취지의 말을 하였다. 그 전문을 옮겨 보면 다음과 같다.

> ① 옛사람이 한 말이 있으니, "대인의 마음을 찾고자 한다면 먼저 적자(赤子: 갓난아이)의 마음을 가져라[保]." 하였습니다. 이른바 '대인의 마음'이란 무엇이겠습니까. 천하의 넓은 집[廣居]에 살면서 천하의 대도를 실천하고 천하의 마음을 자기의 마음으로 삼는 것이 바로 '대인의 마음'입니다. 이른바 '적자의 마음'이란 무엇이겠습니까. 춥게 하더라도 옷을 달라고 할 수 없고 굶기더라도 밥을 달라고 할 수 없으면서 모든 행동거지가 다만 스스로 방긋 웃거나 앙앙 울거나 할 뿐인 것이 또한 바로 '적자의 마음'[40] 입니다. ② 천하를 다스리는 데에 마음을 둔 사람이 어찌 적자를 보육하는 방도[41]를 배우지 않는단 말입니까. 적자를 보육하는 방도를 배우고자 하는 사람이 어찌 자모(慈母) 노릇하는 방법을 찾지 않는단 말입니까.[42]

40 적자의 마음: 원문 '赤子之心'을 옮긴 말로, '어린아이의 순수하고 순진무구한 마음'을 뜻한다. 이 '어린아이'는 우선 '생존을 위한 원초적인 본능'에 충실하다.

41 적자를 보육하는 방도: 원문 '保赤子之道'를 옮긴 말로, '어린아이를 보육·보호하는 방법'을 이른다. 이 '어린아이'는 곧 '백성'을 비유하는 말이다.

42 "古人有言曰, 欲求大人心, 先保赤子心. 其所謂大人心者, 何哉. 居天下之廣居, 行天下之大道, 以天下心爲心者, 是乃大人之心也. 其所謂赤子心者, 何哉. 寒之而不能索衣, 飢之而不能索飯,

위의 말을 다시 요약하면, 서두의 전제에서 ① '대인은 적자의 마음을 지녀야 한다' 하였는데, 곧바로 ② '대인 즉 천하의 다스림에 뜻을 둔 사람은 적자의 보육 방도를 배워야 하고, 또 '그러기 위해서는 자모 노릇하는 방법을 배워야 한다'는 것이다. 이는 대인의 마음과 적자의 마음을 이해·습득하는 단계를 뛰어넘은 서술로, 여기에 논리의 비약이 있는 듯하다. 이 부분을 논리적으로 서술하기 위해서는 ② 부분에 대해 다음과 같이 대인의 마음과 적자의 마음을 이해·습득하는 단계를 보충하는 취지의 말을 채워 넣어야 온전할 듯하다.

> 천하의 다스림에 뜻을 둔 대인은 먼저 대인의 마음을 배워야 하고, 또한 적자의 마음을 이해하여야 합니다. 그런 다음 적자를 보육하는 방도를 배워야 하고, 그러기 위해서는 적자를 보육하는 자모 노릇하는 방법을 배워야 합니다.

(3) 폄하 요소 2: '保' 자의 자의(字義) 혼동

작자는 문두에서 "옛사람이 한 말이 있으니, '대인의 마음을 찾고자 한다면 먼저 적자(赤子)의 마음을 가져라[保].' 하였습니다.(古人有言曰, 欲求大人心, 先保赤子心.)"라 하였다. 이는 『맹자』에서 "대인이란 적자의 (순수한) 마음을 잃지 않는 사람이다.(大人者, 不失其赤子之心者也.)"[43]라고 한 말을 따다 쓴 것으로 판단된다. 그렇다면 원문의 이 '保' 자는 '보유한다'는 뜻의 타동사로 그 목적어는 '적자의 마음(赤子心)'이고, 『맹자』의 '不失'도 '잃지 않는다'는 뜻의 타동사로서 그 목적어는 '적자의 마음(其赤子之心)'이니, 결국 '保'와 '不失'은 동일한 의미를 뜻하는 말이다.

凡百動靜, 只自孩笑呱泣而已者, 亦乃赤子之心也. 然則有心於治天下者, 何不學保赤子之道耶. 欲學其保赤子者, 何不求爲慈母之道耶."

43 『맹자』「離婁下」.

그런데 제목에서는 물론 본문에 보이는 '보적자(保赤子)'의 '保'는 모두 '보육·보호하다'의 뜻으로 쓰인 글자이다. 예컨대 시권상의 원문 제5·6항에서 "천하를 다스리는 데에 마음을 둔 사람이 어찌 적자를 보호하는 방도를 배우지 않는단 말입니까.(有心於治天下者, 何不學保赤子之道耶.)"라고 한 따위이다. 일견 '보적자(保赤子)'는 '적자를 보육·보호한다'는 뜻의 숙어처럼 쓰이는 말이라고 할 수 있다. 그렇다면 문두의 '先保赤子心'은 '적자를 보호하는 마음을 우선시한다'라고 오해할 소지가 혹 없지 않다. 다만 '欲求大人心, 先保(보유)赤子心.'의 두 문구를 대우 관계로 파악한다면 오해에서 벗어날 수는 있을 것이다.

여기에서 '先保赤子心'이라는 말에 대한 오해의 소지를 없애기 위해서는 '先保(보유)赤子心'을 『맹자』의 문구대로 곧바로 '不失赤子心'으로 고쳐 쓰면 어떨까 한다. '적자의 마음을 보유한다' 또는 '적자의 마음을 잃지 않는다' 함은 곧 '어린아이의 순수한 마음을 유지한다'는 말이다.

4. 맺음말

함양박씨 박동섭이 연도 미상의 백일장에서 지은 3편의 과문은 '설'이다. '설'은 조선시대 일반의 대·소과 과거시험에서 부과하는 고시 과목이 아니다. 이는 오직 초계문신에 대한 제술시험에서만 고시 과목의 하나로 기능하였다. 이러한 '설'이 백일장의 고시 과목으로 채택되었다는 점이 흥미롭다.

박동섭의 '설'은 '수단이 범상하지 않다'는 칭찬과 더불어 '글 중에 혹 말하였지만 자세하지 않은 부분이 있다'는 비판도 함께 받았다. 이 글에서는 그 칭찬 및 비판의 대목과 그 이유를 각각 탐구해 보았다.

이 작품에서 중점적으로 칭찬을 받은 요소는 제1작품의 꿈속에서 신선인 성옹과 문답하였다는 '가상세계의 설정'이라는 참신한 발상과, 제2작품의 정성껏 강구한 대우구, 제3작품의 풍부하면서도 노련한 용전이라고 생각된다. 꿈속에 성옹을 등장시킨 발상은 곧 창의력과 독창력의 소산이고, 대우구의 강구와 전거의 정교한 인용은 수사법상의 훌륭한 기교이다. 또 여기에서 주목할 점은 박동섭이 세 작품에서 선보인 수사 기법의 다양화 전략이다. 곧 세 편의 설을 지으면서 '가상세계의 설정', '대우구의 강구', '풍부하면서도 의미심장한 용전'이라는 각각 상이한 작문 기법을 구사하였다는 점이 크게 두드러져 보인다.

이 작품에서 비판받은 요소를 보면, 우선 제1작품의 경우 도덕적 수양의 차례를 말한『대학』의 8조목과 독서의 순서를 설명한『격몽요결』간의 논리적 맥락이 잘 연결되지 않았다는 점을 들 수 있다. 제2작품에서는 '豈' 자 한 글자의 누락으로 인한 의미 전달의 정확성 결여가 감점 요인으로 파악되었다. 제3작품의 경우 '천하의 다스림에 뜻을 둔 대인은 적자의 마음을 지녀야 한다'고 하면서 곧바로 '그러한 대인은 적자를 보육하는 방도를 배워야 한다' 하여 논리적 비약을 범한 점과, '保' 자의 의미를 혼동하여 사용한 경미한 실수였다고 생각된다. 제1작품에서는 허무(虛無)·묘유(妙有) 등 도가의 언어를 쓴 곳이 있었으나, 채점상 문제가 되지는 않았던 듯하다.

일반적으로 과거시험에서 좋은 평가를 받기 위해서는 참신하고 기발한 창의성, 깊고 예리한 통찰력, 화려한 수사법, 박람강기에 기초한 정교한 용전, 담대한 국량 등을 골고루 갖추어야 한다. 또 감점 요소를 피하기 위해서는 졸렬한 문장력, 사실 인식의 오류, 논리적 오류, 무지로 인한 무리한 주장 등을 지양해야 한다. 박동섭의 '설' 작품은 다양한 문학적 소양을 현시함으로써 감점 요소보다는 칭찬 요소가 훨씬 더 많았기에 전체적으로 '고방(高榜)'이라는 평가를 받았다고 생각된다.

참고문헌

『論語』, 保景文化社, 1986.

『大學·中庸』, 保景文化社, 1986.

『孟子』, 保景文化社, 1986.

『史記』(司馬遷), 宏業書局, 1983.

『書傳』, 保景文化社, 1986.

『小學·孝經』, 保景文化社, 1987.

『詩傳』, 保景文化社, 1986.

『禮記』, 保景文化社, 1986.

『周易』, 保景文化社, 1986.

『春秋左氏傳』, 保景文化社, 1986.

『漢書』(班固), 宏業書局, 1984.

『咸陽朴氏派譜』(人) -九堂公子孫世系.

『後漢書』(范曄), 文淵閣四庫全書 252~253, 臺灣商務印書館, 1984.

金羲淳, 『山木軒集』.

白居易, 『白氏長慶集』.

徐有榘, 『楓石集』.

嚴浚, 『文苑英華』.

吳訥·徐師曾, 『文章辨體序說·文體明辨序說』, 人民文學出版社, 1998.

王應麟, 『玉海』.

王弼, 『老子道德經注』, 世界書局, 1991.

劉勰, 『文心雕龍』, 中華書局, 2000.

陸贄, 『翰苑集』.

朱熹, 『朱子語類』.

朱熹, 『晦庵集』.

崔壁, 『質菴集』.

祝穆, 『事文類聚』, 博而精, 1988.

『大典會通』(朝鮮總督府中樞院), 保景文化社, 1979.
『古文書集成 45: 부여 은산 함양박씨편』, 한국정신문화연구원, 2000.
『平山郡誌(上)』(1925), 서울대학교 규장각한국학연구원 소장.

김동석, 「朝鮮時代 試券 硏究」, 한국학중앙연구원 한국학대학원 박사학위논문, 2013.
김동석, 『조선시대 선비의 과거와 시권』, 한국학중앙연구원 출판부, 2021.

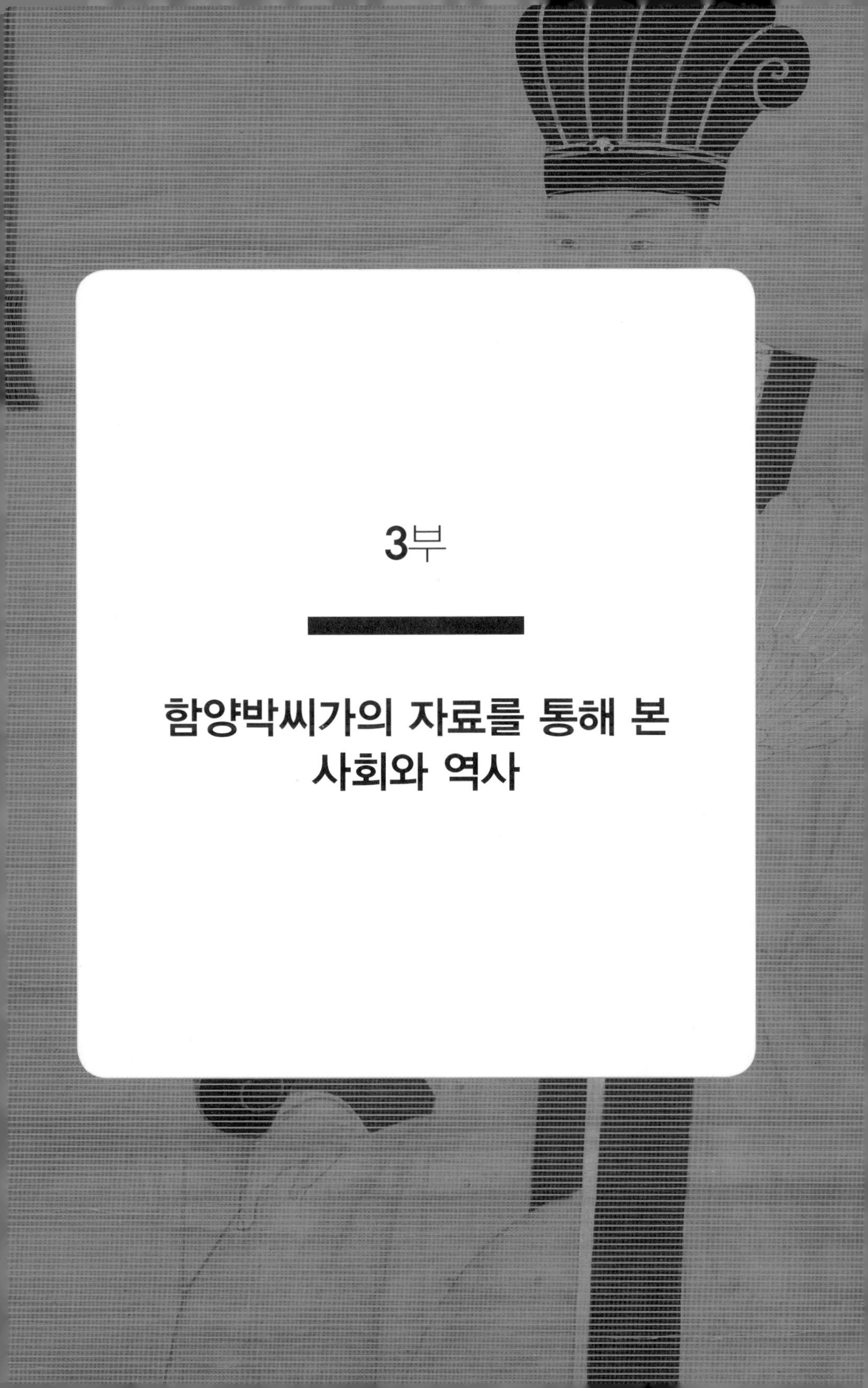

3부

함양박씨가의 자료를 통해 본 사회와 역사

조선시대 한성부 행정단위 계(契)의 출현 배경과 시기별 특징

박철민

1. 머리말

부여 함양박씨 구당공파는 구당(九堂) 박세영(朴世榮, 1480~1552)을 파조로 삼은 집안으로, 조선 초부터 18세기까지 서울에, 18세기 중엽부터 1905년 무렵까지 이천에 세거했으며, 1905년 무렵 부여로 이거하여 오늘날까지 이어지고 있다. 특정 집안의 배경을 이해하기 위해서는 해당 집안이 오랜 기간 머물렀던 지역과 생활상 등을 분석할 필요가 있다.

구당공파가 서울에 세거한 시기는 늦어도 박세영의 고조부인 박습(朴習, 1367~1418) 대부터 시작되어 이천으로 이거한 18세기 중엽까지 약 300여 년에 해당된다. 본 연구는 구당공파 전래 고문서 중 17세기 이후 재경기

* 이 글은 박철민, 「조선시대 한성부(漢城府) 행정단위 계(契)의 출현 배경과 시기별 특징」, 『국학연구』 57(2025), 41~107쪽을 수정·보완한 것이다.

(在京期)의 문서를 이해하는 차원에서, 구당공파가 오랜 기간 머물렀던 한성부의 특수한 행정단위인 계(契)를 살펴보고자 한다.

계는 조선 후기 한성부의 독특한 행정단위이다. 한국은 일찍부터 국가에서 세금 및 인구 관리를 위해 행정단위를 편제·관리하여 왔고, 늦어도 삼국시대부터는 군주가 거처하던 수도의 행정단위를 방리(坊里)로 편제하여 왔다.[1] 이러한 방리에 기반한 행정체제를 방리제(坊里制)[2]라고 하였다.[3]

각 나라의 수도는 여타의 고을과는 문화·정치 등 여러 분야에서 중요도가 다르다. 이는 조선시대 수도인 한성 또한 마찬가지였는데, 한성에서는 조선 전기에 방리제를 채택하다가, 임진왜란 이후부터는 '방리'의 '리(里)'가 '계(契)'라는 행정단위로 변경되는 특징이 있다. 조선시대 한성부의 행정단위인 '계'에 대한 연구는 박경룡(1990), 고동환(1998), 정다혜(2023) 등을 들 수 있다.[4]

박경룡(1990)은 통시적 관점에서 갑오개혁 이후 행정구역을 기준으로 한성부의 부(部), 방(坊), 계, 동(洞), 성저십리(城底十里) 등을 살펴보았으며, 이 중 계에 대해서는 『어제수성윤음(御製守城綸音)』, 『호구총수(戶口總數)』,

1 『三國史記』「新羅本紀」3, 慈悲麻立干 12년(469) 1월: 定京都坊里名. 한편 통일신라시대에는 수도 경주 외에도 9주(州) 5소경(小京)이었던 김해, 남원, 상주, 전주, 청주 등지에 방리제가 적용된 현상이 확인된다는 연구 결과가 있다. 이에 대한 최근 연구로는 황인호, 「신라 왕경 연구」, 동아대학교 박사학위논문(2024) 참조.

2 논문에 따라 방리제는 조방제(條坊制)라는 용어로도 표현된다. 그러나 이기석, 「韓國古代都市의 坊里制(條坊制)와 都市構造에 대한 小考」, 『한국도시지리학회지』 2-2(1999)를 참조하였을 때, 조방제라는 용어는 한국의 사료에서 용례가 확인되지 않으며 일제강점기 일본인 학자들의 연구에서 사용된 용어가 차용되어 한국학계에 정착되었으리라 추정되므로 본 연구에서는 '방리제'라는 용어로 통일하도록 한다.

3 해당 제도는 통일신라, 고려 등에서도 유지되었다. 이기석, 「鐵原 楓川原의 지리와 태봉국 都城址의 방리제」, 『학술원논문집(인문·사회과학편)』 59-1(2020)에서는 궁예의 태봉국 수도인 철원에, 문옥현, 「강도시기 강화읍 외곽 토성의 구조와 성격」, 『한국중세고고학』 10(2021)에서는 대몽전쟁기 고려의 수도였던 강화도에 방리제가 적용되었으리라 추정하기도 한다.

4 박경룡, 「漢城府의 行政區域」, 『韓國史學論叢: 李載龍博士還曆記念』, 한울, 1990; 고동환, 「조선후기 漢城府 행정편제의 변화: 坊·里·洞·契의 변동을 중심으로」, 『서울학연구』 11, 1998; 정다혜, 「18세기 한성부 坊契 체계의 정비와 그 배경」, 서울대학교 석사학위논문, 2023.

『육전조례(六典條例)』, 『경성부사(京城府史)』를 기반으로 계량화하여 통시적 변화를 정리하였다. 고동환(1998)은 도시사(都市史) 관점에서 한성부의 행정편제 변화가 가진 의미를 파악하고자 방의 하위체제인 리, 동, 계를 살펴보았다. 해당 연구에서는 조선 전기 한성부의 최말단 행정조직을 방으로 보았으며, 후기에는 방의 하위에 계가 리를 대신하여 행정 기능을 담당했다고 보았다. 박경룡(1990)에서 다룬 자료 외에 『만기요람(萬機要覽)』, 『동국여지비고(東國輿地備考)』, 『경조부지(京兆府志)』를 추가하여 계의 통시적 변화를 간략히 소개하였으며, 특히 기원이 파악되지 않는 한성부 계가 응역(應役)을 위한 계조직의 계에서 발달해 행정기구의 성격이 강화되며 행정구역의 하나로 자리매김하였다고 소개한 점이 주목된다.

정다혜(2023)는 18세기 한성부의 방계 중 특히 성저십리를 중심으로 살펴보았다. 해당 연구에서 한성부의 계는 지세(地稅)를 거두지 않던 한성부의 특성에 기인한 것으로 민호(民戶)에 대한 호세(戶稅) 부과가 중요해지자 인적 구성 및 범위가 유동적인 계가 리를 대신한 것으로 보았다. 17~18세기 한성부 방계의 편제가 체계화되는 과정을 살펴보며, 17세기 초 한성부에서는 도성을 기준으로 성내에는 계가 존재하고 성 밖인 성저십리에서는 '리'가 등장하였으며, 영조 대까지 북부(北部)에서는 방과 계가 동일시되는 현상이 있었으나, 『호구총수』가 편찬될 무렵 '부-방-계'로 방계 체계가 정비되었다고 소개한 점이 주목된다.

그러나 현재까지 수행된 연구는 계의 변화 및 기능에 대한 소개 또는 성저십리 등 특수 지역을 분석하거나 17~18세기와 같이 특정한 시기를 중심으로 계의 변화를 살펴보았을 뿐, 통시적 관점에서 계의 전체 변화상을 살펴보며 각 시기별 변화의 특징이 어떠한지에 대해서 연구하지는 못한 아쉬움이 있다. 이에 본 연구에서는 계가 출현한 17세기 도성 상황을 검토하고 선행연구의 성과와 자료를 수합하여 조선 후기 한성부의 행정단위 계가 각 시기별로 어떠한 변화를 보이는지 간략히 살펴볼 것이다. 아울러 계의 전체 목록을 부록으로 제시하여, 관련 연구자에게 보탬이 되고자 한다.

2. 계의 출현 시기

먼저 계가 한성부의 행정단위로 언제 출현하였는지 살펴보자. 계가 한성부 행정단위로 출현하는 기록은 실록의 경우 1618년(광해군 10) 3월 2일 궁궐 영건을 위한 재목이 물에 떠내려가 다음 날 다섯 계의 방민들을 동원하였다는 내용[5]이 처음이며, 조선시대 죄인 심문 기록인 『추안급국안(推案及鞫案)』에서는 1617년(광해군 9) 12월 4일 허평수(許平守) 등이 올린 상소에서 '중학계(中學契)'라는 명칭[6]으로 계가 확인되는 것이 앞선 기록이다. 이보다 앞선 시기의 자료는 고문서를 통해 유추할 수 있는데, 한성부의 행정단위가 기재된 문서로는 준호구, 명문(明文) 등을 들 수 있다. 먼저 조선 전기 한성부 행정단위가 기재된 문서를 살펴보자. 필자가 확인한 문서는 다음과 같다.

조선 전기 한성부 행정단위가 기재된 문서는 현재까지 실문서 3건과 족보에 전사된 1건의 준호구가 확인된다. 족보에 전사된 준호구는 〈표 1〉

5 『광해군일기』(中草本) 10년(1618) 3월 2일. 營建都監啓曰: "去夜二更, 大水猝至, 江岸盡沒, 低卑處在置材木, 漂流散失. 天明之後, **董率五契坊民**, 乘舟執捉, 夜暗之間, 漂流者則未能防護" 云云.

6 『推案及鞫案』, 아세아문화사, 1978, 제1권 706쪽. 丁巳(1617)十二月初四日. "北部廣化坊許平守等十五名·陽德坊金孝寧等十名·加會坊尹叔良等三十名·鎭長坊金欣守等十名·觀光坊金順希等十五名·**中學契洪天守等五名**·繕工隅尹松知等五名·延春門韓千長等八名·王井里李注叱男等十三名·順化坊石繼春等六名·司宰監金香雲等十二名·後秀坊姜應成等十三名等. 伏以臣等 …."

표 1 조선 전기 한성부 행정단위가 기재된 문서

순번	문서명	발급 시기	발급자	수급자	내용	기재된 지명
1	1441년 崔仲澤 준호구(족보 전사본)	1441년(세종 23)	한성부	최중택	최중택의 가계 기재	북부 觀光坊 三里
2	1444년 權蹲 준호구	1444년(세종 26)	한성부	권준	권준의 가계 및 노비 구수 기재	북부 陽德坊 □□里
3	1498년 文化柳氏 명문	1498년(연산군 4)	문화류씨	權柱	서부 황화방 이리에 소재한 기와집과 西北東山 등을 放賣	서부 皇華坊 貳里
4	1523년 沈守平 준호구*	1523년(중종 18)	한성부	심수평	심수평의 가계와 노비 구수 기재	북[부] □□[방] 一里

* 현재 실물이 확인되지 않고 유리건판으로만 확인되는 자료임

에서 1번으로 제시한 최중택의 준호구로, 1744년 발간된 『해주최씨세보(海州崔氏世譜)』[7]에 전사되어 있다. 4번 '1523년 심수평 준호구'는 원본의 소재지가 확인되지 않고, 현재 국사편찬위원회에서 유리건판 이미지로만 확인된다. 해당 문서들의 발급 시기는 15세기 중반~16세기 중반에 걸쳐 있다. 해당 문서들의 시기를 보아 적어도 16세기 중반까지 한성부 행정단위에는 큰 변화가 없었음을 알 수 있다. 〈그림 1〉은 현전 문서 중 가장 이른 시기의 한성부 발급 준호구인 1444년(세종 26) 권준(權蹲) 준호구의 모습이다.

조선 전기 한성부 행정단위가 기재된 문서들을 살펴보면 한성부의 행정단위는 '부-방-리'로 구성되어 있음이 확인된다. 이는 고려 말 행정단위가 반영된 1393년(태조 2) 옥구군부인(沃溝郡夫人) 송씨(宋氏) 준호구에서도 동일하게 나타난다. 송씨 준호구는 『해주최씨세보』에 전사되어 있다. 1393년은 한양으로 천도를 하기 이전 시기로 국왕의 정사가 개성에서 이루어지고 있었기에, 한양 천도 이전 수도로서 개성의 행정단위가 반영되

7 이 글에서는 서울대학교 규장각한국학연구원에 소장된 『해주최씨세보』(奎847)를 참조하였다.

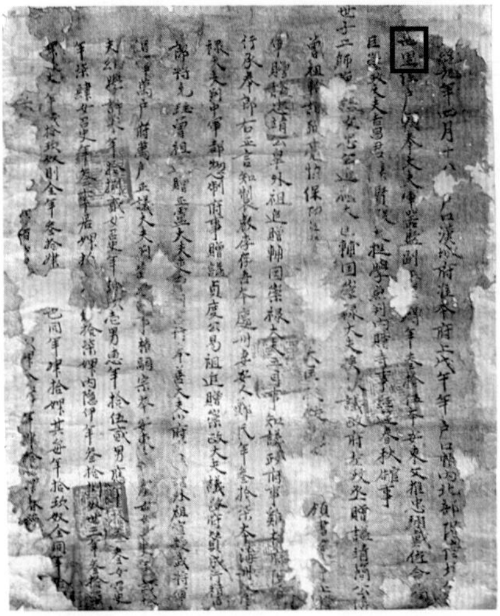

그림 1 1444년(세종 26) 권준 준호구, 대전시립박물관 소장

출처: 국가유산청 제공

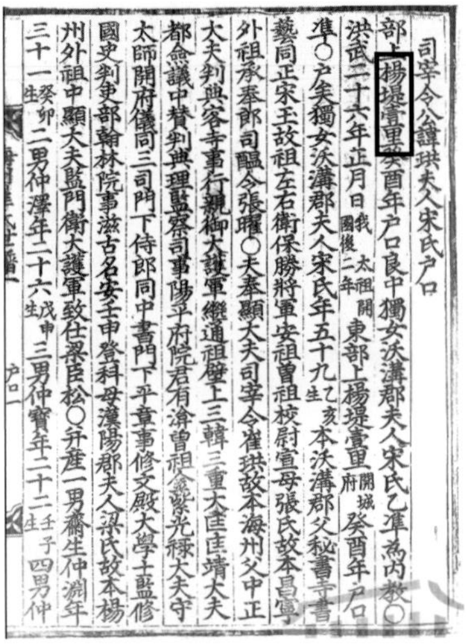

司宰令公諱珙夫人宋氏户口
部上楊堤壹里癸酉年户口良中獨女沃溝郡夫人宋氏乙準爲內敎○
洪武二十六年正月日 我太祖開國後二年 東部上楊堤壹里開城府 癸酉年户口
準○户矣獨女沃溝郡夫人宋氏年五十九乙亥生 本沃溝郡父秘書寺書
藝同正宋玉故祖左右衛保勝將軍安祖曾祖校尉宣母張氏故本昌寧
外祖承奉郎司醞令張曜○夫奉顯大夫司宰令崔珙故本海州父中正
大夫判典客寺事行親御大護軍繼通祖壁上三韓三重大匡匡靖大夫
都僉議中贊判典理監察司事陽平府院君有渰曾祖僉議光祿大夫守
太師開府儀同三司門下侍郎同中書門下平章事修文殿大學士監修
國史判吏部翰林院事滋古名安壬申登科母漢陽郡夫人梁氏故本楊
州外祖中顯大夫監門衛大護軍致仕梁臣松○弁産一男喬生仲淵年
三十一癸卯生 二男仲澤年二十六戊申生 三男仲實年二十二壬子生 四男仲

그림 2 1393년(태조 2) 옥구군부인 송씨 준호구 (해주최씨족보)

출처: 서울대학교 규장각한국학연구원

어 있다. 해당 준호구에서 송씨의 거주지는 동부 양제일리(楊堤壹里)인데, '양제'는 『고려사』를 통해 방명임이 확인[8]되므로, 조선 건국 직후 국왕의 정사가 이루어지던 개성에서도 행정단위가 부-방-리로 이루어져 있음을 알 수 있다. 〈그림 2〉는 『해주최씨세보』에 전사된 옥구군부인 송씨 준호구의 모습이다.

이상 살펴본 문서보다 앞서 발급된 고려시대 호구문서를 전사한 여러 족보를 검토하면 '성화일리(聖化一里)', '봉향일리(奉香一里)'라는 지명이 확인된다.[9] '성화', '봉향'은 모두 고려 개성의 방명이므로, 한성부의 행정단위 '부-방-리'는 고려의 제도를 이은 것임을 알 수 있다.

8 『高麗史』「志」 권10 沿革. 王京開城府本高句麗扶蘇岬 … 十五年, 又定京城, 五部坊里.[東部, 坊七·里七十·曰安定坊·奉香坊·令昌坊·松令坊·楊堤坊·倉令坊·弘仁坊 …]

9 남권희, 『高麗時代 記錄文化 硏究』, 청주고인쇄박물관, 2002, 451, 453쪽. 고려시대 개성의 부-방-리제도에 대해서는 정학수, 「고려시기 개경 행정구획과 '里'의 양상」, 『한국중세사연구』 28(2010) 참조.

① 중부령 김렴(金濂)과 북부령 최민호(崔仁浩) 등의 진언(陳言)에, "5부의 방리에서 역(役)을 내는 것이 고르지 못하여 환과고독(鰥寡孤獨)이 역을 이바지하는 것이 매우 괴롭습니다."[10]

② 허조(許稠)가 또 아뢰기를, "신은 바라건대, 서울의 5부는 방마다 1백 호로 1리를 삼아, 순서를 정해 호적에 기재한다면 인보지법(隣保之法)이 더욱 명확해질 것입니다."라고 하자 상이 "그렇다"고 하였다.[11]

한편 앞서 제시한 실록의 기사를 통해 한양 천도 이후 15세기 한성부도 개성의 행정단위나 15세기 중반 이후 문서에서 확인되는 행정단위와 같이 부-방-리 체계임을 볼 수 있다. 그러나 계라는 행정단위는 확인되지 않는 점을 보면, 행정단위로서의 계가 조선 전기에는 사용되지 않았으리라 여겨진다.

한성부의 행정단위로 계는 17세기 초부터 확인된다. 현전 기록 중 계가 출현하는 가장 앞선 문헌은 정다혜(2023)에서 소개된 바와 같이 『고문서집성 119』 함양(咸陽) 안의(安義) 밀양박씨 지족당(知足堂) 박명부(朴明榑) 종가편에 수록된 1611년(광해군 3) 성책고문서[12](이하 1611년 호패청 관련 자료)이다. 해당 문서에는 호패청(號牌廳)에 소속된 각 방(房)의 업무 및 인원 등과 한성부 동부와 북부에 소속된 방계의 호패를 발급받을 인원이 정리되어 있으며, 세 가지 유형의 호패 지면을 붙여두어 당시 호패의 규격과 형식을 살펴볼 수 있다.

10 『태종실록』 4년(1404) 9월 19일. "中部令金濂·北部令崔仁浩等陳言內: '五部坊里, 出役不均, 鰥寡孤獨, 供役甚勞.'"

11 『세종실록』 8년(1426) 11월 3일. "稠又啓曰: '臣願京中五部, 每坊以百家爲一里, 定其次第, 記之於籍, 則隣保之法益明.' 上曰: '然.'"

12 해당 문서에 대한 연구는 김소은, 「1610년 호패청 작성 치부자료」, 『고문서연구』 15(1999)와 정다혜(2023)에서 다룬 바 있다. 이 중 김소은(1999)에서는 석문(釋文)을 제시하고 본문을 영인하였다.

無取才諸色軍兵, 公私賤, 書吏 사용

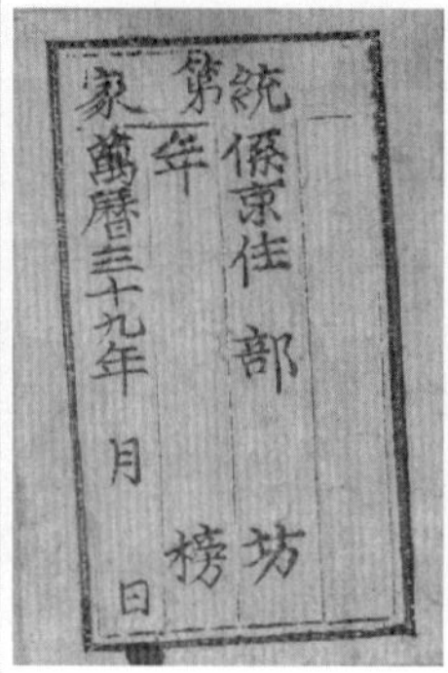

生進科 출신 사용

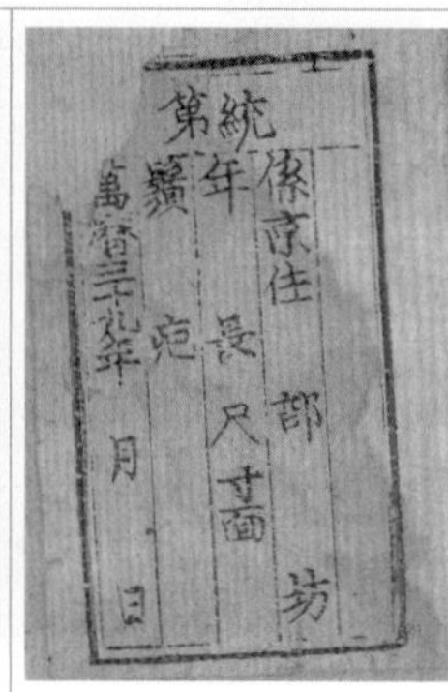

儒生, 司鑰, 사알 등 사용

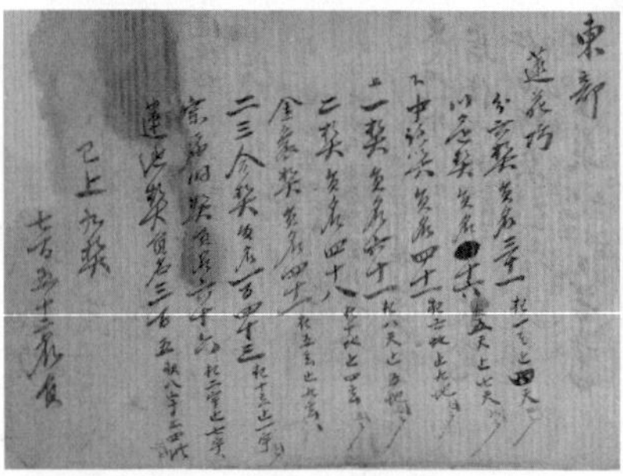

본문 중 城內 행정단위의 예

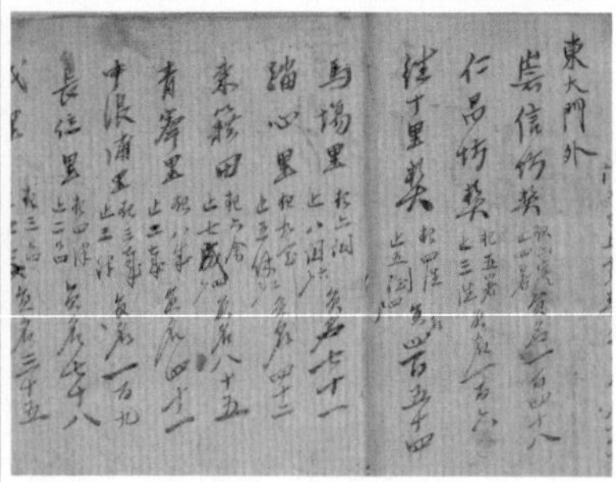

본문 중 城外 행정단위의 예

그림 3 1611년 호패청 관련 자료에 보이는 호패의 유형[13]과 한성부 행정단위 표기 예

〈그림 3〉에서 제시된 호패에서는 행정단위로 부-방, 통(統)-가(家)만 확인될 뿐, 조선 전기에 언급되던 리와 성책고문서 본문에서 확인되던 계는 보이지 않는다. 그러나 하단에 제시한 호패청 관련 자료의 본문을 살펴보면 연화방(蓮花坊) 분육계(分六契), 천변계(川邊契) 등 방 하위 단위로 계가 나타난다. 또 다른 도성 밖 행정구역을 기재한 부분에서는 계 외에도 답심리

13 위 이미지를 제공하고 있는 〈한국고문서자료관〉에서는 해당 자료의 명칭을 '1611년 박명부(朴明榑) 호구자료'로 소개하고 있다. 1611년의 근거는 〈그림 3〉에서 보이는 호패의 연도를 기준으로 한 것이라 여겨진다. 김소은(1999)은 1610년으로 추정하였으나, 본 연구에서는 『광해군일기』 3년(1611) 10월 14일 기사에서 청국(廳局)을 설치하고 각패(刻牌)를 시작하는 모습(已設廳局, 方爲刻牌)이 확인되므로, 1611년 호패의 유형별 모습이 확정되었으리라 보고 해당 성책고문서의 작성 시기를 1611년으로 제시한다.

(畓心里), 청영리(靑寧里) 등 리가 사용되는 현상이 확인되어 조선 전기의 리가 17세기 초부터 대개 도성을 기준으로 도성 안에서는 계, 도성 밖에서는 리로 구분되기 시작하는 모습을 볼 수 있다. 현전 문서 중 앞에 제시한 성책고문서를 제외하고 계가 출현하는 가장 이른 시기의 문서는 1666년 한성부에서 정중휘(鄭重徽)에게 발급한 준호구이다. 해당 준호구에서는 중부 정선방(貞善坊) 돈녕부하계(敦寧府下契)라는 지명이 확인된다.

이상 문헌을 고찰하였을 때, 조선 전기 한성부의 부-방-리 체제는 고려말 도성의 행정단위 제도를 이어받은 것이며, 임진왜란 이후부터 계라는 행정단위가 리를 대신하여 출현하였음을 알 수 있다.

3. 계의 출현 배경

2절에서 17세기 초 한성부의 행정단위로 계가 출현하였음을 확인하였다. 그렇다면 왜 17세기에 들어 한성부의 행정단위가 리에서 계로 변화하였을까? 현재 이를 확인할 수 있는 문헌은 알려지지 않았으며, 필자 또한 찾아볼 수 없었다. 그러나 당시 도성과 조정이 어떠한 상황이었는지 살펴본다면 그 단서를 추려낼 수 있을 것이다.

계가 출현하던 17세기 초는 전후 혼란을 극복할 목적 아래 복구와 혁신, 수습과 상벌이 수행되던 시대라고 볼 수 있다. 계가 출현하기 이전 조선은 요충지의 성곽을 보수하고 산실된 전적의 수합 및 간행 등 전후 복구를 진행하고 있었으며, 『기효신서(紀效新書)』와 같은 중국 병서의 유입과 대동법의 시행 등 문제점이 있던 분야가 새로이 변화했다. 또 전쟁 직후인 17세기 초에 일본에서 포로를 쇄환하는 등의 활동은 수습 사례이며, 전란에 공을 세운 공신을 책훈하고 『동국신속삼강행실도(東國新續三綱行實圖)』에서 임진왜란 당시 충효열(忠孝烈)의 인물을 수합했으며 전란에 도망친 수령을 처벌하고 임해군과 순화군을 왜적에게 넘긴 백성들을 처형한 것은 상벌이 수행된 사례에 해당한다. 그렇다면 도성은 어떠한 상황이었을까?

임진왜란이 발발하여 선조가 서울을 떠난 1592년(선조 25) 4월 30일부터 1593년(선조 26) 10월 1일 종묘에 곡림(哭臨)한 시점까지 약 1년 6개월간 한성은 주인 없는 도성이었다. 다음은 환도 직후 도성의 백성에 대한 기록 중 일부이다.

> ① 도성의 백성도 사망한 사람이 매우 많아 보기에 참혹하고 측은합니다. 도성이 이러하니 외방은 알 만합니다.[14]
>
> ② 더구나 도성이 잔파되어 저자에 점포가 모두 텅 비었는데 지난날 점포를 보던 상인들이 사망하기도 하고 떠돌기도 하여 백에 한둘도 남아 있지 않습니다. 비록 저자에 나온다 하더라도 모두 종루 한곳에 모여 있고 파는 것도 술과 떡, 생선과 채소뿐인데 이것으로 간신히 연명해 가고 있습니다. 그리하여 사람들이 계속해서 (도성을) 나가고 있으니 시급히 위무하여 안집시키기를 도모해야 할 것입니다.[15]

위 기사를 살펴보면 환도 직후부터 한성에는 사람들이 많이 죽어 있고 생계를 유지하기 어려운 상황이었음을 알 수 있다. 특히 기사 ②를 살펴보면 점포가 비어 있고, 백성들이 그나마 구할 수 있던 것은 술, 떡, 생선, 채소였음을 알 수 있다. 기사 ②가 11월의 기록인 점을 감안하면 농한기인

14 『선조실록』 26년(1593) 10월 22일. "城中百姓死亡者極多, 所見慘惻. 城中如此, 外方可知矣."

15 『선조실록』 26년(1593) 11월 3일. "況又都城殘破, 市肆皆空, 前日坐市之商, 死亡流移, 百無一二, 雖曰出市, 都聚於鍾樓一處, 所賣者只酒餠·魚菜, 艱難連命, 出去相續, 所當急急慰撫, 以圖安集."

겨울철 도성의 백성들은 더더욱 식량을 구하기 어려웠을 것이다. 이러한 와중에 송응창(宋應昌)을 따라온 술사 엽정국(葉靖國)은 도성 축성을 건의하고 있었고, 전쟁으로 인해 병력이 남방으로 몰려가 수도를 수비할 군대는 훈련도감의 1천여 명뿐[16]이었다.

조정 입장에서는 도성의 방비를 위해 성을 보수하고 부족한 병력에 충당할 백성이 필요했을 것이며, 외방에서 전투를 벌이고 있는 부대에도 지원할 인력이 필요했을 것이다. 상황이 이러한 와중에 도성에서 지진이 일어나[17] 백성들은 더욱 혼란스러웠을 것이다.

> 특진관 신잡(申磼)이 아뢰기를, "군중에서 활과 화살을 만들려고 해도 도구가 없습니다. 또 신의 의견으로는 장정들은 조련하여 무기를 지고 종군하게 하고, 그 나머지 노약자들은 한 계를 만들어 도성 주민들을 수습코자 하는데 어떻겠습니까?"라고 하니, 상이 이르기를, "이는 은연중에 민심을 수습하게 되는 것이니 비단 적을 토벌하는 것만이 아니다."[18]

위 기사는 정유재란 발발 직전 기사이다. 선행연구에서도 거론된 바 있는 기사인데, 부족한 인력 및 병력 충당, 도성 내 민심 수습 등이 필요했을 조정에서 노약자로 계를 만들어 민심 수습을 수행하려는 모습을 볼 수 있다. 그러나 이러한 계의 활동이 행정단위로 정착하게 되었다는 기록은 보이지 않아, 실록 기사에서 보이는 계와 한성부 행정단위로서의 계가 직접적인 관련성을 지니는지 알 수 없다. 다만 앞서 살펴본 도성 내 인력 부족

16 『선조실록』 29년(1596) 7월 19일. "兵曹判書李德馨上疏: […] 目今城中, 無一兵可恃, 而唯有訓鍊都監滿千之卒, 爲遠近聲勢."

17 『선조실록』 27년(1594) 6월 3일. "政院啓曰: 天不悔禍, 亂靡有定, 憂虞之象, 不一而足, 而今者京師地震, 有聲如雷, 屋宇皆動, 非常之變, 疊見於旬日之內."

18 『선조실록』 30년(1597) 2월 12일. "特進官申磼曰: 軍中欲造弓矢, 無其具矣. 且臣意欲組練丁壯, 負羽從軍, 其餘老弱, 團結一契, 收拾都民何如? 上曰: 是隱然有收拾民心, 非但討賊而已也."

이나 국제 정세의 혼란은 17세기 초반에도 동일하였던 것으로 여겨진다. 선조 재위 말엽 기사를 살펴보자.

> ① 비변사가 아뢰기를, "[…] 1. 난리를 겪은 이후로 도성이 텅 비었습니다. 중국 군대가 모두 철수해 버리자 사람들이 두려워하여 서울에 호적이 실려진 자인데도 사방으로 흩어져 떠다니는 자가 아직까지 많이 있습니다. […] 1. 부상(富商)과 대고(大賈)들 중 난리로 인해 흩어져서 예전에 살던 곳으로 돌아오지 않는 자들이 또 많이 있습니다. 판출하는 것을 모두 저자 사람들에게 책임 지우고 있는데 저자의 가게가 텅 비어 있으니 또한 작은 걱정이 아닙니다. 이제 외방에 행이(行移)하여 흩어져 있는 경상(京商)들을 모두 적발하여 서울로 돌아오게 해야 합니다."[19]
>
> ② 도성을 수축하는 것은 바로 병조의 소임인데 근래 해이함이 더욱 극심하여 곳곳이 무너져 있습니다. 그래서 성을 넘어 통행하는 것에 조금도 어려움이 없습니다. 심지어 창의문 아래에 혈도(穴道)까지 뚫었으므로 잡인들이 평지처럼 왕래하고 있습니다.[20]
>
> ③ 상이 이르기를, "지금 남쪽과 북쪽에 큰 적을 맞고 있는데 나라에서는 역사를 크게 일으키고 있으니, 가련한 것은 백성이 아니겠는가?"[21]

위 기사 ①을 보면 선조 재위 말엽 또한 임진왜란 직후 도성에 인력과 물자가 부족한 상태임을 알 수 있다. ②에서는 도성의 성벽이 무너져 있어 사람이 오갈 수 있는 크기인 경우도 있음을 알 수 있다. ③에서는 당시 국

19 『선조실록』 33년(1600) 9월 26일. "備邊司啓曰: […] 一, 經變以後, 都城空虛, 天兵盡撤, 人心危懼, 雖係京籍, 流移四散者, 尙多有之. […] 一, 富商大賈, 因亂散處, 而不戀故居者, 亦多有之. 凡所責辦, 專靠市民, 而市肆空虛, 亦非細慮. 今宜行移外方, 京商之散處者, 一一摘發, 使還舊業."

20 『선조실록』 34년(1601) 6월 9일. "修築都城, 乃是兵曹之任, 而近來解弛尤甚, 處處頽圮, 踰越通行, 略無所難. 至於彰義門下, 鑿爲穴道, 雜人往來, 如履平地."

21 『선조실록』 40년(1607) 2월 19일. "(上曰): 方今南北有大敵, 域中興大役, 可哀非民乎?"

제 정세를 조정에서도 인지하고 있음을 볼 수 있다. 즉 부족한 인력으로 성곽 보수 등의 역사를 일으켜야 하는 상황이었으며, 주변 정세상 전란 대비는 시일을 두고 천천히 진행시킬 수 없는 사안이었다. 이는 광해군 재위 초부터 당시 최초로 계가 확인되던 1611년까지 마찬가지였다.

① 이정구가 아뢰기를, "앞서 승지가 아뢴 말로 인하여 변란이 닥쳤을 때 강도(江都)로 옮겨 지킬 계책을 세웠는데, 신은 항상 이것을 고민해 왔습니다. 종묘사직이 있고 신하와 백성이 있는데 이를 버리고 어디로 간단 말입니까. 도성을 이미 지키지 못한다면서 외방의 성지는 유독 지킬 수 있단 말입니까? 도성을 수축하여 굳게 지킬 계책을 삼는다면 민심이 진정되어 강변의 모든 보루가 모두 굳건히 지킬 의지를 가지게 될 것입니다. [⋯] 또 난리 후 군사는 도안(都案)에만 의지하고 있어 팔도 군병의 숫자가 평시 한 도의 숫자만도 못합니다. 즉위 초에 특별히 도망하고 죽은 자의 탕척을 하명한 것은 민폐를 제거하려는 성대한 뜻에서였는데, 근래 두어 도의 감축된 숫자를 보니 거의 절반에 이르고 있습니다. 팔도의 탕척된 숫자가 들어오면 곧 군사 없는 나라가 될 것입니다. [⋯] 지금 대간의 계사로 인하여 군적(軍籍)을 정리하는데, 반드시 호패법을 먼저 행한 연후에야 군적을 정리할 수 있을 것입니다." 상이 이르기를, "경성을 수축하는 것은 의논하여 조처하라."고 하였다.[22]

② 왕이 이르기를, "우리나라는 본래 군병이 적다. 각도 군병으로는 적을 방어하기 어렵기 때문에 훈련도감의 군사가 해마다 북방에 파견되어 점

22 『광해군일기』 1년(1609) 4월 4일. "廷龜曰: 頃因承旨啓辭, 有臨變移守江都之計, 臣常以是爲悶. 有廟社焉, 有臣民焉, 舍此何之? 都城旣不可守, 則外方城池, 獨能保守乎? 修築都城, 以爲固守之計, 則人心鎭定, 江邊列堡, 亦皆有堅守之心矣. [⋯] 且亂後軍士, 只憑都案, 八道軍兵之數, 不如平時一道之數. 嗣服之初, 特下逃故蕩滌之命, 此出於務袪民弊之盛意, 而近見數三道減除之數, 幾至於半. 若八道都蕩滌之之數入來, 則將爲無兵之國. [⋯] 今因臺諫啓辭, 將修軍籍, 必先行號牌法, 然後可以修軍籍矣. 王曰: 京城修築, 可議而處之."

> 점 줄어들어서 근래 각별히 신칙하고 있다. 사기를 높이고 정하게 뽑아 선조가 설립한 그 본의를 저버리지 말 것을 경은 비변사 제신과 상의하여 하라"고 하니, 박홍구가 아뢰기를, "만약 군병을 등록하려면 반드시 호패를 만들어야 하고 군사를 기르려면 필히 먼저 군량을 비축하여야 합니다. 지금 한 사람이 밭을 갈아 백 사람이 먹으니 어찌 양식이 여유 있을 리가 있겠습니까? [⋯]"라고 하였다.[23]

위 기사는 모두 1609년(광해군 1)의 논의들이다. 살펴보면 기사 ①에서는 전란이 일어났을 때 강화도로 피신할 계획이었다가, 이정구[24]가 건의하여 도성을 보수하는 방향으로 변경되었음을 알 수 있다. 또 ②와 함께 살펴보면 원래부터 부족했던 병력이 북방으로 계속 파견되고 있어 더더욱 부족한데, 해당 문제를 해소하기 위해서 호패법을 시행하고자 하였음을 알 수 있다. 즉 앞서 살펴본 선조 대의 상황이 여전히 지속되고 있는 것이다. 이러한 와중에 도성 내에서 무뢰배들이 도적질하는 사태가 벌어지는 등[25] 조정에서는 백성들을 관리하고 단속해야 할 필요성이 증대되었다. 이러한 배경을 보아, 계는 한성부에서 도성 백성의 관리 및 단속을 위한 행정체제의 혁신이면서, 정다혜(2023)에서 소개한 부세(賦稅), 군역(軍役) 등에 필요한 호구편제 개편의 종합적인 산물이라 할 수 있다. 현전하는 17세기의 한성부 준호구 중에는 '기리모모계(幾里某某契)'라는 명칭으로 나

23 『광해군일기』 1년(1609) 4월 4일. "王曰: 我國無軍兵, 各道軍兵, 難以禦敵, 故訓鍊都監之卒, 連年赴北, 日漸消縮. 近來各別申飭, 聳動精抄, 毋負先朝設立之本意事. 卿其與備邊司諸臣, 相議爲之. 弘耈曰: 如欲籍兵, 必作號牌, 如欲養兵, 必先措備軍糧. 今者一人耕之, 百人食之, 豈有裕食之理? [⋯]"

24 李廷龜(1564~1635)의 龜는 귀 또는 구로 읽힌다. 본 연구에서는 한국학중앙연구원 장서각 소장 『국됴고사』(K2-168)에서 '李廷龜'를 '니뎡구'로 읽은 것에 따라 '이정구'로 읽는다.

25 『광해군일기』 3년(1611) 3월 22일. "漢城府啓曰: 近來都城之內, 無頼之輩, 乘夜銜火, 仍爲偸竊, 無處不然, 見聞莫不驚愕. 移文捕盜廳, 使之禁戢, 而數少軍士, 勢難措捕, 依前例, 令各里居人, 坐更焚禁火事, 申明擧行何如? 傳曰: 允."

타나는 경우가 있는 반면, 『호구총수』 등 중앙에서 편찬한 문헌에서는 '모모계(某某契)'로만 나타나는 점을 보아 17세기에는 기존의 리를 계가 대체하는 과정에서 리와 계가 함께 표기되는 과도기가 있었으리라 여겨진다.

고동환(1998)의 논문(67~68쪽)에서는 15세기 말~16세기 초 특정 집단이 면역(免役)을 목적으로 결성한 계조직들이 시초가 되었으리라 추정하며, 조정이 백성을 통제·동원하는 수단으로 계조직을 활용하여 각종 방역(坊役)을 수행시키면서 행정 기능이 추가되어 한성부의 계가 되었다고 보고 있다. 해당 견해를 적극 수용한다면, 한성부의 계는 하위 계층이 결성한 계조직에 행정 기능이 보태져 점차 행정단위로 정착하였다는 이야기가 된다.

그러나 행정 기능이 부과되었다 하더라도 행정단위로 고착될 수 있는지에 대한 점과 면역을 목적으로 결성되었다는 계조직이 오히려 방역을 수행하게 된 모습이나, 특정 목적을 지닌 계조직과 달리 한성부 행정단위로서의 계는 여러 인원들이 혼재되어 있는 양상을 지닌다는 점에서 이는 재고의 여지가 있다. 또한, 계조직의 계가 여타의 지방과 달리 한성부에서만 행정단위로 정착한 사유는 무엇인지, 조정에서는 이에 대한 논의가 전혀 없었는지 등과 같은 의문이 들 수 있다.

오히려 앞서 살펴본 기록을 보아, 당시 불안한 국내외 정세를 타개하기 위하여 조정 차원에서 의도적으로 리를 계로 대체하였으며, 그 목적은 군역 및 요역 등의 신역을 위해 도성의 백성을 관리하는 것이었으리라 추정된다. 이는 당시 국내에서는 임해군 옥사, 계축옥사와 같은 정치적 사건과 대동법 시행과 같은 제도 변화가 있었고, 또 국외 정세는 남쪽으로 일본과 포로 쇄환 및 국교 재개 논의, 북쪽으로는 명청교체기를 맞이하였으며, 함경북도 쪽에서는 여진족 중 하나인 홀랄온(忽剌溫)이 쳐들어오는 등 국내외 여러 변화의 흐름과 맥락이 맞물리는 모습으로 여겨진다.

한성부 행정단위 계에 대해 위정자의 의도에 의해 변화가 이루어진 것이라고 본다면, 정조 대 방계를 정비하고 방에 소속되지 않은 계를 방으로 편입시키거나 계가 없는 방에 계를 만들고, 한성부 성저십리에 계가 점진적으로 생성되는 것이 모두 위정자의 의도에 의해 이루어졌다는 점에서 일맥상통한다. 다만, 현재로서는 기록이 부족하여 이에 대한 논의 및 원인 파악이 명확하지 않으므로 본 연구에서는 계가 발생하던 시기의 상황을 살펴보고 방향성을 타진하는 것에서 그치도록 한다.

4. 계의 시기별 특징

2절과 3절에서는 계의 출현 시기와 당시 상황을 살펴보았다. 4절에서는 조선 후기 한성부 행정단위 중 하나였던 계가 통시적 관점에서 각 시기별로 어떠한 특징이 보이는지 간략히 살펴보도록 한다. 이미 선행연구에서 이를 계량화하여 계가 점진적으로 증가하는 상황을 소개한 바 있다. 여기서는 기존 선행연구에서 다룬 문헌 중 중앙에서 편간(編刊)한 문헌을 대상으로 조선 후기 한성부의 행정단위를 구축[26]하되, 17세기 이전 기록은 현재 가장 이른 시기의 기록인 1611년(광해군 3) 호패청 관련 자료와 1663년(숙종 4) 『북부장호적(北部帳戶籍)』,[27] 『승정원일기』 등을 참조하여 작성하였다. 또한 현전 고문서[28]를 통해 확인되지 않던 14건의 계 이름을 보

26 정다혜(2023), 앞의 글, 14쪽 각주 34번을 참조하면, 『만기요람』에도 한성부의 계가 확인되나 『어제수성윤음』의 내용을 옮겨 적은 것으로 여겨지므로 배제하였다.

27 해당 문헌은 서울대학교 규장각한국학연구원 소장본(奎19315)으로, 현재 〈서울대학교 규장각한국학연구원〉 웹사이트에서 이미지를 볼 수 있다.

28 〈한국고문서자료관〉과 〈서울대학교 규장각한국학연구원〉에서 제공하는 문서에 한정하여 조사하였다.

완하였다. 본 연구에서는 해당 목록을 부록으로 제시하여 관련 연구자들의 자료로서 활용되도록 하며, 해당 목록에 기반하여 계의 통시적 변화 흐름 및 각 시기의 변화 특징을 간략히 소개하도록 한다. 부록은 『육전조례』를 기준으로 하여 부-방-계의 순서를 나열하고, '조선 후기 한성부 계의 시기별 출현 명칭과 소속 변화 대조표'라는 제목으로 제시하였다.

17세기는 앞서 살펴본 바와 같이 계가 리를 대체하던 시기로 여겨진다. 17세기 초부터 계가 확인되는 반면, 17~18세기 초 발급된 한성부 준호구 중에는 리와 계가 같이 출현하는 것도 확인된다. 예를 들어 서울대학교 규장각한국학연구원 소장 문서 중 1678년(숙종 4) 이하진(李夏鎭) 준호구(문서번호: 182030)나 1693년(숙종 19) 유원(柳援) 준호구(奎25155) 등을 들 수 있다. 이하진의 준호구에서는 거주지가 서부 황화방(皇華坊) 일리소정릉동계주(一里小貞陵洞契住)로 기재되어 있는데, 여기서 '일리소정릉동계'는 후대에 소정릉동계(小貞陵洞契) 또는 소정동계(小貞洞契)로 나타나며, 유원의 준호구에서 서부 양생방(養生坊) 삼리창동계(三里倉洞契)의 '삼리창동계'는 후대에 '창동계(倉洞契)'로만 나타난다.

한편 1678년(숙종 4) 김석주(金錫胄) 준호구(문서번호: 195148)에서는 거주지가 남부 회현방동(會賢坊洞) 제일리주(第一里住)로 나타나 계가 발생한 뒤에도 리만 표기된 사례를 볼 수 있다. 1705년(숙종 31) 김석주처황씨(金錫胄妻黃氏) 준호구(문서번호: 195152)에서는 제일리가 제일리계(第一里契)로 출현하는데, 이와 같이 리만 표기되거나 리와 계가 함께 표기되는 것은 현대 옛 번지에서 도로명으로 주소를 정비한 상황에서 나타나는 현상처럼 구습에 의해 리(里)가 표기된 것으로 추정된다. 이상의 고문서 사례를 보았을 때, 한성부에서는 리와 계가 구습에 의해 병기되던 과도기가 있었으리라 짐작된다. 계는 선행연구와 같이 점진적으로 늘어나 『육전조례』가 편찬되던 19세기 중반에는 340개에 달하였다. 이를 각 부마다 계량화를 하여 제시하면 〈표 2〉와 같다.

표 2 18~19세기 계의 부별(部別) 변화 양상

부	18세기 중반	18세기 후반	19세기 중반
중부	91	91	91
동부	21	41	43
남부	71	71	72
서부	91	92	90
북부	13	44	44
소속 없음	41	–	–
총합	328	339	340

17세기에는 기록이 부족하여 전체 양상을 확인하기 어려우나, 1611년 호패청 관련 기록과 1663년 『북부장호적』을 대조하면 도성 밖 한성부 구역이었던 '아이고개(阿伊古介)'나 '세교리(細橋里)'에서 17세기 중반에는 '아이고개계(阿耳古介契)', '세교리계(細橋里契)'와 같이 계로 행정단위가 변화되었음을 알 수 있다. 또 '여의도계(汝義島契)'는 1663년 작성된 『북부장호적』에는 '여의도신계(汝義島新契)'로, 18세기 중반부터는 '여의도계'로 나타나, 17세기 중반 새로 생성되었으리라 여겨진다.

계의 증가를 살펴보면, 기존에 '지명+계'로 구성된 명칭에서 숫자를 추가하여 분화되기도 하였다. 예를 들어 『승정원일기』에서 중부 관인방(寬仁坊)의 대사동계(大寺洞契)가 1625년에는 대사동계로만 기재[29]된 반면, 1698년에는 대사동삼패계(大寺洞三牌契)[30]와 같이 숫자가 추가된 모습이 확인되는데, 새로운 계가 만들어지거나 숫자가 추가되는 모습을 보아 17세기부터 점진적으로 도성 내 인구가 증가하는 한편, 도성 밖 한성부 관할 지역에서도 '계'가 행정단위로서 정착되어 갔음을 알 수 있다.

29 『승정원일기』 인조 3년(1625) 2월 10일. "中部則只送牒呈曰, 本部兩班稀罕, 大寺洞契, 只有郡守沈廷和處女, 時年十四歲, 而以內族不得單子云."

30 『승정원일기』 숙종 24년(1698) 7월 11일. "李光迪, 以漢城府言啓曰: […], 中部字內廣州京主人契, 有一屍, 大寺洞三牌契, 有一屍."

인구의 증가는 18세기에도 이어졌는데, 18세기 중반 기록인 『어제수성윤음』과 18세기 후반 기록인 『호구총수』를 통해 이를 파악할 수 있다. 예를 들면 18세기 중반에는 단일 계였던 혜전계(鞋廛契, 또는 履廛契), 지전계(紙廛契)가 '혜전일계(鞋廛一契)', '혜전이계(鞋廛二契)', '지전일계(紙廛一契)', '지전이계(紙廛二契)'로 증가하였으며, 18세기 중반에는 옹리상계(瓮里上契)와 옹리하계(瓮里下契) 2계로 분화되었던 것이 18세기 후반에 이르면 옹리상·중·하계(瓮里上·中·下契)로 나뉘어 중계가 추가되었음을 알 수 있다. 이때 분화된 계는 1, 2와 같이 숫자를 매기거나 상·하로 구분하는 등의 모습이 보이는데, 숫자로 표기한 경우는 위 사례 외에도 망원정계(望遠亭契), 세교리계(細橋里契), 가좌동계(加佐洞契)를, 상하로 표기한 경우는 수일리계(水溢里契), 사재감계(司宰監契)를 들 수 있다.

이외에도 18세기 후반에는 성저십리에 위치하여 소속된 방이 없던 계에 소속을 부여하거나, 방의 명칭을 수정하는 경우도 존재한다. 『승정원일기』의 기록을 보면 계에 소속된 민호를 옮기는 일과 방이 없는 계, 계가 없는 방 등을 규합하여 방계의 체제를 정비하는 일, 방의 명칭을 정리하는 일에는 모두 국왕의 의지가 반영된다.

① 이창수(李昌壽)가 아뢰길, "연전에 어사 홍양한(洪良漢)이 용산 어영창(御營倉)을 성내로 옮겨들인 뒤, 창촌(倉村)의 역역(力役)이 고통스럽게 되어 감당할 사람이 없으니, 백성들이 모두 군자감 동문외계와 선혜청의 신창계(新倉契)에 반씩 나뉘어 이속되기를 바라는 뜻으로 연석(筵席)에서 진달하여 한성부가 등대하여 품처하라는 명이 있었습니다. 일전에 어사 이담(李潭)이 또 이 일로 진달하여 한성부의 당상이 엄히 추고하여 거행하라는 명이 있었습니다. 세 동의 민인들을 불러 이속의 편부를 물은즉, 모두 어영청계는 본래 37호인데 6호는 신창계 부근이며 31호는 동문외계 부근이니 그 부근의 민호들을 두 계에 분속시키면 피차 두 쪽이 편리

하여 백성들이 모두 바란다고 합니다. 그들이 바라는 바를 따라 어영청계의 민호를 두 계에 분속시키는 뜻으로 감히 이를 아룁니다"라고 하자 상께서 말씀하시기를, "그렇게 하라"라고 하셨다.[31]

② 상이 정창성(鄭昌聖)에게 일러 말하기를, "이 마을의 방계는 종묘동(宗廟洞)의 예에 따라 경모궁방계(景慕宮坊契)로 이름을 고치는 것이 어떠한가?"라고 하자, 창성이 말하기를 "성교가 지당합니다"라고 하고 이내 아뢰기를, "방계의 이름을 짓는 것은 자연히 의의가 있으니, 사직 근처라서 모두 사직동계라고 칭하며, 종묘 근처라서 모두 종묘동계라고 칭하는 것과 같은즉, 지금 이 경모궁동리(景慕宮洞里)에서 여전히 건덕(建德)이라는 옛 이름을 유지하는 것은 일관성 없는 일이니, 이번 식년부터 건덕방계를 경모궁방계로 고쳐 장적(帳籍)에 쓰는 것이 어떠하겠습니까?"라고 하자, 상이 "그렇게 하라"고 하셨다.[32]

③ 서유방(徐有防)이 말하기를, "동부와 북부의 교외에 있는 계 중 방명이 없는 곳은 초기(草記)에 대한 비지(批旨)에 따라, 이미 거행하였습니다. 문 안팎의 방 중 계명이 없는 곳에 이르러서는 일체 계명을 정하지 않을 수 없어서, 어떠한 것은 방명에 의거하여 계명을 짓고, 어떠한 것은 속명(俗名)에 의거하여 계명을 짓는 예가 있으니, 동부 인창방(仁昌坊)과 숭신방(崇信坊) 두 계는 방의 명칭에 따라 인창방 인창동계(仁昌洞契), 숭신방 숭신동계(崇信洞契)로 시행하였고, 창선방(昌善坊)은 본래 방에 계 이름이 없

31 『승정원일기』 영조 35년(1759) 7월 11일. "昌壽曰: 年前御史洪良漢, 以龍山御營倉移入城中之後, 倉村力役偏苦, 無人支保, 民情咸願分半移屬於軍資監東門外契, 及惠廳新倉契之意, 陳達筵中, 有令京兆登對稟處之命. 日前御史李潭, 又以此事陳達, 有京兆堂上重推擧行之命矣. 招問移屬便否於三洞民人, 則皆以爲御營廳契, 本是三十七戶, 而六戶則附近於新倉契, 三十一戶則附近於東門外契, 以其附近之戶, 分屬於兩契, 則彼此兩便, 民情俱願云. 從其所願, 御營廳契民戶, 分屬於兩契之意, 敢此仰達矣. 上曰: 依爲之."

32 『승정원일기』 정조 6년(1782) 1월 21일. "上謂昌聖曰: 此洞坊契, 依宗廟洞例, 以景慕宮坊契, 改號, 何如? 昌聖曰: 聖敎至當矣. 仍奏曰: 坊契命名, 自有意義, 如社稷近處, 皆稱社稷洞契, 宗廟近處, 皆稱宗廟洞契, 則今此景慕宮洞里之尙仍建德舊名, 事涉斑駁. 自今式年, 建德坊契, 改以景慕宮坊契, 書諸帳籍, 何如? 上曰: 依爲之."

고 또 2개의 리로 된 계가 있어, 이것은 창선방 창선동일계(昌善洞一契), 창선방 창선동이계(昌善洞二契)로 시행하였습니다. 어의동계(於義洞契)는 전에 건덕방(建德坊) 소속이었는데, 임인년에 경모궁으로 방의 이름을 품정(稟定)한 뒤, 아직도 소속된 곳이 없으니, 이전에 (시행되었던) 건덕방 어의동계에 의거하여 시행하고, 북부의 광화방(廣化坊), 양덕방(陽德坊), 가회방(嘉會坊), 관광방(觀光坊), 진장방(鎭長坊) 등 다섯 곳의 방은 계명이 없었으니, 이것은 해당 동의 속명에 따라 광화방 원동계(苑洞契), 양덕방 계생동계(桂生洞契), 가회방 재동계(齋洞契), 관광방 부계(部契), 진장방 삼청동계(三淸洞契)로 시행하라고 각부에 분부하심이 어떠하겠습니까?"라고 하자, 상이 말씀하시기를, "그렇게 하라"라고 하셨다.[33]

위 인용문은 모두 『호구총수』가 작성되기 이전인 영·정조 대 기록들이다. ①에서는 성외에 소재했던 어영청계가 성내로 옮겨지자 기존에 있던 민호들의 역이 고통스러워졌기에, 군자감의 동문외계와 선혜청의 신창계로 민호를 나누어 옮기자고 이창수가 건의하고 있다. 이창수는 당시 한성부판윤이었기에 한성부의 주요 사안을 국왕에게 건의한 것으로 보인다.

②의 경우 한성부판윤 정창성이 정조의 말을 듣고 건덕방계를 경모궁방계로 이름을 고쳐 장적에 기재하자고 건의하자 정조가 허락하는 모습을 보이고 있다. 해당 기사에서는 인근에 궁궐 및 종묘사직과 관련된 건물이 있을 경우 인근 방이 이를 차용하는 경우가 다수 있음을 알 수 있다. ③에서는 한성부판윤 서유방이 국왕의 명에 따라 방계를 정비하던 중 계명

33 『승정원일기』 정조 12년(1788) 10월 16일. "有防曰: 東部·北部郊外契, 無坊名處, 依草記批旨, 已爲擧行矣. 至於門內外坊無契名處, 不可不一體定契名, 而或有依坊名因契名, 或有依俗名因契名之例, 東部仁昌坊·崇信坊兩契, 則依坊名, 以仁昌坊仁昌洞契, 崇信坊崇信洞契施行, 昌善坊, 則本坊無契名, 又有二里契, 此則以昌善坊昌善洞一契, 昌善坊昌善洞二契施行. 於義洞契, 則前屬建德坊矣, 壬寅年景慕宮坊名稟定後, 尙無所屬處, 依前以建德坊於義洞契施行, 北部廣化坊·陽德坊·嘉會坊·觀光坊·鎭長坊五坊, 無契名, 此則依本洞俗名, 廣化坊苑洞契, 陽德坊桂生洞契, 嘉會坊齋洞契, 觀光防部契, 鎭長坊三淸洞契, 施行事, 分付各部, 何如? 上曰, 依爲之."

이 없던 광화방, 양덕방, 가회방, 관광방, 진장방의 계는 속명에 따라 명명하는 것이 어떤지 건의하자 정조가 허락하고 있다.

여기서 공통점은 한성부판윤의 직을 맡은 인물이 국왕에게 아뢰어 승낙을 받는 모습을 보인다는 것이다. 이는 한성부의 행정단위인 계에도 국왕의 의지가 도달한다는 것을 의미한다. 민호의 이동은 중요할 수 있으나, 계나 방의 이름을 고치는 것은 사소한 사안일 수도 있다. 그럼에도 한성부 판윤이 국왕에게 아뢴다는 것은 이 모든 것이 도성 내 신역(身役) 및 호적(戶籍)과 직결되기 때문이다.

이는 18세기 중반 자료인 『어제수성윤음』에서도 확인된다. 해당 문헌에서는 한성부 계가 소속된 군영(軍營)을 밝혀두었는데, 모든 계가 군영에 소속되어 있음을 알 수 있다.

〈표 3〉을 살펴보면 어영청에 속한 중부의 계, 금위영과 훈련도감에 속한 서부의 계 중 금위영의 좌영 및 전영, 훈련도감의 좌영은 성외에 위치한 계로만 구성되어 있음을 알 수 있다. 특히 소속된 방이 없는 계는 어영청과 훈련도감에 배분되어 있어, 각각 일정한 구역을 기준으로 군영의 소속을 구분하였으리라 추정된다. 앞서 민호의 이속, 방계의 명칭 등이 국가 차원에서 호적 및 신역과 밀접한 관련성을 지닌다는 점과 함께 일정한 구역을 기준으로 군영에 배속되어 있다는 점은 한성부의 계가 정조 대에 정비되기 이전부터 조정의 관할 안에서 운영되고 있었음을 방증하는 것이다.

이러한 계는 정조 대의 정비를 거쳐 계가 없는 방이나 방이 없는 계를 다듬어 방계 체제가 크게 정비된다. 계가 없는 방에 계를 넣거나 방이 없는 계를 방으로 소속시키는 현상 외에도 당시 방계 체제의 정비는 분화, 신설, 폐지가 확인되는데, 이 중 분화가 특기할 만하다. 〈표 4〉는 18세기 중반과 후반을 대조하여 분화된 것이 확인된 한성부 계의 목록이다. 살펴보면 18세기 중반에는 11개이던 계가 20개로 증가하였고, 성 내외로 계

표 3 18세기 중반 한성부 계의 군영 소속 현황

부(계수)	금위영	어영청	훈련도감
중부(91)	前營(16), 左營(14), 後營(9)	右營(3), 中營(22) *어영청은 모두 성외	後營(4), 右營(23)
동부(21)	–	전영(4), 좌영(10), 중영(7)	–
남부(71)	전영(12), 중영(9), 좌영(18), 우영(2), 후영(11)	후영(11), 우영(6), 중영(2)	–
서부(91)	우영(16), 좌영(9), 후영(14), 전영(2), 중영(5) *전영, 좌영은 모두 성외	–	전영(20), 우영(6), 좌영(7), 중영(12) *좌영은 모두 성외
북부(13)	–	–	중영(3), 후영(4), 우영(3), 좌영(3)
무소속(41)	–	전영(12), 좌영(1), 중영(3), 우영(1)	후영(19), 우영(5)
총계	137	82	109

※ 괄호 안 숫자는 계의 수

의 분화가 이루어진 것을 확인할 수 있으며, 이 중에서도 성외에 위치한 계를 중심으로 분화가 이루어졌음을 볼 수 있다.

한편, 18세기 후반 편찬된 『호구총수』와 19세기 중반 편찬된 『육전조례』를 대조하면 중랑포계(中浪浦契)가 19세기 중반에 들어 중랑상리계(中浪上里契)와 중랑하리계(中浪下里契)로 분화된 것 외에는 분화된 계가 확인되지 않아 계의 분화는 18세기 후반 방계 체제 정비와 함께 두드러지는 특징으로 볼 수 있다.

19세기 중반에는 18세기 후반에 비해 계의 소속이 변화하는 모습이 두드러진다. 전체 15개 계의 소속방이 변경되었는데, 그 변화는 〈표 5〉와 같다. 〈표 5〉를 살펴보면 계의 소속 변화는 5부에 걸쳐 모두 나타났으며, 이 중에서도 중부 수진방에 소속된 계가 중부 징청방으로 옮겨진 비중이 상당함을 볼 수 있다. 또 소속방은 변경되더라도 부는 변경되지 않아, 부 단위에서는 변화가 없었음을 알 수 있다. 이와 같이 동일한 부 내에서 소속방의 변경은 19세기 중반에 확인되는 현상이나 명확한 변경 사유는 알 수

표 4 18세기에 분화된 한성부 계

순번	성 내외	18세기 중반	18세기 후반
1	성내	履廛契	鞋廛一契/二契
2	성내	紙廛契	紙廛一契/二契
3	성내	司宰監契	司宰監上牌契/下牌契
4	성외	往十里驛契	往十里一契/二契
5	성외	瓮里上契/下契	瓮里上/中/下契
6	성외	水溢里契	上水溢里契/下水溢里契
7	성외	細橋里契	細橋里一契/二契
8	성외	加佐洞契	加佐洞一契/二契
9	성외	望遠亭一契/二契	望遠亭一契/二契/三契

표 5 19세기에 소속 부방(部坊)이 옮겨진 한성부 계

순번	계명	18세기 후반 소속 부방	19세기 중반 소속 방
1	布廛契	중부 慶幸坊	중부 貞善坊
2	上米廛契	중부 壽進坊	중부 堅平坊
3	上魚物廛契	중부 수진방	중부 澄淸坊
4	靑城君契	중부 수진방	중부 징청방
5	司僕前契	중부 수진방	중부 징청방
6	司僕川邊契	중부 수진방	중부 징청방
7	鍾懸屛門契	중부 수진방	중부 징청방
8	盖井契	중부 수진방	중부 징청방
9	長位里契	동부 仁昌坊	동부 崇信坊
10	虛屛門契	남부 大平坊	남부 明禮坊
11	東行廊契	남부 대평방	남부 廣通坊
12	壽城宮越邊契	서부 積善坊	서부 仁達坊
13	玉井洞契	북부 義通坊	북부 順化坊
14	玉井後洞契	북부 의통방	북부 순화방
15	齋洞契	북부 安國坊	북부 嘉會坊

없다. 다만, 18세기 민호의 역과 관련하여 변경되는 경우가 있었으므로, 이 당시에도 유사한 사유가 있었으리라 추정된다.

5. 맺음말

본 연구에서는 조선시대 한성부의 행정단위 계의 출현 배경과 각 시기별 특징을 간략히 살펴보았다. 계는 조선시대 수도인 한성의 행정단위 중 하나로 임진왜란 직후인 17세기 초부터 존재가 확인된다. 계에 대한 기존 연구 중에서는 계의 기원을 계조직에 행정 기능이 추가되어 행정단위로 자리매김하였다고 보는 연구가 있으며, 세금 및 군역 관련 민호 파악을 위해 계가 활용되었음을 소개한 연구가 있다. 또 특정 시기 및 지역을 중심으로 세부적으로 살펴보기도 하였다. 이에 본 연구에서는 계의 출현 배경을 좀 더 이해하고자 계가 존재하였던 17세기 초 한성의 상황을 살펴보았으며, 아울러 조선 후기 한성부 계의 시기별 특징에 초점을 맞추어 살펴보았다. 또한 계가 출현하던 당시 상황과 통시적 변화를 살펴볼 수 있는 전체 목록 구축이 미비한 상황이기에, 관련 연구에 도움이 되고자 조선시대 한성부 계의 전체 목록을 통시적으로 살펴볼 수 있는 부록을 제시하였다. 해당 부록은 현전 고문서를 참조하여 확인되지 않던 17세기 계를 보완하여 제시한 것이다.

계의 성격을 고찰하기 위해 조선시대 한성부 행정체계를 살펴본바, 조선 전기 한성부의 행정단위는 고려 말 행정단위 체제를 이어받아 구성되었으며, 한양 천도 이전 조선의 중심지였던 개성에서도 방리제가 적용된 모습이 확인된다. 계가 출현하는 가장 이른 시기의 기록은 1611년으로, 이 당시는 전후 복구와 전란 대비, 국내외 불안정한 정세의 타개가 필요한 시기였다. 이를 위해 백성들을 규합하여야 했으며 도성의 수보, 궁궐의 재건, 부족한 병력 충원 등 인력 충당 및 관리가 필요하였음이 확인된다. 이와 같은 시기에 리를 대신하여 계가 출현하였다는 것은 조정에서 도성의 백성들을 관리·단속하여 신역에 동원하기 위한 목적 아래 변화한 일종의 혁신이라 추정된다.

계의 시기별 변화를 살펴보면, 17세기에는 리만 출현하거나 리와 계가 같이 출현하는 과도기적 특징이 확인된다. 해당 현상은 고문서와 연대기 사료 등의 기록을 대조하였을 때 확인할 수 있다. 본 연구에서는 현대에 번지가 도로명으로 바뀔 때 나타나는 현상에 빗대어 구습에 의해 리가 표기된 것으로 보았다. 18세기에는 점진적으로 계의 수가 증가하는 모습이 확인되며, 이와 함께 도성 밖에 소재하며 소속방(所屬坊)이 없던 41개의 계를 모두 방계 체제에 맞춰 다듬은 것이 특징이다. 이와 함께 한성부판윤이 국왕에게 방계의 개칭과 민호의 이동에 대해 아뢰어 허락을 받는 모습과 일정한 구획에 따라 군영 소속이 구분되는 점 등을 통해 국왕의 의지가 계까지 닿는 모습을 확인할 수 있었다.

19세기에는 일부 계의 소속이 변경되는 특징이 두드러지는데, 이러한 현상은 5부(五部)에서 모두 확인된다. 소속방은 변경되더라도 부를 변경하는 상황에는 이르지 않는다. 변경 사유는 명확하지 않으나, 중부 수진방에 소속된 계가 중부의 징청방으로 소속이 변화하는 점을 보아 백성의 신역과 같은 사유로 인해 변경되었으리라 추정된다.

어느 시대든 수도는 문화·정치를 비롯한 여러 분야에서 가장 중심이 되는 곳이었다. 차후 관련 문헌이 더 발굴되어 계가 언제 행정단위로 정착하였는지, 어떠한 사유와 과정을 거쳐 한성부에만 적용되었는지 밝힐 필요가 있다.

참고문헌

『高麗史』, 『三國史記』, 『承政院日記』, 『朝鮮王朝實錄』,
『국됴고사』, 『北部帳戶籍』, 『六典條例』, 『海州崔氏世譜』, 『戶口摠數』.
『推案及鞫案』, 아세아문화사, 1978.

고동환, 「조선후기 漢城府 행정편제의 변화: 坊·里·洞·契의 변동을 중심으로」, 『서울학연구』 11, 1998.
김소은, 「1610년 호패청 작성 치부자료」, 『고문서연구』 15, 1999.
남권희, 『高麗時代 記錄文化 硏究』, 청주고인쇄박물관, 2002.
문옥현, 「강도시기 강화읍 외곽 토성의 구조와 성격」, 『한국중세고고학』 10, 2021.
박경룡, 「漢城府의 行政區域」, 『韓國史學論叢: 李載龍博士還曆記念』, 한울, 1990.
이기석, 「鐵原 楓川原의 지리와 태봉국 都城址의 방리제」, 『학술원논문집(인문·사회과학편)』 59-1, 대한민국학술원, 2020.
이기석, 「韓國古代都市의 坊里制(條坊制)와 都市構造에 대한 小考」, 『한국도시지리학회지』 2-2, 1999.
정다혜, 「18세기 한성부 坊契 체계의 정비와 그 배경」, 서울대학교 석사학위논문, 2023.
정학수, 「고려시기 개경 행정구획과 '里'의 양상」, 『한국중세사연구』 28, 2010.
황인호, 「신라 왕경 연구」, 동아대학교 박사학위논문, 2024.

〈서울대학교 규장각한국학연구원〉(kyu.snu.ac.kr).
〈한국고문서자료관〉(archive.aks.ac.kr).
〈한국민족문화대백과사전〉(encykorea.aks.ac.kr).

■ 부록　조선 후기 한성부 계의 시기별 출현 명칭과 소속 변화 대조표[34]

순번	부	방명	1611년 박명부 호구자료 (호패청 관련)	북부장 호적 (1663)	17세기 승정원일기 및 고문서 (출현 시기)	어제수성윤음 (1751)	호구총수 (1789)	육전조례 (1866)
1	中部	長通坊			河順元契 (1698)	河順元契 (禁前, 城內)	河順元契	河順元契
2						昌廛行廊契 (禁前, 城內)	昌廛行廊契	昌壓行廊契
3						笠廛契 (禁前, 城內)	笠廛契	笠壓契
4						咸平主人契 (禁前, 城內)	咸平主人契	咸平主人契
5						粉廛中路契 (禁前, 城內)	粉廛中路契	粉壓中路契
6					義城正契 (1698)	義城正契 (禁前, 城內)	義城正契	義城正契
7					石本契/石井契 (1698)	石井洞契 (禁前, 城內)	石井契	石井契
8					琵琶洞契 (1698)	琵琶洞契 (禁前, 城內)	琵琶洞契	琵琶洞契
9					鞋廛契 (1698)	履廛契 (禁前, 城內)	鞋廛一契	鞋壓一契
10							鞋廛二契	鞋壓二契
11					廣州京主人契 (1698)	廣州主人契 (禁前, 城內)	廣州主人契	廣州主人契
12						曹世弘契 (禁前, 城內)	曹世弘契	曹世弘契
13						朴戒孫契 (禁前, 城內)	朴繼孫契	朴戒孫契

34 이 표는 『육전조례』의 수록 순서를 따랐다. 17세기의 경우 기록이 부족하므로 현전하는 한성부 준호구를 참조하여 '17세기 승정원일기 및 고문서' 항에 반영하였다. 해당 표에서 고문서로 확인되는 계명은 (*)로 표기하였다. 아무개방에서 소속이 변경되었을 경우, 기존에 있던 소속은 '出某某坊', 옮겨진 소속은 '來某某坊'으로 표기하였다. '성저십리'는 각 자료에서 城外라는 표현이 있을 경우 반영하고, 군영 소속이나 방이 없는 경우도 기록에 따라 ( ) 안에 표기하였다. 옮겨진 경우 ( ) 끝에 표의 순번에 해당되는 숫자를 기입하여 색인이 편리하도록 조처하였다. 필자가 한성부 계의 명칭 확인을 위해 확인한 고문서는 〈한국고문서자료관〉, 〈서울대학교 규장각한국학연구원〉 사이트에서 확인 가능한 문서군임을 밝혀둔다.

순번	부	방명	1611년 박명부 호구자료 (호패청 관련)	북부장 호적 (1663)	17세기 승정원일기 및 고문서 (출현 시기)	어제수성윤음 (1751)	호구총수 (1789)	육전조례 (1866)
14					水標東邊契 (1698)	水標東邊契 (禁前, 城內)	水標東邊契	水標東邊契
15					方宗契 (1698)	方宗契 (禁前, 城內)	方宗契	方宗契
16						朴乃宗契 (禁前, 城內)	朴乃宗契	朴乃宗契
17						紙廛契 (禁左, 城內)	紙廛一契	紙㕓一契
18							紙廛二契	紙㕓二契
19						兪士益契 (禁左, 城內)	兪士益契	兪士益契
20					鹽前契 (1698)	鹽廛契 (禁左, 城內)	鹽廛契	鹽㕓契
21						丁萬石契 (禁左, 城內)	丁萬碩契	丁萬石契
22						辛亨孫契 (禁左, 城內)	辛亨孫契	辛亨孫契
23						朴己守契 (禁左, 城內)	朴已守契	朴己守契
24						張萬戶契 (禁左, 城內)	張萬戶契	張萬戶契
25					原州京主人契 (1698)	原州主人契 (禁左, 城內)	原州主人契	原州主人契
26					淸州京主人契 (1698)	淸州主人契 (禁左, 城內)	淸州主人契	淸州主人契
27						貫子洞契 (禁左, 城內)	貫子洞契	貫子洞契
28						張仇淡契 (禁左, 城內)	張仇談契	張仇談契
29						徐千守契 (禁左, 城內)	徐千守契	徐千壽契
30						昌廛中路契 (禁前, 城內)	昌廛中路契	昌㕓中路契
31						白笠廛契 (禁左, 城內)		
32					黑笠前契 (1698)	黑笠廛契 (禁左, 城內)		

순번	부	방명	1611년 박명부 호구자료 (호패청 관련)	북부장 호적 (1663)	17세기 승정원일기 및 고문서 (출현 시기)	어제수성윤음 (1751)	호구총수 (1789)	육전조례 (1866)
33		貞善坊				大廟洞契 (營右, 城內)	大廟洞契	大廟洞契
34						衣廛一契 (營右, 城內)	衣廛一契	衣㕓一契
35						衣廛二契 (營右, 城內)	衣廛二契	衣㕓二契
36						下米廛契 (營中, 城外)	下米廛契	下米㕓契
37								布㕓契 (來慶幸坊, 61)
38						水門洞契 (營中, 城外)	水門洞契	水門洞契
39						金萬年契 (營中, 城外)	金萬年契	金萬年契
40						林己孫契 (營中, 城外)	林已孫契	林己孫契
41						非老廛契 (營中, 城外)	非老廛契	非老㕓契
42					官兵曹契(1670)/ 古兵曹契(1698)	古兵曹契 (營中, 城外)	古兵曹契	古兵曹契
43					敦寧上契 (1698)	敦寧府上契 (營中, 城外)	敦寧上契	敦寧上契
44					(*)敦寧府下契 (1666)	敦寧府下契 (營中, 城外)	敦寧下契	敦寧下契
45						把子廛契 (營中, 城外)	把子廛契	把子㕓契
46		瑞麟坊			鍾樓西邊契/ 鍾路西邊契 (1698)	鍾樓西邊契 (禁後, 城內)	鍾樓西邊契	鍾樓西邊契
47						典獄內契 (禁後, 城內)	典獄內契	典獄內契
48						典獄後洞契 (禁後, 城內)	典獄後洞契	典獄後洞契
49					沙器廛契 (1698)	沙器廛契 (禁後, 城內)	沙器廛契	沙器㕓契
50					朴井契 (1660)	朴井契 (禁後, 城內)	朴井契	朴井契

순번	부	방명	1611년 박명부 호구자료 (호패청 관련)	북부장 호적 (1663)	17세기 승정원일기 및 고문서 (출현 시기)	어제수성윤음 (1751)	호구총수 (1789)	육전조례 (1866)
51					古索本契 (1698)	古索井契 (禁後, 城內)	告索井契	古索井契
52					鷄兒塵契 (1698)	雞兒塵契 (禁後, 城內)	鷄兒塵契	鷄兒壓契
53						日影臺契 (禁後, 城內)	日影臺契	日影臺契
54						捕盜廳契 (禁後, 城內)	捕盜廳契	捕廳契
55		慶幸坊			(*)四巨里契 (1669)	四巨里契 (營中, 城外)	四巨里契	四巨里契
56					吳順德契 (1698)	吳順德契 (營中, 城外)	吳順德契	吳順德契
57					漢原東邊契 (1698)	漢源東邊契 (營中, 城外)	漢原東邊契	漢原東邊契
58					漢原西邊契 (1698)	漢源西邊契 (營中, 城外)	漢原西邊契	漢原西邊契
59								大嬪宮內契 (신설?)
60						漢源宮內契 (營中, 城外)	漢原宮內契	漢原宮內契
61						布塵契 (營中, 城外)	布塵契 (出貞善坊, 37)	
62		寬仁坊			大寺洞契 (1625)	大寺洞一牌契 (營中, 城外)	大寺洞一牌契	大寺洞一牌契
63						大寺洞二牌契 (營中, 城外)	大寺洞二牌契	大寺洞二牌契
64					大寺洞三牌契 (1698)	大寺洞三牌契 (營中, 城外)	大寺洞三牌契	大寺洞三牌契
65						大寺洞四牌契 (營中, 城外)	大寺洞四牌契	大寺洞四牌契
66						忠勳府內契 (營中, 城外)	忠勳府內契	忠勳府內契
67		堅平坊				典醫監洞契 (訓後, 城內)	典醫監洞契	典醫監契
68						禁府內契 (訓後, 城內)	禁府內契	禁府內契
69						禁府後洞契 (訓後, 城內)	禁府後洞契	禁府後洞契

순번	부	방명	1611년 박명부 호구자료 (호패청 관련)	북부장 호적 (1663)	17세기 승정원일기 및 고문서 (출현 시기)	어제수성윤음 (1751)	호구총수 (1789)	육전조례 (1866)
70								上米廛契 (來壽進坊, 85)
71					中魚物廛一牌契 (1698)	中魚物廛一牌契 (營中, 城外)	中魚物廛一牌契	中魚物廛一牌契
72					中魚物廛二牌契 (1698)	中魚物廛二牌契 (營中, 城外)	中魚物廛二牌契	中魚物廛二牌契
73		壽進坊				磵洞契 (訓右, 城內)	磵洞契	磚石洞契
74						松峴契 (訓右, 城內)	松峴契	松峴契
75					濟用監下契 (1635)	濟用下契 (訓右, 城內)	濟用下契	濟用下契
76						壽進宮內契 (訓右, 城內)	壽進宮內契	壽進宮內契
77						壽進宮行廊契 (訓右, 城內)	壽進宮內行廊契	壽進宮內行廊契
78						相思洞契 (訓右, 城內)	相思洞契	相思洞契
79					上魚物契(1682) *上魚物舊基, 在於鍾樓上	上魚物廛契 (訓右, 城內)	上魚物廛契 (出澄淸坊, 93)	
80						淸城君契 (訓右, 城內)	靑城君契 (出澄淸坊, 95)	
81						司僕前契 (訓右, 城內)	司僕前契 (出澄淸坊, 97)	
82						司僕川邊契 (訓右, 城內)	司僕川邊契(出澄淸坊, 98)	
83					鍾懸屛門契 (1698)	鍾懸屛門契 (訓右, 城內)	鍾懸屛門契 (出澄淸坊, 94)	
84						蓋井洞契 (訓右, 城內)	盖井契 (出澄淸坊, 96)	
85						上米廛契 (訓後, 城內)	上米廛契 (出堅平坊, 70)	
86		澄淸坊			備邊司契 (1698)	備邊司契 (訓右, 城內)	備邊司契	備邊司契
87						豆錫洞契 (訓右, 城內)	豆錫洞契	豆錫洞契

순번	부	방명	1611년 박명부 호구자료 (호패청 관련)	북부장 호적 (1663)	17세기 승정원일기 및 고문서 (출현 시기)	어제수성윤음 (1751)	호구총수 (1789)	육전조례 (1866)
88						卞宗堅契 (訓右, 城內)	卞宗堅契	卞宗堅契
89						典艦司契 (訓右, 城內)	典艦司契	典艦司契
90						板井洞契 (訓右, 城內)	板井契	板井洞契
91						戶曹內契 (訓右, 城內)	戶曹內契	戶曹內契
92						古禮曹契 (訓右, 城內)	古禮曹契	古禮曹契
93								上魚物廛契 (來壽進坊, 79)
94								鍾懸屛門契 (來壽進坊, 83)
95								青城君契 (來壽進坊, 80)
96								蓋井洞契 (來壽進坊, 84)
97								司僕前契 (來壽進坊, 81)
98								司僕川邊契 (來壽進坊, 82)
99						漢城府內契 (訓右, 城內)	漢城府內契	漢城府內契
100						漢城府後洞契 (訓右, 城內)	漢城府後洞契	漢城府後洞契
101						吏曹內契 (訓右, 城內)	吏曹內契	吏曹內契
102						戶曹後門契 (訓右, 城內)	戶曹後洞契 (폐지?)	
103	東部	蓮花坊	宗廟洞契			宗廟洞契 (營左, 城內)	宗廟洞契	宗廟洞契
104			一契			連一契 (營左, 城內)	連一契	蓮一契
105			二契		連二契 (1698)	連二契 (營中, 城內)	連二契	蓮二契
106					連三契 (1698)	連三契 (營左, 城內)	連三契	蓮三契

순번	부	방명	1611년 박명부 호구자료 (호패청 관련)	북부장 호적 (1663)	17세기 승정원일기 및 고문서 (출현 시기)	어제수성윤음 (1751)	호구총수 (1789)	육전조례 (1866)
107					北二契 (1698)	北二契 (營前, 城內)	北二契	北二契
108			金衆契		金衆契 (1698)	金衆契 (營左, 城內)	金衆契	金衆契
109			中路契		中路契 (1698)	中路契 (營左, 城內)	中路契	中路契
110			川邊契		川邊契 (1698)	川邊契 (營中, 城內)	川邊契	川邊契
111			分六契			分六契 (營中, 城內)	分六契	分六契
112			二三合契 (소속 미상)					
113			蓮池契		蓮池洞契 (1698)	蓮池洞契 (營前, 城內)	蓮池洞契	蓮池洞契
114		昌善坊			昌善坊契/ 彰善坊契(1698)	彰善坊契 (營左, 城內)	昌善洞一契	昌善洞一契
115						彰善二里契 (營中, 城內)	昌善洞二契	昌善洞二契
116					東學洞契 (1698)	東學洞契 (營左, 城內)	東學洞契	東學洞契
117						東學內契 (營中, 城內)	東學內契	東學內契
118						小川邊契 (營中, 城內)	小川邊契	小川邊契
119		建德坊	於義洞契(소속 미상)		於義洞契 (1698)	於義洞契 (營左, 城內)	於義洞契	於義洞契
120			建德坊契		建德坊契 (1698)	建德坊契 (營左, 城內)		
121		景慕宮坊					一契	一契
122							二契	二契
123		崇敎坊	館奴契 (추정)		成均館契 (1665)	成均館契 (營前, 城內)	成均館契	成均館契
124			一契			崇敎一契 (營前, 城內)		
125			二契					
126		仁昌坊	仁昌坊契 (城底十里)			仁昌坊契 (營中, 城外)	仁昌洞契	仁昌洞契

순번	부	방명	1611년 박명부 호구자료 (호패청 관련)	북부장 호적 (1663)	17세기 승정원일기 및 고문서 (출현 시기)	어제수성윤음 (1751)	호구총수 (1789)	육전조례 (1866)
127			往十里契 (城底十里)			往十里驛契 (營左, 城外, 所屬坊無)	往十里一契	往十里一契
128							往十里二契	往十里二契
129						往十里私契 (營右, 城外, 無屬坊無)	私契	私契
130			馬場里 (城底十里)			馬塲里契 (營中, 城外, 所屬坊無)	馬塲里契	馬場里契
131			踏心里 (城底十里)			踏十里契 (營中, 城外, 所屬坊無)	踏十里契	踏十里契
132			靑寧里 (城底十里)			淸凉里契 (營前, 城外, 所屬坊無)	淸凉里契	淸凉里契
133						典農里契 (營前, 城外, 所屬坊無)	典農里契	典農里契
134						祭基里契 (營前, 城外, 所屬坊無)	祭基里契	祭基里契
135			中浪浦里 (城底十里)			中梁浦契 (營前, 城外, 所屬坊無)	中浪浦契(세분화?)	中浪上里契
136								中浪下里契
137			長位里 (城底十里)			長位里契 (營前, 城外, 所屬坊無)	長位里契(出崇信坊, 144)	
138			東薪田 (소속 미상)					
139		崇信坊	崇信坊契 (城底十里)			崇信坊契 (營中, 城外)	崇信洞契	崇信洞契
140								月谷里契(신설?)
141						安巖契 (營前, 城外, 所屬坊無)	安巖洞契	安巖洞契

순번	부	방명	1611년 박명부 호구자료 (호패청 관련)	북부장 호적 (1663)	17세기 승정원일기 및 고문서 (출현 시기)	어제수성윤음 (1751)	호구총수 (1789)	육전조례 (1866)
142			沙乙下里(城底十里)			沙阿里契 (營前, 城外, 所屬坊無)	沙阿里契	沙阿里契
143							鍾巖里契	鍾巖里契
144								長位里契 (來仁昌坊, 137)
145			伐里 (城底十里)			伐里契 (營前, 城外, 所屬坊無)	伐里契	伐里契
146			陵洞里 (城底十里)			陵洞契 (營前, 城外, 所屬坊無)	陵洞契	陵洞契
147						水逾村契 (營前, 城外, 所屬坊無)	水逾村契	水逾村契
148			加士里 (城底十里)			加五里契 (營前, 城外, 所屬坊無)	加五里契	加五里契
149			牛耳里 (城底十里)			牛耳契 (營前, 城外, 所屬坊無)	牛耳契	牛耳里契
150							御倉契(來西部龍山坊, 308)	御倉契
151						新設契 (營中, 城外, 所屬坊無)	新設契	新設契
152	南部	會賢坊			會賢洞契(1698)	好賢洞契 (禁中, 城內)	會賢洞契	會賢洞契
153					(*)長興庫契 (1696)	長興洞契 (禁中, 城內)	長興洞契	長興洞契
154						松峴契 (禁中, 城內)	松峴契	松峴契
155						宜山尉契 (禁中, 城內)	宜山尉契	宜山尉契
156						本宮內契 (禁中, 城內)	儲慶宮內契	儲慶宮內契
157						小公洞契 (禁中, 城內)	小公洞契	小公洞契
158						部越邊契 (禁中, 城內)	部越邊契	部越邊契

순번	부	방명	1611년 박명부 호구자료 (호패청 관련)	북부장 호적 (1663)	17세기 승정원일기 및 고문서 (출현 시기)	어제수성윤음 (1751)	호구총수 (1789)	육전조례 (1866)
159						西小門越邊契 (禁右, 城內)	西小門越邊契	西小門越邊契
160						二間屛門契 (禁後, 城內)	二間屛門契	二間屛門契
161		廣通坊				大多坊北邊契 (禁後, 城內)	大多坊北邊契	大多坊北邊契
162						小多坊北邊契 (禁後, 城內)	小多坊北邊契	小多坊北邊契
163						小多坊南邊契 (禁後, 城內)	小多坊南邊契	小多坊南邊契
164						小川邊契 (禁後, 城內)	小川邊契	小川邊契
165						西行廊上契 (禁後, 城內)	西行廊上契	西行廊上契
166						西行廊下契 (禁後, 城內)	西行廊下契	西行廊下契
167					毛廛契 (1655)	毛廛契 (禁後, 城內)	毛廛契	毛廛契
168						孫福同契 (禁後, 城內)	孫福同契	孫福洞契
169						瓮垡里門契 (禁後, 城內)	瓮垡里門契	甕垡里契
170						成川契 (禁後, 城內)	成川契	成川契
171						軍器寺越邊契 (禁右, 城內)	軍器寺越邊契	軍器越邊契
172						東行廊契 (禁左, 城內)	東行廊契 (出明禮坊, 179)	
173		明禮坊			明禮洞契 (1698)	明禮洞契 (禁中, 城內)	明禮洞契	明禮洞契
174					部契 (1698)	部契 (禁中, 城內)	部契	部契
175								虛屛門契 (來大平坊, 185)
176						掌樂內契 (禁左, 城內)	掌樂內契	掌樂院內契
177		大平坊			善山契 (1698)	善山契 (禁左, 城內)	善山契	善山契

순번	부	방명	1611년 박명부 호구자료 (호패청 관련)	북부장 호적 (1663)	17세기 승정원일기 및 고문서 (출현 시기)	어제수성윤음 (1751)	호구총수 (1789)	육전조례 (1866)
178						下紅門契 (禁左, 城內)	下弘門契	下紅門契
179								東行廊契 (來廣通坊, 172)
180					甫十外契(1698)	甫十外契 (禁左, 城內)	甫十外契	甫十外契
181						水下洞契 (禁左, 城內)	水下洞契	水下洞契
182						甫十內契 (禁左, 城內)	甫十內契	甫十內契
183					仇里介契(1698)	仇里峴契 (禁左, 城內)	仇里介契	九里介契
184					韓守堅契(1698)	韓守堅契 (禁左, 城內)	韓守堅契	韓守堅契
185					虛屛門契(1698)	虛屛門契 (禁左, 城內)	虛屛門契 (出明禮坊, 175)	
186					(*)惠民署契 (1678, 出薰陶坊 187)			
187		薰陶坊				惠民署契 (禁左, 城內, 來大平坊186)	惠民署契	惠民署契
188					朴井契 (1698)	朴井契 (禁前, 城內)	朴井契	朴井契
189					墨井洞契 (1698)	墨井洞契 (禁左, 城內)	墨井洞契	墨井洞契
190						政丞契 (禁前, 城內)	政承契	政丞契
191						下乭之坊契 (禁左, 城內)	下乭地坊契	下乭之契
192					竹前洞契 (1698)	竹廛洞契 (禁左, 城內)	竹廛洞契	竹廛洞契
193					(*)泥峴契 1699)	泥峴契 (禁左, 城內)	泥峴契	泥峴契
194					鑄字洞契(1698) (*)鑄字洞契 (1666)	鑄字洞契 (禁前, 城內)	鑄字洞契	鑄字洞契

순번	부	방명	1611년 박명부 호구자료 (호패청 관련)	북부장 호적 (1663)	17세기 승정원일기 및 고문서 (출현 시기)	어제수성윤음 (1751)	호구총수 (1789)	육전조례 (1866)
195						苧廛洞契 (禁左, 城內)	苧廛洞契	苧壓洞契
196		誠明坊				石橋上契 (禁前, 城內)	石橋上契	石橋上契
197					石橋下契 (1656)	石橋下契 (禁前, 城內)	石橋下契	石橋下契
198					連城尉契 (1698)	蓮城尉契 (營右, 城內)	蓮城尉契	蓮城尉契
199		樂善坊				禁衛營倉契 (禁前, 城內)	禁倉契	禁倉契
200					眞梳里契 (1698)	眞梳里契 (營後, 城內)	眞梳里契	眞梳里契
201					倭館洞契(1698) (*)倭館洞契 (1666)	倭館洞契 (營後, 城內)	倭館洞契	倭館洞契
202					瓦有頭里契/ 瓦有豆里契 (1698)	瓦有豆里契 (營右, 城內)	瓦有豆里契	瓦有豆里契
203		明哲坊			雙里門洞契 (1698)	雙里門洞契 (營後, 城內)	雙里門洞契	雙里洞契
204						御營廳倉契 (營右, 城內)	御倉契	御倉契
205					淸寧尉契 (1698)	靑寧尉契 (營後, 城內)	靑寧尉契	靑寧尉契
206					南小門內契 (1698)	南小洞契 (營後, 城內)	南小洞契	南小洞契
207					水口門內契 (1698)	水口門內契 (營右, 城內)	水口門內契	水口門內契
208		豆毛坊				神堂里契 (營中, 城外)	神堂里契	神堂里契
209						新村里契 (營後, 城外)	新村里契	新村契
210						箭串一契 (營右, 城外)	箭串一契	箭串一契
211						箭串二契 (營右, 城外)	箭串二契	箭串二契
212						中村里契 (營中, 城外)	箭串中村契	中契

순번	부	방명	1611년 박명부 호구자료 (호패청 관련)	북부장 호적 (1663)	17세기 승정원일기 및 고문서 (출현 시기)	어제수성윤음 (1751)	호구총수 (1789)	육전조례 (1866)
213						水鐵里契 (營後, 城外)	水鐵里契	水鐵里契
214						豆毛浦契 (營後, 城外)	豆毛浦契	豆毛浦契
215		漢江坊				漢江契 (營後, 城外)	漢江契	漢江契
216						夢賚亭契 (營後, 城外)	夢賚亭契	夢齎亭契
217						鑄城里契 (營後, 城外)	鑄城里契	鑄城里契
218		屯之坊				西氷庫一契 (禁前, 城外)	西氷一契	西冰一契
219						西氷庫二契 (禁前, 城外)	西氷二契	西冰二契
220						之於屯契 (禁前, 城外)	之於屯契	之於屯契
221					瓦署契 (1664)	瓦署契 (禁前, 城外)	瓦署契	瓦署契
222						利泰院契 (禁前, 城外)	梨太院契	梨太院契
223						青坡契 (禁前, 城外)	青坡契	青坡契
224						典牲內契 (禁左, 城外)	典牲內契	典牲內契
225						典牲外契 (禁左, 城外)	典牲外契	典牲外契
226	西部	仁達坊				分繕工內契 (訓前, 城內)	分繕工內契	分繕工內契
227						社稷洞契 (訓前, 城內)	社稷洞契	社稷洞契
228						內需司契 (訓前, 城內)	內需司內契	內需司內契
229						內行廊契 (訓前, 城內)	內需司內行廊契	內需司內行廊契
230					內贍內契 (1687)	內贍內契 (訓前, 城內)	內贍內契	內贍寺內契
231						奉常寺契 (訓前, 城內)	奉常寺內契	奉常寺內契

순번	부	방명	1611년 박명부 호구자료 (호패청 관련)	북부장 호적 (1663)	17세기 승정원일기 및 고문서 (출현 시기)	어제수성윤음 (1751)	호구총수 (1789)	육전조례 (1866)
232						壽城宮內契 (訓中, 城內)	壽城宮內契	壽城宮內契
233								壽城宮越邊契 (來積善坊, 248)
234		積善坊				司醞洞契 (訓中, 城內)	司醞洞契	司醞洞契
235						中樞府內契 (訓中, 城內)	中樞府內契	中樞府內契
236						禮曹內契 (訓中, 城內)	禮曹內契	禮曹內契
237						鍾閣契 (訓中, 城內)	鐘閣契	鍾閣契
238					(*)十字閣契 (1675)	十字閣契 (訓中, 城內)	十字閣契	十字閣契
239					夜晝介契 (1698)	夜晝峴契 (訓前, 城內)	夜晝介契	夜晝峴契
240						唐皮洞契 (訓前, 城內)	唐皮洞契	唐皮洞契
241						都染洞契 (訓前, 城內)	都染洞契	都染洞契
242						筆廛契 (訓前, 城內)	筆廛契	筆廛契
243						司憲府內契 (訓前, 城內)	司憲府內契	司憲府內契
244						工曹後洞契 (訓前, 城內)	工曹後洞契	工曹後洞契
245						司譯院契 (訓前, 城內)	司譯院內契	司譯院內契
246						律學廳契 (訓前, 城內)	律學廳契	律學廳契
247						兵曹內契 (訓前, 城內)	兵曹內契	兵曹內契
248						刑曹內契 (訓前, 城內)	刑曹內契	刑曹內契
249						越邊契 (訓中, 城內)	壽城宮越邊契 (出仁達坊, 232)	
250		餘慶坊				新門內契 (訓前, 城內)	新門內契	新門內契

순번	부	방명	1611년 박명부 호구자료 (호패청 관련)	북부장 호적 (1663)	17세기 승정원일기 및 고문서 (출현 시기)	어제수성윤음 (1751)	호구총수 (1789)	육전조례 (1866)
251						長生洞契 (禁後, 城內)	長生洞契	長生洞契
252						海豊君契 (禁後, 城內)	海豊君契	海豐君契
253						豆錫契 (禁後, 城內)	豆錫洞契	豆錫洞契
254						西學內契 (禁後, 城內)	西學內契	西學內契
255						西學洞契 (禁後, 城內)	西學洞契	西學洞契
256						東嶺洞契 (禁後, 城內)	東嶺洞契	東嶺洞契
257						毛廛契 (禁後, 城內)	毛廛契	毛廛契
258						刀子洞契 (禁後, 城內)	刀子洞契	刀子洞契
259						繕工內契 (禁後, 城內)	繕工內契	繕工內契
260		皇華坊				西小門內契 (禁右, 城內)	西小門內契	西小門內契
261					(*)一里小貞陵洞契(1678)/(*)小貞陵洞契(1699)	小貞洞契 (禁右, 城內)	小貞洞契	小貞洞契
262						聚賢洞契 (禁右, 城內)	聚賢洞契	聚賢洞契
263		養生坊				大平館契 (禁右, 城內)	大平館契	太平館契
264					(*)三里倉洞契 (1693)	倉洞契 (禁中, 城內)	倉洞契	倉洞契
265						松峴契 (禁中, 城內)	松峴契	松峴契
266		盤松坊			(*)一里池下契 (1678)	池下契 (訓前, 城外)	池下契	池下契
267					京營庫契 (1698)	京營庫契 (訓前, 城外)	京營庫契	京營口契
268						茵匠里契 (禁右, 城外)	茵匠里契	茵匠里契

순번	부	방명	1611년 박명부 호구자료 (호패청 관련)	북부장 호적 (1663)	17세기 승정원일기 및 고문서 (출현 시기)	어제수성윤음 (1751)	호구총수 (1789)	육전조례 (1866)
269						曹判府事契 (訓左, 城外)	曺判府事契	曹判府事契
270						青城君契 (訓左, 城外)	青城君契	青城君契
271						盧僉正契 (訓左, 城外)	盧僉正契	盧僉正契
272						水芹田契 (訓左, 城外)	水芹畓契	水芹畓契
273					(*)三里權政丞契 (1681)/權政丞契 (1698)	權政丞契 (訓左, 城外)	權政丞契	權政丞契
274					阿峴契 (1698)	阿峴契 (禁中, 城外)	阿峴契	阿峴契
275						車子里契 (禁後, 城外)	車子里契	車子里契
276		盤石坊			石橋契 (1693)	石橋契 (禁左, 城外)	石橋契	石橋契
277						四巨里契 (禁左, 城外)	四巨里契	四巨里契
278						桃楮洞契 (禁左, 城外)	桃楮洞契	桃楮洞契
279					蓮池契 (1698)	蓮池契 (禁中, 城外)	蓮池契	蓮池契
280						古巡廳契 (禁右, 城外)	古巡廳契	古廵廳契
281					西小門外契 (1668)	西小門外契 (禁右, 城外)	西小門外契	西小門外契
282					米前上契 (1694)	米廛上契 (禁後, 城外)	米廛上契	米壓上契
283					米廛下契 (1631)	米廛下契 (禁後, 城外)	米廛下契	米壓下契
284						藥田契 (禁中, 城外)	藥田契	藥田契
285					租前契(1657) *在青坡舟橋上邊	租廛契 (禁左, 城外)	租田契	租田契
286						成朔州契 (禁後, 城外)	成朔州契	成朔州契

순번	부	방명	1611년 박명부 호구자료 (호패청 관련)	북부장 호적 (1663)	17세기 승정원일기 및 고문서 (출현 시기)	어제수성윤음 (1751)	호구총수 (1789)	육전조례 (1866)
287						僉判府事契 (禁後, 城外)	僉判府事契	僉判府事契
288		龍山坊				靑坡一契 (禁左, 城外)	靑坡一契	靑坡一契
289						靑坡二契 (禁左, 城外)	靑坡二契	靑坡二契
290						靑坡三契 (禁左, 城外)	靑坡三契	靑坡三契
291						靑坡四契 (禁左, 城外)	靑坡四契	靑坡四契
292						靑坡五契 (禁左, 城外)	폐지?	
293						萬里倉契 (禁右, 城外)	萬里倉契	萬里倉契
294						東門外契 (禁右, 城外)	東門外契	東門外契
295						新村里契 (禁前, 城外)	新村里契	新村里契
296						沙村里契 (禁前, 城外)	沙村里契	沙村里契
297						賑恤廳契 (禁右, 城外)	賑恤廳契	賑恤廳契
298						新倉契 (禁右, 城外)	新倉內契	新倉契
299						兄弟井契 (禁右, 城外)	兄弟井契	兄弟井契
300					灘項契 (1698)	灘項契 (禁右, 城外)	灘項契	灘項契
301					桃花洞契 (1698)	桃花洞契 (禁右, 城外)	桃花洞內契	桃花洞內契
302						栁契 (禁右, 城外)	桃花洞外契	桃花洞外契
303					麻浦契 (1649)	麻浦契 (訓前, 城外)	麻浦契	麻浦契
304					孔德里契 (1698)	孔德里契 (訓左, 城外)	孔德里契	孔德里契
305						瓮里上契 (訓中, 城外)	瓮里上契	甕里上契

순번	부	방명	1611년 박명부 호구자료 (호패청 관련)	북부장 호적 (1663)	17세기 승정원일기 및 고문서 (출현 시기)	어제수성윤음 (1751)	호구총수 (1789)	육전조례 (1866)
306							瓮里中契	甕里中契
307						瓮里下契 (訓中, 城外)	瓮里下契	甕里下契
308					土亭契(1680)	土亭里契 (訓左, 城外)	土亭里契	土亭里契
309						御營廳倉契 (禁右, 城外, 出東部崇信坊 150)		
310		西江坊				黑石里契 (訓中, 城外)	黑石里契	黑石里契
311						新水鐵里契 (訓右, 城外)	新水鐵里契	新水鐵里契
312						舊水鐵里契 (訓右, 城外)	舊水鐵里契	舊水鐵里契
313						新井里契 (訓中, 城外)	新井里契	新井里契
314						倉前里契 (訓右, 城外)	倉前里契	倉前里契
315						水溢里契 (訓右, 城外)	上水溢里契	上水溢里契
316							下水溢里契	下水溢里契
317						唐人里契 (訓右, 城外)	唐人里契	唐人里契
318						栗島契 (訓中, 城外)	栗島契	栗島契
319						下中里契 (訓右, 城外)	下中里契	下中里契
320	北部	順化坊	司宰監契		司宰監契 (1654)	司宰監契 (訓左, 城內)	司宰監上牌契	司宰監上牌契
321							司宰監下牌契	司宰監下牌契
322					(*)順化坊契 (1693)			
323								玉井洞契 (來義通坊, 325)
324								玉井後洞契(來義通坊, 326)

순번	부	방명	1611년 박명부 호구자료 (호패청 관련)	북부장 호적 (1663)	17세기 승정원일기 및 고문서 (출현 시기)	어제수성윤음 (1751)	호구총수 (1789)	육전조례 (1866)
325		俊秀坊	俊秀坊		俊秀坊 (1698)	俊秀坊契 (訓中, 城內)	舊司圃署契	舊司圃署契
326		義通坊	延秋門契			延秋門契 (訓中, 城內)	延秋門契	延秋門契
327			王井里契			王井里契 (訓左, 城內)	王井里契 (出順化坊, 321)	
328			義通坊 (추정)			王井里後洞契 (訓左, 城內)	王井後洞契 (出順化坊, 322)	
329		鎭長坊	鎭長坊			鎭長坊契 (訓右, 城內)	三清洞契	三清洞契
330		觀光坊	觀光坊		觀光坊契 (1698)	觀光坊契 (訓中, 城內)	部契	部契
331						議政府內契 (訓右, 城內)	議政府內契	議政府內契
332			觀光坊 中學契		中學契 (1698)	中學內契 (訓右, 城內)	中學內契	中學內契
333		安國坊	安國坊		安國坊契 (1698)	安國洞契 (訓後, 城內)	安國洞契	安國洞契
334							齋洞契 (出嘉會坊, 335)	
335			繕工牌契 (소속 미상)					
336			織造洞契 (소속 미상)					
337		嘉會坊	嘉會坊		嘉會坊契 (1698)	嘉會坊契 (訓後, 城內)		齋洞契 (来安國坊, 331)
338		陽德坊	陽德坊		陽德防契 (1698)	陽德坊契 (訓後, 城內)	桂生洞契	桂生洞契
339		廣化坊	廣化坊			廣化坊契 (訓後, 城內)	苑洞契	苑洞契
340		常平坊				宣惠廳契 (訓後, 城外, 所屬坊無)	宣惠廳契	宣惠廳契
341				造紙署契		造紙署契 (訓後, 城外, 所屬坊無)	造紙署契	造紙署契

순번	부	방명	1611년 박명부 호구자료 (호패청 관련)	북부장 호적 (1663)	17세기 승정원일기 및 고문서 (출현 시기)	어제수성윤음 (1751)	호구총수 (1789)	육전조례 (1866)
342						經理廳契 (訓後, 城外, 所屬坊無)	經理廳契	經理廳契
343							訓倉契	訓倉契
344							禁倉契	禁倉契
345							御倉契	御倉契
346		延恩坊		弘濟院契		洪濟院契 (訓後, 城外, 所屬坊無)	弘濟院契	弘濟院契
347				梁哲里契/梁鐵里契		梁哲里契 (訓後, 城外, 所屬坊無)	梁哲里契	梁鐵里契
348				末屹山契		末屹山契 (訓後, 城外, 所屬坊無)	末屹山契	末屹山契
349						佛光里契 (訓後, 城外, 所屬坊無)	佛光里契	佛光山契
350						葛古介契 (訓後, 城外, 所屬坊無)	葛古介契	葛古介契
351				新寺洞契		新寺洞契 (訓後, 城外, 所屬坊無)	新寺洞契	新寺洞契
352						私契 (訓後, 城外, 所屬坊無)	私契	私契
353						驛契 (訓後, 城外, 所屬坊無)	驛契	驛契
354		延禧坊	阿伊古介	阿耳古介契 (소속 미상)	阿峴契 (訓後, 城外, 所屬坊無)	阿峴契	阿峴契	
355				衍禧宮契		延禧宮契 (訓後, 城外, 所屬坊無)	延禧宮契	延禧宮契
356			細橋里	細橋里契		細橋里契 (訓右, 城外, 所屬坊無)	細橋里一契	細橋里一契

순번	부	방명	1611년 박명부 호구자료 (호패청 관련)	북부장 호적 (1663)	17세기 승정원일기 및 고문서 (출현 시기)	어제수성윤음 (1751)	호구총수 (1789)	육전조례 (1866)
357							細橋里二契	細橋里二契
358				加佐洞		加佐洞契 (訓後, 城外, 所屬坊無)	加佐洞一契	加佐洞一契
359							加佐洞二契	加佐洞二契
360			甑山里	甑山里契/ 甑山契		甑山里契 (訓後, 城外, 所屬坊無)	甑山里契	甑山里契
361			城山里	城山里契		城山里契 (訓後, 城外, 所屬坊無)	城山里契	城山里契
362						舊里契 (訓後, 城外, 所屬坊無)	舊里契	舊里契
363			水色赤	水色里契		水生里契 (訓後, 城外, 所屬坊無)	水色里契	水色里契
364						水巖里契 (訓後, 城外, 所屬坊無)	鵂巖里契	鵂巖里契
365			望遠亭	望遠亭契	望遠亭契 (1672)	望遠亭一契 (訓右, 城外, 所屬坊無)	望遠亭一契	望遠亭一契
366						望遠亭二契 (訓右, 城外, 所屬坊無)	望遠亭二契	望遠亭二契
367							望遠亭三契	望遠亭三契
368			合掌里	合掌里契		合正里契 (訓右, 城外, 所屬坊無)	合井里契	合井里契
369				汝義島新契		汝矣島契 (訓右, 城外, 所屬坊無)	汝矣島契	汝矣島契
370			貴林寺 (소속 미상)					
371				延曙契				
총계			50	16	89	328	339	340

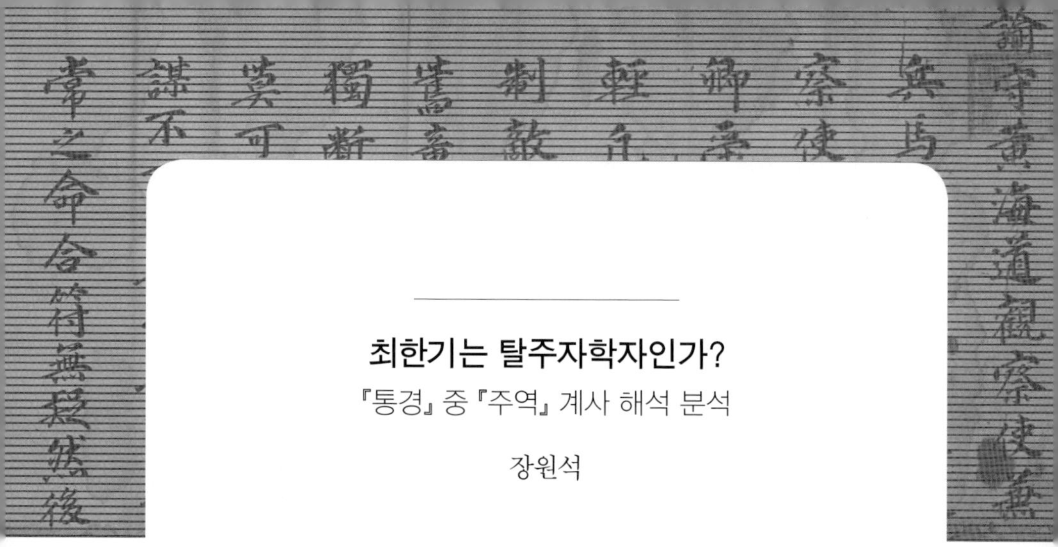

최한기는 탈주자학자인가?

『통경』 중 『주역』 계사 해석 분석

장원석

1. 머리말

한국학중앙연구원 장서각이 수집한 부여 함양박씨가의 문서 가운데서 2024년 새롭게 발굴된 최한기의 『통경(通經)』 텍스트는 중요한 의미를 지닌다. 이 발견을 보고하는 2024년 세미나에 참가한 철학자 한형조는 이 발견의 의의를 "기독교 신학사에서 사해문서의 발견과 비교할 만하다"고 언급하였다. 고대 지중해와 북아프리카 지역에 넓게 퍼진 다양한 기독교의 모습을 드러내면서 그때까지 서구 기독교 전통이 그려온 예수 메시지의 국소성을 이해하게 하고, 기독교 역사를 새롭게 쓰게 만든 학술 혁명을 이끈 사해문서 발견과 『통경』의 발견이 같다는 한형조의 평가는 얼마나 타당한 것일까? 이를 이해하고 평가하기 위해서 이 텍스트에 대해 엄밀하고 폭넓은 연구자들의 연구와 분석이 필요하다.

분명한 것은 최한기의 초기작으로 추측되는 『통경』의 발견은 이제까지 미지로 여겨지던 최한기 철학의 숨은 부분을 드러내 주는 동시에 그 부분의 이해 없이 구성되어 온 최한기 철학에 대한 기존의 학설들을 재검토할 수 있는 기회를 준다는 사실이다.

이 맥락에서 이 글은 그의 『통경』 가운데 『주역(周易)』 계사전 부분을 분석하고자 한다. 이 분석을 위해 최한기의 『통경』 서술 방식에 대해 논한다. '주석형 저술' 방식은 『통경』을 포함해 많은 저술의 논술 스타일에 적용할 수 있는 것임을 밝히고자 한다. 여기에서 대상 텍스트로 선정되었다는 것은 그 권위를 인정받는 것이며 그것에 대한 자신의 수정을 통해 온전한 논술을 완성시키고자 한다는 의미를 지닌다.

『주역』 계사전은 역(易), 태극(太極), 시(時), 음양(陰陽), 도(道), 선(善) 등 동양철학의 핵심 개념들이 등장하기 때문에 『주역』 전체에서도 가장 철학적으로 성숙한 부분으로 평가된다. 기원전 3~4세기 전국시대에 성립된 것이라고 여겨지는 계사전의 텍스트는 그 이후 동아시아 역사를 통해 유가의 우주론과 인간론의 핵심 텍스트로 사용되어 오면서 수많은 주석을 남겼다. 최한기는 수많은 『주역』 주소(註疏) 가운데 어느 것을 핵심적으로 사용했는가? 받아들인 부분, 비판한 부분은 무엇이며, 이를 통해 제시한 그의 『주역』 계사전에 대한 해석은 무엇인가? 이를 통해 최한기는 실학자이며 탈주자학자라는 학계의 오랜 의견을 포함하여 그의 학술에 대한 학설을 검토하여 보다 온전한 최한기 철학 해석을 제시하려는 데 이 글의 목적이 있다.

2. 최한기의 주석형 저술 방식: 저술과 주석 사이

최한기의 『통경』은 유학 13경, 즉 『주역(周易)』, 『서경(書經)』, 『시경(詩經)』, 『예기(禮記)』, 『의례(儀禮)』, 『주례(周禮)』, 『춘추(春秋)』, 『춘추좌씨전(春秋左氏傳)』, 『춘추공양전(春秋公羊傳)』, 『춘추곡량전(春秋穀梁傳)』, 『논어(論語)』, 『맹자(孟子)』, 『효경(孝經)』에서 선별한 경전 구절과 주석의 형식으로 구성되어 있다. 본문과 주석이라는 기존 유학자의 전통적 주소(註疏) 형식과 크게 다르지 않다. 그러나 『통경』에서는 경전의 문장들을 선별하여 최한기가 고른 주제별 구분 아래에 배속시키고 이에 대한 주석을 달고 있다. 대상 경전은 조선시대 유학자에게 드문 유교 경전의 13경을 받아들이고 있다는 것이 주목된다. 주석의 경우 최한기는 ① 다양한 주석서에서 문장을 끌어오기, ② 본인의 생각을 표현하기로 구성한다. ①과 ②가 독자적으로 쓰일 때도 있고 ①과 ②가 복합되어 있을 때도 있다. 다만 기존 주석서에서 그대로 차용하거나 재구성할 때도 출처 인용 표시가 없어서 주석 문장의 ② 부분을 확인하려면 방대한 주석서를 검토해야 한다.

예를 들어 『통경』 1권의 학부(學部) 첫 문장은 『논어』 학이(學而)편 5번째 문장으로 시작한다.

子曰: 弟子入則孝, 出則弟, 謹而信, 汎愛衆, 而親仁. 行有餘力, 則以學文.[1]

이 중 자(子)에 대한 주석으로 최한기는 하안(何晏, 193~249)의 『논어집해(論語集解)』에서 인용한 마융의 언급을 재인용하고 있다. 다만 마융의 인용

1 『논어』 學而 5.

(馬融曰)이라는 부분과 어조사 야(也)가 빠져 있다.

馬融曰: 子者男子之通稱謂孔子也.
마융: 자라는 것은 남자를 통칭하는 것으로 공자를 가리킨다.[2]

子者男子之通稱謂孔子.
자라는 것은 남자를 통칭하는 것으로 공자를 가리킨다.[3]

이어지는 제자(弟子)의 주석을 보면,

男子後生爲弟. 言爲人弟與子者.
남성 젊은이가 弟이다. 윗사람에게 아우 노릇을 하고 부모에게 자식 노릇하는 자를 말하는 것이다.[4]

爲人弟者, 爲人子者, 凡言弟子皆學孝弟者也.
윗사람에게 아우 노릇을 하는 것, 부모에게 자식 노릇을 하는 것. 제자는 효제를 배우는 사람을 모두 말하는 것이다.[5]

이 구절은 기본적으로 최한기의 독자적인 주석 작업으로 보이지만, 앞부분은 형병(邢昺, 932~1010)의 『논어주소(論語注疏)』를 참고하여 재구성한 것 같다. 형병의 『논어주소』를 재구성한 부분(爲人弟者, 爲人子者)과 자신의 주석 작업(凡言弟子皆學孝弟者也)이 연속적으로 서술되어 있다.

2 하안, 『논어집해』.
3 최한기, 『통경』.
4 형병, 『논어주소』.
5 최한기, 『통경』. '젊은이' 혹은 '제자, 학생'이라는 '제'의 두 의미를 통합하려는 주석으로 보인다.

표 1 최한기의 주요 저작, 연대, 대상 텍스트, 주제

서명	저술 시기	대상 텍스트	주제
통경(通經)	1820년대 후반~ 1830년대 초중반	유학 13경	유학 경전 일반의 해석
농정회요 (農政會要)	1830년	중국 고대 농서(『제민요술』, 『사시찬요』 등), 조선 농정 자료(『산림경제』)	작물 가축 등 일반 농업기술서
지구전요 (地球典要)	1857년	『해국도지』, 『영환지략』, 서양 선교사의 번역서(사주지 등) 등	세계 인문지리서
운화측험 (運化測驗)	1860년	알폰소 바뇨니 『공제격치』	토미즘을 수용해 수정한 기상학, 지구과학
신기천험 (身機踐驗)	1866년	홉슨의 의학서 『전체신론』, 『내과신설』, 『서의약론』, 『부영신설』	인간 신체의 이해와 의학서
성기운화 (星氣運化)	1867년	『담천』(존 허셜, Outlines of Astronomy 번역서)	뉴턴과 기륜설에 기반한 기학적 천문이론

즉 『통경』에서 주석은 ① 기존에 있는 주석을 그대로 옮겨 싣는 방식, ② 참고하여 재구성(paraphrase)하는 방식, ③ 최한기 스스로 주석하는 방식으로 구분할 수 있다. 이 세 가지 방법은 각각 독자적으로 쓰이기도 하고 혼용되기도 한다.

대상 텍스트에서 동의하는 상당 부분을 그대로 전재하거나 재구성하고 수정과 첨언을 통해 자신의 의견을 피력하는 방식을 '주석형 저술 방식'이라고 한다면, 최한기는 주석형 저술 방식으로 『통경』(1828?), 『농정회요』(1830), 『지구전요』(1857), 『신기천험』(1866) 등을 저술한 셈이 된다. 『통경』의 대상 텍스트가 유교 13경과 방대한 주석서라면, 『농정회요』에서는 홍주(弘晝), 아르태(鄂爾泰), 장정옥(張廷玉)이 편찬한 『수시통고』, 홍만선의 『산림경제(山林經濟)』를, 『지구전요』에서는 위원(魏源)의 『해국도지』, 서계여의 『영환지략』을, 『신기천험』에서는 상하이에서 의사 생활을 하던 벤자민 홉슨(Benjamin Hobson)의 『전체신론(全體新論)』, 『내고신설(內科新說)』, 『서의약론(西醫略論)』, 『부영신설(婦嬰新說)』을 대상 텍스트로 삼았다.

최한기의 주석형 저술 리스트를 정리하면 〈표 1〉과 같다.

그런데 최한기는 『통경』에서 그가 전재하거나 참고한 출처를 표시해 놓지 않았다. 예외적인 저작은 『농정회요』다. 이 책에서 최한기는 논술을 전재하면서 출처를 상당 부분 밝히고 있다. 괄호를 사용하여 중국 농서 및 조선 농서의 서명을 명료하게 서술함으로써 대상 텍스트를 원용하여 실용 지식을 체계화하고 논지의 정당성을 확보하려 한 것으로 보인다.

그러나 『통경』을 포함한 다수의 저술에서 그는 대상 텍스트를 명료하게 표시하지 않았다. 즉 『통경』 텍스트 자체만으로는 해당 구절이 어느 주석에서 끌어왔는지, 혹은 독자적인 주석 작업은 어디부터 어디까지인지 인식하기 힘들다. 최한기가 어느 출처에서 어떤 주석을 전재하거나 참고했는지 독자적인 주석인지를 판단하려면, 즉 텍스트의 온전한 분석을 위해서는 전통에 축적된 방대한 경전의 주석의 집성을 찾아야 하는 지난한 노동이 필요하다.

3. 주역 계사 해석: 주희와 최한기

『통경』의 대상 텍스트는 유학 13경이다. 유학 13경은 송대 『맹자』가 마지막으로 추가되면서 송·원·명을 거쳐 여러 판본으로 출판되었다. 주희의 사서삼경 주석이 큰 영향을 미치면서 13경과 사서삼경 이해는 경쟁하면서 공존했다. 그러나 주자학이 지배한 조선 사회에서 13경은 거의 알려지지 않은 이름이었다. 정약용은 대부분의 조선 유학자가 13경을 모른다고 언급했고, 고종은 21세(1871) 때 13경에 대해 무지하여 신하에게 질문했다. 조선 말기 13경 인식의 상황을 알 수 있는 자료이다.[6] 청 완원(阮元, 1764~1849)은 송대 십행판본을 기초로 당대 석경과 송원 대 각종 판본 등

을 비교 감수하여 1816년 『십삼경주소(十三經注疏)』를 출판하였다.[7]

앞 절에서 분석한 『논어』 학이(學而) 5에서 최한기가 하안과 형병의 논어 주석을 전재 혹은 원용했다는 결론을 도출했는데, 이를 통해 즉 최한기가 논어에 대한 이 두 주석을 포함한 청대 완원의 『십삼경주소』 텍스트를 보았을 가능성이 상당히 높다고 추정할 수 있다. 그렇다면 최한기는 『주역』 계사전 역시 『십삼경주소』에 포함된 왕필, 한강백, 공영달의 주석을 주로 원용했을까?

『주역』 계사전 부분을 분석해 보면, 최한기가 흡수하고 원용한 주석은 최한기가 탈주자학자라고 주장하는 사람들에게는 놀랍게도 주희(朱熹)의 『주역본의(周易本義)』이다. 완원의 『십삼경주소』에 주희의 주석은 포함되어 있지 않은 것으로 보아 최한기의 『통경』 저술은 13경을 대상 텍스트로 채택하긴 했지만 『십삼경주소』에 실린 주석에 한정되지 않은 것은 분명해 보인다.

최한기는 어느 정도로 『주역본의』를 원용했는가? 한 예로 최한기가 『통경』 중 『주역』 계사전 제1장을 설명하면서 주희의 『주역본의』 중 얼마나

6 "주소(註疏)는 한유(漢儒)들의 학설이며, 『십삼경주소(十三經註疏)』가 있습니다. 주부자(朱夫子)의 집주(集註)에도 이전 학설을 많이 채용하였으나, 취할 만한 것은 취하고 억지스러운 것은 찾아내 모두 취하지 않았습니다. 그래서 경연과 과체(科體)에서는 모두 『주자집주』를 으뜸으로 여기고 『주소』는 쓰지 않고 있습니다." 고종이 묻는다. "십삼경은 어떤 책인가?" 강노가 대답한다. "『주역』, 『서전』, 『시전』, 『논어』, 『맹자』, 『주례(周禮)』, 『의례』, 『예기』, 『공양전(公羊傳)』, 『곡량전(穀梁傳)』, 『춘추좌전』, 『효경』, 『이아(爾雅)』를 합하여 십삼경이라고 합니다. 『중용』과 『대학』은 『예기』 속에 들어 있던 것으로 주부자께서 처음 편(篇)으로 나누었습니다."
"註疏卽漢儒之說, 而有十三經註疏[十三經注疏]矣. 朱夫子集註, 亦多用舊說, 而其可取者取之, 其穿鑿傅會者, 皆不取之, 故經筵及科體, 皆宗朱子集註, 而不用註疏矣. 上曰, 十三經爲何書耶? ?曰, 周易·書傳·詩傳·論語·孟子·周禮·儀禮·禮記·公羊·穀梁·春秋左傳·孝經·爾雅, 合爲十三經, 而庸·學入於禮記, 朱夫子始爲分篇矣." 『승정원일기』 고종 8년.

7 『십삼경주소』에 포함된 주석은 다음과 같다. (경전: 주석자) 주역: 왕필(위), 한강백(동진),공영달(당) / 상서: 공안국(전한), 공영달(당) / 시(詩): 모형(전한), 정현(후한), 공영달(당) / 주례: 정현(후한), 가공언(당) / 의례: 정현(후한), 가공언(당) / 예기: 정현(후한), 공영달(당) / 춘추좌전: 두예(서진), 공영달(당) / 춘추공양전: 하휴(후한), 서언(당) / 춘추곡량전: 범녕(서진), 양자훈(당), 논어: 하안(위), 형병(북송) / 맹자: 조기(후한), 손석(북송) / 효경: 현종(당), 형병(북송) / 이아: 곽박(서진), 형병(북송).

원용했는가를 검토한다. 다음은 『주역본의』 1장 주희의 서술 중 최한기가 원용한 부분을 표시한 것으로, 그대로 전재한 것은 밑줄로 표시하고 변형한 것으로 여겨지는 곳은 굵은 글씨로 표시했다.

『주역본의』 계사 上 1장

斷, 丁亂反. 見, 賢遍反. 天地者, 陰陽形氣之實體. 乾坤者,《易》中純陰·純陽之卦名也. 卑高者, 天地萬物上下之位. 貴賤者,《易》中卦爻上下之位也. 動者, 陽之常. 靜者, 陰之常. 剛柔者,《易》中卦爻陰陽之稱也. 方, 謂事情所向, 言事物善惡, 各以類分. 而吉凶者,《易》中卦爻占決之辭也. 象者, 日月星辰之屬. 形者, 山川動植之屬. 變化者,《易》中蓍策卦爻, 陰變爲陽, 陽化爲陰者也. 此言聖人作《易》, 因陰陽之實體, 爲卦爻之法象. 莊周所謂「《易》以道陰陽」, 此之謂也.

蕩, 徒浪反. 此言《易》卦之變化也. 六十四卦之初, 剛柔兩畫而已. 兩相摩而爲四, 四相摩而爲八, 八相盪而爲六十四. 此變化之成象者. 此變化之成形者. 此兩節, 又明《易》之見於實體者, 與上文相發明也. 知, 猶主也. 乾主始物, 而坤作成之, 承上文男女而言乾坤之理. 蓋凡物之屬乎陰陽者, 莫不如此. 大抵陽先陰後, 陽施陰受. 陽之輕清未形, 而陰之重濁有跡也. 易, 以豉反. 乾健而動, 即其所知, 便能始物而無所難, 故爲以易而知大始. 坤順而靜, 凡其所能, 皆從乎陽而不自作, 故爲以簡而能成物. 人之所爲, 如乾之易, **則其心明白而人易知**, 如坤之簡, **則其事要約而**人易從. **易知則**與之同心者多, 故有親. 易從則與之協力者衆, 故有功. 有親則一於內, 故可久. 有功則兼於外, 故可大. 德, 謂得於己者. 業, 謂成於事者. 上言乾·坤之德不同, 此言人法乾·坤之道. 至此則可以爲賢矣. 成位, 謂成人之位. 其中, 謂天地之中. 至此則體道之極功, 聖人之能事, 可以與天地參矣.

상(上) 1장에서 최한기는 주희의 『주역본의』 서술 총 622자 가운데 144자를 차용했다. 이는 약 23%로서 4분의 1 정도를 차용한 셈이다. 상 2장에서 최한기는 주희의 "후회한다는 것은 좋지 않은 상황에서 좋은 방향으로 나아가는 것이며, 인색함이라는 것은 좋은 상황에서 나쁜 방향으로 나아가는 것(悔自凶而趨吉, 吝自吉而向凶也.)", "완은 상세히 관찰함(玩者, 觀之詳)" 부분을 사용하고 있다. 주희의 2장 주석의 약 6%이다. 하(下) 3장에서 주희의 주석 가운데 "작음을 음이라고 부르고 큼을 양이라고 부른다.(小, 謂陰. 大, 謂陽.)", "변별의 첫 단서를 부르는 말이며, 선악이 아직 발동하지 않아 온전히 드러나지 않은 때이다. 이를 미리 걱정하면 후회나 경직에 이르지 않게 된다.(謂辯別之端, 蓋善惡已動而未形之時也. 於此憂之, 則不至於悔吝矣.)", "진은 움직인다는 의미다. 후회를 인지하면 그 오류를 보완하려는 감정이 생기므로 이를 통해 큰 잘못이 없을 수 있다.(震, 動也. 知悔則有以動其補過之心, 而可以無咎矣.)"는 부분을 원용했다. 하 3장 전체에서 『주역본의』의 40.2%가 사용되었다. 그리고 1, 2, 3장에서 주희의 『주역본의』 이외의 주석을 사용한 흔적은 없는 듯하다.

그는 주희의 『주역본의』를 특히 계사(繫辭) 상(上)에서 집중적으로 전재하였고(1~8장) 하(下)에서는 상대적으로 많이 전재하지 않았다. 그러나 『통경』의 곳곳에서 그는 주희를 주자(朱子)로, 정이천을 정자(程子)로 부르면서 존경을 표시하기를 꺼리지 않는다. 최한기는 적어도 『주역』 계사전 이해에서 상당 부분 주희의 견해를 흡수했다고 해도 무방하다고 결론 내릴 수 있다.

그러나 중요한 것은 최한기가 언제나 주희의 주석을 추종하지는 않았다는 점이다. 최한기는 중요한 철학적 개념에 대해서 주희와 긴장관계를 보인다. 즉 『통경』에서 최한기는 『주역』 계사, 『상서(尙書)』 홍범(洪範), 『중용(中庸)』을 합쳐 '이기(理氣)'라는 카테고리로 분류하였고, 자신의 우주론과 철학적 논지 전개에서 이기(理氣)를 중요한 개념으로 자유롭게 쓰고 있다. 그러나 이기 개념이 그의 철학에서 핵심적인 위치를 차지하지만, 주희의 이기 위계적 해석을 채택하지 않는 모습을 보여준다.

대표적인 구절인 "한번 음이 되고 양이 되는 것을 '길 만들기'라고 부른다.(一陰一陽之謂道)"(上-5)에 대한 두 철학자의 해석을 비교해 보자.

> 음양이 번갈아 운행하는 것은 기(氣)다. 그 이치는 도(道)라고 부른다.
> 陰陽迭運者, 氣也: 其理則所謂道.[8]

> 두 기가 번갈아 운행하는 것을 도라고 부른다.
> 二氣迭運謂之道.[9]

최한기는 주희를 의식하고 있었을까? 그렇다고 본다. 두 철학자 모두 "번갈아 운행(迭運)"이란 용어를 사용하고 있다는 것에서 알 수 있다. 그렇다면 최한기는 이 구절에서는 의도적으로 주희의 해석을 따르지 않은 것이다. 음과 양을 변화시키는 지위를 가진 준-이원론적인 위치에 이(理)를 위치시킨 주희의 해석을 고의적으로 외면하고 음과 양이 번갈아 운행하는 '과정' 자체를 "길 만들기(道)"라고 해석하는 것이다.

이러한 차이는 상(上) 5장의 다른 유명한 구절인 "生生之謂易"의 해석에서도 뚜렷하게 보인다. 다시 주희와 최한기의 해석을 보자.

> 음이 양을 낳고 양은 음을 낳는 그 변화는 끝이 없다. 이치와 『역』이라는 책 모두 그러하다.
> 陰生陽, 陽生陰, 其變無窮, 理與書皆然也.[10]

8 주희, 『주역본의』.
9 최한기, 『통경』.
10 주희, 『주역본의』.

음양은 서로 낳는 그 변화가 끝이 없다.

陰陽相生, 其變無窮.[11]

이 해석에서도 최한기는 주희의 해석을 읽었지만 의도적으로 준-초월적 위치의 이(理) 개념을 쓰지 않는다. 그가 실재하는 것으로 보는 것은 음양이 서로 낳는 "변화의 과정 그 자체"로 표현하고 있다. 그 과정의 원인으로 이(理)를 규정하는 것을 의도적으로 피하고 있다.

역시 널리 알려진 "《易》有大極"이라는 구절에 대한 두 해석을 비교해도 비슷한 결론에 도달하게 된다.

역이라는 것은 음양의 변화와 끝이 없음이라는 것이 그 이치다.

《易》者, 陰陽之變. 大極者, 其理也.[12]

그 하나의 기에서 보면 음양을 구분할 수 없다. 그 거대한 끝없는 과정일 뿐이다.

就其一氣, 不分其陰陽, 只是大而無窮極者也.[13]

여기서도 역(易) 혹은 이(理)를 내세워 음양(陰陽)의 준-초월적, 원인적 위치를 지니는 해석을 의도적으로 피하고 일기(一氣)의 그 변화의 끝없는 거대한 과정과 역사 자체를 변화의 요점으로 해석하는 것이다.

마지막으로 또 다른 저명한 구절인 상(上) 12의 "形而上者謂之道, 形而下者謂之器"에 대한 해석을 비교해 보자. 최한기의 주석이 제법 긴데 주

11 최한기, 『통경』.

12 주희, 『주역본의』.

13 최한기, 『통경』.

희의 논리 전개와 매우 다르다.

> 형(形)은 이루어짐이 있는 것을 말한다. 그 위를 일컬어 이(理)의 흐름이라 한다. 길 만들기(道)는 방향과 실체가 없으며, 이는 기(器)가 묘하게 있는 까닭이다. 그 아래는 기(氣)의 이루어지는 자료라고 한다. 기(器)는 방향과 모양이 있으며, 이는 도(道)가 드러나는 까닭이다. 그래서 그 형성 과정은 하나인 것이며 상하 양분하여 도(道)와 기(器)를 밝히는 데 사용한 것이다.
>
> 形有成之稱. 而上謂理之流行. 道, 無方體, 所以妙是器也. 形而下謂氣之成質. 器, 有方體, 所以顯是道也. 夫形一也. 兩分上下以明道器也.[14]

이에 비해 주희는 형이하와 도(道), 이(理)를 준별해 주고 후자에 인과적·존재적 우위를 확보한다. 이 구절에 대한 주석을 보면 "괘효의 음양은 모두 형이하인 데 비해 그 이치는 도(道)이다.(卦爻陰陽, 皆形而下者, 其理則道也.)"라고 한다.

즉 최한기는 주희와 달리 이(理)를 이지유행(理之流行)[15]이라고 새로이 규정하고 이(理)의 준-초월적 지위를 주는 대신 내재적 과정을 강조한다. 또 부형일야(夫形一也)라고 하여 형성 과정에서 형이상과 형이하의 협동과 연결성을 강조한다. 이기(理氣)를 구분하면서 동시에 연결하는 역동성으로서의 일(一) 개념은 『통경』 서문에서 쓰인 하나 一(coherence, thread, oneness)의 연장선에서 명료하게 이해할 수 있다.[16]

14 최한기, 『통경』.

15 최한기 철학을 관통하는 핵심 관용어 유행지리(流行之理)의 첫 등장을 여기서 발견할 수 있다.

16 Wonsuk Chang, "Transforming the Confucian Canon in the Processual World: T'onggyong - A Newly Discovered Text of the Korean Confucian Ch'oe Han-ki," *Journal of Korean Religions,* April 1, 2025. p. 4-5.

표 2 『통경』 중 주역계사전의 구성과 주제

최한기 저술	저술 시기	대상 텍스트	주제
『통경』 중 周易繫辭 주석	1820년 후반~ 1830년 초중반	주희 『周易本義』 『朱子語類』	유학 우주론의 재해석 『주역본의』의 설명을 차용하고 있으나 과정적 사유를 사용해 이(理)의 준-이원론을 수정

그래서 최한기는 이(理)라는 개념을 사용하여 『주역』 계사의 우주론을 주석하는 데 거리낌은 없지만, 이기의 위계질서에 대해서는 전혀 언급하지 않는다.

즉 최한기는 도(道)와 기(器), 형이상과 형이하는 서로의 근거가 되어 주는 과정적·상관적(correlative) 관점으로 『주역』을 해석한다. 최한기의 평생의 이기론-상관적 사유로의 복귀는 이미 초기 저작부터 선명하게 드러나는 것이다. 〈표 1〉의 형식을 사용하여 이 단락의 논의를 마무리하면 〈표 2〉와 같다.

4. 기존 학설의 재검토

역사학자 이우성은 최한기의 철학을 주자학-실학을 거쳐 개화기로 진화하는 중간 단계의 실학이라고 규정하면서 이를 "경학의 실학"을 넘어선 "과학의 실학"이라고 명명한다.

> 종래의 실학이 유교 경전의 연역을 바탕으로 한 '경학의 실학'이었음에 대하여 혜강의 실학은 '역산물리'에 바탕을 둔 '과학의 실학'이라고 하겠

다. 이것은 실학사상의 큰 전회였다.[17]

그러나 『통경』의 발견은 이우성의 명명과 달리 혜강의 철학 역시 '경학의 철학'이라는 것을 밝혀 주었다. 즉 최한기 철학의 중요 개념들은 유교 경전을 해석하고 주석하면서 생겨난 것이라는 사실을 보여주고 있다. 더구나 최한기가 대상으로 삼은 것은 조선 전통에서 관습적으로 여기던 사서삼경의 범위를 넘어서는 광범위한 유교 경전이었다는 점에서 그의 경학 연구는 기존 조선 유학자들의 그것을 도리어 확장한 것이다.

그는 이러한 주석적 저술 방법을 13경으로 확장된 유교 경전을 대상으로 적용했을 뿐 아니라 당대 청(淸)에서 유통되던 중국 학자들의 저술 번역과 서구인들의 서적에까지 적용하면서 방대한 저술을 펴냈다. 그의 철학은 '경학의 철학'이자 청 사회를 풍미하던 서구 학술 서적에 민감한 관심을 보이고 흡수하려던 국제적 성격을 띤 철학이었다.

'실학'이란 개념의 부당성에 대해서 필자는 다른 곳에서 여러 번 논의한 바 있다. 이우성은 실학을 규정하면서 반(反)주자학이며 과학 지향적이라는 것을 언급하지만, 최한기의 『통경』 주석은 주자의 영향을 깊이 받고 있으면서 동시에 거기에 국한되지도 않는다. 또 주석 대상으로 서구에서 수입된 지구과학, 의학, 물리학 등 과학서를 가리지 않았다. 그의 『주역』 계사전 주석은 주희의 『주역본의』를 기초하여 이를 계승하고 수정하려는 노력이었다. 주자학에도 큰 반감이 없고, 다른 주소(註疏) 전통에도 열려 있으며, 서구의 수입 학문에도 깊은 관심을 가진 최한기의 통(通) 학문적 태도는 청대(淸代) 유학자의 기본적 태도와 부합하는 것이다. 완원(阮元), 증국번(曾國藩, 1811~1872), 강유위(康有為, 1858~1927)는 한(漢) 이후 유학자들의 주석을 모두 사용하면서 특별히 주희에 대한 반감도 없지만 이를 자신의

17 이우성, 「증보 명남루총서 해제」, 『증보 명남루총서』, 대동문화연구원, 2002, 18쪽.

학문의 유일한 소스로 생각하지도 않으면서 서구의 학술 흐름에도 관심을 가졌다. 전통 경전 해석을 토대로 이를 계승하고 수정하면서 학문을 구성해 가는 치학 방법을 가지고 있었던 것이다.

한형조는 최한기의 철학을 주희의 선험적 형이상학으로부터 주체의 경험으로 나아가는 과정에 성립된 것으로 규정한다.

> 그는 근세 학술의 중추인 경학을 투입된 수고와 산출된 물량에 비해 크게 실용적 가치가 없는 것으로 판단한 듯하다.[18]

이 역시 『통경』의 발견으로 지지할 수 없는 설이 되었다. 최한기는 사실상 조선시대 유학자의 관습적인 경전 연구를 확장시켰다. 상당한 노력을 들여 13경을 재구성하고 기존 주석을 일별하며 스스로 견해를 추가하였다. 즉 최한기에게 유교 경전은 매우 중요한 반성의 대상이었다. 다만 유학 경전 역시 모든 사물과 같이 시대의 산물이었고 이로 인해 끝없이 새롭게 해석하며 불필요한 부분을 덜어내고 필요한 부분을 더해야 하는 개혁의 대상이었다. 그는 『통경』의 저술을 통해 새 시대에 맞는 새로운 유학 경전의 재해석을 시도했던 것이다. 이런 점에서 그는 주자학 전통을 유일하게 완결된 것으로 생각하는 조선시대 관습적 유학자와는 다른 태도를 지녔으며, 유학 경전에 대한 애정과 가치에 대한 깊은 신념을 가지고 있었던 것이다.

철학자 도올 김용옥은 실학 개념을 비판했고, 최한기의 경험 철학에 대해 혁신적 해석을 했다는 점에서 평가할 만하다. 그러나 김용옥은 최한기의 저술이 경학적 방법론에서 탈피하고 있다고 보았다.

18 한형조, 「혜강의 기학: 선험에서 경험으로」, 권오영 외 공저, 『혜강 최한기』, 청계, 2000, 183쪽.

최한기는 경학의 주석이라는 방법론에서 탈피해 있다. 경전 주석학에서 사유의 편린을 일정한 체계에 의해 조합시키는 오늘날의 '논문'의 형태라는 다른 패러다임으로 전환하였다.[19]

도올의 지적처럼 최한기의 『기측체의』에 실린 『신기통』, 『추측록』, 『기학』, 『인정』 등에서 주석 방법론이 아닌 독립적 저술 형태의 논술을 발견할 수 있다. 그러나 도올의 언급과 달리 최한기는 평생에 걸쳐 주석적 저술 방법을 많이 사용하였다. 그는 경학 주석의 방법을 확장했다. 그러나 최한기가 그의 독립적 저술에서 이 방법을 유일한 것으로 고집하지 않았을 뿐 탈피한 것은 아니다. 즉 최한기는 중요한 가치가 있는 대상 텍스트를 발견하면 많은 부분을 전재하고 차용했으며 논술을 구성하고 자신의 의견을 추가하는 주석 방법론을 사용하여 『통경』, 『농정회요』, 『지구전요』, 『운화측험』, 『성기운화』, 『신기천험』 등을 저술하였다. 이는 현대의 '논문' 형식과 크게 다른 것이다.

위 학자들이 전제하고 있는 "개화의 중간 단계", "근세적", "논문으로 패러다임 전환" 등의 언설은 이들의 역사 서술 방식이 목적론적 '단계론' 철학에 사로잡혀 있음을 보여주고 있다.

19 김용옥, 『독기학설』, 통나무, 2004, 88쪽.

참고문헌

『論語』.

朱熹, 『周易本義』.

阮元, 『十三經注疏』.

崔漢綺, 『通經』.

김용옥, 『독기학설』, 통나무, 2004.

이우성, 「증보 명남루총서 해제」, 『증보 명남루총서』, 대동문화연구원, 2002.

한형조, 「혜강의 기학: 선험에서 경험으로」, 권오영 외 공저, 『혜강 최한기』, 청계, 2000.

Wonsuk Chang, "Transforming the Confucian Canon in the Processual World: T'onggyong - A Newly Discovered Text of the Korean Confucian Ch'oe Han-ki," *Journal of Korean Religions,* April 1, 2025.

19세기 말 면천 지역의 민소(民訴) 양상과 박시순의 목민관

『사송록』과 『면불일기』를 중심으로

권이선

1. 머리말

조선시대 지방 사회에서 작성된 민장치부책(民狀置簿冊)은 말 그대로 민장(民狀), 즉 백성들이 올린 소지(所志), 단자(單子), 보장(報狀)을 관에서 기록해 놓은 자료이다. 현재 남아 있는 민장치부책은 백성들이 제출한 개별 소지의 내용을 요약하여 기록한 것이기 때문에 소지의 내용은 소략하지만, 지방민들이 재판정까지 가져와야 했던 정치·경제·신분·풍속 등의 제반 문제와 당시 법체계 및 재판제도를 보여준다는 점에서 의의가 있다.[1] 민장치부책은 주로 19세기에서 20세기 초에 집중되어 작성되었으며, 특정

* 이 글은 권이선, 「19세기 말 『사송록』과 『면불일기』에 나타난 면천 지역의 갈등 양상과 목민 인식」, 『장서각』 54(2025), 72~105쪽을 수정·보완한 것이다.

1 김선경, 「민장치부책을 통해서 본 조선시대의 재판제도」, 『역사연구』 1, 1992, 118~119쪽.

시기 및 지역에서 백성들이 처리되기를 원했던 사안들이 시계열적으로 기록되어 있다는 점에서 당시 지역의 상황을 파악할 수 있는 자료로 주목받았다.

이에 따라 민장치부책에 대한 연구는 일찍부터 활발히 이루어졌으며, 그 연구 경향은 크게 세 가지로 분류할 수 있다. 첫 번째는 민장치부책을 계량적으로 분석하여 당시 지역사회의 갈등 양상을 파악하고, 다양한 민원이나 소송의 양상을 통해 지역사회의 문제에 대한 수령의 처리 결과를 분석한 연구이다.[2] 두 번째는 조선시대 재판제도의 구조와 절차 및 민사집행의 실태를 밝히는 데 민장치부책을 근거 자료로 이용한 연구이다.[3] 세 번째는 목민서에서 제안한 민소(民訴) 처리 지침 및 분류 예제와 현전하는 민장치부책의 실태를 비교한 연구로, 김산군 민장 사례를 중심으로 민장의 작성 시기와 보관 주체를 목민서를 통해 고찰한 연구가 있다.[4]

이러한 연구를 통해 민장치부책을 활용하여 조선시대 지역사회의 갈등과 수령의 대응 양상을 분석하고, 지방 재판제도에 대한 구조적 이해를 심화시킬 수 있었다. 그러나 민장치부책이 가지는 자료적 한계, 즉 민장이 지역사회의 모든 사회문제를 포괄하고 있는지에 대해서는 지속적으로 문제 제기가 이루어졌다.[5] 특히 1년치 기록이 없거나 한 달 중 하루에 대한

2 시귀선, 「광무개혁기의 순창지방 향촌사회 연구」, 『전북사학』 19·20, 전북사학회, 1997; 정승진, 「靈光 『民狀置簿冊』의 분석」, 『동방학지』 113, 2001; 심재우, 「조선 후기 소송을 통해 본 법과 사회」, 『동양사학연구』 123, 2013; 심재우, 「조선 후기 충청도 연기지역의 민장과 갈등 양상」, 『한국학』 37-1, 2014; 문준영, 「19세기 후반 지방사회에서 민소와 청송 실무: 전라도 영광군 민장치부책의 분석」, 『법학연구』 60-1, 2019; 고민정, 「19세기 강원도의 사회상 고찰을 위한 民狀置簿冊 기초 연구」, 『한국학논총』 55, 2021; 이유진, 「19세기 말 김산군 백성들의 삶과 갈등: 1896년 민장치부책 분석」, 『법사학연구』 65, 2022.

3 김선경(1992), 앞의 글; 심희기, 「19세기 조선의 민사집행의 실태」, 『고문서연구』 57, 2020.

4 유승희, 「18~19세기 목민서의 민소 처리와 민장 자료의 실태」, 『민족문화』 60, 2022; 한상권, 「갑오개혁(1894) 이후 민장의 양식과 성격: 1897년 경상북도 김산군 민장을 중심으로」, 『고전번역연구』 14, 2023.

5 1897년 김산군 민장을 제외하고 대다수의 민장치부책은 원소지(所志)를 축약하여 기재하였다. 그러므로 해당 사안에 대한 관의 처분 결과는 비교적 상세하게 알 수 있으나 정소자의 정소 내

기록만 남아 있는 경우도 있어 기록이 연속적이지 못하며 누락된 시기에 어떤 일이 있었는지 파악하기 어려운 측면이 있었다. 따라서 민장치부책의 기록상 공백을 메우기 위해서는 해당 시기의 수령에 대한 탐색을 통해 관련 자료를 함께 살펴볼 필요가 있다. 이는 현재 남아 있는 각 지역의 민장치부책이 대체로 군현 수령이나 도 관찰사 1인의 재임 기관과 일치하는 점과 관련이 있다.[6] 민장치부책은 특정 지방관에 의해 임의적으로 작성되었으며, 처분 결과 역시 해당 지방관의 성향에 따라 결정되었을 가능성이 크다.

이에 본 연구에서는 박시순(朴始淳)의 『사송록(詞訟錄)』과 『면불일기(沔紱日記)』에 주목하였다. 『사송록』은 1894년 11월부터 1895년 5월까지 면천 군수를 지낸 박시순이 작성한 민장치부책이다. 제명은 '사송(詞訟)'에 대한 기록이지만 소송 외에도 부세, 침탈과 같은 경제적 문제, 당시 사회의 주요 이슈였던 동학 관련 사건, 면임과 동임의 임명 및 체임(遞任) 요청과 같은 행정적 민원(民願)도 포함되어 있다. 일종의 19세기 말 면천군의 소송 및 행정일지라 할 수 있다. 이 시기 박시순은 공적 업무일지 외에도 자신의 개인적 삶을 기록한 『면불일기』를 남겼다. '면불(沔紱)'은 면천(沔川) 지역의 수령을 의미하며, 『면불일기』를 통해 박시순이 수령으로서 인식한 주요 사건, 교유한 인물, 가정 및 친족에 관한 내용을 확인할 수 있다. 특히 면천은 박시순의 8대조 묘가 있는 지역으로, 여러 친족들이 모여 살았기 때문에 박시순에게 심리적으로 가까운 공간이었다.

『사송록』과 『면불일기』는 한 지방 수령의 임기 동안 연속적으로 작성된 자료라는 점에서 당시 민소 처리의 실제 양상을 일기 자료와 교차하여 살필 수 있는 중요한 단서를 제공한다. 예를 들어 『사송록』에 민소가 처리되

용에 대해서는 자료적 한계로 인해 간략하게만 파악할 수 있다.

6 이유진(2022), 앞의 글, 97쪽; 한상권(2023), 앞의 글, 233~234쪽.

지 않은 날, 박시순이 수령으로서 무엇을 했는지는 『면불일기』를 통해 파악할 수 있다. 이러한 점에서 민장치부책과 일기 자료의 상호 분석은 기록의 공백을 메우는 방법이자, 조선 후기 지역사회의 특징을 비교사적으로 논의할 수 있는 발판이 된다. 무엇보다 박시순이 면천군수를 지낸 시기는 대격변의 시기로, 면천 지역 또한 동학농민운동의 영향을 받아 이와 관련된 내용을 살필 수 있다.

이렇듯 박시순과 면천의 개인적 인연, 면천 수령으로서의 직무, 그리고 면천이 가지는 지역성, 즉 조선시대 많은 관료들이 유배를 오거나 수령으로 부임하였던 요소에 주목해 박시순의 『면불일기』의 내용 검토도 이루어졌다.[7] 그러나 현재까지 박시순에 대한 연구는 주로 임실군수로서의 활동에 집중되어 왔다. 그가 임실군수로 재직하면서 남긴 일기와 고문서가 상당하였기 때문에, 일기 속에 고문서가 어떻게 수록되었는지 그 방식에 관심을 둔 연구,[8] 박시순이 임실에서 정리하거나 수집한 『군보(郡報)』, 『군결(郡甘)』과 『운불일기(雲紱日記)』, 그리고 민장치부책인 『공언청리(公言聽理)』와 『민소책(民訴冊)』 등을 중심으로 동학농민전쟁 수습 과정과 관련된 세제 개혁의 실상을 살핀 연구도 있다.[9] 대부분의 연구는 박시순이 남긴 기록물 자체에 주목하기보다는, 당시 시대상과 현안을 보여주는 일부 요소를 발췌하여 근거로 인용하는 방식에 그쳤다. 기왕 민장 자료를 활용하면서도 해당 지역의 민소 양상을 종합적으로 보여주는 연구가 다소 미흡한 편이었다. 또한 박시순이 임실군수로 부임하기 직전의 관력이 면천군수였다는 점에서 수령으로서 그가 가진 사회 인식과 행정적 경향을 이해하기 위

7 임현정, 「박시순의 『沔紱日記』 연구」, 『한문고전연구』 41-1, 2020, 179~204쪽.

8 전진명, 「대한제국기 임실군수 박시순의 관직일기와 고문서에 대한 고찰」, 『고문서연구』 64, 2024, 153~180쪽.

9 채임석, 「19세기 말 任實郡의 邑政 운영과 結戶錢制 시행: 임실군수 朴始淳家 소장자료를 중심으로」, 고려대학교 석사학위논문, 2024.

해서는 면천에서의 목민(牧民) 활동에도 주의를 기울여야 하나 이에 대한 연구는 부족하였다.

이에 본 연구에서는 박시순이 면천 수령으로서 남긴 『사송록』을 분석하여, 19세기 말 면천 지역의 민소 실태를 파악하고 수령 박시순의 행정처리 방향을 종합적으로 검토하고자 한다. 『사송록』은 1894년부터 1895년까지 면천관에 접수된 다양한 민원이 기록되어 있어 자료적 가치가 높다. 그러나 전형적인 민장치부책의 양식을 따르고 있어 관의 처분 결과인 제사(題辭)는 상세하게 기록되어 있으나, 백성들이 올린 정장(呈狀)의 내용은 매우 소략하다. 이러한 한계점을 보완하기 위해 『면불일기』를 활용하고자 한다. 『면불일기』는 『사송록』과 동일한 시기와 지역 안에서 발생한 시·공간적 일을 담고 있으며, 작성자가 박시순으로 동일한 점에서 상호 보완적 분석이 가능하다. 다만, 『면불일기』에 주로 편지를 주고받거나 방문한 이들에 대한 간략한 기록으로 구성된 날이 많아, 실제 수령으로서의 행적에 대해서는 제한적인 내용만 확인되어 자료적 한계가 존재하였다. 그러나 두 자료를 중심으로 비교하여 살펴봄으로써 민장치부책의 기록상 공백을 일부 메꿀 수 있었으며, 목민관으로서 박시순이 가진 인식을 일기를 통해 입체적으로 파악할 수 있었다. 기존 민장치부책 연구는 특정 시기에 한정된 공간에서 발생한 사건을 요약적으로 서술하는 특성상 풍부한 내용을 담기 어려웠다. 따라서 본 연구에서는 이를 보완할 수 있는 동시대 자료로서 수령일기를 접목함으로써 연구의 외연을 확대하고, 이를 바탕으로 19세기 말 면천 지역 사람들의 민소 양상과 사회문제를 보다 심층적으로 고찰하고자 한다.

2. 면천 군수 박시순의 부임 과정과 관련 기록물

1) 부임 경로와 과정

1894년(고종 31) 9월 무렵, 박시순은 흥양현감(興陽縣監)을 역임하고 있었다. 당시 수령의 공석이 많아지자 의정부에서는 지방 수령 차출의 필요성을 건의하였고, 10월 13일에 의정부에서 각 아문의 대신들과 회동해 박시순을 면천군수(沔川郡守) 후보로 추천하였다.[10] 기존 연구에 따르면 박시순은 1894년 10월 13일부터 1895년(고종 32) 6월 20일까지 약 9개월간 면천군수를 지낸 것으로 알려졌다.[11] 이는 『승정원일기』를 기준으로 하여 산정된 날짜이다. 그러나 박시순 본인이 직접 남긴 『면불일기』에 따르면 그는 1894년 11월 12일부터 1895년 7월 21일까지 총 276일 동안 면천군수를 지냈다. 실질적으로 수령에 단부(單付)되자마자 임무를 수행하기는 어렵다. 이는 해당 부임지로 이동하는 데 상당한 시일이 소요될 수밖에 없었기 때문이다. 이러한 이유로 연대기 사료와 실제 부임 일자는 차이를 보일 수 있다. 박시순 또한 『면불일기』를 작성할 때 실제 도착일이 아니라 처음 부임지로 떠나는 날부터 임기에 포함하여 계산하였다. 따라서 박시순이 면천군수에 제수되어 떠나는 날부터 이임(移任)하기까지의 과정에 대해서도 함께 검토할 필요가 있다. 이에 『면불일기』를 중심으로 박시순이 면천군수에 임명받아 떠난 여정을 살펴보겠다.

10월 13일에 단부된 박시순은 이틀 뒤인 10월 15일에 사은숙배(謝恩肅

10 『승정원일기』 고종 31년 10월 13일(병진).

11 『면불일기』는 박시순이 남긴 여러 관직일기 중 최초의 관직일기라는 점에서 의미가 있다. 임실문화원 역, 『국역 구한말 郡守 朴始淳 日記: 운불일기, 민소책, 관지책』, 임실문화원, 2017, 10쪽.

拜)를 하였고, 10월 18일에 하직 인사를 올렸다. 그러나 본격적인 여정은 11월 12일부터 시작되었다. 박시순은 가족을 데리고 떠났는데 이때 면천은 동학의 여파로 인해 고을에 새로 부임하는 박시순에게 신연(新延)조차 제대로 하지 못하는 형편이었다. 그저 마침 서울에 올라와 있었던 면천 지역의 통인과 사령만이 박시순을 배행하였고, 박시순은 가마꾼 8명, 짐꾼 1명, 마부 2명을 별도로 구해 가족들이 면천으로 올 수 있게 하였다. 박시순은 11월 12일에 먼저 출발하여 노량진을 건너 시흥 난곡동에 사는 강문형(姜文馨) 대감과 좌랑 강돈희(姜敦熙)·승지 강경희(康敬熙)와 회포를 풀었다. 술잔을 주고받은 뒤 날이 저물자 이들과 헤어져 시흥 구로리에 있는 묘소로 이동해 큰아들 동익(東翼)과 아내 일행을 만나, 묘지기 이재록(李在祿)의 집에서 하룻밤을 묵었다.

다음 날인 13일에 박시순은 7대조 목사공(牧使公)과 6대조 참판공(參判公), 부모님 등의 묘소를 참배한 이후에 아침밥을 먹고 큰아들은 서울로 돌려보냈다. 이어 수원에 있는 객점에 도착하여 점심을 먹고 해 질 녘에 화성에 들어갔다. 14일에는 유수 조병직(趙秉稷)이 보내준 아침 식사를 먹고 판관에게 편지를 써 엽전 40꿰미를 빌려 하인들의 식대를 마련하였다. 점심 식사 후에 길을 떠나 대황교(大皇橋)를 건너 판교점(板橋店)에 이르러 유숙하였다. 15일에는 동이 트기 전에 출발하여 설창(雪窓)에 사는 집안사람인 참봉 집에 들러 술과 아침을 대접받고, 교리 곽찬(郭璨)의 근무지가 가까이에 있다는 말을 듣고는 편지를 써 말과 마부를 빌렸다. 박시순은 집안사람인 참봉에게 엽전 여덟 꿰미를 빌려 노잣돈을 마련한 뒤, 마침내 한진(漢津, 지금의 당진) 내촌에 도착했다. 그곳에서 광양 사람 이씨를 만나 술 몇 잔을 나누어 마시고는, 그와 함께 화성 감영에서 마련해 준 배를 타고 삼고(三鼓) 즈음 남쪽 해안가에 닿았다. 이 해안가 밖은 홍주(洪州)의 경계였으므로 점사에서 숙박하고, 다음 날 관속을 보내 면천읍에 기별하도록 하였다.

11월 16일 이른 새벽에 출발하여 면천 중흥면(中興面) 담안촌(潭安村)에 도착한 박시순은 틀무시장[機池市]에서 점심을 먹었는데, 이때 노령(奴令) 6~7명이 찾아왔으며 작은 고개를 넘자 유향(留鄕) 조종호(趙鍾祜)가 길가에서 문안하였다. 곧이어 장리(將吏) 10여 명이 와서 문안하여 미시(未時, 오후 1~3시) 무렵에야 고을에 도착하였다. 12일에 출발하여 16일에 도착하기까지 부임 여정 동안 박시순은 지방에서 벼슬을 지내고 있는 여러 지인과 만나 회포를 풀거나 선조들의 묘역을 배알(拜謁)하며 집안사람들도 만났다. 또한 근무지 근처에 사는 친구와 친척들에게 말과 마부, 노잣돈을 빌려 부임지까지 도착할 수 있었다.

면천관에 도착한 직후 박시순은 사택에서 옷을 갈아입고 객사(客舍)에 들러 도착을 고하는 예를 행한 뒤에 향청(鄕廳)에 들어가 숙소로 삼았다. 박시순이 신연 때에도 느꼈지만 이 무렵 면천관은 동학을 겪은 뒤라서 관아가 무너져 있을 뿐 아니라 군대 물품, 자리깔개 등도 없고 관례(官隷)의 의복마저도 몰수당해 온전한 것이 거의 없는 형편이었다.[12]

부임 첫날인 11월 17일 이른 아침에 박시순은 향교를 찾아 예를 행한 후에 재실로 들어갔다가 곧 향청으로 돌아왔다. 박시순은 관의 아전들에게 아사(衙舍)의 일부를 수리하도록 지시하였고, 신시(申時, 오후 3시~5시)쯤에 대략 수리가 끝나자 동헌에 들어가 순병영(巡兵營)과 홍주(洪州) 초토영(招討營)에 부임 사실을 알렸다. 또한 도유사 구춘서(具春書), 전임 면천군수 이시일(李是鎰),[13] 석사(碩士) 심국경(沈國慶)을 만나 조언을 듣기도 하였다. 이처럼 박시순은 첫날부터 근무지인 관아의 환경을 정비하고 의례에 맞게 향교에 방문했으며, 순병영과 홍주 초토영에 부임을 보고하는 등 여러 바쁜 일정을 소화하였다.

12 충남대학교 한자문화연구소 역, 『면불일기: 면천 군수로 부임한 1894년 11월 12일부터 276일 간의 일기』, 당진문화원, 2021, 13~18쪽.

13 이시일은 1893년 6월 15일에 면천군수에 임명되었다. 『승정원일기』 고종 30년 6월 15일(을축).

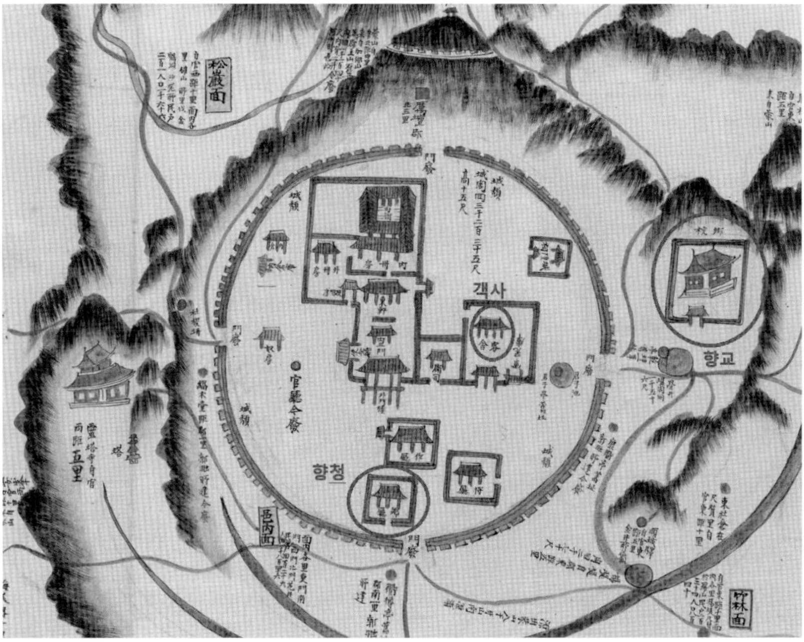

그림 1 면천군의 향청, 객사, 향교

이상 『면불일기』를 통해서 부임지에 오기까지의 여정, 첫날 수령으로서 으레 해야 할 의례, 당시 면천 관아의 상태, 방문자들과의 교류 등 박시순의 하루 일상을 파악할 수 있다.

이처럼 『면불일기』는 박시순이라는 인물을 중심으로 19세기 말 면천수령으로 지낸 일상에 대한 기록물이다. 이는 뒤에서 살펴볼 『사송록』과 내용 및 성격 면에서 차이를 보인다. 따라서 두 기록물 각각의 체계와 서술 방식을 비교하여 수록 내용을 검토해 보겠다.

2) 『면불일기』와 『사송록』의 기재 양상

『면불일기』는 박시순이 면천으로 출발한 1894년 11월 12일부터 임실로 떠난 1895년 7월 21일의 아침까지, 간혹 하루이틀이 빠진 날은 있지만 거의 빠짐없이 기록되었다. 『면불일기』에서 '면(沔)' 자는 면천을 가리키고, '불(紱)'은 인끈, 즉 관리를 의미한다. 곧 면천 지역 관리의 일기가 『면불일기』인 것이다. 일기의 서술 방식을 살펴보면, 먼저 날짜와 날씨를 적고, 그날 방문한 곳과 만난 사람, 멀리 이동한 날에는 이동 거리까지 상세히 기록하는 전형적인 일기 형식을 따른다. 예를 들어 부임 이튿날은 박시순의 아버지 기일이었다. 일기에서 박시순은 "맑음. 하늘에 거센 바람이 불었다. 오늘은 아버지의 기일이다. 끝없이 사무치는 슬픔이 다른 날보다 배가되었다."며 개인의 감정을 표현하기도 하였다. 『면불일기』에는 편지를 쓰고 보낸 일에 대해 상당 부분을 할애하고 있으며, 이를 통해 박시순의 교류 관계에 대해 엿볼 수 있다.

『사송록』은 박시순이 면천군수로 부임한 11월 17일부터 기록을 시작한다. 『사송록』에서 '사송(詞訟)'은 말과 문서로 다투는 소송을 뜻하며, 오늘날의 민사 소송에 해당한다. 『사송록』이라는 표제는 관에서 처리한 사송 관련 기록을 의미하지만, 실제로는 소송 사건보다 각종 청원의 처리 내역이 더 많이 수록되어 있다. 기재 방식을 살펴보면 전형적인 민장치부책 구조를 따른다. 첫 줄에 간지와 월을 적고, 그 아래에 일자별로 처리해 준 민소 내용을 기록한다. 정소자가 올린 소지는 '거주지+정소자+정장 유형' 순으로 기재한 뒤 그 핵심 내용을 요약해 실었다. 반면, 관의 처분 사항인 제사는 일반 민장치부책과 마찬가지로 상세하게 적어 두었다. 이를 통해 정소자와 정소 내용, 관의 처분 결과까지 한눈에 살펴볼 수 있다.

박시순의 경우 면천군에 부임하고 사흘 동안은 매일 한 건씩의 민소(民訴)를 접수·처리하였으며, 나흘째에는 4건의 민소를 처리하였다.

부임 초반의 민소 처리에 주목하는 이유는 새로운 수령이 부임했을 때 어떤 사건을 우선 처리했는지를 살펴보기 위해서다. 이는 전임 수령이 미처 처리하지 못한 사안일 수도 있고, 새 수령의 부임을 기다려 관에 제출된 사안일 수도 있기 때문이다. 전임 수령이 작성한 민장치부책이 현재 전하지 않으므로, 이 시기에 접수된 사안들이 부임 이전과 연결되는지는 명확하지 않다.

우선 부임 초 나흘간 처리한 사안들을 정리하면 〈표 1〉과 같다. '산송', '동학', '인사' 관련 문제인데, 이는 당시 면천 지역 내에서 시급히 해결이 요구되었던 사안으로 판단된다. 먼저 접수된 사건은 산송 2건이다. 당시 산송은 위선(爲先) 의식과 후손 발복(發福) 및 시초(柴草)처럼 경제적 이유로 인해 당대에 빈번하게 발생하였다. 둘째로 이 시기 지역을 휩쓸었던 동학 관련 사안 3건, 마지막은 신임 수령에게 지방 임원직의 체직을 요청하는 인사 관련 민원이 2건이다.

산송 2건은 모두 김원필이 정소한 사례로 11월 17일에 김원필은 자신의 아내 묘를 멋대로 파간 하윤경 등의 처벌을 요청하였다. 그러나 11월 19일에는 서로 사화(私和)하였다며 도로 옛 땅에서 장사 지낼 수 있게 처분해 줄 것을 청원하였다.[14]

동학 관련 내용은 부임 이튿날에 송산 항거(松山項巨) 유회(儒會)에서 보고한 것이다. 유회에서는 동학농민군을 뿌리 뽑지 못했으니 엄한 명령을 내려 이들을 모조리 없애 버릴 것을 아뢰었다.[15] 당시 면천 지역에서 동학은 동비(東匪)로 불리며 토벌의 대상이었기에 11월 20일에 조병직(趙秉直) 등은 단자를 올려 자신들은 동학 무리에 가담한 적이 없음을 항변하였다.[16] 같은 날 이상학(李象鶴)은 과거에 동비에 가담한 사실을 시인하면서도 현재는 귀화했으니 참작하여 줄 것을 요청하였다.[17] 유회에서는 동학에 대한 자신들이 입장을 밝힘으로써 신임 수령에게 이들의 토벌에 주력할 것을 요청하였다. 이에 자신에게 불똥이 튈 것을 염려하거나 동학으로

14 『사송록』 1, 1894년 11월 17일 泛川浦內金元必呈.

15 『사송록』 1, 1894년 11월 18일 松山項巨儒會報.

16 『사송록』 1, 1894년 11월 20일 孫洞青今里趙秉直等單.

17 『사송록』 1, 1894년 11월 20일 孫洞鳳峙李象鶴呈.

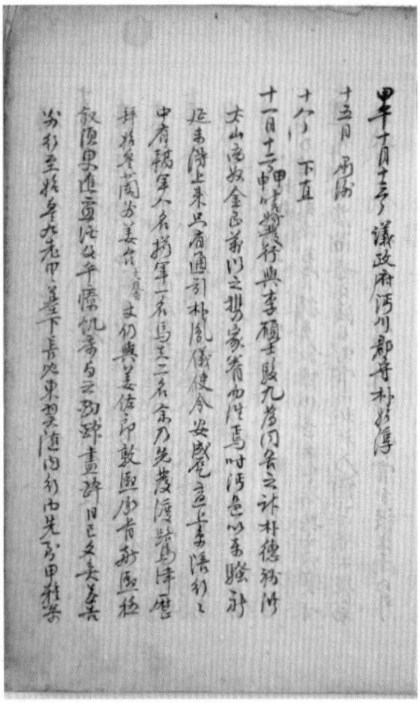

『면불일기』
출처: 〈한국고문서자료관〉

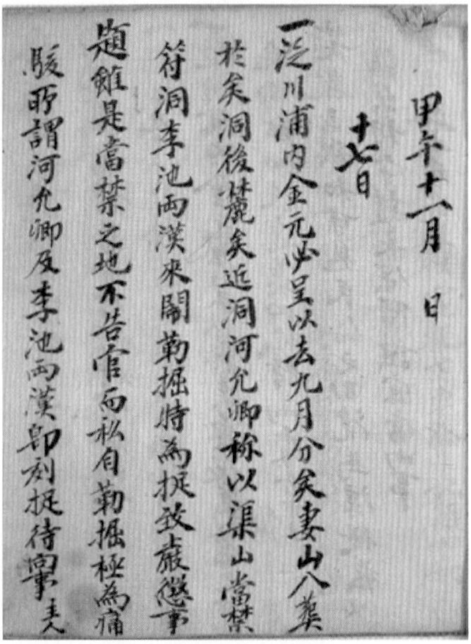

『사송록』
출처: 〈장서각 기록유산 DB〉

그림 2 『면불일기』와 『사송록』의 기재 양상

표 1 부임 초반 나흘간의 민소 처리 양상

날짜	산송	동학	인사	합계
11월 17일	1			1
11월 18일		1		1
11월 19일	1			1
11월 20일			1	4
			1	
		1		
		1		
합 계	2	3	2	7

몰렸던 사람들이 해명하기 위해 잇따라 동학과 거리를 두는 정소를 올렸다. 이를 통해 당시 지역 안의 주요 현안이 동학이었음을 유추할 수 있다.

마지막으로 인사 건은 마산면의 도회장(都會長)이 회장의 직위를 탈하해 줄 것을 요청하는 사례[18]와 서리 박한표(朴漢杓)가 비록 자신이 이안(吏案)에 들어가 있지만 집이 외촌에 있으니 전에 없던 특별한 예로 처분해 달라고 정소한 사례가 있다.[19] 이들은 신임 수령의 부임에 맞추어 자신들의 직임에서 벗어나려고 하거나 편의를 도모한 사례로 추정된다. 이처럼 지역에 새로운 수령이 부임하면 지역 구성원들은 각자가 생각하고 소망하는 주요 쟁점을 정소라는 방식으로 표현하였다.

대체로 박시순은 부임 첫 달인 11월에 21일, 27일, 28일 단 사흘을 제외하고는 거의 빠짐없이 민소를 처리하였다. 많게는 하루에 8건씩, 평균 하루에 2.5건가량의 민정(民政)을 담당하였다. 기록이 온전하게 남아 있는 1894년 12월과 1895년 4~5월을 기준으로 살펴보면 하루에 평균 4~5건을 처리하였고, 많을 때는 하루에 15건, 한 달에 160여 건의 민소를 처리한 셈이다. 다만 『면불일기』가 매일 작성된 데 비해 『사송록』은 모든 날의 민정(民情)을 빠짐없이 기록하지 못하였다. 그 이유는 『면불일기』와 비교해 봄으로써 미루어 짐작해 볼 수 있다.

박시순이 부임하고 닷새째인 11월 21일에는 『사송록』에 민장을 처리한 기록이 없다. 이날 무슨 일이 있었는지 11월 21일을 전후하여 『면불일기』를 살펴보면 아래와 같다.

> 20일.
>
> 흐렸다. 아침 일찍 문방(文房)을 점고(點考)했다. 유생 홍관후(洪寬厚)의 편지가 이르렀기에 답장을 써서 그에게 보냈다. 가화면(嘉禾面) 공수동(公須洞) 사인(士人) 송영만(宋榮萬)이 찾아와서 만났다. 유생 홍관후의 편지가 도착했으나 바빠서 답장을 써 보내지 못했다. <u>신시 일각부터 조금씩 눈</u>

18 『사송록』 1, 1894년 11월 20일 馬山都會長報.

19 『사송록』 1, 1894년 11월 20일 吏朴漢杓呈.

표 2 『사송록』 속 날짜별 박시순의 처결 건수

일자	1894년 11월	1894년 12월	1895년 4월	1895년 5월	건수
1	부임하지 않음	8	3	0	11
2		0	11	16	27
3		0	6	7	13
4		0	6	9	15
5		10	6	8	24
6		0	0	9	9
7		0	8	0	8
8		22	0	5	27
9		0	2	2	4
10		0	12	0	12
11		8	4	0	12
12		5	10	1	16
13		5	4	10	19
14		11	8	1	20
15		0	8	10	18
16	면천 도착	0	3	5	8
17	1	0	2	5	8
18	1	0	0	2	3
19	1	0	7	6	14
20	4	1	15	5	25
21	0	8	0	1	9
22	4	13	0	8	25
23	3	3	0	7	13
24	2	8	12	12	34
25	2	3	0	3	8
26	1	5	3	4	13
27	0	14	15	6	35
28	0	4	6	6	16
29	8	9	10	13	40
30	8	3	0	0	11
총합계	35	140	161	161	497

이 내리기 시작하더니 밤중에 이르러 쌓인 눈의 깊이가 수촌이나 되었다. 바람이 크게 불기 시작하더니 밤새도록 그치지 않았다.

21일.
여전히 눈이 내릴 듯했다. 덕산군수(德山郡守) 조두환(曺斗煥)의 편지가 이르렀기에 답장을 써서 그에게 보냈다. 종일토록 흐리고 어둑하며 바람이 크게 불었다.

22일.
아침 일찍 흐리더니 조금씩 눈이 내렸다. 답장을 써서 도회장(都會長)에게 보냈다. 유생 홍관후·당진 유회장(儒會長) 참봉 심능수(沈能秀)가 찾아와서 만났다. 종일토록 흐리고 어둑했으며 눈발이 날렸다. 서문 밖 이면천(李沔川) 어르신을 만나 뵙고 전날의 감사를 표했다.

21일의 일기는 매우 짧다. 덕산군수 조두환의 편지를 받고 답장을 보냈다는 내용 외에는 관아나 개인의 일정에 대한 기록이 전무하다. 다만 눈에 띄는 부분은 '여전히 눈이 내릴 듯했다, 종일토록 흐리고 어둑하며 바람이 크게 불었다.'는 기상 상태이다. 이미 전날부터 날씨는 흐렸다. 20일에 박시순은 아침 일찍 문방(文房)을 점고하며 업무를 진행했으나, 이날 오후 3시부터 조금씩 눈이 내리다가 밤중에는 수촌이나 되도록 많은 눈이 쌓였다. 이 눈은 밤새도록 그치지 않았다. 추정컨대, 20일 밤부터 많은 눈이 내려 길을 다니는 데 상당한 어려움이 있었던 것으로 보인다. 21일 오전에도 여전히 눈이 올 듯 흐려 이날은 모두 바깥 출입을 삼갔을 것으로 보인다. 22일에도 흐리고 눈이 조금씩 내렸으나, 박시순이 답신을 작성하여 도회장에게 보냈고 유생 홍관후, 참봉 심능수가 찾아온 것으로 보아 길이 완전히 끊기지는 않았던 것으로 추정된다.

26일.

맑았다. 이날은 동짓날이었다. 새벽에 객사로 가서 망하례(望賀禮)를 행하고 돌아와서 곧장 남창(南倉)으로 가서 비로소 창고를 열고 몸소 봉적을 살폈다. 날이 어두워져서야 돌아왔다.

27일.

흐렸다가 맑았다가 했다. 유생 염우철(廉愚哲)이 찾아와서 만나니 서울로 올라갈 것이라고 말했다. 바로 옛 터전으로 간다 하기에 인하여 익아(翼兒)에게 보내는 편지를 부탁하고, 또 동곡(東谷) 김 대감과 홍현(紅峴)의 김 대감, 그리고 남송현 친구 이정규(李廷珪)에게 보내는 편지를 부탁했다. 청안(淸安) 사과(司果) 신태모(辛泰模)가 반포된 임금의 말씀과 위유사(慰諭使) 박제관(朴齊寬) 영감의 관사(關辭)를 가지고 와서 이 고을에서 묵었는데, 들어와 보고는 돌아간다고 알렸다. 이날 각 관청에 이방(吏房)·호방(戶房)·예방(禮房)·병방(兵房)·형방(刑房)·공방(工房)에 한 사람씩을 분방(分房)시키는데 또한 많은 후보자 가운데서 추첨하여 뽑았다. 예산(禮山)에 우거하는 이승수(李承壽) 대감의 편지가 이르렀다. 신각(申刻)부터 먹구름이 사방에서 일어나 어두워지더니 한밤중에 이르러 비가 조금 내려 땅을 적셨다.

28일.

아침 일찍 안개가 끼었다가 저녁에 맑아져 따뜻했다. 날이 훤해진 후 북창(北倉)으로 가서 비로소 창고를 열어 몸소 봉적을 살폈다. 학고(鶴稿) 심능면(沈能冕) 어르신의 편지가 이르렀다. 이날 저녁 항구(恒衢)에 사는 유생 한사득(韓思得), 송산(松山)에 사는 학관(學官) 이건주(李建柱), 고잔(古棧)에 사는 석사 박기훈(朴琦勳)이 찾아와서 만났는데, 이들은 창사(倉舍)에서 유숙했다.

11월 27일과 28일 이틀 동안 박시순은 민장을 단 한 건도 처리하지 못하였다. 일기에 따르면 이때 박시순은 관아 내부 조직을 체계화하며 공무에 전념한 것으로 보인다. 앞서 26일에 박시순은 새벽에 객사로 가서 망하례를 올린 뒤 곧바로 남창으로 이동하였고, 날이 어두워져서야 관아로 돌아왔다고 일기에 기록하였다. 실제 이날 처리한 민장도 단 한 건에 불과하였다. 27일에 박시순은 관청에서 육방(六房)에 한 사람씩을 배치했는데 후보자가 많아 추첨으로 선발하였다. 28일에는 날이 밝자마자 북창으로 가서 창고를 열어 봉적을 살폈고, 저녁에는 유생 한사득과 학관 이건주 등이 찾아와 분주하게 사람들을 만났다.

남창과 북창을 봉적할 때 또는 홍주 초토영을 방문할 때처럼 공무를 이유로 외부에 나가야 할 때면 박시순은 민장을 거의 처리하지 못하는 경향을 보였다. 이는 면천관에 접수된 민장을 처리할 물리적 시간이 부족했기 때문이다. 1894년 12월 2~4일, 그리고 6~7일에 박시순은 민장을 하나도 처리해 주지 못하였다. 2일부터 3일까지 덕산군 홍주읍 향교동(鄕校洞) 좌수(座首) 김복한(金福漢)의 집과 홍주 초토영을 방문하였다. 2일에 초토영에 치진장(馳進狀)을 올려 면천군의 업무를 보고하였고, 3일에는 관아로 돌아오는 길에 잠시 친구 서병태(徐丙台)의 얼굴을 보고, 다른 친구인 덕산군수 조두환과 함께 술자리를 가져 날이 어두워져서야 관아로 돌아왔다. 이날 박시순은 몹시 피곤하다고 일기를 끝맺었다. 4일에는 특별한 공무 일정이 없었으나 전날의 피로 탓에 민장을 제대로 살피지 못한 것일 수도 있고, 전날까지 관아에 수령이 없었기 때문에 백성들이 이날까지 민장을 제출하지 못한 영향일 수도 있다. 이 시기 소지의 경우 정소자들은 수령이 관에 있는지, 몸 상태는 어떤지를 살핀 후 이상이 없을 때 소지를 제출하였다. 실제로 12월 5일에 박시순은 10건의 민장을 집중 처리하였다. 이는 박시순이 관에 복귀한 사실을 인지한 백성들이 당일에 제사를 받기 위해 소지를 제출한 영향으로 추정된다.

12월 6일에는 아침 일찍부터 밤늦게까지 남창에서 환곡의 봉납을 살폈다. 7일에도 마찬가지로 아침 일찍 환곡의 봉납을 점검하였다. 이처럼 외부에서 면천군의 업무를 살펴야 할 때면 박시순은 심신이 지쳐 민장을 처리하기 어려워하였다. 12월 9일과 10일에도 『사송록』에 처리해 준 민장이 없는데, 이날 또한 봉적을 살피는 날이었다. 12월 15일에는 꼭두새벽부터 객사에서 망하례를 행하고 향교로 가서 또 망하례를 진행하였다. 16일부터 19일까지는 박시순이 새로 부임한 수령으로서 감사에게 찾아가 인사하는 연명(延命)을 행하기 위해 충청 순영을 방문하느라 면천관을 비웠다.

1895년 4월에는 18일, 21~23일, 25일, 30일에 민원을 처리해 주지 못하였다. 17일 밤 박시순은 예산(禮山) 창촌(倉村)의 위원 족대부 박연덕(朴淵德)에게 인사를 가느라 면천관에 없었다. 다음 날 본 고을의 문안사령(問安使令)이 박시순을 찾아와 밤사이 고을에 아무런 일이 없음을 보고했고, 박시순은 '아무 일이 없어 다행'이라고 일기에 남겼다. 18일에 박시순이 관아로 돌아온 시간은 이미 해가 저문 뒤였기에 민장을 처리하지 못한 것으로 판단된다. 21~23일, 25일에는 일상적으로 편지를 주고받고 만난 사람들에 대한 기록만 있을 뿐, 별도의 외부 일정 기록이 없다. 따라서 이 기간 동안 민장을 한 건도 처리하지 못한 이유를 명확하게 파악하기 어렵다. 30일에는 박시순이 아예 일기를 남기지 않아 그날의 행적 자체를 알 수 없다.

1895년 5월에는 1일, 7일, 10~11일, 30일의 날짜에 민원을 처리하지 못하였다. 5월 1일 아침 일찍 박시순은 면천의 객사인 조종관(朝宗館)에 가서 망하례를 거행한 직후 교궁으로 자리를 옮겨 분향례(焚香禮)를 행한 뒤에 돌아와 각 방에서 대점고를 받았다. 관아 밖으로 나가 의례를 수행하느라 민소를 처리하지 못한 것으로 보인다.

5월 7일에 민소가 단 한 건도 처리되지 못한 이유는 불명확하다. 이날

『면불일기』에는 읍의 지자군(持字軍) 편에 순사(巡使)인 친구 윤(尹)에게 편지를 보내고, 박 찰방이 편지로써 간곡하게 가마를 빌려달라고 하자 이를 허락하는 답장 편지를 보낸 것 외에는 별다른 일이 없었다. 일기의 내용이 간략하여 이날 왜 민소를 처리해 주지 못했는지 알기 어렵다. 한편 9일의 일기에는 박시순이 일찍 일어나 업무를 보려 했으나 병세가 심해 유생 오복선(吳復善)을 불러 진맥을 받고 약제를 의논했다는 대목이 나온다. 미시(未时, 오후1시~오후3시)에는 증세가 더욱 악화되어 인사(人事)를 살필 수 없어 업무를 중단했고, 심지어 병 때문에 인척 김기성(金基性)이 방문했으나 회포를 풀지 못할 정도였다. 8일에 처리한 민소는 5건, 9일은 2건으로 확실히 처리한 민원 건수가 줄어들었다. 10일과 11일에도 병환으로 인해 업무 수행이 어려웠다. 10일에는 여러 약제를 시험 삼아 복용했으나 효과가 없었고, 11일에도 병이 전혀 호전되지 않았다는 기록이 남아 있다. 실제로 10~11일 이틀간 민소는 단 한 건도 처리되지 않았다.

5월 12일에 처리된 민소는 한 건으로 산송이었다. 송산에 사는 김상옥(金尙玉)의 어머니 묘를 북창에 사는 김정길(金丁吉) 형제와 백석에 사는 오은삼(吳恩三) 형제가 억지로 파헤치고, 김상옥의 아우를 구타한 사건이었다. 박시순은 형리와 실주인(實主人)에게 명령하여 산도(山圖)를 그린 뒤, 파헤쳐진 형세를 조사하고, 김씨와 오씨 일가에서 각각 한 사람씩을 잡아 대령하도록 지시하였다.[20] 같은 날 일기에 따르면 박시순의 병세가 여전히 좋지 않아서 친구 조두원(趙斗元)과 유생 이항서(李桓緖)의 편지는 다른 사람이 답장을 쓰게 하였다. 또한 승지 홍필유(洪必裕)의 편지가 도착했으나 병으로 답장할 수 없을 정도로 상태가 좋지 않았다. 이러한 와중에 김상옥의 산송 사건을 처리한 것은 인륜에 관계된 긴급한 사안이었기 때문에 몸이 불편해도 우선 처리한 것으로 보인다.

20 『사송록』 3, 1895년 5월 12일 松山金尙玉呈.

박시순의 병세는 13일에 조금 나아졌지만 여전히 업무를 소화하기 어려웠으며, 일기에는 장부와 소장이 쌓였다고 기록되어 있다. 그럼에도 불구하고 이날 『사송록』에는 민소 10건이 처리된 것으로 나타난다. 이 중 8건은 이장과 면장이 보고한 사안으로, 호포와 군기(軍器), 동학 관련 사건, 부세 등 그동안 밀린 업무 가운데 이속(吏屬)들의 보고 사항을 우선 처리한 결과로 보인다.[21] 나머지 2건은 김사득(金思得)과 김항제(金恒濟)가 올린 단자(單子)였다.

김사득의 단자는 동학의 후속 처리와 부세 문제에 관한 것이었는데, 이보다 앞선 시기에도 관련 내용의 제사가 있었던 것으로 보인다. 김사득은 서울에 사는 황령(黃令) 댁에서 추수조를 동비(東匪)에게 빼앗겨 상송(上送)하기 어렵다고 호소하였다. 이에 대해 박시순은 이전 제사에서 이를 효유(曉諭)했으므로, 마땅히 관정에서 추납(推納)하여 하루빨리 상송하는 것 외에는 방법이 없다고 답하였다.[22] 김항제의 단자는 박제현(朴齊鉉)과의 산송에 관한 것으로 김항제는 산송에서 패소하여 무덤을 옮겨야 하는 상황에서 이행 시기를 연장해 달라고 요청하였다.[23] 이 두 건과 관련된 이전 기록은 모두 현존하는 『사송록』에서는 확인되지 않지만, 제사의 내용을 통해 보건대 오래된 쟁점으로 짐작된다. 부세와 산송은 당시 사회적 갈등이 첨예했던 사안이므로, 박시순이 병중에도 우선 처리한 것으로 해석된다.

14일에 박시순의 병세가 조금 회복됐지만 여전히 업무를 볼 수 없었다. 실제 『사송록』에서도 부세에 관련된 1건만 처리해 주었다. 15일에 역시 상태가 좋지 않았지만, 박시순은 아침 일찍 일어나 애써 조종관에 가서 망하례를 행하고 교궁에서 분향례를 행했으며, 밀린 민소 10건을 처리하였

21 『사송록』 3, 1895년 5월 13일 升仙下佳里長報, 升仙上佳里長報, 泛川屯村里長報, 竹林內洞里長報, 孫洞面長報, 松山面長報 2건, 松山梅鹽里長報.

22 『사송록』 3, 1895년 5월 13일 恒巨金思得單.

23 『사송록』 3, 1895년 5월 13일 德山金恒濟單.

다. 그동안 밀린 일들을 15일에 처리한 것으로 추정된다.

30일에는 『사송록』에 처리된 민소가 전혀 없다. 이날 박시순은 인시(寅時, 새벽 3시 30분~5시 30분)부터 검시(檢屍)하기 위해 수형리(首刑吏) 유치헌(兪致憲), 형리 유진성(兪鎭星), 박한표(朴漢杓)와 함께 떠났다. 점심도 상당히 늦게 먹어 오시(午時, 오전 11시~오후 1시)에 제준리(除俊里) 점사(店舍)에 도착해 요기하였고, 오시 초에 다시 시체가 있는 오도(鰲島)로 이동하여 건검(乾檢)과 세검(洗檢)을 마쳤다. 새벽부터 오후 1시까지 검시에 매달렸고, 잠시 쉬며 지인을 만나 이야기를 나눈 뒤에 관아로 돌아오니 이미 저물녘이었다. 이처럼 하루 종일 검시에 전념하느라 민소를 처리할 여유가 없었음을 확인할 수 있다.

이상 『면불일기』와 『사송록』의 기재 양상을 살펴보면 『면불일기』에는 면천군 안팎에서 박시순이 교유한 인적 네트워크와 수령으로서 행해야 하는 망하례 같은 예식 등이 꼼꼼히 기록되었다. 반면 『사송록』은 한 달 기준으로 많게는 11일(1894년 12월 기준), 적게는 6일(1895년 5월 기준) 정도의 기록 누락이 있으나, 면천군 백성들이 어떠한 욕망과 문제의식을 품고 수령에게 소원(訴願)하였는지를 파악하는 데 적합한 자료이다. 특히 『사송록』에 기록되지 않은 날에는 『면불일기』를 통해 면천군 내 현안 또한 박시순의 개인적 일상을 살필 수 있어, 두 자료가 상호 보완적으로 작용한다. 다음 장에서는 『사송록』에 수록된 민소 내용을 구체적으로 분석하여 지역의 과제가 무엇이었고, 박시순이 이를 어떻게 해결해 나갔는지 살펴보겠다.

3. 19세기 면천 지역의 민소 유형과 처리 실태

1) 면천관에 접수된 문서 유형

『사송록』 1책에는 175건(11월 35건, 12월 140건), 2책에는 161건, 3책에는 161건의 사안들이 기재되어 있다. 총 497건의 민소(民訴)와 이장 및 면임 등의 보고가 기록되어 있는데, 이를 면천관에 접수된 문서를 기준으로 분류하면 크게 정장(呈狀)과 보장(報狀)으로 구분할 수 있다. 가장 많은 유형은 단연 정소(呈訴)로, 정소에는 등장(等狀)과 단자(單子), 호소(呼訴)를 포함하여 총 349건이 기록되어 있다. 다음으로는 보고(報告) 148건이 기록되어 있다.

정소는 일반 백성들이 관아에 올린 소지를 의미한다. 전반적으로 『사송록』에서 '정소자 이름+呈'으로 표기되며, 가장 많이 기록된 유형인 만큼 산송, 동학 관련 사건, 부세, 행정, 채무, 보호 요청, 역(役), 침탈, 방면(放免), 입지 요청 등 다양한 사안이 정소를 통해 제기되었다. 19세기 말 면천 지역에서는 노(奴), 일반 백성, 이장, 수리(首吏), 장교, 사령, 여성 등 다양한 계층이 정소의 방식으로 억울한 사정을 호소하였다.

호소는 단 한 건이지만, 『사송록』에서는 '언소(諺訴)'로 기록되어 있다. 이 또한 정소의 유형에 포함되나 다른 정소는 '정소자 이름+呈'으로 기록된 것과 표기상 차이를 보인다. 이와 유사한 유형으로 '언정(諺呈)' 2건과 '언단(諺單)' 2건이 있다. 모두 여성이 제출한 문서이다. 물론 『사송록』에서 여성이 올린 정장이 모두 한글로만 작성된 것은 아니었다. 그러나 이 네 건은 공통적으로 여성이 자식을 대신해 제기한 사례라는 점에서 주목된다. 백 조이[召史]는 유계문과 이치근이 딸에게 빼앗아 간 포 37척을 추급

표 3 『사송록』의 문서 형식 분류

구분	정장			보장	총합계
	정소	호소	단자	보고	
사송록1	100	0	17	58	175
사송록2	103	1	14	43	161
사송록3	95	0	19	47	161
총합계	298	1	50	148	497

해 달라며 언정을 올렸고,[24] 장씨 과부는 아들이 군물(軍物) 문제로 옥에 갇혀 억울하다며 언정과 언소를 올렸다.[25] 언단은 윤 조이와 한씨 과부가 각기 1건씩 한글 단자를 올렸다. 윤 조이는 갇혀 있는 자신의 아들에게 처분을 내려 줄 것을 요청했고,[26] 한씨 과부는 사촌 시숙(媤叔)이 남편의 무덤을 파간 사건에 대해 올렸다.[27] 이러한 언소, 언정, 언단을 구분해 보면 언소는 한글로 호소하는 것, 언정은 한글로 작성된 소지, 언단은 한글로 쓴 단자로 추정된다.

단자는 『사송록』에서 '정소자 직역/이름+單'으로 표기된다. 단자는 통상 사대부가 관아에 올린 소지류 문서를 뜻하지만, 19세기 말 면천 지역에서 단자를 올린 이들은 대부분 장의·이장의와 같은 재임(齋任)이나, 면장·회장·이장 등 향임(鄕任)을 지냈을 뿐만 아니라 부세와 역을 부담하고 있었다. 따라서 자신들의 직임을 고쳐 차정(差定)해 주거나 탈하해 줄 것을 요청하는 내용이 상당수 확인된다. 예를 들어, 1895년 4월 5일에 죽림면 면장이 술에 취한 약정에게 능욕을 당하자 이러한 수모를 겪으면서까지

24 『사송록』 1, 1894년 12월 25일 松山倉里白召史諺呈.

25 『사송록』 1, 1894년 12월 27일 馬山張寡諺呈; 1894년 12월 28일 馬山張寡諺訴.

26 『사송록』 1, 1894년 12월 20일 泛川尹召史諺單.

27 『사송록』 3, 1895년 5월 4일 德頭韓寡諺單.

면장직을 수행할 수 없다며 단자를 올려 사직을 청한 사례가 있다.[28]

이 사례의 정소자 신분을 양반으로 본다면 양반이 면장직을 수행하고 있으며, 상민인 약정에게 멸시를 당한 범분(犯分)에 해당한다. 이러한 상황은 단자가 반드시 양반만 올리는 문서 형태가 아니었음을 시사한다.

보고는 존위(尊位)·이장·면장·좌수·소임·동중(洞中)·도유사 등이 지역의 부세나 행정, 동태 등을 관아에 보고한 문서다. 『사송록』에는 '보고자 직역+報'로 표기되었다. 보고는 면 안에서 발생한 부세, 관 또는 영칙(令飭)에 의거하여 면장·동임·이장 등이 특정인을 잡아 올리는 일, 천보총(千步銃)과 같은 군기를 습득하여 납부하는 일, 강경생(講經生)의 보고에 관한 일, 재급(災給)을 통해 가난한 사람을 구휼하여 굶주린 호를 성책해 올리는 일, 도적의 처분, 동태 보고, 범분, 향교 운영, 산송, 행정, 처벌, 착래(捉來) 등 다양한 내용을 포함한다. 이는 주로 행정적 보고이자 수령의 지시에 따라 조사한 내용을 보고한 것이다. 따라서 보고의 주체는 유회(儒會), 유회소(儒會所), 마산도회장(馬山都會長), 회장, 유향소(留鄕所), 향약소, 임원, 이장, 약정, 면장, 동임 등 자치 기구 또는 수령을 보좌하는 관하에서 중심이 되어 올렸다.

2) 면천 지역의 현안과 박시순의 갈등 조정 방향

『사송록』에서는 19세기 면천 지역에서 발생한 압량위천(壓良爲賤), 범분(犯分), 구타, 도적, 관령 거부, 약탈, 인신매매, 포흠 등의 형사적 문제를 비롯하여 정려, 혼인 지원, 방송(放送), 긍휼 등 면천 관아의 지원을 요청하는 내용과 당시 시대적 상황이 반영된 동학 관련 사안 등 다양한 모습을 살펴볼 수 있다. 이를 크게 다섯 개의 주제를 바탕으로 정리하면 〈표 4〉와

28 『사송록』 2, 1895년 4월 5일 竹林面長李敬學單.

표 4 『사송록』 속 현안의 주제별 분류

내용	보고	소송	청원	합계
경제적 갈등	8	67	41	116
부세 갈등	15	1	127	143
사회적 갈등	13	3	90	106
청원·간은	15	1	61	77
기타	16	1	38	55
총합계	67	73	357	497

같다.

본 연구에서는 기존의 지역별 민장치부책 연구에서 사용된 다섯 가지 주제별 항목을 『사송록』에 적용하였다. 다섯 가지 주제별 항목은 ①경제적 갈등 ②부세 갈등 ③사회적 갈등 ④청원·간은 ⑤기타이다. ①경제적 갈등에는 매매 및 구문(口文) 관련 소송, 소나무 작벌, 채무, 타인의 재산 침탈과 소유권 문제, 압수, 산송, 경작 등과 관련하여 발생한 갈등 상황을 정리하였다. ②부세 갈등은 호포(戶布), 부역, 수쇄(收刷), 도판(屠販), 원징결(冤徵結), 성역전(城役錢), 잡세, 공전(公錢)의 체납 등 포흠과 삼정(三政) 같은 각종 부세(負稅)를 대상으로 하였다. ③사회적 갈등은 풍속 관련 문제, 범분, 압량위천, 수령 비방, 모욕, 구타와 같은 폭력, 관령 거부 그리고 이 당시 면천군을 휩쓸었던 동학 관련 사항을 기준으로 하였다. ④청원·간은은 석방, 화재 및 재해 시 구호, 입지 요청, 향교 운영, 발참(撥站) 등을 포함한다. ⑤기타에는 인사, 행정 및 관의 지시 사항에 대한 보고, 소 도살, 면내 기찰 보고, 군기(軍器) 등에 관한 사항이 해당된다.

위의 분류는 명확히 구분되기보다는 서로 중첩되는 측면이 강하였다. 예를 들어, 동학 관련 갈등은 사회적 갈등인 동시에 동비(東匪)로 인한 경제적 피해로 인해 세미(稅米)와 환미(還米)의 감면을 요청하는 사례와 결부되기도 하였으며, 이러한 현안은 부세 갈등과 깊은 관련이 있었다. 또한 산송은 경제적 갈등의 양상을 띠면서도, 구타가 동반될 경우 사회적 갈등으로 비화되기도 하였다. 나아가 구타나 늑굴(勒掘) 등의 이유로 옥에 갇힌 후 석방을 요청하는 경우는 청원·간은에 해당하기도 하였다. 이처럼 하나의 사건 또는 연속된 사건은 최대한 동일한 주제로 분류하고자 하였으나, 본질적으로 『사송록』에 기재된 497건의 현안은 다섯 가지 주제가 중첩되는 경향이 있어 이를 명확히 구분하기는 어려웠다.[29]

『사송록』에 근거하여 19세기 면천군을 살펴보면 이 당시 면천에서는 부세 관련 갈등(28.7%)과 경제적 갈등(23.4%), 사회적 갈등(21.3%) 순으로 부세가 가장 큰 문제였다. 그러나 수치상 큰 차이는 보이지 않으며, 이 무렵 면천 지역의 눈에 띄는 특징은 '동학'에서 파생된 갈등이었다. 동학과 관련하여 면천 사람들이 가장 두려워했던 것은 동비로 몰리거나 동학에 가담했다는 이유로 처벌받는 일이었다. 마산면의 윤창복(尹昌福) 등은 한때 동학 무리에 가담했으나 현재는 귀화하였으며, 뒷날이 염려된다고 정소하였다.[30] 범천 평강의 회장은 자기 동에 동비였다가 귀화한 이들이 있어, 이들이 침탈당할 것을 우려하며 별도로 면천관에 보고하였다.[31] 송산면의 면장도 동일하게 부곡의 이기연(李己連)이 귀화하였으나 뒷날이 염려된다며 면천관에 보고하였다. 이에 관에서는 마음을 고쳐 귀화한 이들을 침해하지 말라는 영칙(營飭)이 있다며 안심시켰다.[32] 그러나 각 동과 면에서 유사한 보고가 이어진 것은 귀화한 이들이나 무고한 이들에게 '동학'이라며 침해한 사례가 있었기 때문으로 보인다.

『사송록』에는 분실된 군물(軍物; 총과 창 등)을 회수하여 보고한 사례가 유

29 이러한 양상은 기존의 민장치부책 연구에서 지적된 현상이다. 본 연구에서는 연속되는 사건의 경우 동일한 주제로 분류하고자 하였다.

30 『사송록』 1, 1894년 11월 23일 馬山梅弄尹昌福等呈.

31 『사송록』 1, 1894년 12월 5일 泛川坪江會長報.

32 『사송록』 1, 1894년 12월 27일 松山面長報.

난히 두드러진다. 1894년 11월 27일에 죽림 양제리의 회장,[33] 30일에 마산 문봉의 임원,[34] 12월 5일에 정계 유동리 회장의 보고,[35] 12일에 범천 응봉 유소(儒所)의 보고,[36] 1895년 4월 5일 송암 사기소 이장의 보고[37] 등이 그 예이다. 이들 사례에서는 반복적으로 습득한 총, 천보총(千步銃), 창 등을 관에 납부한 사실이 확인된다. 특히 1894년 12월 13일에 마산 문봉에 거주하던 김경실(金敬實)이 성동(城洞)의 유소에게 빼앗긴 총 한 자루를 추심(推尋)하고자 하였으나, 유소에서 핑계를 대며 돌려주지 않는다고 정소하였고, 이에 대한 제사(題辭)에서는 군물과 관련하여 순영 및 초토영의 감칙(甘飭)이 있음을 언급하고 있다. 김경실의 사례는 유소에서 총기를 소지하고 있으려 돌려주지 않은 사례로 파악되는데, 1894년과 1895년 동안 마을 단위에서 군물 습득에 대한 보고가 지속적으로 이루어졌으며, 당시 동학과 관련된 초토영의 단속 모습을 고려할 때, 이 시기의 군물은 동학과의 충돌 이후 처리 과정에서 습득된 것으로 파악된다.

박시순은 자신의 일기에서 면천군이 동학의 난리를 겪으며 관아조차 피해를 입어 볼품없게 되었다고 기록하였는데, 실제 민가에서도 동학으로 인한 화재 피해가 상당수 발생하였다. 1894년 12월 1일에 송암에 사는 임원서(林元西)는 동학 무리의 방화로 화재가 발생하자 세미와 호포의 탈급을 요청하였다.[38] 같은 해 12월 5일 송암 승전에 사는 마윤도(馬允圖)는 동비가 창궐할 때 자신의 주막에 불을 질렀다며, 임시 거처로 사용할 장막 설치를 요청하였다.[39] 방화 외에도 동학에게 상해를 입은 피해자가 약값

33 『사송록』 1, 1894년 11 27일 竹林楊堤里會長報.

34 『사송록』 1, 1894년 11월 30일 馬山文峰所任報.

35 『사송록』 1, 1894년 12월 5일 淨界柳洞里會長報.

36 『사송록』 1, 1894년 12월 12일 泛川鷹峰儒所報.

37 『사송록』 2, 1895년 4월 5일 松巖沙器所里長報.

38 『사송록』 1, 1894년 12월 21일 松岩林元西呈.

39 『사송록』 1, 1894년 12월 5일 松岩勝戰酒店主馬允圖呈.

300냥을 추급해 줄 것을 요청하기도 하였다.[40] 이처럼 당시 면천 지역에서는 동학이 빈번히 문제 요소로 지적되었으며, 화재와 상해 등 다양한 피해가 민원으로 이어졌다. 예를 들어, 감천 벌현에 사는 백성들은 동학 무리에게 압류한 도정 쌀을 관에서 정돈하여 처리해 줄 것을 요청하였다.[41] 이는 동학이 면천을 휩쓸고 지나가면서 이 마을에 상당한 피해를 입혔기 때문에, 어려움을 극복하기 위한 마을 차원의 대책으로 해석된다. 당진 고산에 사는 백성들도 동학을 겪은 이후 생활이 어려워졌다며 배결전(排結錢)을 감해 줄 것을 관에 호소하였다.[42] 또한 경필동(京筆洞)에 거주하는 임장신(任將臣) 댁 노(奴)는 동학 무리에게 조세와 소를 빼앗겼다며, 이를 추급(推給)해 준다면 세금을 납부하겠다고 밝혔다.[43]

이 시기 문제가 된 또 다른 사안은 동비로 형벌을 받아 사망한 이들에게 부과된 호포와 그들의 재산을 어떻게 처리할 것인가였다. 1894년 12월 22일에 범천 장대의 백성들은 동비로 사망한 이군좌(李君佐)의 집에 부과된 호포를 탈하해 줄 것을 요청하였다.[44] 같은 달 24일에 송산 탄우리의 이장은 동학의 수괴 김규학의 텅 빈 가대를 어떻게 처리할지에 대해 관에 방안을 문의하였다. 이에 박시순은 영칙(營勅)에 따라 척매(斥賣)하여 폐단을 보충하도록 지시하였다.[45] 동학으로 인한 피해자를 구제하고 파괴된 시설을 복원하며 뒷수습하는 데 막대한 공력이 투입되자, 당시 면·리 단위나 재회(齋會)의 임원 다수는 병을 핑계로 차정에서 벗어나고자 하였다.[46]

40 『사송록』 2, 1895년 4월 24일 邑內兪致福呈.

41 『사송록』 1, 1894년 12월 11일 甘泉筏峴居民報.

42 『사송록』 1, 1894년 12월 20일 唐津高山民人呈.

43 『사송록』 1, 1894년 12월 24일 京筆洞任將臣宅奴名呈.

44 『사송록』 1, 1894년 12월 22일 泛川場垈民人等呈.

45 『사송록』 1, 1894년 12월 24일 松山炭隅里長報.

46 『사송록』 1, 1894년 11월 20일 馬山都會長報; 1894년 11월 22일 泛川本里儒會所報; 1894년 11월 24일 德頭凡串李鳳求單; 1894년 11월 30일 德頭李龍求單.

동학 사태의 뒷수습은 소송의 심리(審理)에도 영향을 미쳤다. 일반적으로 채송은 농번기에는 심리하지 않는 것이 원칙이며 이를 정송(停訟)이라 하는데, 박시순은 채송의 사안이 동학과 연루된 경우에는 농번기에도 즉시 해결하고자 하였다. 1895년 5월 2일 승선에 사는 안호(安浩)는 중흥에 사는 김여성(金汝成)이 사위 강종화(姜鍾和)를 동원해 자신의 문권을 강탈했다고 아뢰었다. 이 사건에서 박시순은 "채송은 지금 거론하는 것이 불가하다. 그러나 비도(匪徒)를 끼고 억지로 문권을 빼앗으며 다반으로 행패를 부렸으니, 엄히 징계하지 않을 수가 없다. 이른바 김여성을 즉각 잡아 대령할 것."이라는 처분을 내렸다.[47] 이 제사에 근거하면 김여성의 사위 강종화가 비도, 즉 동학 무리이며 김여성이 동학의 위세를 빌려 안호의 문권을 강탈했음을 확인할 수 있다.

이후 5월 6일 안호는 다시 정소하는데, 이는 김여성에게 제사를 보여주었음에도 불구하고 그가 대령하지 않았기 때문이다. 이에 박시순은 다시 차사를 보내 김여성을 붙잡아 오도록 형리에게 명령했다.[48] 그러나 10일 뒤 김여성이 거주하는 중흥 월곡동에서 올라온 보고를 살펴보면, 김여성이 무고를 당해 억울하다는 내용이 확인된다. 중흥의 보고를 받은 박시순은 원고와 피고를 대질하여 옳고 그름을 가리면 간사함과 어리석음을 어찌 재단하지 못하겠냐며, 김여성을 기송(起送)하여 송체(訟體)가 올바른 방향으로 귀결될 수 있도록 하라고 지시하였다.[49] 현재 이 사건은 『사송록』에 제한된 내용만 남아 있으나, 당시 동학의 영향과 지역 현안을 보여주는 연속적인 사례로 평가할 수 있다.

김여성의 사례 외에도 당시 면천에서는 채무 관련 다툼과 산송 등이 빈번했으며, 특히 음식값의 미지급 문제가 자주 발생하였다. 음식값 추심 문

47 『사송록』 3, 1895년 5월 2일 升仙安浩呈.

48 『사송록』 3, 1895년 5월 6일 升仙安浩呈.

49 『사송록』 3, 1895년 5월 16일 中興月谷洞報.

제는 식가(食價), 식채(食債)를 추급해 달라는 내용으로, 단순히 음식값을 받아내는 수준을 넘어 소송으로까지 확대된 사례들이다. 예를 들어, 1895년 4월 7일 읍내에 사는 김금손(金今孫)은 마산에 사는 이치교(李致交)에게 식가를 추급해 줄 것을 요청하였다. 이에 대해 박시순은 이는 채송에 관계된 사안으로 청단(聽斷)할 수 없다며 소송을 물렸다.[50] 이는 해당 사안이 소송에 해당하므로 한쪽의 주장, 즉 김금손의 주장만 듣고 판결을 내릴 수 없다는 의미로 볼 수도 있고, 이 사안의 경우 식가를 추급해야 할 이치문이 마산에 살고 있었기 때문에 척재관(隻在官)인 마산관에 정소하라는 취지로 소송을 물린 것일 수도 있다. 이처럼 1895년 4월 한 달 동안에만 다섯 차례 음식값 추급 관련 문제가 관아에 접수되었는데, 이 중 이순칠(李順七)이 미지급자로 자주 거론되었다.[51] 사령 함성돌(咸成乭)과 안성돌(安成乭)은 이순칠에게 음식값, 술값 등 채전(債錢)을 추급해 줄 것을 관에 요청하였다. 박시순은 여러 차례 대질 심문을 진행했으나, 이순칠이 끝내 갚을 의사를 보이지 않자 인정(人情)상 더는 받아내기 어렵다고 판단하고, 관에서 직접 추급해 줄 수 있도록 이순칠을 잡아 대령할 것을 지시하였다. 이 과정에서 피해자였던 안성돌이 이기룡(李基龍)의 삼촌에게 음식값을 지급하지 못해 오히려 정소를 당하는 사례도 확인된다.[52]

『사송록』에서 자주 언급된 전답 소송을 살펴보면 주로 탈경(奪耕), 즉 농사철에 경작자를 바꾸는 과정에서 발생하였다. 탈경이 발생한 시기가 농번기와 겹치면서 갈등이 더욱 심화되었다. 실제로 1895년 4월 한 달 동안 박태수, 정순복, 이봉구, 이씨의 노 관득, 구씨의 노 한금이 각각 탈경과 관련된 사안으로 정소를 올렸다.[53] 이외에도 매득한 전답을 빼앗긴 사례

50 『사송록』 2, 1895년 4월 7일 邑底金今孫呈.

51 『사송록』 2, 1895년 4월 3일 使令咸成乭呈; 1895년 4월 20일 使令安成乭呈.

52 『사송록』 2, 1895년 4월 2일 馬山李基龍呈.

53 『사송록』 2, 1895년 4월 3일 馬山朴泰壽單; 1895년 4월 4일 竹林丁巡卜呈, 馬山李鳳九呈; 1895년

도 확인된다. 1895년 4월 19일 강치우(姜致祐)는 매득한 집터와 작답(作畓)을 마름에게 꼬투리 잡혀 빼앗겼다고 정소하였다.[54] 4월 27일에는 강문회(姜文會)가 본동에 거주하는 오배흥(吳培興)에게 전사(田舍)를 매득하였으나, 오배흥이 즉각 이사하지 않는다며 문제를 제기한 사례도 있다.[55] 전답 및 부세 관련 소송은 묘전(墓田)의 결복(結卜)에 관한 문제,[56] 매득한 논이 속공(屬公)된 사례,[57] 세미(稅米) 납부와 관련된 문제 등으로 다양하게 나타난다.[58]

산송 사례로는 유진용(兪鎭庸)과 유계문(兪啓文)의 사례를 먼저 살펴보겠다. 1895년 5월 3일에 유진용은 친족인 유계문이 선산을 팔아먹고 자신의 아버지를 구타한 일로 정소하였다.[59] 이튿날에도 유진용은 다시 정소를 올렸는데, 이는 유계문에게 제사를 보여주었음에도 불구하고 대령에 불응했기 때문이었다.[60] 유계문과 관련된 산송 사건에서 유학노(兪學老)가 1895년 5월 17일에 올린 단자도 주목된다. 유계문은 결국 친족을 구타한 죄로 옥에 수감된 것으로 보이며, 유학노는 그를 방송(放送)해 줄 것을 요청하였다.[61] 그러나 박시순은 "유계문이 범한 바가 구타 사건에만 국한되지 않으며, 10일 동안 세 건의 민장이 접수되었으므로 일반적인 사건으로 가볍게 벌할 수 없다."[62]고 강하게 유계문을 질책하였다. 당시 면천에서는

4월 7일 甘泉李奴官得呈; 1895년 4월 10일 孫洞具奴漢今呈.

54 『사송록』 2, 1895년 4월 19일 泛川姜致祐呈.

55 『사송록』 2, 1895년 4월 27일 竹林姜文會呈.

56 『사송록』 3, 1895년 5월 2일 洪州林禮煥呈唐津安元默呈; 1895년 5월 3일 淨界宋云學呈.

57 『사송록』 2, 1895년 4월 16일 洪州梧寺李奴奉達呈.

58 『사송록』 3, 1895년 5월 4일 洪州林禮煥呈.

59 『사송록』 3, 1895년 5월 3일 松山兪鎭庸呈.

60 『사송록』 3, 1895년 5월 5일 松山兪鎭庸呈.

61 『사송록』 3, 1895년 5월 17일 松山兪學老單.

62 1895년 5월 23일자 『사송록』 3에 송산에 사는 이도금(李道金)이 자신을 구타한 유계문의 방송을 요청하였다. 그러나 박시순은 유계문이 범한 바가 한두건이 아니므로 유계문이 자신의 죄를 순순히 인정한 후에야 마땅히 처분해 줄 것이라는 제사를 내려주었다.

타인이 몰래 무덤을 사용하는 데서 비롯된 산송뿐만 아니라, 유계문의 사례처럼 한 집안 내에서 묘소를 둘러싸고 구타와 같은 물리적 폭력이 발생하는 경우도 있었다.

이렇듯 산송에서 파생된 형사 사건 중에는 구타뿐 아니라 사적으로 주리를 틀고 금품을 갈취한 사례도 있었다. 1894년 12월 당진에 사는 박치서(朴致瑞)는 세 차례에 걸쳐 소지를 올렸다. 처음 박치서는 12월 8일에 온동(溫洞)에서 사는 이문경(李聞慶) 댁에서 자신의 선산 바로 앞에 장례를 치렀고, 산판의 송추(松楸)를 빼앗아 갔다고 정소하였다. 당시 박시순은 박치서의 주장이 사실인지 의심하였으나, 요즘 유명(儒名)이라 해도 제대로 행실하지 못하는 자가 적지 않으니 이문경의 행실 또한 믿을 수 없다며, 우선 이문경에게 제사를 보인 뒤에도 침범이 계속되면 엄히 처단하겠다고 처분하였다.[63] 그러나 14일에 박치서가 다시 올린 소지에 따르면, 이문경이 박치서의 아버지를 붙잡아 악형(惡刑)으로 주리를 틀고 억지로 돈 천 냥을 갈취했으며, 박치서 집안의 산에서 장례까지 치른 일이 발생하였다. 그동안 관망하던 태도를 취하던 박시순도 사태가 이 지경에 이르자 이문경 집안의 사내종이 사정을 잘 알 것이라 판단하고, 차사를 보내 잡아 가둔 후에 보고하도록 지시하였다.[64] 그럼에도 불구하고 해결의 기미가 보이지 않자 21일에 박치서 관련 산송 사건은 영제(營題)로 면천군에 도부(到付)되었다. 영문(營門)에서는 조사 후 보고하라는 지시를 내렸고, 면천군에서도 이씨 양반을 붙잡아 상세히 조사한 뒤 영문에 보고하겠다고 처분하였다.[65]

이상으로 동학을 중심으로 한 주요 사회적 갈등과 채무, 산송 등 경제적 갈등 상황을 살펴보았다. 이외에도 19세기 면천 지역에서는 다양한 부

63 『사송록』 1, 1894년 12월 8일 唐津高山居朴致瑞呈.

64 『사송록』 1, 1894년 12월 14일 唐津高山朴致瑞呈.

65 『사송록』 1, 1894년 12월 21일 唐津朴致瑞呈.

세 갈등이 존재하였다. 연호잡역 면제, 세금을 미곡(米穀)으로 납부하고자 하는 요청, 춘포(春布)·세미(稅米)·호포(戶布)·원징결·포액(砲額)의 탈하, 논의 도조(賭租), 시세전(市稅錢), 공호(空戶)와 신포(身砲)에 대한 탈포(頉布), 가난을 이유로 한 탈포, 부족한 원총(原摠), 마을의 결세 탈급, 억울하게 징수당한 결세, 포군답(砲軍畓)의 몰수, 흉년에 따른 조세 감면 등 다양한 부세의 감면 또는 면제를 요청한 사례가 다수 확인된다. 또한 역보전(驛保錢)을 엽전으로 지출하겠다며 부세의 납부 방식에 대해 청원한 경우도 있었다. 부세 관련 문제는 단순히 부세 자체에 국한되지 않고, 동학 관련 사안, 매매 문제, 행정 처리 등 다양한 요소와 결부되어 있었으며, 이를 포함한 부세 관련 갈등의 건수는 총 143건에 이를 정도로 주요 현안 과제였다.

당시 면천 지역의 백성들이 근거 없이 부세 탈하를 요청하지는 않았다. 자주 거론된 사유 중 하나는 화재였다. 1894년 12월 5일 송암에 사는 사기소 김영보(金永甫)는 자신의 집에 화재가 발생했으므로 공세(公稅)를 내년 가을로 연기하여 납부할 수 있게 해달라고 청원하였다.[66] 화재를 이유로 탈급을 직접 요청한 사례도 적지 않다. 1894년 12월 8일 송산면 초택리에 사는 회장은 본동에 거주하는 김 진사 댁에서 정월에 화재가 발생했다며 호포의 탈급을 요청하는 내용으로 보고하였다. 박시순은 김 진사 댁에서 더부살이한 지 얼마 되지 않았는데 화재를 당한 모습이 가련하다며 특별히 호포를 탈급해 주었다.[67] 같은 날 승선면 하가에 사는 윤씨의 노 만점(萬占)도 자신의 댁에서 실화(失火)로 인해 화재가 발생하여, 집을 빌려 협호(夾戶)로 살고 있으니 호포를 탈급해 줄 것을 청원하였다.[68]

66 『사송록』 1, 1894년 12월 5일 松岩沙器所金永甫呈.

67 『사송록』 1, 1894년 12월 8일 松山面草澤里會長報.

68 『사송록』 1, 1894년 12월 8일 升仙面下佳尹奴萬占呈. 윤씨의 노 만점의 요청에 대해 박시순은 가엽고 번민스럽지만 동중에서 상의하여 탈급하라며 같은 날 김 진사 댁과는 다른 뉘앙스의 처분을 내렸다.

이처럼 박시순은 동학의 뒷수습뿐만 아니라, 각종 부세 문제와 사회적·경제적 갈등을 조정하며 면천 지역에서 상당한 선정을 베풀었고, 그 공적은 지역 유림들에게 인정받았다. 이는 1895년 5월에 면천의 유생 심국경(沈國慶) 등이 법부대신에게 올린 단자를 통해 확인할 수 있다. 이 단자는 현재 함양박씨가, 즉 박시순의 가문에 전해지고 있으며, 박시순이 면천군수로 재임하던 시절에 이를 획득하여 가문에 전래한 것으로 보인다. 이는 단자의 내용과 면천군수로서 그의 행적이 밀접하게 연관되어 있기 때문이다.

『사송록』 3책 1895년 5월 28일자에 따르면 경내 유생들이 박시순의 치정을 비방한 김익수(金翊秀)를 법에 비추어 감단(勘斷)해 줄 것을 요청하는 단자를 면천군에 올렸다. 『사송록』에는 일반 백성들이 올리는 정소 내용이 압축적으로 기술되어 있어 이 내용만으로는 김익수가 박시순을 어떻게 비방했는지 알 수 없다. 다만 경내 유생들의 단자에 대한 박시순의 제사에 따르면, 자신이 만약 관정에서 백성들에게 신용을 받았다면 어찌 이런 비방이 있었겠냐며, 쪽문을 닫고 생각하며 인끈을 풀고 떠나는 것이 혹 스스로 속신하는 하나의 방법이 될 것이며, 유생들이 모여 이렇게 단자를 쓰는 행위는 크게 온당하지 못하다는 제사를 내렸다.

위의 『사송록』의 내용을 보완해 주는 것이 〈그림 3〉의 1895년 유생 심국경 등이 올린 단자이다.[69] 본래 면천군은 폐해가 많았는데 동요(東擾)를 겪으면서 모두 죽게 될 지경이었다. 이때 다행히 박시순이 선정을 베풀어 쇄마전(刷馬錢)을 탕감하고, 세납미(稅納米)는 가볍게 받으며 아전이 부당한 수단을 못 부리게 하고, 비도(匪徒)를 귀화시켜 편안히 살도록 하였다. 또한 장물(贓物)을 속공시켜 고르게 나누어 폐단을 구하고 예로써 노인을 봉양해 윤택하게 해주었으며, 초하루에 강예(講藝)를 마쳐 교화를 펼쳐 유생

69 〈한국고문서자료관〉.

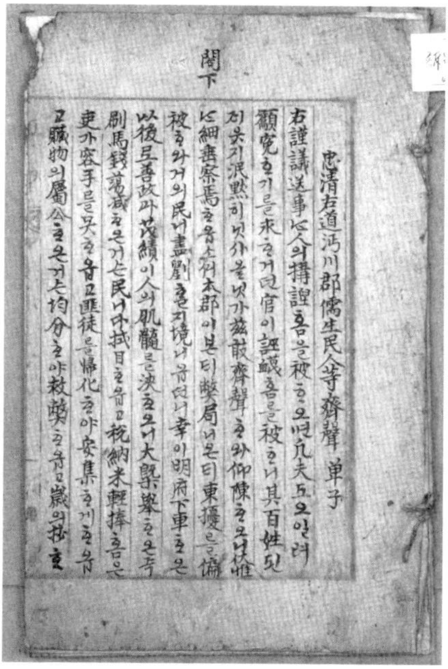

忠淸右道沔川郡儒生民人等齊聲 單子

閣下

그림 3 1895년 면천민인(沔川民人) 심국경 등 단자 일부

들을 홍기시켰고, 군기를 거두어 수선하고 관포(官砲)를 고쳐 미리 준비했으며, 교궁(校宮)을 고쳐 지붕을 잇고 해사(廨舍: 관청)를 고치는 등 동학 이후 각종 군기와 관청을 정비하고 민생을 살핀 덕택에 온 고을에서 칭송이 자자하였다. 그러나 본읍 송산면에 사는 김익수는 패악한 부류로 용서받지 못할 죄를 범한 자였다. 곧 비당(匪黨)에 들어가 전전 수령 이시일(李是鎰)을 협박해 4천 냥의 돈을 토색하고, 끝내 유회장(儒會長)이 되어 말을 타고 총과 창을 잡은 자 수십 인을 데리고 여리(閭里)에서 거리낌 없이 행동하여 사람들의 전곡(錢穀)과 우마(牛馬)와 의복, 패물, 그릇붙이, 소금, 쌀 등을 빼앗았다. 이에 1894년 12월에 박시순이 김익수를 잡아 가두어 죄를 다스렸으나, 평소 살리는 것을 좋아하는 박시순의 인정(仁政) 덕택에 김익수는 풀려나는 은택을 입었음에도 감사할 줄 모르고 원한을 품어 경향에 출몰하며 박시순에 관한 근거 없는 두 가지 소문을 퍼뜨렸다. 첫째, 박시

순이 몰수된 비류(匪類)의 재산을 탐낸다는 것이고, 둘째, 포가미(砲加米)를 사사로이 모은다는 것이다. 이에 면천군 14개 면의 대소민인(大小民人)이 모두 김익수의 죄상을 빨리 법대로 처치하여 풍속을 바르게 하고 기강을 세워 줄 것을 법부대신에게 요청하였다.

이 사례는 민장치부책 『사송록』과 비교하여 살펴볼 수 있는 연관 소지류(所志類)가 남아 있는 경우다. 『사송록』만으로는 자세히 알 수 없던 박시순이 겪은 구체적인 비방 내용을 확인할 수 있으며, 이러한 비방에 대응해 지역 유생들이 전개한 향론(鄕論)도 파악할 수 있다. 이와 관련한 김익수의 입장은 『사송록』 3책 5월 29일자 기록에서 확인된다. 김익수는 관가를 얽어매 자신이 경향에 출몰한 사실을 부인하였다. 하지만 박시순은 김익수가 동비에 가담해 관을 위협하고 유생을 핑계하여 백성들을 학대한 행위를 꾸짖고, 그의 터무니없는 거짓말은 관은 물론 온 동네의 유향에도 알려져 있다고 질책하며, 만일 사실을 밝히고자 한다면 유향(儒鄕)에 가서 말하라고 처분을 내렸다.[70]

한편, 『사송록』에서 19세기 말 면천에서 마을 단위로 제물을 차려 지낸 산신제를 확인할 수 있다. 1894년 12월 범천에서 고사(告祀)를, 1895년 4월에는 산제(山祭)를 행한 것으로 추정된다. 면천에서 지낸 고사와 산제의 구체적인 방식은 기록이 함축적이어서 정확히 파악하기 어렵다. 다만 관에서도 마을 제사가 거행되고 있음을 충분히 인지하고 있었으며 이 제사에서 제물로 양과 소가 사용되었다는 사실을 확인할 수 있다. 특히 박시순이 산제 때 사용한 소값을 즉시 수습해 농사에 지장이 없도록 조치한 점을 보면, 산제의 목적이 복과 풍년을 기원하기 위한 것이었음을 짐작할 수 있다.

70 『사송록』 3, 1895년 5월 29일 松山金翊秀單.

① 1894년 12월 22일

1. 범천 본리 백성 보고

본동 응봉에서 고사를 지내기 위해 전례로 양과 돼지를 갖춤으로써 정성을 다하는 일에 대한 내용.

제사

양으로 바꿔라.

② 1895년 4월 16일

1. 중흥 굴두 김은택 정소

저의 소를 가져가 보산(堡山)에서 제례(祭禮)를 지냈는데 소값을 받지 못한 일에 대한 내용.

제사

산에 제사를 지내는 것은 본래 신을 편안하게 하여 복을 기원하는 것이다. 그런데 지금 바로 제사 지낸 소값을 주지 않는다면 과연 신이 편안하겠는가? 즉시 수습하여 준비해 주어서 농사를 잃는 데 이르지 않도록 하라. 이장과 보장에게.

여기서 주목할 점은 이러한 복을 기원하는 산제가 미신으로 치부될 여지가 있음에도 불구하고, 관에서 적극적으로 민소의 해결을 돕고 있는 점이다. 1702년 제주목사로 부임한 이형상(李衡祥)은 제주도에 있었던 신당 129곳과 사찰 5곳을 훼철하며 풍속을 교화시키고자 하였다. 제주도가 바다로 둘러싸여 재앙을 막기 위해 음사(淫祀)가 자주 이루어졌는데, 무당들이 백성들을 속여 부리거나 수탈하는 일들이 있었기 때문이었다.[71]

물론 이형상과 박시순의 사례는 지리적으로도 시간적으로도 동떨어진 사례이며, 당시 면천군에서 이루어진 산신제의 주관자, 규모, 참여자를 명확히 파악하기 어려우므로 동일 선상에서 비교하기에는 어렵다. 다만, 당시 조선은 농업을 근본으로 하는 사회였으므로 농사에 요긴한 소를 함부로 도살하는 것을 금지하였고, 유학자였던 박시순이 미신의 성격이 강한 마을 공동체의 산신제에 큰 거부감을 보이지 않은 채 '복을 기원하는 행위' 자체를 긍정하며 암묵적으로 산제를 허락한 점은 주목할 만하다. 박시순은 중흥에서 지낸 산제에 소가 사용된 것에 대해 별다른 의문을 제기하지 않았고, 정소자 김은택 또한 주저함 없이 산제에 쓰인 소값을 달라고 요청하였다. 이는 면천관의 수령 박시순과 중흥 굴두에 사는 사람들 사이에 마을 제사와 관련하여 소 도살에 대한 암묵적 동의가 있었음을 보여주는 사례라고 할 수 있다. 추정컨대 이는 산제가 풍년과 마을 사람들의 평안을 기원하는 목적과 관련이 있어 예외적으로 처리한 것으로 보인다.

반면 다른 날인 1894년 12월 22일에 범천 평강동에서는 올해 소 도살을 허락해 달라고 면천관에 요청하나 박시순은 관령뿐 아니라 영칙에서도 거듭 소 도살을 엄히 금하였으므로 다시는 거론하지 말라고 지시하였다.[72] 또한 같은 해 12월 26일에 유 참판 댁의 노(柳參判宅 奴)가 제사에 소를 올리는 일로 정소하였는데, 관에서는 소 한 마리가 아까운 것은 아니나 영칙이 거듭 엄하니 시행할 수 없다며 양으로 바꾸어 제사를 지내라고 지시하였다.[73] 이처럼 당시 지역 안에서 지속적으로 소 도살을 요청하는 한편, 면천관과 감영에서는 이를 끊임없이 단속하는 모습이 확인된다.

박시순의 민소 처리 경향을 살펴보면 감영에서 내린 원칙을 준수하면서도, 목민관으로서 지역을 다스리는 데 있어 민생에 도움이 된다면 다소 괴이하게 보일 수 있는 일이라도 몸소 챙겼다. 『면불일기』 1895년 5월

71 이남옥, 「제주 목사 이형상의 풍속 교화와 폐정 개혁 정책」, 『국학연구』 47, 2022.

72 『사송록』 1, 1894년 12월 22일 泛川坪江洞報.

73 『사송록』 1, 1894년 12월 26일 泛川屯倉柳參判宅奴名呈.

23일자 일기를 보면, 서울에 괴이한 기운이 크게 일어나 죽은 사람이 많자 이웃 지역에서도 이따금 백성들이 염려하고 두려워하였다. 이에 박시순은 영탑사(靈塔寺)의 승려 월해(月海)에게 시켜 그 기운을 몰아내도록 석불에 빌게 하고 백성들에게 나눠줄 쌀을 관청에서 준비하도록 하였다. 또 좌수와 공형(公兄)에게 몽산(蒙山)에서 기제(祈祭)를 지내게 하여 백성을 구제하는 대책으로 삼았다. 박시순은 『사송록』에서 볼 수 있듯이 표재(俵災)와 같은 현실적인 대책을 강구[74]하는 한편, 신령의 감응을 통해 현안을 해결하고자 하였다.

이상 19세기 말 면천 지역의 현안인 동학의 뒷수습 과정과 지역에서 이루어진 마을 제사 사례처럼 『사송록』에서 당시 면천 안에서 나타난 고유한 민소 양상을 확인할 수 있다. 박시순은 지역 고유의 민소를 처리할 때 융통성을 발휘하면서도 감영에서 내린 영칙과 나라에서 내린 신식(新式)을 기본적으로 준수하고 이를 토대로 사안을 처리하였다. 예를 들어 1895년 4월 12일에 이도영(李道永)은 안남중(安南仲)이 핍장한 무덤을 독촉하여 파가게 해달라는 내용으로 정소하였다. 이에 대해서 박시순은 "안남중을 엄히 수금시키고 있으며, 산송에 관해서는 원전(原典)의 척량 외에는 청단(聽斷)하지 말라는 신식이 있으니 다시는 번거롭게 호소하지 말라."고 신식을 근거로 다소 미온적인 처분을 내렸다.[75]

그렇다고 해서 박시순이 수수방관하며 목민 업무를 소홀히 한 것은 아니었다. 박시순은 큰 기조를 따르면서도 면천군의 고질적인 폐단은 세밀히 살펴 지역의 문제점을 정확하게 파악하고자 노력하였다. 박시순이 생각한 면천군의 대표적 폐단은 원징(冤徵)이었다.[76] 박시순은 터무니없이

74 『사송록』 2, 1895년 4월 24일 升仙面長報; 1895년 5월 16일 淨界安龍仁等呈; 1895년 5월 20일 加禾面長報.

75 『사송록』 2, 1895년 4월 12일 海美李道永單.

76 이씨의 노 천금이 홍씨의 노 대춘에게 가대를 매득했는데, 원진결(元陳結) 5복 5속이 있는 일로

징수되는 원징이 민정(民情)을 정신없게 만든다고 생각하였다. 실제 『사송록』에서도 민소 중 가장 많은 비중을 차지하는 것이 부세 문제였으므로 박시순이 문제점을 정확히 인지하고 목민에 상당한 관심을 기울인 것으로 보인다.

그러나 박시순의 한계도 분명해 실질적인 문제 해결에서는 적극적으로 행동하지 못하였다. 부임 초였던 1894년 12월 6일 『면불일기』에는 박시순이 남창에서 환곡 봉납을 지켜보며 백성들이 끊임없이 조세를 납부하기 위해 오는 모습을 보고 민정이 순탄함을 파악하였다. 그러나 자신이 용렬하고 어리석어 그들의 바람을 충족시킬 수 없다며 심히 부끄러워하였다.[77] 또한 부세가 면천 지역의 백성들이 호소하는 가장 큰 문제임을 알면서도 이를 바로잡아 구할 계책이 없음을 괴로워하고 한탄하기만 하였다.[78]

『사송록』과 『면불일기』를 종합하면 박시순은 목민관으로서 자신이 할 수 있는 범위 안에서 민정을 해결하기 위해 노력하고 스스로를 돌아볼 줄 아는 인물이었다. 1895년 6월 1일자 일기를 보면, 저녁에 다불산에 기우제를 지내러 가는 길이 풀이 무성하고 매우 가팔랐다. 관예들이 견여(肩輿)를 메고 오르느라 땀을 비 오듯 흘리는데, 자신은 견여에 앉아 편안하다거나 불편하다고 말했던 일을 돌아보며 부끄러워하고 탄식하였다. 이는 관예들이 해야 할 업무이기는 하지만 그들의 노고를 헤아리고 마음을 쓰며 자신의 태도를 반성한 것이다. 이런 박시순의 자세는 민정을 처리할 때에도 상당히 반영되었다.

1894년 12월 28일에 토산에 사는 인공식(印公植)이 아우를 찾아 면천에 왔으나 난리를 당했고 또한 겨울옷조차 없으니 자신을 불쌍히 여겨 돌봐

감천면 면장이 한 보고에 박시순은 원징의 결세는 읍의 큰 병폐라고 짚었다. 『사송록』 3, 1895년 5월 24일.

77 충남대학교 한자문화연구소 역(2021), 앞의 책, 29쪽.

78 『사송록』 2, 1895년 4월 24일 松山方令眞呈.

달라고 정소하였다. 박시순은 객지에서 겨울을 나야 하는 그의 사정을 안타깝게 여겨, 약소하지만 전문 10냥을 준비하여 주도록 지시하였다.[79] 비슷한 사례로 집에 불이 나 머물 곳이 없던 송암 송평리에 사는 최호무(崔鎬武)에게는 본동(本洞)에서 집을 지어 머물러 살게 할 방도를 찾도록 지시하는 한편, 혹 이와 관련하여 작별해야 할 경우가 있다면 입지(立旨)를 성급하라고도 하였다.[80] 읍내 만지동의 최규동(崔癸東) 역시 비슷한 사안으로 주거 문제가 있어 정소하자, 3두의 쌀을 내려주면서 얼개로 만든 집에서나마 편안히 살 수 있는 방도가 있을지 동에서부터 두텁게 보조하라고 지시하였다.[81] 이처럼 박시순은 수령으로 재임하는 동안 지역의 민생 문제를 면밀히 파악하고, 자신이 할 수 있는 범위 안에서 19세기 말 면천 백성들의 민소 해결에 최선을 다하고자 하였다.

4. 맺음말

본 연구는 1894년 11월부터 1895년 5월까지 작성된 『사송록』의 자료를 통해 19세기 말 면천 지역의 민소 양상을 파악하는 데 목적이 있었다. 『사송록』은 면천군수를 지낸 박시순이 정리하여 남긴 민장치부책이다. 그러나 『사송록』은 전형적인 민장의 형태로 작성되어 백성들이 올린 소지의 전문을 확인하기 어려웠다. 이에 『면불일기』와 비교함으로써 당대의 민소를 살펴봤다. 이는 『면불일기』와 『사송록』이 모두 박시순이 면천군수를

79 『사송록』 2, 1894년 12월 28일 兎山印公植呈.

80 『사송록』 2, 1895년 4월 2일 松岩松坪里長報.

81 『사송록』 2, 1895년 4월 19일 邑內晩芝洞崔癸東呈.

지내면서 같은 시기에 작성한 자료이기에 가능했다.

『사송록』은 3책으로 구성되어 있으며 총 497건의 민소가 수록되었다. 이 당시 면천 지역의 백성들이 직면한 큰 어려움은 부세 문제였다. 그래서 『사송록』에는 부세 관련 문제로 143건의 정소가 실려 있다. 면천 지역민뿐 아니라 군수로서 박시순이 인식한 부세의 폐단 중 하나는 원징(寃徵)이었다. 그러나 이에 대한 뚜렷한 해결책은 제시하기 어려웠으므로 박시순은 민정의 가련함은 어쩔 수 없으나 왕세(王稅)는 소중하여 받지 않을 수가 없다고 반응하였다. 다만 상황에 따라서는 일정 부분 호포를 탈급해 주기도 하였고, 동중에서 충분히 의논하여 탈급해 주라는 처분을 내리기도 하였다. 이외에도 당시 여타 지역과 마찬가지로 면천도 동학의 피해를 입은 지역 중 하나였으므로 동학과 관련된 민소가 많이 접수되었다.

면천 지역의 백성들은 전체 298건의 정소 활동을 통해 해결해야 할 문제와 억울한 사정 등을 모두 아뢰었고, 박시순은 감영의 영칙과 나라에서 내린 신식에 근거하여 처분을 내렸다. 박시순은 국가의 큰 기조를 준수하면서 나름대로 면천군의 폐단을 고려하여 해결 방안을 모색하였다. 결론적으로는 당대 직면한 지역의 문제점에 대해 박시순이 뚜렷한 해결책을 제시하지 못한 한계점도 있었다. 그러나 지역의 현안을 파악하고 긍휼의 관점에서 민소를 해결해 주고자 노력한 점이 엿보인다.

참고문헌

『승정원일기』, 『면불일기』, 『사송록』.

고민정, 「19세기 강원도의 사회상 고찰을 위한 民狀置簿冊 기초 연구」, 『한국학논총』 55, 2021.

김선경, 「민장치부책을 통해서 본 조선시대의 재판제도」, 『역사연구』 1, 1992.

문준영, 「19세기 후반 지방사회에서 민소와 청송 실무: 전라도 영광군 민장치부책의 분석」, 『법학연구』 60-1, 2019.

시귀선, 「광무개혁기의 순창지방 향촌사회 연구」, 『전북사학』 19·20, 1997.

심재우, 「조선 후기 소송을 통해 본 법과 사회」, 『동양사학연구』 123, 2013.

심재우, 「조선 후기 충청도 연기지역의 민장과 갈등 양상」, 『한국학』 37-1, 2014.

심희기, 「19세기 조선의 민사집행의 실태」, 『고문서연구』 57, 2020.

유승희, 「18~19세기 목민서의 민소 처리와 민장 자료의 실태」, 『민족문화』 60, 2022.

이남옥, 「제주 목사 이형상의 풍속 교화와 폐정 개혁 정책」, 『국학연구』 47, 2022.

이유진, 「19세기 말 김산군 백성들의 삶과 갈등: 1896년 민장치부책 분석」, 『법사학연구』 65, 2022.

임실문화원 역, 『국역 구한말 郡守 朴始淳 日記: 운불일기, 민소책, 관지책』, 임실문화원, 2017.

임현정, 「박시순의 『沔紱日記』 연구」, 『한문고전연구』 41-1, 2020.

전진명, 「대한제국기 임실군수 박시순의 관직일기와 고문서에 대한 고찰」, 『고문서연구』 64, 2024.

정승진, 「靈光 『民狀置簿冊』의 분석」, 『동방학지』 113, 2001.

채임석, 「19세기 말 任實郡의 邑政 운영과 結戶錢制 시행: 임실군수 朴始淳家 소장 자료를 중심으로」, 고려대학교 석사학위논문, 2024.

충남대학교 한자문화연구소 역, 『면불일기: 면천 군수로 부임한 1894년 11월 12일부터 276일 간의 일기』, 당진문화원, 2021.

한상권, 「갑오개혁(1894) 이후 민장의 양식과 성격: 1897년 경상북도 김산군 민장을 중심으로」, 『고전번역연구』 14, 2023.

〈한국고문서자료관〉(archive.aks.ac.kr).
〈장서각 기록유산 DB〉(jsg.aks.ac.kr/vj).

조선메돌협회의 미터법 선전과 근대 재봉에서 도량형의 변화

김윤희

1. 머리말

전근대 의생활에서 직물 길이를 측정하기 위해 사용된 대표적인 도량형기는 포백척(布帛尺)이다. 포백척은 의복 제작을 위한 직물 계측뿐만 아니라, 재화(財貨)로서 납부된 무명과 삼베의 길이를 잴 때도 활용되었다. 이에 따라 국가에서는 표준척(標準尺)을 마련하여 1척의 길이를 정립하고자 하였다. 그러나 국가가 공인한 표준척과 별개로 지역과 직물에 따라 포백척의 종류가 다양하게 분화하였다. 특히 공납용 직물은 가내수공업으로 제작되었고, 이때 길이를 재는 도구는 사척(私尺)인 침척(針尺)을 사용하였다.[1] 정리하면, 직물 구입과 공납품 점검에는 포백척을 사용하고, 가정에

* 이 글은 김윤희, 조선메돌협회의 미터법 선전과 근대 재봉에서 도량형의 변화」, 『비교민속학』 82(2025), 87~121쪽을 수정·보완한 것이다.

서 재봉하거나 제직한 직물을 측정할 때는 침척을 사용하는 등 활용처와 목적에 따라 각기 다른 도량형기를 활용했다.

직물이라는 특정 품목의 계측에 두 가지 도량형기가 사용되었던 것처럼, 전근대 사회에서는 길이·부피·무게를 재는 도량형기로 표준형인 관제(官製)와 개별 제작되는 사제(私製)가 혼용되어 사회적 혼란이 초래되기도 했다. 이로 인해 도량형 통일은 시대와 국가를 막론하고 중요한 사안이었고, 대한제국 역시 근대화 정책을 펼치며 도량형제도를 개혁하였다. 1902년(광무 6)에 평식원(平式院)을 중심으로 「도량형규칙(度量衡規則)」을 마련하고, 1905년(광무 9)에 대한제국 법률 제1호로 「도량형법(度量衡法)」이 제정되었다.[2] 「도량형법」은 일본의 재래식 도량형기인 곡척(曲尺)을 기준으로 삼으며, 미터법과 야드-파운드법을 함께 사용하도록 하여 외국 도량형제도의 공식적인 활용을 추진하였다.

'메-돌(メートル)', '미돌(米突)'이라고 칭하는 미터법은 20세기 극초반에 유입되었으나, 1926년 조선총독부에서 「조선도량형령(朝鮮度量衡令)」을 공포할 때까지 전면적으로 활용되지 못하고 재래식과 외래식 도량형이 혼재하는 상황이 빚어졌다. 1926년 이후 미터법 선전이 본격화되면서 식산국(殖産局) 산하의 조선메돌협회(朝鮮メートル協會)가 인쇄물 발간과 지식 보급에 앞장섰다. 척관법(尺貫法)에 대한 미터법 환산이 이루어지면서 측량 단위의 기준을 확립하였고, 이를 보편적 상식으로 확장하고자 하였다. 그러나 일제강점기에도 미터법 보급과 정착은 이루어지지 못했고, 결국 광복 이후인 1959년 미터조약 가입과 1961년 「계량에 관한 법률」 제정으로 미터법이 법정 기준 측량 단위로 확정되었다.

1 朝鮮駐箚憲兵隊司令部, 『朝鮮社會考』, 文星社, 1912, 31쪽.

2 『관보』 1902년 10월 21일 호외 1, 「度量衡規則」; 『관보』 1905년 3월 29일 부록 1, 「度量衡法」; 송혜영, 「韓末 度量衡制 硏究」, 부산대학교 석사학위논문, 2011, 61~72쪽; 이종봉, 『한국 도량형사』, 소명출판, 2016, 260~282쪽.

근대기 도량형제도의 변화는 여러 차례 연구되어 왔으며, 특히 세 차례에 걸친 도량형 개정 과정과 이를 둘러싼 제도사적 논의의 성과가 축적되어 있다.[3] 선행연구에서는 시기별 도량형제도를 검토하고, 법령 제정의 배경과 선후 제도와의 관계를 살펴보았으며, 일본인 조사보고서와 신문 기사를 통해 생활에서의 활용 양상을 대조하였다. 그러나 미터법 보급을 위한 선전활동과 선전물 분석을 주제로 한 연구는 상대적으로 드물다. 특히 관변단체로서 근대 초기 미터법 적용을 위한 기초자료를 만들고 선전에 참여하였던 조선메돌협회에 관한 연구는 거의 이루어지지 않았다.

이 글은 부여 가곡 함양박씨 고문서 중 조선메돌협회에서 1927년에 간행한 『최신메돌법요람』을 분석하여, 일제강점기 미터법 선전과 의생활 영역에서의 도량형 기준 변화를 살펴보고자 한다. 먼저 근대 미터법 선전에 적극 참여한 조선메돌협회의 활동을 정리하고, 언문판과 일문판으로 동시에 간행된 『최신메돌법요람』의 내용을 비교 검토한다. 특히 화복(和服)과 조선복(朝鮮服)[4] 제작과 관련하여 도량형 체계와 정보 전달 방식을 중심으로 한일 양국의 재봉 특성과 문화적 차이를 분석한다. 다음으로, 의양단자, 재봉교습서, 잡지·신문 등을 활용하여 근대 재봉에서 길이의 기준 단위가 척관법에서 미터법으로 전환되어 가는 과정을 고찰할 것이다. 이를 통해 일제강점기 미터법 보급을 위한 단체의 활동을 파악하고, 근대기 의생활에서 도량형의 병용과 미터법이 계측 기준으로 자리 잡아 가는 양상을 확인하고자 한다.

3 이규철·전봉희, 「개화기 근대적 度量衡의 도입과 尺度 단위의 변화」, 『대한건축학회논문집』 25(11), 대한건축학회, 2009; 송혜영(2011), 앞의 글; 이종봉, 「日帝 强占期 度量衡制의 운용 양상」, 『한국민족문화』 57, 2015; 이종봉, 「韓末 度量衡制의 개혁과 성격」, 『석당논총』 64, 2016; 이종봉(2016), 앞의 책.

4 개항 이후 문물 유입에 따라 의복이 다양해지면서 각각의 의복을 구분할 때 해당 문화의 정체성을 담은 접두사를 붙였다. 일제강점기에 한국인이 착용하는 의복은 '조선복', 한복 바느질은 '선재(鮮裁)', 한복 재봉도구로 길이를 측정하는 도구는 '조선척(朝鮮尺)'으로 일컬어졌다. 이 글은 일제강점기를 연구 시기로 상정하고 있으므로, 시대적 용어를 활용하여 '한복'을 '조선복'이라 칭하였다.

2. 조선메돌협회의 활동과 『최신메돌법요람』 간행

1) 조선메돌협회의 설립 배경과 주요 활동

조선메돌협회는 1923년 개최된 전조선도량형대회(全朝鮮度量衡大會)를 계기로 발족했다. 협회의 발족 배경을 살피기 위해서는 일본의 미터법 도입과 도량형대회에 관해 확인할 필요가 있다. 일본은 1881년(명치 14) 도량형 사무 담당 기관을 농상무성(農商務省) 권도과(權度課)로 이관하고, 1886년(명치 19)에 미터조약에 가입한 이듬해부터 도량형법 제정을 기획하며, 1891년(명치 24)에 법률 제3호 「도량형법(度量衡法)」을 제정하여 척관법과 미터법을 병용하였고, 1924년(대정 13)에 개정법이 시행되며 미터법으로 전환하였다.[5] 1922년에 오사카계량전람회(大阪計量博覽會)를 계기로 전국도량형대회가 개최되었으며, 참석자 1,500명의 만장일치로 만국도량형 행정통일과 만국도량형기념일을 4월 1일로 설정하는 두 가지 의안이 가결되었다.[6] 이듬해인 1923년에는 조선부업품공진회를 계기로 전조선도량형대회가 개최되어, 도량형기 위탁판매업자를 비롯하여 식산국장 등 관계자 100여 명이 참석하였다. 이 대회에서 도량형협회 설립 건이 가결됨으로써 '조선도량형협회'라고도 일컬어지는 조선메돌협회가 출범하였다.

조선메돌협회는 경성부 용산원정 1정목(京城府龍山元町一町目)에 위치한 조선총독부 식산국 상공과(商工課)에 사무소를 두었다. 식산국 상공과 용산분실에는 1926년 「조선도량형령」 제정에 맞춰 도량형기 제작과 점검을

5 이종봉(2016), 앞의 글, 187쪽; 이종봉(2015), 앞의 글, 16~17쪽.

6 『동아일보』(1922.4.15), 「日本度量衡大會」.

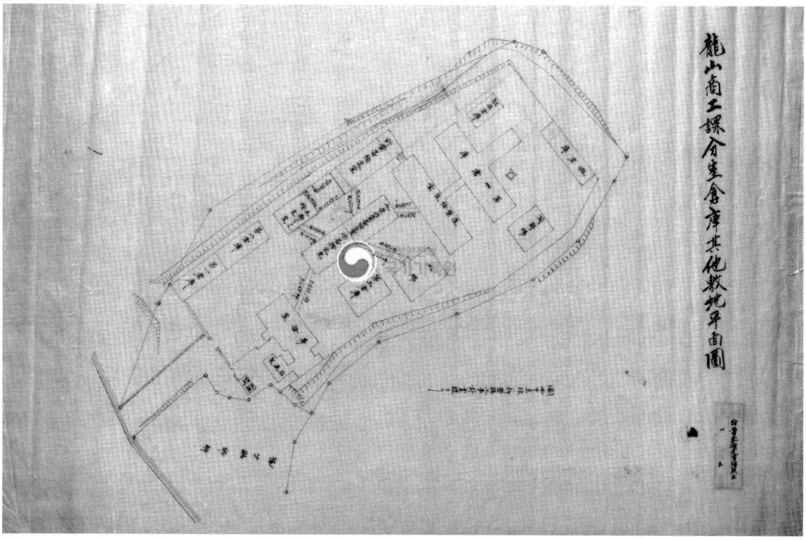

그림 1 조선총독부 식산국 상공과 용산분실 평면도 1926년, 국가기록원 소장

그림 2 조선메돌협회 선전물의 이등상행 광고문, 『最新メートル法要覽』(1927) 뒤표지

실시하는 주요 시설이 밀집하였다.[7] 부지 내에 화학용량기검정실(化學用量器檢定室), 형기검정실(衡器檢定室), 도량검정실(度量檢定室), 계량기검정실(計量器檢定室), 가스미터검정실(瓦斯メートル檢定室) 등을 배치하여 분야별로 업무가 이루어졌다.(그림 1)

조선메돌협회의 초대 회장은 이토 오지로(伊藤大次郞, 1874~?)였다. 『조선공로자명감(朝鮮功勞者銘鑑)』에는 1909년(명치 42)에 한국 정부 초청으로 조선으로 건너와 1920년까지 상공과에서 근무하고, 이후 이등상행(伊藤商行)을 설립하여 도량형기 제작과 판매에 종사하며 조선계량기주식회사(朝鮮計量器株式會社) 사장, 이등상행 대표, 조선도량형협회장으로 활동한 이력을 소개하고 있다.[8](그림 2) 즉 이토 오지로는 식산국 산하의 실무 관계자였으며, 도량형기 위탁판매업자로 활동하여 미터법의 실제 적용과 관련된 문제를 이해하는 인물이었다. 따라서 협회의 정책을 실행하는 데 효율성이 높으며, 도량형기 보급과 관계된 이해관계자와 소통을 원활히 할 수 있는 이토 오지로에게 협회장을 맡겨 미터법의 보급과 성과를 극대화하려는 전략적 선택을 했다고 볼 수 있다. 이토 오지로는 1935년경까지 장기간 연임하였고,[9] 1940년경 카다 나오지(賀田直治)가 협회장으로 재직하였다.[10]

조선총독부는 1926년 3월 1일에 「조선도량형령」을 제정하고, 만국도량형기념일인 4월 1일을 시행일자로 삼았다. 이어 개정된 도량형제도를 5년 동안 점진적으로 보급하여 "한국시대의 도량형기"[11]를 미터법에 맞춰

7 조선총독부는 도량형의 효율적 관리를 위해 종래의 도량형 사무를 기술과 사무로 분할하여, 사무는 본부 상공과 내에서 담당하고 기술은 상공과 용산분실에 두었다. 초기에 직원은 양쪽으로 나뉘어 소속되었으나, 업무상 효율적 관리를 위해 1910년 중반 이후 용산 상공과 분실에서 도량형 직무를 담당하게 되었다. 이종봉(2016), 앞의 책, 308쪽 참조.

8 民衆時論社朝鮮功勞者銘鑑刊行會, 『朝鮮功勞者銘鑑』, 民衆時論社朝鮮功勞者銘鑑刊行會, 1935, 604~605쪽.

9 品川舜一, 『朝鮮度量衡通解』(朝鮮度量衡協會, 1935), 서문 참조.

10 朝鮮度量衡協會, 『計量指計』(朝鮮度量衡協會, 1940), 서문 참조.

11 『동아일보』(1926.1.31), 「米突法 四月부터 實施」.

변경하는 계획을 수립하였다. 「조선도량형령」 시행에 따라 식산국 상공과 산하의 조선메돌협회가 미터법 보급에 앞장섰다.

1926년 4월 12일에 경성의 중앙번영회는 일반인과 상업계 종사자를 대상으로 미터법을 이해시키고자 종로중앙청년회관에서 '미돌법 강연(米突法講演)'을 무료로 개최하였다. 해당 강연회에서 조선메돌협회가 제작한 『계량환산기비교표(計量換算器比較表)』를 5전에 판매하였다.[12] 강연자로 참석한 양재창(梁在昶)과 이용훈(李容薰)이 각각 미터법과 도량형기에 대해 대중 강연을 펼쳤다. 도량형기 강연자인 이용훈은 본 연구의 분석 자료이자 후술할 『최신메돌법요람』 언문판의 교열자이다.

조선메돌협회는 1926년 11월 13일부터 22일까지 열흘 동안 미터법을 선전하기 위해 경성 본정의 삼월오복점(三越吳服店, 미츠코시백화점의 전신) 누상(樓上)에서 '미돌도량형전람회(米突度量衡展覽會)'를 주최하였다.[13](그림 3) 일제강점기에 조선총독부는 경제적·사회적 구조를 일본의 체제에 통합하려는 다양한 시책을 추진하였는데, 그중 하나가 도량형 정착과 확산이었다. 따라서 경성부는 미터법 연구 성과를 홍보하고 도량형기를 판매하기 위해 추가 예산을 편성하여 미돌도량형전람회를 후원하며,[14] 총독부의 시책을 지원하고 경제적 통합을 강화하는 데 뒷받침하였다.

근대의 전람회는 대중 홍보 전략으로 활용되었으므로, 미터법의 점진적 보급이라는 초기 목표에 따라 '미돌전람회'가 지속적으로 개최되었다. 1927년에는 경성부·총독부·경기도·경성상업회의소·조선메돌협회가 연합하여 10월 13일부터 일주일간 왜성대상품진열관(倭城臺商品陳列館)에서 '경성생산품품평회'와 '메돌전람회'를 동시에 개최하였다. 해당 전람회에

12 『조선일보』(1926.4.9), 「米突法 實施와 講演」; 『조선일보』(1926.4.13), 「中央繁榮會 米突法講演會」.

13 『조선일보』(1926.11.17), 「米突展覽會」; 『동아일보』(1926.11.17), 「米突度量衡展覽會」.

14 『조선일보』(1926.11.11), 「府協議會 開催」.

그림 3 1926년 미돌도량형전람회 전시 광경, 『조선일보』(1926.11.17)

그림 4 미터법 실시 선전지 배포 광경, 『조선일보』(1928.4.2)

서는 도량형기와 관련 기구를 진열하고, 미터법 참고 자료를 전시하며, 표어를 모집하는 활동이 있었다.[15] 이후 미돌전람회는 지방으로 확산하여 1928년에는 평양부, 1931년에는 진남포부, 1932년에는 황해도 안악군과 장연군 주최로 지역 행사와 함께 실시되었다.

그중 표어 제작은 초대 전람회부터 실시된 학생 대상의 미터법 보급 진흥책이었다. 전국의 소학교, 보통학교 생도를 대상으로 '메돌'과 관련된 동요·동화 현상 대회를 진행하여 조기 교육과 함께 가정과 학교의 협력을 강조하며 사회적 책임감을 함양하였다.[16] 미터법 선전이 교육 영역으로 확산되어 개인의 참여와 관심을 유도하기 위해 중등학교 시험문제를 응용한 메돌법 현상 모집 문제를 삐라로 배포하여 답안을 모집하는 대대적인 선전이 이루어졌다. 1931년 조선메돌협회는 미터법 실시 5주년을 기념하여 도량형과 관련된 다섯 가지 문제를 제출하여 일명 '메돌데이'로 칭해지는 4월 1일에 결과 발표를 예정하였다.

15 『동아일보』(1927.9.7), 「京城生產品品評會 米突展覽과 同時」; 『조선일보』(1927.10.13), 「메-돌展覽會 生產品品評會」.

16 『조선일보』(1926.11.2), 「메돌展覽會 開催」.

〈자료 1〉 조선메돌협회의 미터법 실시 5주년 기념 현상 모집 문제

가. 섭씨 4도 1리터의 순수한 물의 무게는 얼마인가?

나. 미터법의 기본 단위 약자(영문, 일문 포함)를 기록하라.

다. 국유 철도의 수하물 무료 수송 제한 중량을 각 등급별로 기록하라.

라. 1종 우편물은 몇 그램까지 3전인가?

마. 조선의 면적을 미터법으로 기록하라.[17]

당시 제출한 다섯 가지 문제는 도량형의 기본 상식인 단위 명칭, 철도국과 체신국을 이용할 때 활용할 수 있는 생활상의 도량형, 국가의 면적을 미터법으로 기재하는 민족성을 고취하는 질문 등을 담고 있다. 현상 모집은 도량형 관계자 또는 관리자를 제외하고 일반인을 대상으로 하여 대중의 미터법 고양 정도를 파악하고 적극적인 참여를 유도하여 미터법 보급을 확대하고자 하는 선전의 일종으로 활용되었다.

이 밖에도 다양한 지역과 계층을 상대로 즉각적인 메시지를 전달할 때는 삐라(전단지)가 활용되었다. 1927년 8월에는 총독부·경성곡물협회가 되[升]와 자[尺]를 폐지하고 미터법을 실시한다는 내용을 담아 삐라 수만 장을 제작하여 부내 각 소학교 생도를 통해 관내 곳곳에 살포하도록 하고, 자동차 여러 대를 활용해 대대적인 선전을 실시했다.[18] 1928년 4월 1일에는 미터법 실시 1주년을 기념하여 조선메돌협회와 경성부 내 도량형기 위탁판매자가 협의하여 "부억(부엌)의 개선은 먼저 계량부터", "갑짝기(갑깎기) 보다는 근수에 주의(하)라"는 표어를 담은 선전지 10만 장을 인쇄하였고,

17 『조선일보』(1931.3.15), 「메-돌法 懸賞 募集」.

18 『조선일보』(1927.7.30), 「八月一日부터 尺斤 廢止 米突法을 實施」. 초기 미터법은 곡물 판매에 먼저 적용되었는데, 기존의 말[斗]과 되[升]를 사용하는 관습으로 인해 '킬로그램 판매'가 이루어지지 않자, 1928년에 이용훈은 『동아일보』 대담문에서 미곡은 습열(濕熱)에 따라 팽창하는 성질이 있으므로 무게를 책정하여 매매하는 것이 변동이 없다고 하여 미터법 계량에 대한 효용성을 역설했다. 『동아일보』(1928.12.22), 「漸次로 使用되는 米突計量方法」.

붉은 저고리를 착용한 선전대로 하여금 배포하도록 하였다.[19](그림 4) 조선메돌협회에서 제작한 선전 삐라에는 표어 외에도 생활상 유용한 정보인 '메돌 조견표'가 수록되었으며, 도량형기 위탁판매자 24곳에 2,400매를 배포하고 선착순 100명의 방문객에게 분배하도록 하였다.[20]

이러한 미터법 기본 지식과 정보를 보급하는 일선에서는 조선메돌협회의 초기 선전물 제작이 중요한 역할을 하였다. 상술하였듯이 1926년 4월 1일 메돌법이 실시된 이후 약 열흘 뒤에 개최된 강연회에서 조선메돌협회는 『계량환산기비교표』를 판매했다. 1927년에는 언문과 일문으로 작성한 『최신메돌법요람』을 각각 간행하였다. 같은 해 김종록(金鍾祿)이 저술한 『메돌법대요(메-돌法大要)』가 언문으로 간행되었고, 현재로서는 소장처를 확인할 수 없으나 『메돌법 환산표(メートル法換算表)』와 『경편 메돌 조견표(輕便メートル早見表)』도 1927년경 간행된 것으로 파악된다.(표 1)

조선메돌협회의 초기 선전물은 크게 세 가지 종류로 구분된다. 첫째, 재래식 도량형을 미터법으로 전환할 때 수치의 변화를 정리한 환산표인 선-①, 선-⑤, 선-⑥이 있다. 둘째, 미터법에 대한 지식과 운용 방법을 조사 연구한 보고서인 선-④가 있다. 셋째, 미터법 보급을 위해 간략한 미터법 지식과 환산표를 수록하여 요점만 정리한 선-②, 선-③이 있다. 이 글의 분석 자료인 『최신메돌법요람』은 세 번째 항목에 해당하며, 저술 성격과 내용 구성으로 볼 때 미터법 이해를 위한 핵심 요약본으로 볼 수 있다.

후기 선전물은 3종을 파악하였으며, 내용은 미터법에 대한 이해를 돕는 보고서, 도량형기의 종류에 따라 구분하여 소재, 총길이, 눈금 간격, 판매 가격을 정리한 목록, 도량형기의 도판과 작동 원리 등을 주제로 하였다. 초기 미터법 선전물이 주로 보급과 대중 교육에 목적을 두었다면, 후기 선

19 『동아일보』(1928.4.1), 「米突法宣傳」.

20 『동아일보』(1931.4.4), 「米突法宣傳」.

표 1 조선메돌협회의 선전물 목록

구분	간행연도	서명	저자/교열	발행소	현 소장처	비고
선-①	1926년	計量換算器比較表	-	朝鮮メートル協會	-	-
선-②	1927년	最新메-돌法要覽	岡崎茂樹/李容薰	朝鮮メートル協會	한국학중앙연구원 장서각	언문
선-③	1927년	最新メートル法要覽	岡崎茂樹/太田脩	朝鮮メートル協會	남산도서관	일문
선-④	1927년	메-돌法大要	金鍾祿	朝鮮メートル協會	한국학중앙연구원 도서관 서울시립대 도서관 연세대 학술문화처 도서관 전북대 중앙도서관	언문
선-⑤	1927년경	メートル法換算表	-	朝鮮メートル協會	-	-
선-⑥	1927년경	輕便メートル早見表	-	朝鮮メートル協會	-	-
선-⑦	1935년	朝鮮度量衡通解	品川舜一	朝鮮度量衡協會	국립중앙도서관 건국대 상허기념도서관 고려대 과학도서관 전남대 중앙도서관	일문
선-⑧	1936년	朝鮮總督府 度量衡器·衡器修覆材料·計量器 價格表	朝鮮度量衡協會	朝鮮度量衡協會	국립중앙도서관	일문
선-⑨	1940년	計量指針	朝鮮度量衡協會	朝鮮度量衡協會	국립중앙도서관 서울대 중앙도서관 경북대 중앙도서관 영남대 도서관	일문

전물은 미터법의 정착과 활용을 촉진하고 과학적·경제적 효율성을 부각한 것으로 구분된다.

이와 같은 조선메돌협회의 선전활동에도 불구하고 일제강점기 미터법 정착 성과는 미미하였다. 근대 미터법 정착 실패의 원인은 제도적 미비와 생활 관습의 복합적 문제로 볼 수 있다. 당시 미터법은 강제나 처벌보다 홍보와 계몽 중심으로 시행되어 법적 제재가 강하지 않았다. 아울러 근대 도량형법은 일본의 곡척을 기준으로 하여, 이후 곡척이나 경척 등 일본식 척관법은 신문과 생활 자료에서도 자주 등장하였다. 반면 미터 단위는 단독으로 쓰인 사례도 있었으나, 척관법이 병기되어 수치를 가늠할 수 있는 장치를 보조하였다. 이는 조선 사회가 기존의 척관법 체계에 익숙하여 척단위의 길이 변화는 수용할 수 있었으나, 언어나 신체 감각과 완전히 단절된 외래 단위인 미터는 일상 감각의 틀 안에서 받아들이기 어려웠던 것으로 판단된다.

광복 이후인 1946년에도 그 이전 20여 년 동안 미터법 보급을 위해 실행했던 재래식 도량형 금지와 미터법 사용 강조가 반복되었다. 현재 행정자치부 국가기록원에서는 미터법이 정착된 배경을 1964년 '미터법 통일 운동'으로 보고 있으며, 미터법 사용이 전면 실시되면서 도량 단위의 통일이 본격적으로 추진된 결과로 설명하고 있다.[21]

2) 『최신메돌법요람』의 언문판과 일문판 분석

『최신메돌법요람』 언문판은 1927년(소화 2)에 오카자키 시게키(岡崎茂樹)가 저술하고 조선메돌협회에서 간행한 미터법 핵심 요약본이다. 조선메돌협회는 1927년 6월 11일에 조선어판(이하 '언문판')과 일문판을 동시에 발행하고, 조선인쇄주식회사에서 인쇄하였다. 서지사항을 보면, 언문판은 정가 35전(錢)으로 조선총독부 기수(技手)였던 이용훈이 교열에 참여하였고, 일문판은 정가 40전으로 조선총독부 도량형 주임인 오오타 오사무(太田脩)가 교열에 참여했다. 현전하는 『最新메-돌法要覽』은 부여 가곡 함양박씨 구당 박세영 종가에서 한국학중앙연구원 장서각에 기탁한 고문서 1종, 『最新メートル法要覽』은 남산도서관 소장본 1종이 유일한 것으로 확인된다.[22](표 2)

『최신메돌법요람』 언문판과 일문판 말미에는 다른 언어로 된 『최신메돌법요람』 외에도 『메돌법 환산표』(25전), 『경편 메돌 조견표』(8전) 3종의

21 행정자치부 보도자료(2016.1.19), 「1964년 미터법 전면실시로 도량형 통일되다」.

22 국립중앙도서관, 전국박물관소장품, RISS, 서울대학교 규장각한국학연구원, 한국학중앙연구원 장서각 등 5곳의 홈페이지 검색을 통해 문헌 소장 상황을 파악하였다.

표 2 조선메돌협회의 미터법 핵심 요약본 서지사항

구분	초판 간행	서명	저자	교열자	출판사	발행소	정가	면수	소장처
언문판	1927.6.11.	最新메-돌法要覽	岡崎茂樹	李容薰	朝鮮印刷株式會社	朝鮮メートル協會	35錢	78면	한국학중앙연구원 장서각
일문판	1927.6.11.	最新メートル法要覽	岡崎茂樹	太田脩	朝鮮印刷株式會社	朝鮮メートル協會	40錢	78면	남산도서관

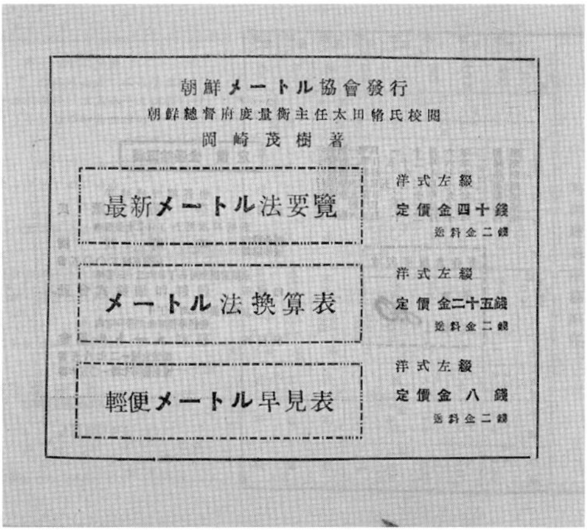

그림 5 조선메돌협회의 메돌법 인쇄물 광고문, 『최신메돌법요람』(언문판), 59쪽, 한국학중앙연구원 장서각 소장

그림 6 『최신메돌법요람』(일문판) 광고문, 『경성일보』(1929.4.1), 4면

홍보 지면을 마련하고 있다. 환산표와 조견표는 소장처를 확인할 수 없으나, 가격이 각각 25전과 8전으로 책정된 것으로 미루어 볼 때 요람류에 비해 내용이 소략하거나 분량이 적은 것으로 추정된다.(그림 5) 1929년 4월 1일자 『경성일보』는 미터법 실시 3주년을 기념하는 특집호로 간행되었다. 그중 광고란에는 『최신메돌법요람』(일문판) 표지를 포함해 일문판을 중심으로 핵심 요약본을 홍보하고 있으며, 작성 언어에 따라 "내지문(內地文)"과 "언문(諺文)"으로 분류하고 있다.(그림 6)

『최신메돌법요람』 일문판의 표지 구성은 중심에 날개 달린 여성이 지구를 들어 올리는 도판이 삽입되어 있으며, 사방에는 좌우상하 순서대로

그림 7 『최신메돌법요람』(언문판) 표지, 1927, 한국학중앙연구원 장서각 소장

그림 8 『최신메돌법요람』(일문판) 표지, 1927, 남산도서관 소장

"一미리메-돌, 二미리메-돌, 五미리메-돌, 一센지메-돌"의 눈금을 표시하여 1mm, 2mm, 5mm, 1cm 네 종류의 척도를 제시하고 있다. 이는 언문판 표지에도 동일하게 적용되어, 자의 눈금과 중앙 삽화는 흑색이고, 서명과 눈금별 안내 문구는 홍색으로 인쇄되었다. 자료의 크기는 15.3×11cm, 전체 면수는 78면으로 손바닥만큼 작고 얇은 서적이다.(그림 7, 8)

언문판의 구성은 제자(題字), 서문, 목차, 본문, 서지사항으로 이루어져 있으며, 근대 인쇄물의 특징으로 표지의 앞뒷면에 광고가 포함되어 있다. 제자(題字)는 6건으로 조선총독 사이토 마코토(齊藤實, 1858~1936), 전 조선총독대리 우가키 가즈시게(宇垣一成, 1868~1956), 전 상공대신 후지사와 이쿠노스케(藤澤幾之輔, 1859~1940), 조선총독부 정무총감 유아사 구라헤이(湯淺倉平, 1874~1940), 학무국장 이진호(李軫鎬, 1867~1946), 식산국장 이케다 히데오(池田秀雄, 1880~1954)의 순서로 나열되어 있다. 조선총독부 고위 관료와 산업 관료가 참여한 제자 구성은 조선메돌협회가 총독부의 산업 정책과 근대화 계몽을 수행하는 관변단체의 성격을 지녔음을 시사한다. 특히 조선인 관료 이진호의 참여는 일본인 관료와 조선인 엘리트가 협력하는 이미지를 표면화했다는 점에서 협회의 정치적 성향과 통치 이데올로기의 매개 구조를 보여주는 사례라 할 수 있다.

서문은 6건으로 구성되며, 각 글의 저자는 상공성 공무국 도량형 검정소장 깃카와 시료(橘川司亮, 1873~1937), 조선총독부 식산국 상공과장 오카자키 데쓰로(岡崎哲郎, 1885~?), 조선총독부 도량형 주임 오오타 오사무, 조선총독부 기수이자 교열자인 이용훈, 조선메돌협회장 이토 오지로, 저자인 오카자키 시게키의 자서(自序) 순으로 이루어졌다. 오카자키 시게키는 1927년 당시 도량형 종류로 척관법, 미터법, 야드-파운드법, 경척법(鯨尺法)을 혼용하고 있어 단위만 70여 종이 넘는 상황임을 지적하며, 정부에서 미터법 도량형으로 통일하였으므로 미터법 보급을 촉진하기 위해 실생활상에 접목할 수 있는 필수 요점을 정리하였다고 저술 목적을 밝혔다.[23] 서문에 일본 도량형 보급 직무 최고 책임자의 글을 수록하여 미터법 보급이 일본 당국의 시책 사업임을 강조하며 그 중요성을 부각하고 있다. 언문판과 일문판에서 제자는 동일하게 6건으로 수록되었으나, 일문판 서문에는 언문판 교열자인 이용훈이 제외되어 총 5건으로 구성된 차이가 있다.

본문은 전체 33장으로 구성되어 있다. 장별 내용을 범주화하면 먼저 미터법 상용과 관련하여 역사적 배경을 설명하고, 도량형 명칭과 용도, 도량형령에 따른 계량 단위, 미터법의 이익과 특색, 실용상의 주의와 상식 등을 해설하였다. 다음으로 생활상에 유용한 도량형 정보를 액체, 수도, 전기, 가스, 건축, 강수량, 외국·내국 우편 등 분야별로 정리하였다. 또한 기존의 도량형 단위를 미터법에 맞춰 환산하는 방식을 개괄적으로 정리하였으며, 수치로 정리한 환산표를 제시하였다. 마지막으로, 의복 제작과 관련하여 옷감 필요량, 의복 부분별 치수에 대한 미터법과 포백척 환산 일람표를 제시하였다.(표 3)

언문판과 일문판의 본문을 서술 내용에 따라 항목별로 분류하면 ①미터법 소개(1~9장), ②미터법 분야별 활용법(10~20장), ③미터법-척관법, 미

23 岡崎茂樹, 『最新메-돌法要覽』, 朝鮮メートル協會, 1927, 6쪽.

표 3 『최신메돌법요람』 언문판과 일문판의 내용 구성 비교

장	목차명 … 쪽 번호	
	언문판	일문판
A	表紙	表紙
B	廣告	廣告
C	題字	題字
D	序文, 自序	序文, 自序
1	메-돌法의 起源 及 原器에 對하야 …… 1	メートル法の基本及原器に就て …… 1
2	度量衡의 名稱, 略字, 命位 及 用途 概要 …… 3	度量衡の名稱, 略字, 命位及用途の概要 …… 3
3	度量衡令에 依한 計量의 單位 …… 5	度量衡令に依る計量の單位 …… 5
4	度量衡令에 依한 計量 單位의 倍數 及 分數의 名稱 … 6	度量衡令に依る計量單位の倍數及分數名稱 …… 6
5	液體 密度의 計量 …… 6	液體密度の計量器の種類及用途 …… 6
6	計量器에 表記할만한 計量의 單位 及 名稱 …… 6	計量器に表記すべき計量の單位及名稱 …… 6
7	度量衡器 並 計量器의 種類 及 用途 …… 7	度量衡器並に計量器の種類及用途 …… 7
8	메-돌法의 利益과 特色 …… 8	メートル法の利益特色 …… 8
9	메-돌法 實用上 注意 …… 9	メートル法實行上の注意 …… 9
10	메-돌法 常識 …… 17	メートル法覺え方 …… 17
11	家庭 메-돌 …… 19	メートル法常識 …… 18
12	單價 換算表 …… 20	家庭メートル …… 20
13	水道, 電氣, 瓦斯의 메-돌 計量器의 讀法 …… 21	水道電氣瓦斯のメートル計量器の讀み方 …… 21
14	建築과 메-돌法 …… 23	メートル法と建築 …… 23
15	메-돌法과 初等教育 …… 24	メートル法と初等教育 …… 24
16	發育 概評 決定 標準表 …… 30	發育 概評 決定 標準表 …… 30
17	朝鮮 主要 物産額 …… 30	朝鮮主要物産額 …… 30
18	降水量 …… 31	降水量, 各地の降水量, 風力 …… 31
19	外國郵便 …… 32	外國郵便 …… 32
20	內國郵便 …… 33	內國郵便 …… 33
21	메-돌法의 換算法 …… 35	メートル法の換算法 …… 35
22	메-돌法과 尺貫法(長) …… 36	メートル法と尺貫法(長さ) …… 36
23	메-돌法과 야-드, 폰도法(長) …… 38	メートル法とヤードポンデ法(長さ) …… 38
24	메-돌法과 尺貫法(面積) …… 41	メートル法と尺貫法(面積) …… 41
25	메-돌法과 야-도, 폰도法(面積) …… 43	メートル法とヤードポンデ法(面積) …… 43
26	메-돌法과 尺貫法(立積 又는 容積) …… 45	メートル法と尺貫法(立積又は容積) …… 45
27	메-돌法과 야-드, 폰도法(立積) …… 46	メートル法とヤードポンデ法(立積) …… 46
28	메-돌法과 尺貫法 (重量) …… 48	メートル法と尺貫法(重量) …… 48
29	메-돌法과 야-드, 폰도法(重量) …… 50	メートル法とヤードポンデ法(重量) …… 50
30	計量單位 …… 52	計量單位 …… 52
31	溫度 換算 及 算式 …… 53	溫度換算及算式 …… 53
32	朝鮮服 用布 總量 概算表 …… 54	和服のメートルと鯨尺寸法表 …… 54
33	朝鮮服의 米와 朝鮮 布帛尺 見樣表 …… 55	朝鮮服のメートルと朝鮮尺寸法表 …… 58
E	版權紙 …… 58	版權紙 …… 61
F	廣告	廣告
G	後表紙(廣告)	後表紙(廣告)

※ 일문판 목차는 언문판에 맞춰 본문의 장제목으로 표기함

터법-야드파운드법 환산표(21~31장), ④의복에서 미터-포백척 환산표(32~33장) 등 4가지 영역으로 구분할 수 있다. 언문판과 일문판에서 차이가 있는 부분은 ②, ④ 영역이다. ②에서 언문판은 12장 '단가 환산표', 일문판은 10장 '미터법 기억하는 방법'이 별도로 수록되어 있다. '단가 환산표'는 척관법을 미터법으로, 미터법을 척관법으로 교체했을 때 도량형 단위로 인해 길이와 무게에 차이가 있으므로 각 도량형으로 전환할 때 알맞은 가격을 제시한 것이다. 예컨대 경척(鯨尺) 1척은 50전이고 1미터에는 1원 32전으로 상정하고 있다. 경척 1척은 37.8cm에 해당하므로, 1미터는 경척으로 2척 6촌 4푼이 된다. 따라서 50×2.64=132, 즉 1원 32전으로 계산되는 것이다. 이와 같은 '단가 환산표'는 물건 매매가 이루어지는 시장에서 도량형 전환에 따른 시장 가격 변화에 유용한 정보이다. '미터법 기억하는 방법'은 1尺, 1米(미터, m), 1升, 1立(리터, l), 1貫, 1瓩(킬로그램, kg)의 환산 방식을 尺↔米, 升↔立, 貫↔瓩으로 변환하였으며, 길이[長], 부피[嵩], 무게[重]의 단위 명칭 등 기초적인 정보를 2분의 1면 정도의 지면에 간략하게 설명하였다.

다음으로 ④는 의복 양식의 종류와 수록 의복에 차이가 있다. 언문판은 조선복 1가지 양식을 다루며, 32장에 옷감 폭에 따라 체격별로 소요되는 옷감 총량을 어림한 표(개산표槪算表)가 제시되고, 33장에는 조선복 중 남자 두루마기·저고리·바지와 여자 치마·단속곳·바지·저고리 등 7종의 부분별 치수를 수록하였다. 반면 일문판은 화복과 조선복 2가지 양식을 다루며, 옷감 폭에 따른 소요량 개산표는 생략되었고, 32장에 화복 중 나가기(長着, ながぎ)·하오리(羽織, はおり)·남녀의 하카마(袴, はかま) 등 4종의 부분별 치수를 추가로 수록하였다. 의복 치수 측정 방식에서 조선과 일본의 문화적 차이에 관해서는 이 글 3-1절에서 살펴보도록 하겠다.

본문 앞뒤에 수록된 광고는 조선메돌협회의 간행물과 도량형기 판매점 홍보이다.(표 4) 언문판은 6건, 일문판은 3건의 광고문을 포함하고 있으며,

표 4 『최신메돌법요람』 언문판과 일문판의 광고문 위치와 광고 내용

구분			
언문판 (6건)	 (1) 앞면 내지: 라이도형 체온계	 (2) 뒷면 광고 1: 조선메돌협회 간행물	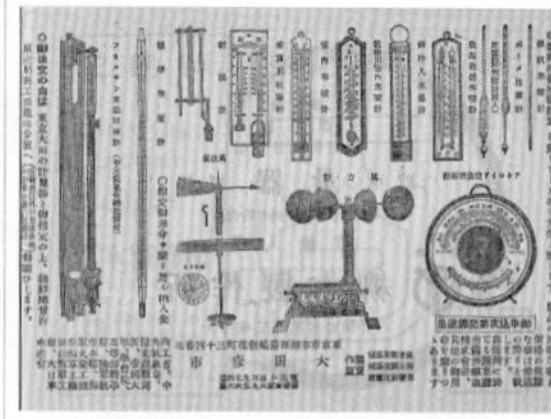 (3) 뒷면 광고 2: 大田彦市
	 (4) 뒷면 광고 3: 柳本製作所	 (5) 뒷면 내지: 百木製作所	 (6) 뒷면: 지-루형 체온계
일문판 (3건)	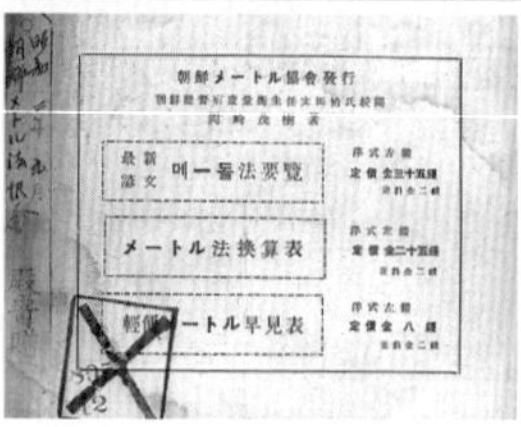 (1) 앞면 내지: 조선메돌협회 간행물	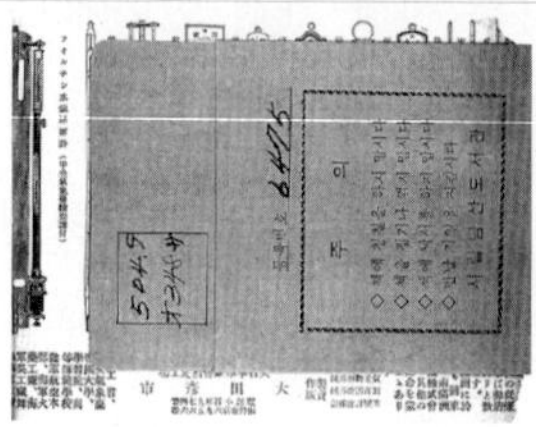 (2) 뒷면 내지: 大田彦市	 (3) 뒷면: 伊藤商行

공통으로 수록된 광고는 조선메돌협회의 간행물과 일본 동경에 소재한 대전언시(大田彦市) 광고문이다. 대전언시는 기상관측, 해양조사, 한난계측 등 계량기를 판매하는 곳으로, 일본 황실의 지정 상점이자 조선총독부 식산국 상공과 용산분실에서 의뢰한 물품을 수입하는 도량형기 제작 판매소이다. 개별 서적에 수록된 광고로, 언문판에는 라이도형(ライト型)과 지루형(シール型) 두 가지 형식의 체온계와 함께 화학기계와 화학용 용기를 제작하는 동경의 유본제작소(柳本製作所), 각종 도량형기를 영업하고 건습계·한난계·액체 비중계(浮秤)를 제작하는 동경의 백목제작소(百木製作所) 등이 있고, 일문판에는 경성부 한강통 삼각지(京城府漢江通三角地)에 소재한 이등상행을 뒷면 표지에 삽입하였다.

3. 근대기 재봉 치수 측정과 도량형 기준의 변화

1) 1927년경 한일 의복 치수 측정 방식 비교

조선메돌협회에서 발간한 『최신메돌법요람』 언문판과 일문판은 미터법↔척관법, 미터법↔야드-파운드법 환산표를 제시하고 있다. 〈표 5〉는 『최신메돌법요람』에 수록된 길이, 부피, 중량에 관한 35종의 환산표로, 소수점 이하 2~7개 자릿수를 제시하여 정밀도를 확보하고 오차를 최소화하였다. 환산표 중 길이 단위에서는 조선과 일본의 문화적 요소가 반영되었다.

언문판과 일문판에 제시된 35종의 환산표는 대체로 동일한 도량형 기준을 다루고 있다. 22~30장은 1면에 2종의 환산표가 제시되어 있는데, 환산표 중 첫 번째 면인 22장 1절과 2절은 의복 제작에 관한 사항을 담고 있다. 22장 1절은 미터척과 곡척(曲尺, 1m=3.3尺)의 환산에 관한 동일한 내용이다. 이는 1905년(광무 9) 도량형제도를 개혁하며 곡척을 표준척으로 삼았으므로 가장 먼저 제시된 것으로 보인다. 22장 2절은 조선포백척(朝鮮布帛尺)과 경척(鯨尺)을 단위로 삼고 있어 환산표 중 유일하게 도량형 기준에 차이가 있다. 조선포백척과 경척은 각 나라에서 의복 제작과 관계되는 물품으로, 포백척은 상가에서 옷감을 계량하는 용도이고, 경척은 침척(針尺)에 준하는 것으로 일본에서 재봉에 사용하는 길이 측정도구이다. 각각의 환산표에는 환산 기준을 부기하고 있다. 조선포백척의 환산 기준은 "1米=2朝鮮布帛尺, 1朝鮮布帛尺=0.5米", 경척의 환산 기준은 "1米=2.64鯨尺尺, 1鯨尺尺=25/66米"이다. 이를 미터법으로 설명하면 도량형기에 따라 환산 기준이 상이하여 포백척 1척은 50cm, 경척 1척은

표 5 『최신메돌법요람』의 미터법-척관법, 미터법-야드파운드법 환산표 35종 목록

장	목차명(上:언문판, 下:일문판)	절	언문판	일문판
22	메-돌法과 尺貫法(長) メートル法と尺貫法(長さ)	1	米와 曲尺	米と尺
		2	米와 朝鮮布帛尺	米と鯨尺尺
		3	米와 間	米と間
		4	粁와 町	粁と町
		5	粁와 里	粁と里
23	메-돌法과 야-드·폰도法(長) メートル法とヤードポンデ法(長さ)	1	糎와 吋	糎と吋
		2	米와 呎	米と呎
		3	米와 碼	米と碼
		4	粁와 鎖	粁と鎖
		5	粁와 哩	粁と哩
24	메-돌法과 尺貫法(面積) メートル法と尺貫法(面積)	1	平方米와 平方尺	平方米と平方尺
		2	平方米와 坪(步)	平方米と坪(步)
		3	아알과 畝	アーアルと畝
		4	헥타알과 町	ヘクタールと町
25	메-돌法과 야-드폰도法(面積) メートル法とヤードポンデ法(面積)	1	平方糎와 平方吋	平方糎と平方吋
		2	平方米와 平方呎	平方米と平方呎
		3	平方米와 平方碼	平方米と平方碼
		4	아-알과 에-굴(英國)	アールとエークル(英國)
26	메-돌法과 尺貫法(立積又는容積) メートル法と尺貫法(立積又は容積)	1	立方米와 立方尺	立方米と立方尺
		2	立方米와 立坪	立方米と 立坪
		3	立와 升	立と升
27	메-돌法과 야-드폰드法(立積) メートル法とヤードポンデ法(立積)	1	立方糎와 立方吋	立方糎と立方吋
		2	立方米와 立方呎	立方米と立方呎
		3	立方米와 立方碼	立方米と立方碼
		4	立과 개론	立とガロン
28	메-돌法과 尺貫法(重量) メートル法と尺貫法(重量)	1	瓩과 貫	瓩と貫
		2	瓩과 斤	瓩と斤
		3	瓲과 貫	瓲と貫
29	메-돌法과 야-드폰도法(重量) メートル法とヤードポンデ法(重量)	1	瓦과 게렌	瓦とゲレーソ
		2	瓦과 온스	瓦とオンス
		3	瓩과 폰도	瓩とポンド
		4	瓲과 英噸	瓲と英噸
30	計量單位	1	키로구람메-돌과 휘이-도폰도	キログラムメートルとフートポンド
		2	키로왓도와 馬力	キロワットと馬力
		3	攝氏度와 華氏度	攝氏度と華氏度

37.8cm로 계산된다.(그림 9, 10)

이때 조선포백척 환산 기준을 1척에 50cm로 정립한 것은 주목할 부분이다. 1912년 간행된 『조선사회고(朝鮮社會考)』는 조선의 주요 길이 측정도구 4종(주척, 영조척, 침척, 포백척)에 관한 조사 내용을 담고 있다. 곡척(1尺=30.3cm)을 기준으로 할 때, 침척은 1척 6촌 6푼(50.298cm)으로 가정에서 재봉할 때 활용하며, 포백척은 1척 6촌 1푼(48.783cm)으로 상가에서 포백 치수를 잴 때 사용한다고 하여 길이 단위를 측정하는 재봉도구를 활용처와 용도에 따라 구분하였다.[24] 『조선사회고』는 1910년에 한국주차헌병대 사령부에서 발간한 『한국사회약설』을 증보한 것이므로, 해당 조사는 1900년대 조선의 길이 인식을 담고 있으며, 1척 길이가 50cm에 근사한 도량형기는 침척이다.

그러나 『최신메돌법요람』 언문판에서는 일본 경척에 상응하는 재봉도구로 조선포백척을 제시하고, 조선포백척을 50cm로 상정하고 있다. 표기상으로는 조선포백척이라고 하였으나, 실질적으로는 침척으로 해석할 여지를 갖는다. 첫째, 선전물 속 조선포백척 1척의 환산 기준이 침척 1척에 가까운 길이이다. 둘째, 일본에서는 곡척과 경척을 명확히 구분하여 사용하였던 점을 감안하면, 조선에서도 사용 목적에 따라 포백척과 침척을 구분했을 가능성이 높다. 이러한 맥락에서 언문판에 기재된 조선포백척은 경척에 상응하는 도구인 침척을 가리킨 것으로 짐작된다.

의복·직물 측정도구의 명칭과 용도의 혼용은 이후 국어사전과 백과사전에서도 확인된다. 현재 국어사전과 백과사전에서 포백척과 침척의 용어 정의를 살펴보면,[25] "바느질을 할 때에 쓰는 자"로 일치하고, 포백척의 이칭을 침척이라고 하여 2종의 재봉도구를 동일한 도구로 설명하고 있다.

24 朝鮮駐箚憲兵隊司令部, 『朝鮮社會考』, 文星社, 1912, 31쪽.

25 『표준국어대사전』, 『한국민족문화대백과사전』 참조.

—〔36〕—

메一돌法과尺貫法 (長)

米 와 曲 尺						1米=3.3	1尺=$\frac{10}{33}$米			
米	0	0.1	0.2	0.3	0.4	0.5	0.6	0.7	0.8	0.9
1	3.30000	3.63000	3.96000	4.29000	4.62000	4.95000	5.28000	5.61000	5.94000	6.27000
2	6.60000	6.93000	7.26000	7.59000	7.92000	8.25000	8.58000	8.91000	9.24000	9.57000
3	9.90000	10.23000	10.56000	10.89000	11.22000	11.55000	11.88000	12.21000	12.54000	12.87000
4	13.20000	13.53000	13.86000	14.19000	14.52000	14.85000	15.18000	15.51000	15.84000	16.17000
5	16.50000	16.83000	17.16000	17.49000	17.82000	18.15000	18.48000	18.81000	19.14000	19.47000
6	19.80000	20.13000	20.46000	20.79000	21.12000	21.45000	21.78000	22.11000	22.44000	22.77000
7	23.10000	23.43000	23.76000	24.09000	24.42000	24.75000	25.08000	25.41000	25.74000	26.07000
8	26.40000	26.73000	27.06000	27.39000	27.72000	28.05000	28.38000	28.71000	29.04000	29.37000
9	29.70000	30.03000	30.36000	30.69000	31.02000	31.35000	31.68000	32.01000	32.34000	32.67000
10	33.00000	33.33000	33.66000	33.99000	34.32000	34.65000	34.98000	35.31000	35.64000	35.97000

米 와 朝鮮布帛尺						1米=2朝鮮布帛尺		1朝鮮布帛尺=0.5米		
米	0	0.1	0.2	0.3	0.4	0.5	0.6	0.7	0.8	0.9
1	2.0000	2.2000	2.4000	2.6000	12.8000	3.0000	3.2000	3.4000	3.6000	3.8000
2	4.0000	4.2000	4.4000	4.6000	14.8000	5.0000	5.2000	5.4000	5.6000	5.8000
3	6.0000	6.2000	6.4000	6.6000	16.8000	7.0000	7.2000	7.4000	7.6000	7.8000
4	8.0000	8.2000	8.4000	8.6000	18.8000	9.0000	9.2000	9.4000	9.6000	9.8000
5	10.0000	10.2000	10.4000	10.6000	20.8000	11.0000	11.2000	11.4000	11.5000	11.8000
6	12.0000	12.2000	12.4000	12.6000	12.8030	13.0000	13.2000	13.4000	13.6000	13.8000
7	14.0000	14.2000	14.4000	14.6000	14.8000	15.0000	15.2000	15.4000	15.6000	15.8000
8	16.0000	16.2000	16.4000	16.6000	16.8000	17.0000	17.2000	17.4000	17.6000	17.8000
9	18.0000	18.2000	18.4000	18.6000	18.8000	19.0000	19.2000	19.4000	19.6000	19.8000
10	20.0000	20.2000	20.4000	20.6000	20.8000	21.0000	21.2000	21.4000	21.6000	21.8000

그림 9 『最新메-돌法要覽』의 곡척과 조선포백척 환산

—〔36〕—

メートル法と尺貫法 (長さ)

米 と 尺						1米=3.3	1尺=$\frac{10}{33}$米			
米	0	0.1	0.2	0.3	0.4	0.5	0.6	0.7	0.8	0.9
1	3.30000	3.63000	3.96000	4.29000	4.62000	4.95000	5.28000	5.61000	5.94000	6.27000
2	6.60000	6.93000	7.26000	7.59000	7.92000	8.25000	8.58000	8.91000	9.24000	9.57000
3	9.90000	10.23000	10.56000	10.89000	11.22000	11.55000	11.88000	12.21000	12.54000	12.87000
4	13.20000	13.53000	13.86000	14.19000	14.52000	14.85000	15.18000	15.51000	15.84000	16.17000
5	16.50000	16.83000	17.16000	17.49000	17.82000	18.15000	18.48000	18.81000	19.14000	19.47000
6	19.80000	20.13000	20.46000	20.79000	21.12000	21.45000	21.78000	22.11000	22.44000	22.77000
7	23.10000	23.43000	23.76000	24.09000	24.42000	24.75000	25.08000	25.41000	25.74000	26.07000
8	26.40000	26.73000	27.06000	27.39000	27.72000	28.05000	28.38000	28.71000	29.04000	29.37000
9	29.70000	30.03000	30.36000	30.69000	31.02000	31.35000	31.68000	32.01000	32.34000	32.67000
10	33.00000	33.33000	33.66000	33.99000	34.32000	34.65000	34.98000	35.31000	35.64000	35.97000

米 と 鯨尺尺						1米=2.64鯨尺尺		1鯨尺尺=$\frac{25}{66}$米		
米	0	0.1	0.2	0.3	0.4	0.5	0.6	0.7	0.8	0.9
1	2.6400	2.9040	3.1680	3.4320	3.6960	3.9600	4.2240	4.4880	4.7520	5.0160
2	5.2800	5.5440	5.8080	6.0720	6.3360	6.6000	6.8640	7.1280	7.3920	7.6560
3	7.9200	8.1840	8.4480	8.7120	8.9760	9.2400	9.5040	9.7680	10.0320	10.2960
4	10.5600	10.8240	11.0880	11.3520	11.6160	11.8800	12.1440	12.4080	12.6720	12.9360
5	13.2000	13.4640	13.7280	13.9920	14.2560	14.5200	14.7840	15.0480	15.3120	15.5760
6	15.8400	16.1040	16.3680	16.6320	16.8960	17.1600	17.4240	17.6880	17.9520	18.2160
7	18.4800	18.7440	19.0080	19.2720	19.5360	19.8000	20.0640	20.3280	20.5920	20.8560
8	21.1200	21.2840	21.6480	21.9120	22.1760	22.4400	22.7040	22.9680	23.2320	23.4960
9	23.7600	24.0240	24.2880	24.5520	24.8160	25.0800	25.3440	25.6080	25.8720	26.1360
10	26.4000	26.6640	26.9280	27.1920	27.4560	27.7200	27.9840	28.2480	28.5120	28.7760

그림 10 『最新メートル法要覽』의 곡척과 경척 환산

이러한 용어의 혼용은 1920년대 편찬된 『조선어사전(朝鮮語辭典)』에서도 확인되며,[26] 이후 국어사전을 비롯하여 미터법 선전물에서 침척과 포백척을 동일시하는 경향을 찾아볼 수 있다. 광복 이후인 1947년에는 군정청 상무부(商務部)에서 미터법 실시를 앞두고 사제(私製) 조선침척의 제작과 판매를 단속하였는데,[27] 기사에 언급된 '조선침척'이 포백척인지 침척인지, 혹은 두 용어가 통용된 이후 바느질용 길이 측정도구 그 자체를 지칭하는 것인지 명확히 구분하기 어렵다. 일제강점기를 거치며 포백척이라는 표기 아래 침척이 지칭되는 사례가 누적되었고, 결과적으로 명칭과 기능 간 혼용되는 경향이 나타났음을 보여준다.

앞서 살펴본 〈표 3〉의 32~33장은 화복과 조선복 제작에 관한 치수 정보를 담고 있으며, 재봉에 있어서 한일 양국의 길이 측정 방식을 비교할 수 있다. 복장의 부분별 치수를 환산한 표를 지칭할 때, 언문판은 '견양표(見樣表)', 일문판은 '촌법표(寸法表)'라고 하여 명칭 차이를 통해 양국의 도량형 문화와 문서상 표현 관행을 엿볼 수 있다.(표 6) '견양'은 조선시대 왕실문헌에서 의례용구의 완성품을 그리고 길이와 양식적 특징을 서술할 때 사용된 용어로, 시각적 재현과 수요자의 이해를 돕는 데 중점을 둔 표현이다. 반면 '촌법'은 자의 눈금 단위인 척촌푼[尺寸分]에서 유래한 용어로, 계량 기준에 따라 의복 각 부위의 수치를 정량적으로 제시하는 데 초점이 맞춰진다. 이는 의복 제작 과정에서 정보 전달 방식의 차이를 반영하고 있으며, 근대 기록물에 치수 표현에 관한 문화적 특성의 차이가 내포되어 있음을 보여준다.

한일 양국에서 간행된 선전물에 수록된 의복별 부분 치수를 면밀히 살

26 "布帛尺(포빅쳑) 名布帛な量ろ尺, 黃鍾尺の一尺三寸四分八釐に當ろ.(針尺)"(朝鮮總督府, 『朝鮮語辭典』, 조선총독부, 1920, 896쪽) "포백-척(布帛尺) 名포백을 재이는 자. 황종척(黃鍾尺)으로 한자 세치 너푼 팔리. 針尺." 문세영, 『朝鮮語辭典』, 朝鮮語辭典刊行會, 1938, 1497쪽.

27 『동아일보』(1947.4.15), 「私製度量衡 嚴重히 取締」.

표 6 1927년 조선메돌협회 선전물 중 화복, 조선복 치수 환산표 비교

<table>
<tr><th>서명</th><th>最新메-돌法要覽</th><th colspan="2">最新メートル法要覧</th></tr>
<tr><td>치수표 명칭</td><td>見樣表</td><td colspan="2">寸法表</td></tr>
<tr><td>의복 명칭</td><td>조선복</td><td>조선복</td><td>화복</td></tr>
<tr><td>의복 항목별 부분 치수표</td><td></td><td>
朝鮮服の米と朝鮮尺寸法表</td><td>
和服の米と鯨尺寸法表</td></tr>
<tr><td rowspan="2">치수 측정용 재봉용구</td><td>

</td><td>

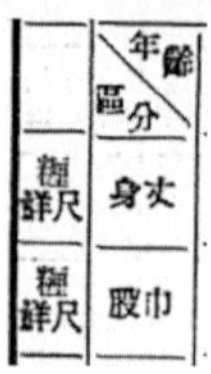
</td><td>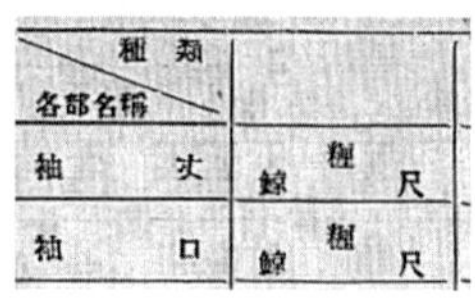
</td></tr>
<tr><td>센티미터[糎], 조선척(朝鮮尺)</td><td>센티미터[糎], 조선척(朝鮮尺)</td><td>센티미터[糎], 경척(鯨尺)</td></tr>
<tr><td>의복 종류</td><td>남자 두루마기, 남자 저고리,
남자 바지,
여자 치마, 여자 단속곳,
여자 바지, 여자 저고리</td><td>남자 두루마기, 남자 저고리,
남자 바지,
여자 치마, 여자 단속곳,
여자 바지, 여자 저고리</td><td>A. 각종 나가기[各種長着]
B. 각종 하오리[各種羽織]
C. 각종 남자 고[各種男袴]
D. 각종 여자 고[各種女袴]</td></tr>
<tr><td>치수 기준
(연령/종류)</td><td>대인, 15세, 10세, 5세</td><td>대인, 15세, 10세, 5세</td><td>A. 一ツ身, 三ツ身, 四ツ身, 本裁女物, 本裁男物
B. チャソチャソ, 三ツ身, 四ツ身, 本裁女物, 本裁男物
C.7~8세, 11~12세, 14~15세, 17~18세, 대인
D. 8~9세, 11~12세, 14~15세, 16~17세, 대인</td></tr>
</table>

※『最新メートル法要覧』 중 화복의 의복 종류, 치수 기준에 표기한 A~D는 분류 편의상 추가함

펴보면, 『최신메돌법요람』 언문판은 조선복 양식만 다루고 있다. 표제는 '朝鮮服의 米와 朝鮮布帛尺 見樣表(五十糎는 朝鮮布帛尺一尺)'이다. 표제에서도 드러나듯이 미터법과 조선포백척 2가지 치수로 표기되었으며, 이때 조선포백척 1척은 50cm로 규정하고 있다. 세부 표제는 '普通裁縫見樣(보통 재봉 견양)'이라고 하여 남자 두루마기[男周衣], 남자 저고리[男襦], 남자 바지[男袴], 여자 치마[女裳], 여자 단속곳[女單襯衣], 여자 바지[女袴], 여자 저고리[女襦] 순서대로 기본형 도안의 바느질 치수를 제시하고 있다. 조선포백척은 '조선척(朝鮮尺)', '선척(鮮尺)'으로 약칭하기도 하는데, 이는 다음 살펴볼 일문판에도 동일하게 나타난다.

『최신메돌법요람』 일문판은 화복과 조선복 2가지 양식을 모두 담고 있다. 표제는 각각 '和服のメ-トルと鯨尺寸法表(화복의 미터와 경척 치수표)', '朝鮮服のメ-トルと朝鮮尺寸法表(조선복의 미터와 경척 치수표)'이며, 부분별 치수를 미터법과 재래식 도량형기 2가지로 제시하며, 화복은 경척, 조선복은 조선척으로 기재하였다. 세부 표제는 화복과 조선복 모두 '普遍仕立上寸法(보편 완성복 치수)'이라고 하여, 재봉에 필요한 완성품의 치수를 제시한다는 점에서 앞서 살펴본 '보통 재봉 견양'과 같지만, 재봉 기술을 다루는 언어 체계와 정보 전달 방식에서 문화적 차이를 보여준다. 의복 양식에 따라 재래식 도량형기에 차이가 있는 것은 의복 제작과 재봉용구에서 나타나는 한일 양국의 문화적 차이로 인한 것이다. 한편 일본에서 간행된 책에 조선포백척이 대표적인 도량형기로 사용된 것은 1905년 근대 도량형 제도를 선포하여 곡척을 원척으로 받아들였으나 여전히 조선의 가정에서는 재봉도구로 조선척이 활용되었음을 짐작할 수 있는 대목이다.

2) 근대 재봉 현장에서의 미터법 활용과 정착

앞 절에서 살펴본 바와 같이, 조선메돌협회의 선전물에는 조선포백척

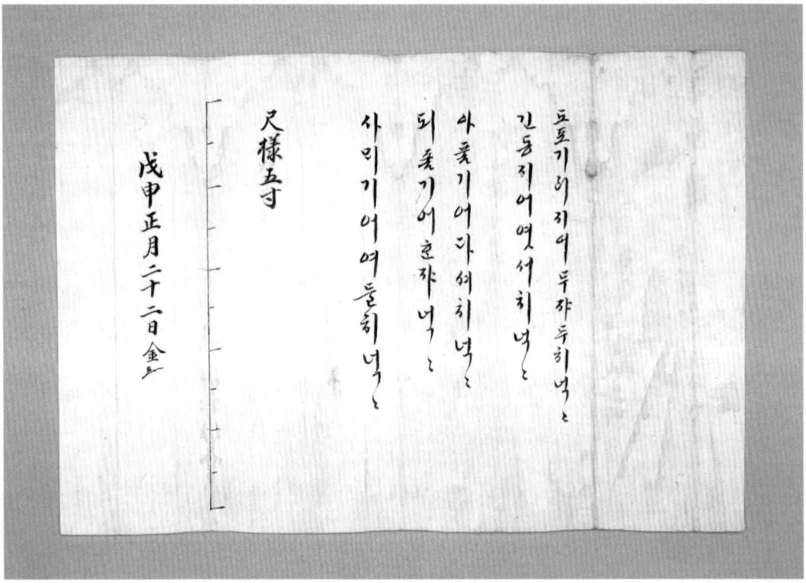

그림 11 무신년(1908) 의양단자, 오촌 척양, 국립한글박물관 소장(한구 1022)

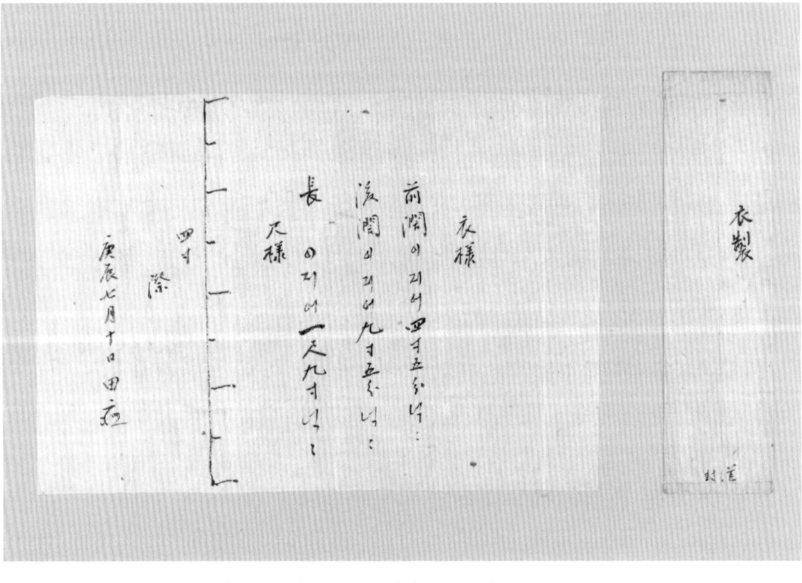

그림 12 경진년 의양단자, 사촌 척양, 국립민속박물관 소장(민속 93186)

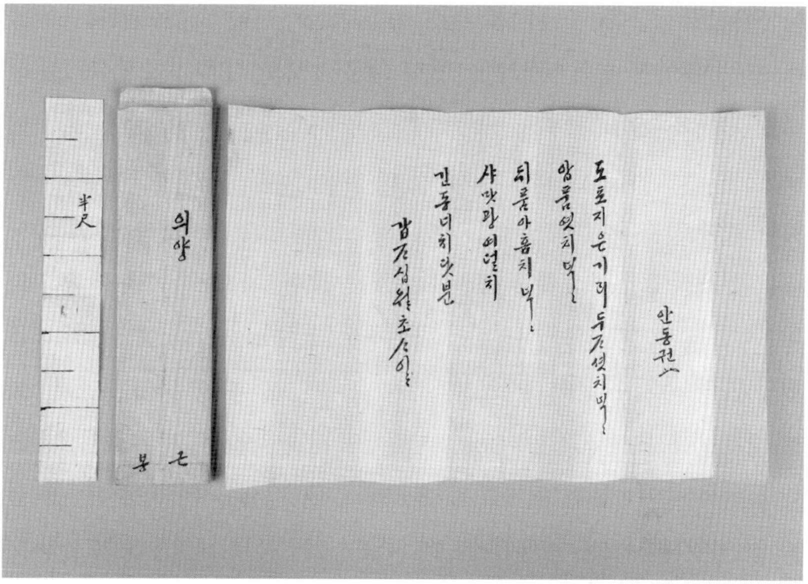

그림 13 갑자년 의양단자, 별도로 첨부된 반척 척양, 안동시립민속박물관(구입 1361)

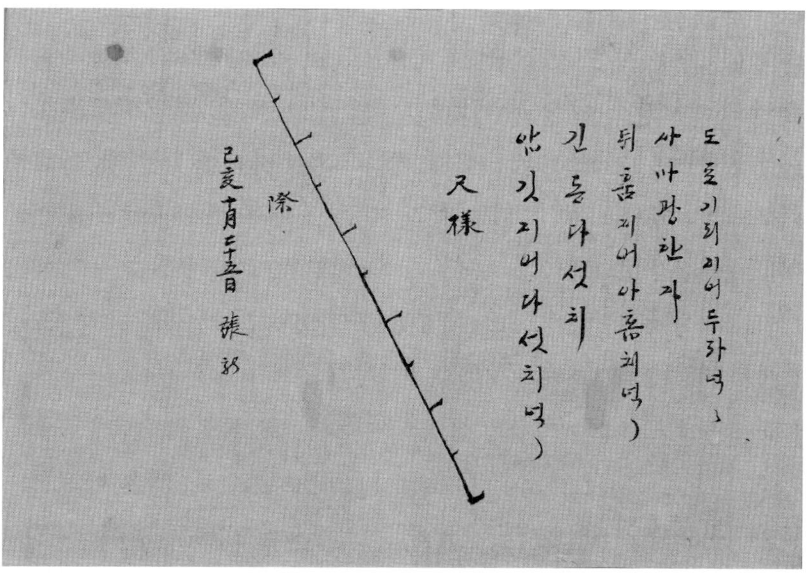

그림 14 기해년 의양단자, 1척 길이 5cm의 척양, 최용신기념관 소장(유물 676)

과 미터법, 경척과 미터법을 병기하고 있다. 특히 조선포백척 1척을 50cm로 환산한 것은 당시 가정에서 재봉에 주로 사용하는 전통 도량형기를 기준으로 삼으면서도 미터법을 병용했던 과도기적 양상을 잘 보여준다. 본 절에서는 근대기 재봉활동 양상에서 조선척, 경척, 미터척의 병용과 계측 기준이 점차 미터법으로 이행된 과정을 살펴보고자 한다.

의복 제작에서 조선척이 활용된 사례는 의양단자(衣樣單子)를 통해 확인할 수 있다. 의양단자는 신랑신부의 의복을 제작하기 위해 상대방의 집에 전달한 의복 치수 문서식으로, 의복 종류, 부분별 치수, 날짜, 보낸 사람 등의 정보를 포함하고 있다. 국립한글박물관에 소장된 의양단자 중에는 신랑 의복 치수를 담은 단자가 대다수이며, 신부 저고리와 치마 치수를 담고 있는 단자는 드물게 확인된다.[28] 의양단자에는 의복 치수를 측정할 때 사용한 자를 그려 넣는 척양(尺樣)이 포함되기도 하는데, 이는 집집마다 사용하는 자의 눈금 단위에 다소간 차이가 있었기 때문에 측정 기준을 함께 전달하려는 의도로 보인다.

의양단자의 척양은 치수를 적은 글 옆에 전체 자 길이의 절반인 오촌(五寸)을 전달하는 것이 보통이다. 경우에 따라서는 문서 여백에 따라 반척(反尺)이 아닌 사촌(四寸)만 포함하기도 했고, 반척을 별도의 종이에 첨부한 사례도 확인된다. 최용신기념관에 소장된 기해년 의양단자의 척양은 1촌에 5cm로 눈금이 표시되어 있는데,[29] 이는 조선포백척 1척을 50cm로 환산한 근대기 미터법 병용기와 유사한 수치로 해석될 여지가 있다. 다만 해당 문서가 발행된 기해년의 서기연도를 확인할 수 없으므로, 당시 도량형 기준과의 시기적 연계성에 대해서는 추가적인 검토가 요구된다.

일본의 재래식 도량형기인 경척은 재단과 재봉에 활용된 계측도구로,

28 김윤희, 「근대 한복재봉의 미터법 도입과 표준 치수 체계 연구」, 『한복문화』 27-3, 2024, 106쪽.

29 최용신기념관 소장 유물 676의 척양 1촌 길이는 e-museum(www.emuseum.go.kr)(2025.7.30)에서 제공하는 소장품 설명을 참조하였다.

직물 판매와 의복 제작 치수를 제시할 때 활용되었다. 일제강점기에는 강화의 마포, 영흥의 명주, 한산의 저포 등 지역별 특산품으로 소개할 때 경척을 기준으로 직물의 길이와 폭을 표기하였다. 이 가운데 한산의 저포는 오늘날까지도 '한산모시'로 명성이 높은 직물이다. 한산모시 규격에 관한 1934년도 기사에는 "韓山苧布의 尺數는 一疋에 長은 鯨尺 六十三尺(舊新尺 約 三十九尺 五寸) 幅은 鯨尺 九寸 二分(舊 新尺 約 六寸) 꼭 周衣 2枚分이다."[30]라고 하였다. 이를 바탕으로 경척 1척을 38cm로 환산하면, 당시 한산모시 1필은 길이 23.94m, 폭 34.96cm이며, 두루마기 2개를 제작할 수 있는 양이었다.[31] 이 기사는 신척 기준의 환산 수치도 병기하고 있어, 직물의 제작과 판매 현장에서 경척과 신척이 병용되었음을 방증하는 자료이며, 도량형기별 1척 단위의 상이함을 보여준다는 점에서 의미가 있다.

일제강점기에는 여성을 대상으로 가정 살림에 유용한 지식을 전달하는 편물강습, 양복강습, 자수강습 등이 활발히 운영되었다. 강습은 특정 장소에서 일일 또는 단기 과정으로 진행되었을 뿐만 아니라, 신문이나 잡지에 연재 기사를 통해 전파하는 방식도 있었다. 이러한 기사에는 치수와 함께 계측도구로 경척을 명시하고 있으며, 1906년 「도량형법」에 따라 길이 측정의 원척이 된 곡척 또한 재단과 재봉에 사용되기도 했다. 1929년도에 편물을 활용하여 어린이 양복을 제작하는 방법을 설명한 기사에는 "자가 일정치 안흠으로 곡척을 표준합니다"[32]라고 하여, 당시 상용하던 자의 눈금 단위가 일정하지 않은 문제를 인식하고, 곡척을 표준으로 삼아 해결하고자 한 방식을 보여준다. 한편 1916년에 경성여자고등보통학교 연구부에서 『조선교육연구회잡지(朝鮮教育研究會雜誌)』에 기고한 「조선복 재봉의

30 『동아일보』(1934.10.16), 「내 故鄕의 名産을 찾아서-韓山苧布」.

31 "현재 한산 지방에서 짜는 모시는 한 필의 자수가 36자이며 모시 한자의 척수는 60cm가 되므로 모시 한 필의 길이는 21.6m가 된다." 권영숙, 『한산모시짜기』, 국립문화재연구소, 2004, 58쪽.

32 『조선일보』(1929.12.24), 「누구나 뜰 수 잇는 어린이 양복」.

간(朝鮮服裁縫の栞)」은 조선복 재봉 연구의 성과를 담고 있는데, "연구부에서는 곡척으로 통일하고자 희망하였으나 일본 내지에서 재봉에 보통 사용하는 경척을 기준으로 했다"고 밝혔다.[33] 이는 곡척을 표준으로 삼으려는 제도적 의지와 재봉 현장에 널리 쓰이는 경척의 현실적 영향력 사이의 조율 과정을 보여준 것으로 해석할 수 있다.

근대기 재봉에서 계측도구와 계측 기준의 변화가 가장 뚜렷하게 드러나는 문헌은 재봉교습서이다. 재봉교습서는 학교나 강습소의 교재로 쓰인 동시에 재봉 지식을 습득하고자 하는 초등교육 이상의 학습자를 예상 독자로 설정한 교육용 기술 서적이다. 저자는 재봉 담당 교원 또는 고등교육을 이수하여 숙련된 재봉 기술을 보유한 인물들이다.[34] 제도권 교육과 밀접하게 연관된 교재 특성으로 인해 식민지 통치하의 교육 정책과 미터법 보급 운동으로 변화한 실태가 밀접하게 반영된 이러한 실용 문서에는 근대 의생활에서 도량형제도의 전환과 수용 양상이 분명하게 나타난다.

1925년에 간행된 손정규의 『신편재봉참고서(新編裁縫參考書)』는 조선척 1척을 50cm로 환산한 것을 기준으로 하되, 서문에서는 조선척과 미터척, 경척과 미터척을 환산하는 방식을 제공하며, 본문 치수표에 조선척과 미터척을 병기하고 있다.[35] 같은 해 간행된 김숙당의 『조선재봉전서(朝鮮裁縫全書)』는 조선침척(朝鮮針尺)이 통일되지 못하여 지역 간 차이가 존재하고 법령상 사용이 금지되었다는 이유로 경척을 기준으로 삼았음을 밝히고 있다.[36] 손정규는 1935년에 조선복 중심으로 구성을 조정한 『조선재봉참고서』를 재판하며, 계측 기준과 환산식은 동일하지만 본문의 치수표는 미

33 京城女子高等普通學校硏究部, 「朝鮮服裁縫の栞」, 『朝鮮教育硏究會雜誌』 11, 1916, 1쪽.

34 김윤희, 「근대 한복재봉 교육의 등장과 한복생활문화 연구」, 한국학중앙연구원 한국학대학원 박사학위논문, 2024, 99~135쪽 참조.

35 손정규, 「緖言」, 『신편재봉참고서』 권1, 활문사서점, 1925, 2~3, 25쪽.

36 김숙당, 「例言」, 『조선재봉전서』, 활문사서점, 1925, 1쪽.

표 7 1925~1948년 간행된 재봉교습서의 계측도구 활용 양상

<table>
<tr><th colspan="2">서명</th><th>신편재봉참고서</th><th>조선재봉전서</th><th>조선재봉참고서</th><th>조선재봉</th><th>재봉교본</th></tr>
<tr><td colspan="2">간행연도</td><td>1925</td><td>1925</td><td>1935</td><td>1948</td><td>1948</td></tr>
<tr><td colspan="2">저자</td><td>손정규</td><td>김숙당</td><td>손정규</td><td>손정규</td><td>이소담</td></tr>
<tr><td rowspan="2">서문</td><td>계측 기준</td><td>조선척
(1척=50cm)</td><td>경척</td><td>조선척
(1척=50cm)</td><td>미터척</td><td>미터척</td></tr>
<tr><td>환산식</td><td>미터척↔조선척
미터척↔경척</td><td>-</td><td>미터척↔조선척
미터척↔경척</td><td>미터척↔조선척</td><td>미터척↔조선척</td></tr>
<tr><td>재봉
용구</td><td>자의 종류</td><td>尺,
米突尺(西洋尺)</td><td>-</td><td>尺,
米突尺(西洋尺)</td><td>자,
메-틀자</td><td>메트르자(卷尺)</td></tr>
<tr><td>본문</td><td>치수표
계측 기준</td><td>미터척
조선척</td><td>경척</td><td>미터척</td><td>미터척</td><td>미터척</td></tr>
<tr><td colspan="2">소장처</td><td>연세대
중앙도서관</td><td>국회도서관</td><td>국립중앙도서관</td><td>국립중앙도서관</td><td>단국대 퇴계기념
중앙도서관</td></tr>
</table>

터척 1가지만 제시하는 것으로 변경했다.[37]

1948년에 간행된 손정규의 『조선재봉』과 이소담의 『재봉교본』은 모두 미터척을 계측 기준으로 삼아 정리한 교재로, 광복 이후 도량형 체계가 재봉 교육에 미친 영향을 보여주는 대표적 문헌이다. 손정규는 기존의 저서를 언문으로 고쳐 『조선재봉』을 간행하였는데, 미터척과 조선척의 환산식만 삽입하고 본문의 치수표도 미터척으로 정리하였다.[38] 다만 재봉용구에 대한 설명 중 재단에 필요한 계측용 도구로는 "자, 메-틀자"를 언급하여,[39] 앞서 간행된 저서와 동일하게 조선척과 미터척 2가지를 제시하고 있다. 한편 이소담의 『재봉교본』은 환산식, 재봉용구 중 자의 종류, 본문 치수표에 이르기까지 전 항목에서 미터척을 활용하고 있다.[40]

주목할 점은 이소담이 한복 재봉 맞춤형 자인 '사광형(四光型)'을 개발한

37 손정규, 「緒言」, 『조선재봉참고서』, 활문사서점, 1935, 1~2, 25쪽.

38 손정규, 『조선재봉』, 삼중당, 1948, 3, 16쪽.

39 손정규(1948), 위의 책, 15쪽.

40 이소담, 「머릿말」, 『재봉교본』, 고려문화사, 1948, 1, 7, 13쪽.

발명자라는 것이다. 사광형은 자 2개를 결합한 접자[摺尺] 형태로, 자의 형태를 변형하여 여성 저고리의 깃, 섶, 도련, 배래와 같은 곡선을 쉽게 그릴 수 있도록 했다.[41] 특히 사광형에는 "신척, 경척, 메-돌, 인치" 등 여러 계측 단위가 병기되어 있었던 것으로 전해져,[42] 도량형 혼재라는 구조적 상황에서 기술적으로 대응했다고 할 수 있다.

두 저자가 근대 의생활에서 도량형의 병용 상황을 가장 잘 이해하고 있었다는 점에서, 재봉교습서에서 미터척을 단일 기준으로 채택한 변화는 1946년 미군정청의 도량형 통일 정책과 관계된 것으로 보인다.[43] 특히 1947년부터는 본격적으로 도량형기를 검사하고, "시중에 조선침척을 제작, 매매하면 법률상 취체"[44]한다고 명시하며 사제 도량형기 유통을 단속하는 제도적 조치가 시행되었다. 이러한 제도적 변화는 재봉 교육과 기술서 출판 현장에 실질적 영향을 미쳤고, 1948년 간행된 2종의 재봉교습서에서 계측 기준이 미터척으로 일원화된 것으로 보인다. 이후 1959년에 간행된 석주선의 『우리나라 옷』부터는 미터척을 기준으로 한 치수 체계가 당연한 전제로 자리 잡고 있으며,[45] 이를 통해 미터법 중심의 도량형 체계가 근대기 의생활 영역에 정착되었음을 확인할 수 있다.

41 『조선일보』(1936.1.9), 「바누질 할 때 아가씨네 울리든 깃, 섭, 소매배리」.

42 『동아일보』(1936.1.1), 「新春의 快報는 發明界서부터」.

43 『조선일보』(1946.4.16), 「度量衡統一」.

44 『동아일보』(1947.4.15), 「私製度量衡 嚴重히 取締」.

45 석주선, 『우리나라 옷』, 동덕여자대학교, 1959, 8쪽.

4. 맺음말

이 글은 조선메돌협회에서 1927년에 간행한 『최신메돌법요람』을 중심으로, 일제강점기 미터법 선전과 의생활 영역에서 나타난 도량형 기준 변화 양상을 고찰하였다. 조선메돌협회는 언문판과 일문판으로 미터법 선전물을 각각 간행하면서 미터법으로의 도량형 통일을 적극적으로 유도하였다. 선전물은 미터법과 전통 도량형 간의 환산 관계를 도표로 시각화하고, 수도·전기·가스·강수량·우편 업무 등 일상생활 전반에 미터법을 적용할 수 있도록 구성하였다. 따라서 『최신메돌법요람』은 미터법 보급을 위한 실용 자료이자, 당대의 계량 지식 전달 전략을 집약하고 있다고 할 수 있다.

언문판과 일문판은 대체로 비슷한 내용을 수록하고 있으나, 의복 제작과 관련된 길이 단위 항목에서는 문화적 차이가 뚜렷하게 드러난다. 언문판은 조선복을 중심으로 조선척과 미터척을 병기하고 있으며, 일문판은 화복과 조선복 양식을 모두 수록하되 화복에는 경척, 조선복에는 조선척을 대응시켜 표기하였다. 또한 '견양표'와 '촌법표'라는 표제 용어 선택에서도 조선과 일본의 의생활 양식 및 치수 표현 관습의 차이를 확인할 수 있다. 이러한 구성은 양국의 당대 복식 문화를 고려하여 정보를 제공하고 있다는 점에서 의생활 연구 자료로서도 주목할 만하다.

조선메돌협회가 미터법을 선전하던 시기에 재봉 현장에서는 도량형기가 혼용되고 있었다. 이는 외래 유입된 도량형기가 유통된 것 외에도 우리나라에서 전통적으로 사용된 조선척이 사제 도량형기로 인해 가정과 지역에 따라 눈금 단위에 다소간 차이가 있었던 구조적 문제와도 관련된다. 이를 보완하기 위해 일본 재래식 도량형기인 곡척과 경척을 병용했고, 미터법 이행 과정에서는 조선척 1척을 50cm로 환산하여 사용하기도 했다.

의양단자, 강습회 기사, 재봉교습서와 같은 근대 문헌에서는 의생활에서 나타난 도량형 병용과 이행이 잘 드러난다. 1920~1930년대에는 조선척, 경척, 미터척이 병용되고 양자 간의 환산식이 제시되었다. 그러나 1946년 미군정청의 도량형 통일령 이후에는 미터척이 계량 기준이 되고, 사제 도량형기인 조선침척 유통이 금지되면서 미터척이 정착하였다. 이에 따라 1948년에 간행된 손정규의 『조선재봉』과 이소담의 『재봉교본』에서는 미터척을 기준으로 삼아 치수를 제시하고 있으며, 이후 재봉교습서에도 이러한 도량형 기준이 정착되었다. 이러한 흐름은 미터법이 재봉 교육과 의생활 현장 전반에서 계량의 기준으로 정착되어 간 과정을 보여준다.

참고문헌

岡崎茂樹, 『最新メートル法要覽』, 朝鮮メートル協會, 1927.

岡崎茂樹, 『最新메-돌法要覽』, 朝鮮メートル協會, 1927.

권영숙, 『한산모시짜기』, 국립문화재연구소, 2004.

김숙당, 『조선재봉전서』, 활문사서점, 1925.

김윤희, 「근대 한복재봉 교육의 등장과 한복생활문화 연구」, 한국학중앙연구원 한국학대학원 박사학위논문, 2024.

김윤희, 「근대 한복재봉의 미터법 도입과 표준 치수 체계 연구」, 『한복문화』 27(3), 2024.

김종록, 『메-돌法大要』, 朝鮮メートル協會, 1927.

문세영, 『朝鮮語辭典』, 朝鮮語辭典刊行會, 1938.

民衆時論社朝鮮功勞者銘鑑刊行會, 『朝鮮功勞者銘鑑』, 民衆時論社朝鮮功勞者銘鑑刊行會, 1935.

석주선, 『우리나라 옷』, 동덕여자대학교, 1959.

손정규, 『신편재봉참고서』 권1, 활문사서점, 1925.

손정규, 『조선재봉』, 삼중당, 1948.

손정규, 『조선재봉참고서』, 활문사서점, 1935.

송혜영, 「韓末 度量衡制 硏究」, 부산대학교 석사학위논문, 2011.

이소담, 『재봉교본』, 고려문화사, 1948.

이종봉, 「日帝 强占期 度量衡制의 운용 양상」, 『한국민족문화』 57, 2015.

이종봉, 「韓末 度量衡制의 개혁과 성격」, 『석당논총』 64, 2016.

이종봉, 『한국 도량형사』, 소명출판, 2016.

朝鮮度量衡協會, 『計量指計』, 朝鮮度量衡協會, 1940.

朝鮮駐箚憲兵隊司令部, 『朝鮮社會考』, 文星社, 1912.

朝鮮總督府, 『朝鮮語辭典』, 朝鮮總督府, 1920.

品川舜一, 『朝鮮度量衡通解』, 朝鮮度量衡協會, 1935.

京城女子高等普通學校硏究部, 「朝鮮服裁縫の栞」, 『朝鮮教育硏究會雜誌』 11, 1916.

국가기록원(https://theme.archives.go.kr/).
국립국어원 표준국어대사전(https://stdict.korean.go.kr/).
국립중앙도서관(https://www.nl.go.kr/).
국사편찬위원회 한국사데이터베이스(https://db.history.go.kr/).
전국박물관소장품검색(https://www.emuseum.go.kr/).
한국민족문화대백과사전(https://encykorea.aks.ac.kr/).

『관보』, 『경성일보』, 『동아일보』, 『조선일보』.
행정자치부 보도자료, 2016.1.19. 「1964년 미터법 전면실시로 도량형 통일되다」.

장서각한국사강의 37

부여 가곡마을 함양박씨가 고문서

지음 허원영·배석만·이재옥·이은진·이창일·윤세순·전병무·김동석·박철민·장원석·권이선·김윤희
제1판 1쇄 발행일 2025년 12월 30일 발행인 김낙년 발행처 한국학중앙연구원 출판부
출판등록 제1979-000002호(1979년 3월 31일) 주소 경기도 성남시 분당구 하오개로 323
전화 031-730-8773 팩스 031-730-8775 전자우편 akspress@aks.ac.kr 홈페이지 www.aks.ac.kr

ISBN 979-11-5866-842-6 94910
979-11-86178-07-2 (세트)

· 이 책은 2025년도 한국학중앙연구원 장서각 연구사업의 지원을 받아 수행된 연구입니다.